속전 + 속결

똑! 소리나게 배워보는

[일러스트레이터 CS6]

김혜진 저

속전속결 일러스트레이터 CS6

Copyright © 2020 by Youngjin.com Inc.
1016, 10F. Worldmerdian Venture Center 2nd, 123, Gasan-digital 2-ro, Geumcheon-gu, Seoul 08505, Korea.

All rights reserved. No part of this book may be reproduced or transmitted in any form or by any means, electronic or mechanical, including photocopying, recording or by any information storage retrieval system, without permission from Youngjin.com Inc.

저작권법에 의하여 한국 내에서 보호를 받는 저작물이므로 무단전재와 무단복제를 금합니다.
이 책에 언급된 모든 상표는 각 회사의 등록 상표입니다. 또한 인용된 사이트의 저작권은 해당 사이트에 있음을 밝힙니다.

ISBN 978-89-314-4596-1
내용문의 frvrhot@nate.com

만든 사람들

집필 김혜진 | 기획 기획1팀 | 총괄 김태경 | 진행 성민 | 북디자인 열린마음 | 인쇄 성신프린팅

머리말

일러스트레이터 CS6는 어도비(Adobe)사에서 개발한 벡터 드로잉 프로그램의 최신 버전으로 2D 그래픽뿐만 아니라 3D 그래픽, 웹 디자인과 동영상 등의 모든 미디어에서 고품질의 그래픽 작업이 가능하기 때문에 그래픽 아티스트, 일러스트레이터 및 미디어 관련 전문가들이 선호하는 제품입니다. 이전 버전에서 추가된 고기능의 드로잉 및 3D 도구들을 이용하여 더욱 정교한 그래픽 작업뿐만 아니라 손쉽고 빠르게 창의적인 그래픽 작업을 할 수 있습니다.

이 책은 일러스트레이터 CS6에 새롭게 추가되고 강화된 아트보드 기능, 드로잉으로 원근감을 적용하는 기능, 강력해진 브러시 기능, 일상적으로 사용하는 다양한 툴을 활용하여 신속하게 작업할 수 있도록 기능이 추가되었습니다. 이런 다양한 기능을 많은 예제와 자세한 설명으로 누구나 손쉽게 따라 하고 적용할 수 있도록 기획했습니다.

또한 저자의 경험을 바탕으로 만들어진 기초 예제부터 실무에서 바로 활용할 수 있는 수준 높은 예제들까지 수록되어 있으며, 예제를 따라하는 중간 중간에 관련 정보를 제공하는 Tip을 바로 제공하여 폭넓은 지식을 쌓을 수 있도록 하였습니다. 또 각 단원이 끝날 때마다 난이도별로 기초 문제와 심화 문제를 수록하여 학습 이해 및 응용능력을 키울 수 있고 HINT를 통해 실습에 필요한 세부 정보를 제공하여 저자의 노하우를 따라 할 수 있도록 하였습니다.

마지막으로 이 책이 나오기까지 많은 도움을 주신 영진닷컴 관계자와 열린마음 여러분께 감사 인사를 드립니다.

열린마음(김혜진)

구성과 특징

일러스트레이터 CS6의 다양한 기능에 대해서 Chapter로 나누어 설명합니다. 각 Chapter마다 세부 기능을 Section으로 나누어 구성하였으며, Chapter별로 핵심정리와 종합실습 코너를 두어 학습한 내용을 다시 한 번 정리하고 응용할 수 있도록 하였습니다.

Chapter

기능과 주제에 따라 Chapter로 나누어 설명합니다. 해당 Chapter에서 배울 핵심적인 내용을 미리 학습할 수 있도록 소개하였습니다.

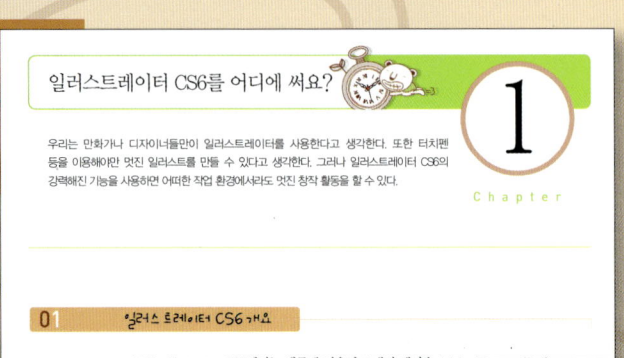

Section

세부적인 기능을 Section으로 구성하였습니다. 어떤 기능을 학습하게 될지 알아두기 코너를 통해 간단하게 살펴보고 시작합니다.

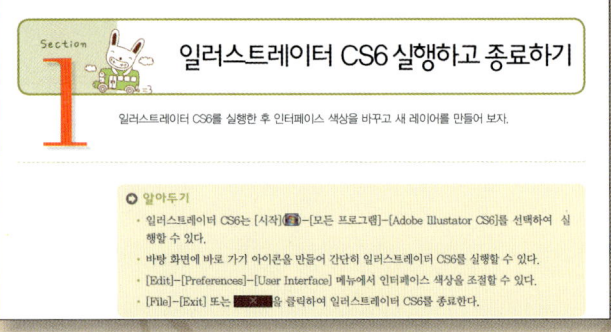

따라하기

구체적인 내용을 단계별로 따라해 볼 수 있도록 순서대로 구성하였습니다. 한 단계씩 따라하다 보면 기능을 마스터할 수 있습니다.

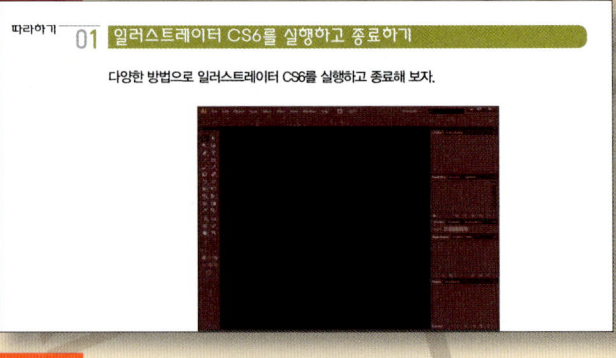

혼자해보기

따라하기에서 익힌 내용을 바탕으로 사용자가 직접 예제를 풀어봅니다. HINT에 있는 내용을 참고하면서 반복 및 심화 학습을 합니다.

HINT

혼자해보기의 예제를 작업할 때 필요한 참고 내용을 담았습니다.

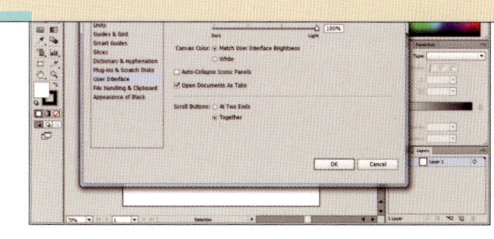

Tip

본문 내용 중에서 알아두어야 할 기능이나 용어들을 소개합니다.

핵심정리

Chapter에서 학습한 핵심적인 내용을 정리해 놓았습니다. 학습 과정에서 놓쳐서는 안될 중요한 사항을 정리하였으므로 다시 한 번 체크해봅니다.

종합실습

Chapter에서 배운 내용에 대한 응용 능력을 높이기 위해 실습 문제를 풀어봅니다. HINT의 내용을 참고하여 지금까지 학습한 내용을 종합적으로 활용해봅니다.

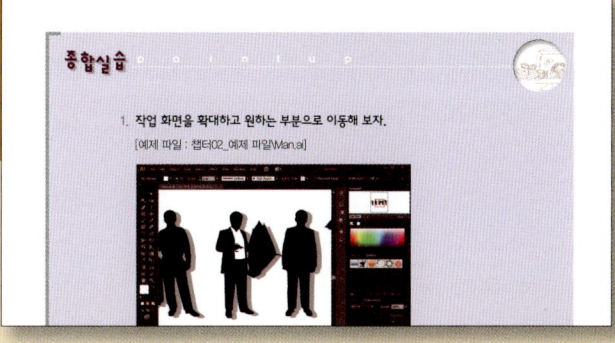

CONTENTS

Chapter 01 일러스트레이터 CS6 기본부터 시작하기 — 12

- 학습 포인트 | 일러스트레이터 CS6를 어디에 써요? — 14
- Section 01 | 일러스트레이터 CS6 실행하고 종료하기 — 18
- Section 02 | 일러스트레이터 CS6 화면 구성 알아보기 — 23
- Section 03 | 일러스트레이터 CS6의 다양한 툴과 도구 모음 알아보기 — 26
- Section 04 | 파일 만들고 저장하기 — 40
- Section 05 | 대지(Artboard) 다루기 — 46
- Section 06 | 레이어의 개념과 구조 이해하기 — 50
- ▶ 핵심정리 — 54
- ▶ 종합실습 — 55

Chapter 02 일러스트레이터 CS6의 시작, 기초 실력 쌓기 — 56

- 학습 포인트 | 오브젝트 편집과 수정 쉽게 하기 — 58
- Section 01 | 일러스트레이터 CS6 기본 사용법 알아보기 — 62
- Section 02 | 기본 편집 기능 알아보기 — 65
- Section 03 | 오브젝트 자유롭게 변형하기 — 76
- Section 04 | 오브젝트 자르기 — 81
- Section 05 | 선택 툴과 직접 선택 툴을 이용하여 오브젝트 변형하기 — 86
- Section 06 | 안내선과 그리드를 사용하여 정확한 작업하기 — 89
- Section 07 | 정밀한 일러스트 작업에 필요한 측정 기능 사용하기 — 95
- ▶ 핵심정리 — 98
- ▶ 종합실습 — 99

Chapter 03 자유로운 드로잉을 이용한 일러스트 그리기　100

학습 포인트 ǀ 일러스트레이터 CS6로 드로잉하듯 그리기	102
Section 01 ǀ 패스를 이용한 다양한 형태의 오브젝트 그리기	105
Section 02 ǀ 연필 툴로 손그림 효과 내기	111
Section 03 ǀ 페인트 브러시 툴로 회화 느낌의 일러스트 그리기	115
Section 04 ǀ 도형 툴로 쉽게 원하는 형태 그리기	122
Section 05 ǀ 선분 툴로 빠르게 원하는 선 그리기	127
Section 06 ǀ 향상된 드로잉 기능 사용하기	131
Section 07 ǀ 이미지 트레이스로 비트맵 이미지 변환하기	134
▶ 핵심정리	136
▶ 종합실습	137

Chapter 04 여러 가지 방법으로 원하는 색상 적용하기　138

학습 포인트 ǀ 그래픽 작업에 필요한 색상 만들기	140
Section 01 ǀ 오브젝트에 원하는 색상 적용하기	144
Section 02 ǀ 라이브 색상으로 손쉽게 색상 선택하기	148
Section 03 ǀ 그레이디언트로 생동감있는 그림 그리기	153
Section 04 ǀ 원하는 색상 설정을 쉽고 빠르게 하기	158
Section 05 ǀ 메시로 입체적인 오브젝트 만들기	162
Section 06 ǀ [Swatches] 팔레트에 쉽게 패턴 등록하고 사용하기	165
▶ 핵심정리	167
▶ 종합실습	169

CONTENTS

Chapter 05 일러스트레이터 CS6를 사용한 타이포그래피 & 캘리그래피 170

학습 포인트 | 문자로 자유로운 타이포그래피 & 캘리그래피 만들기	172
Section 01 | 기본적인 문자 입력 방법 알아보기	176
Section 02 | 문장의 다양한 변화 알아보기	181
Section 03 | 패스를 따라 자유롭게 흐르는 문자 만들기	183
Section 04 | 이미지 주변으로 흐르는 문장 만들기	186
Section 05 | 문자 스타일로 문자 속성 통일하기	188
Section 06 | 나만의 캘리그래피 만들기	191
Section 07 | 문자 왜곡하기	194
▶핵심정리	197
▶종합실습	199

Chapter 06 오브젝트 변형 자유롭게 적용하기 200

학습 포인트 | 오브젝트 변형을 위해 알아둘 내용	202
Section 01 | 오브젝트 왜곡 간단하게 만들기	206
Section 02 | 유동화 툴을 이용한 직관적인 이미지 변형	212
Section 03 | [Pathfinder] 팔레트를 이용한 오브젝트 구성	221
▶핵심정리	226
▶종합실습	227

Chapter 07 오브젝트의 효과적인 관리 및 실행　　228

학습 포인트 | 효과적인 오브젝트 관리로 작업하기　　230

Section 01 | 레이어를 이용하여 요소를 분리하고 작업하기　　235

Section 02 | 간단하게 그래픽 스타일 사용하기　　240

Section 03 | 블렌드 효과로 오브젝트의 한계 넘기　　244

Section 04 | 마스크 효과로 나만의 디자인 만들기　　248

Section 05 | 액션 기능으로 편리하게 작업하기　　253

Section 06 | 오브젝트를 심볼로 등록하고 사용하기　　257

▶ 핵심정리　　260

▶ 종합실습　　262

CONTENTS

Chapter 08 | 필터와 이펙트로 이미지에 특수 효과주기　264

학습 포인트 | 이미지에 다양한 효과 적용하기　266
Section 01 | 이미지에 필터 적용하기　270
Section 02 | 이미지에 이펙트 적용하기　273
Section 03 | 이미지의 포커스 내 맘대로 조정하기　278
Section 04 | Filter Gallery로 일러스트레이터 CS6에서 효과 주기　283
▶ 핵심정리　292
▶ 종합실습　293

Chapter 09 | 3D 효과로 입체 오브젝트 만들기　294

학습 포인트 | 3D 오브젝트 만드는 방법 알아보기　296
Section 01 | 3D 효과로 입체적인 오브젝트 만들기　298
Section 02 | 3D 효과로 입체 타이포그래피 만들기　308
Section 03 | 원근감 툴을 이용한 입체적인 그래픽 작업하기　313
▶ 핵심정리　319
▶ 종합실습　321

Chapter 10 | 그래프와 웹 기능 손쉽게 사용하기   322

학습 포인트	일러스트레이터 CS6의 그래프와 웹 기능	324
Section 01	수치와 데이터를 이용해 그래프 만들기	327
Section 02	그래프에 디자인 적용하기	331
Section 03	원하는 형태로 이미지 분할하기	337
Section 04	웹 페이지에 최적화된 분할 기능 사용하기	342
Section 05	링크시키고 이미지 최적화하기	345
▶핵심정리		348
▶종합실습		349

01

CHAPTER

일러스트레이터 CS6
기본부터 시작하기

일러스트레이터 CS6는 획기적인 선 그레이디언트 기능, 세밀하고 자연스러워진 이미지 트래킹 기능, 그리고 단 한 번의 클릭으로 다양한 패턴 만들기 등 이전 버전에 비해 좀 더 자연스럽고 쉽게 강력한 기능을 사용할 수 있다. 또한 나만의 도구 모음을 구성하여 작업 형태에 맞게 최적화할 수 있다. 여기에서는 일러스트레이터 CS6의 새로워진 작업 환경과 구성 방법, 그리고 간단한 사용법을 살펴본다.

Section 1   일러스트레이터 CS6 실행하고 종료하기

Section 2   일러스트레이터 CS6 화면 구성 알아보기

Section 3   일러스트레이터 CS6의 다양한 툴과 도구 모음 알아보기

Section 4   파일 만들고 저장하기

Section 5   대지(Artboard) 다루기

Section 6   레이어의 개념과 구조 이해하기

일러스트레이터 CS6를 어디에 써요?

Chapter 1

우리는 만화가나 디자이너들만이 일러스트레이터를 사용한다고 생각한다. 또한 터치펜 등을 이용해야만 멋진 일러스트를 만들 수 있다고 생각한다. 그러나 일러스트레이터 CS6의 강력해진 기능을 사용하면 어떠한 작업 환경에서라도 멋진 창작 활동을 할 수 있다.

01 일러스트레이터 CS6 개요

Adobe Illustrator CS6에서는 새롭게 적용된 그래픽 엔진은 Adobe Mercury Performance System으로 대용량의 디자인 작업을 빠르고 안정적으로 할 수 있다. 또 업데이트된 최신 인터페이스를 통해 일상적인 작업을 간소화할 수 있다. 개선된 고급 툴을 사용하면 독창적인 아이디어를 마음껏 표현할 수 있어 고급 사용자의 표현력을 높일 수 있게 되었다. 일러스트레이터 CS5와 비교해서 많은 기능이 추가된 것은 아니지만 오래도록 기다려온 선 그레이디언트 기능, 패턴 기능, 그리고 이미지 트레이 기능이 획기적으로 바뀌었다.

UI 밝기 조절 기능은 백그라운드의 그레이스케일 부분을 부드럽고 연속적으로 조절하여 비디오 툴의 색상과 맞추거나 사용자가 선호하는 색상으로 조절 가능하게 한다. 또한 일러스트레이터 CS6의 워크스페이스 캔버스를 흰색으로 맞추더라도 다른 인터페이스 부분에서 그레이 톤 부분에 영향을 주지 않는다.

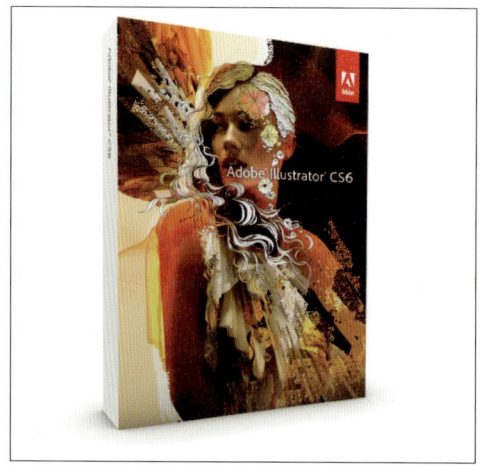

▲ 일러스트레이터 CS6 케이스

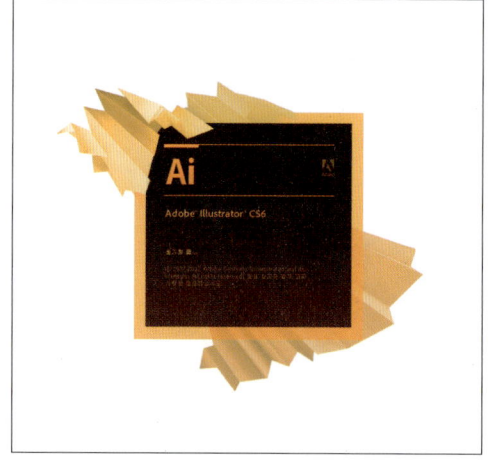

▲ 일러스트레이터 CS6의 실행 화면

1. 목말랐던 64bit 시스템의 극강 속도, Adobe Mercury Performance System

새로운 Adobe Mercury Performance System을 기반으로 작업 속도를 획기적으로 개선하였다. 즉 복잡한 대용량 파일도 빠르고 안정적으로 작업할 수 있게 된 것이다. 64비트 운영체제에 최적화되어 복잡한 대용량의 그래픽 작업도 원활하게 할 수 있으며 특정한 효과를 줄 경우에도 작업의 속도를 많이 단축할 수 있게 되었다. 또 미리 보기를 통해 결과를 확인하면서 작업이 가능하여 작업 효율을 최대로 끌어올릴 수 있다.

2. 사용자의 취향대로 인터페이스를 바꾼다, Black Interface

일러스트레이터 CS6를 실행하면 가장 눈에 띄는 변화가 바로 인터페이스 색상이다. 연회색이었던 인터페이스에 은색이 많이 더해진 진회색으로 바뀌었다. 작업을 하면서 좀 더 집중을 할 수 있도록 하는 배려로 보이며, 사용자의 취향에 따라 이전의 인터페이스 색상이나 다른 색상으로 조정이 가능하다.

▲ 일러스트레이터 CS6의 편집 화면

3. 선에도 그레이디언트를, 선 그레이디언트 기능

선에 그레이디언트를 넣으려면 선을 면으로 바꾼 다음 그레이디언트를 채우는 과정이 꽤 번거로웠기 때문에 선에 바로 채울 수 있는 기능이 많이 필요했다. 일러스트레이터 CS6에서는 이러한 선 기능이 개선되어 편리하게 다양한 그레이디언트 효과를 적용할 수 있다.

▲ 선 그레이디언트 기능의 예

4. 비트맵 이미지를 빠르게 벡터 이미지로, 이미지 트레이스 기능

일러스트레이터 CS3에서 선보인 Live Trace 기능이 Image Trace 기능으로 바뀌었다. 비슷한 기능이 이름만 바뀐 것으로 보이지만 기본적으로 성능이나 속도 면에서 확실히 강화되었다. Live Trace 기능은 간단한 이미지에서 무난하게 사용이 가능했지만, 복잡한 이미지를 트레이스할 때 처리 시간이 너무 오래 걸리거나 컴퓨터에 랙이 걸리는 문제가 있었다. 이제는 복잡해 보이는 사진 이미지도 쉽고 빠르게 벡터 이미지로 바꿀 수 있어 편리하다.

 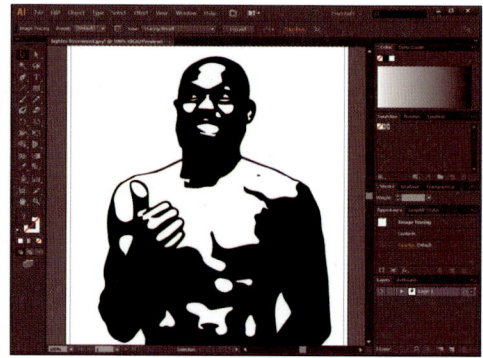

▲ 이미지 트레이스 기능 (전, 후)

5. 획기적인 개선으로, 패턴 만들기

패턴 만들기는 새 기능이라고 해도 될 만큼 획기적으로 바뀌었다. 이전에 패턴을 만들려면 패턴의 상하좌우의 연결을 맞추기 위해 마스크나 이미지를 잘라서 교차점에 붙이는 과정을 거쳐야 했는데, 일러스트레이터 CS6에서는 [Object]-[Pattern]-[Make] 메뉴만 선택하면 상하좌우의 모양을 자동으로 맞춰서 보여준다. 또 고유의 패턴 생성 기능은 패턴 경로를 자동으로 추적하여 지정되도록 편리함을 더 했다. 즉 타일링 및 옵션, 양한 변경 및 간격 옵션 등을 손쉽게 수정하여 다양한 패턴을 만들 수 있어 이전에는 어렵고 복잡했던 섬유 디자인 패턴도 가능하게 되었다.

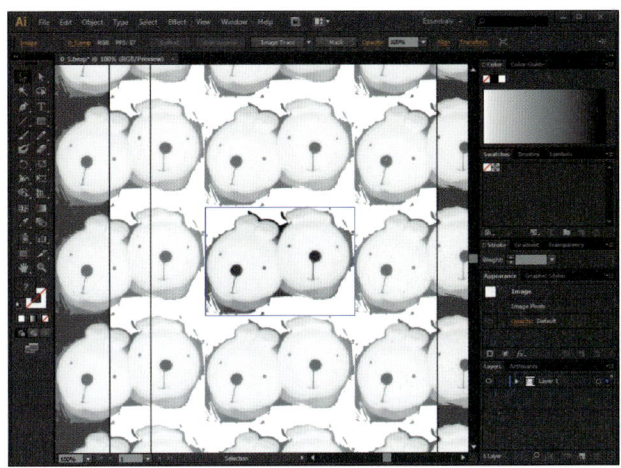

▲ 패턴 만들기 기능

6. 내 맘대로 툴 구성하기

숨겨진 툴을 사용자가 자주 사용하는 툴로 재구성하여 나만의 도구 모음을 구성할 수 있다.

7. 향상된 가우시안 흐림 효과

가우시안 블러 효과, 그림자, 광선 같은 효과를 대화상자에서 미리 확인할 수 있기 때문에 빠르고 정확하게 작업할 수 있다.

▲ [Poster Edges] 대화상자

8. 향상된 [Color] 팔레트

[Color] 팔레트에서 확장 가능한 색상 스펙트럼을 사용하여 빠르고 정확하게 색상을 채울 수 있다. 16진수 값을 복사하여 다른 애플리케이션에 신속하게 붙여 사용할 수도 있다.

Section 1. 일러스트레이터 CS6 실행하고 종료하기

일러스트레이터 CS6를 실행한 후 인터페이스 색상을 바꾸고 새 레이어를 만들어 보자.

● 알아두기

- 일러스트레이터 CS6는 [시작]( )-[모든 프로그램]-[Adobe Illustator CS6]를 선택하여 실행할 수 있다.
- 바탕 화면에 바로 가기 아이콘을 만들어 간단히 일러스트레이터 CS6를 실행할 수 있다.
- [Edit]-[Preferences]-[User Interface] 메뉴에서 인터페이스 색상을 조절할 수 있다.
- [File]-[Exit] 메뉴 또는 ▨을 클릭하여 일러스트레이터 CS6를 종료한다.

따라하기 01 일러스트레이터 CS6를 실행하고 종료하기

다양한 방법으로 일러스트레이터 CS6를 실행하고 종료해 보자.

▲ 일러스트레이터 CS6의 초기 화면

❶ 바탕 화면의 [시작] 버튼(Windows 7의 경우에는 윈도우 버튼)을 클릭하고 [모든 프로그램]-[Adobe Illustrator CS6]를 클릭한다.

❷ 일러스트레이터 CS6가 로딩되는 동안 일러스트레이터 CS6의 로고 화면이 나타난다.

▲ 일러스트레이터 CS6의 로딩 화면

❸ 일러스트레이터 CS6의 초기 실행 화면이 나타난다.

❹ [File]-[Exit] 메뉴 또는 을 클릭하여 일러스트레이터 CS6를 종료한다.

❺ 일러스트레이터 CS6의 상단에 메뉴와 옵션 바, 왼쪽에 도구 모음, 그리고 오른쪽에 팔레트를 확인한다.

> `Ctrl`+`Q`를 누르면 손쉽게 일러스트레이터 CS6를 종료할 수 있다.   tip ➕

01 혼자해보기 바탕 화면에 일러스트레이터 CS6 실행을 위한 바로 가기 아이콘을 만들어 보고, 해당 아이콘을 더블클릭하여 실행해 보자.

▲ 일러스트레이터 CS6의 아이콘이 있는 바탕 화면

HINT | [시작]-[모든 프로그램] 메뉴를 선택한 상태에서 `Ctrl`을 누르고 [Adobe Illustrator CS6] 아이콘을 바탕 화면으로 드래그하여 바로가기 아이콘을 만든다. 반드시 바탕 화면에 바로 가기 아이콘이 만들어진 것을 확인할 때까지 `Ctrl`을 누르고 있어야 한다.

따라하기 02 일러스트레이터 CS6의 인터페이스 변경하기

작업의 집중도를 위한 일러스트레이터 CS6 인터페이스의 검은색을 다른 색상으로 변경해보자.

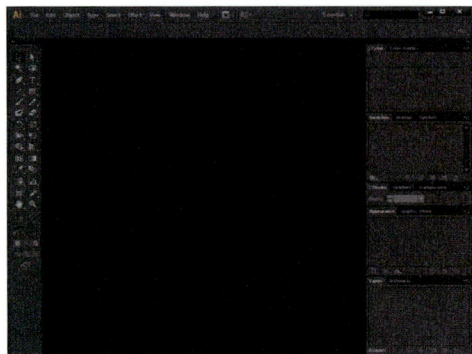 

▲ 일러스트레이터 CS6의 인터페이스 변경 전, 후

❶ 일러스트레이터 CS6를 실행한다.

❷ [Edit]-[Preferences]-[User Interface] 메뉴를 선택하여 [Preferences] 대화상자를 불러온다.

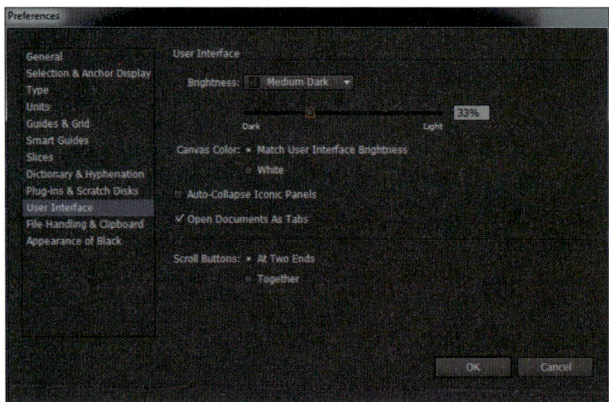

▲ [Preferences] 대화상자

❸ [Preferences] 대화상자의 왼쪽 메뉴 리스트에서 [User Interface]가 선택된 것을 확인한다.

❹ 오른쪽 설정 메뉴에서 [Brightness]의 'Custom'을 클릭하여 'Dark', 'Medium Dark', 'Medium Light', 또는 'Light'를 선택한다.

❺ 밝기의 값을 선택할 때마다 자동으로 인터페이스 색상이 바뀌는 것을 확인한다.

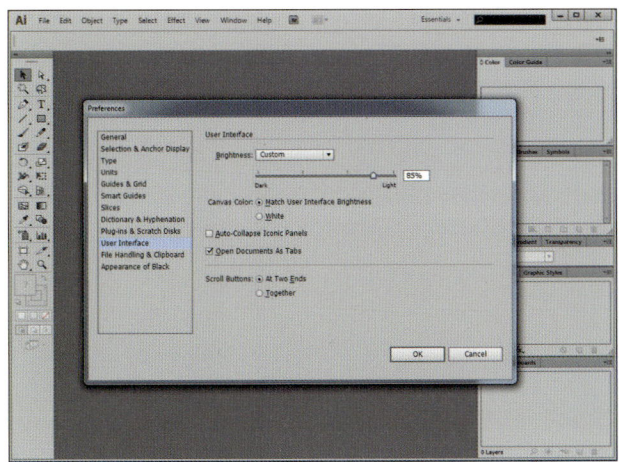

❻ 이번에는 [Brightness]의 조절 바를 이용하여 밝기를 조절해 보고 조절 값(%)이 바뀌는 것을 확인한다.

❼ 밝기의 조절이 끝났다면 [OK] 버튼을 클릭한다.

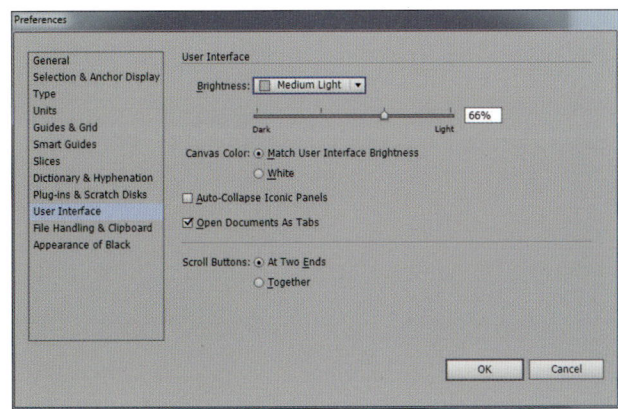

▲ [Preferences] 대화상자에서 밝기 조절

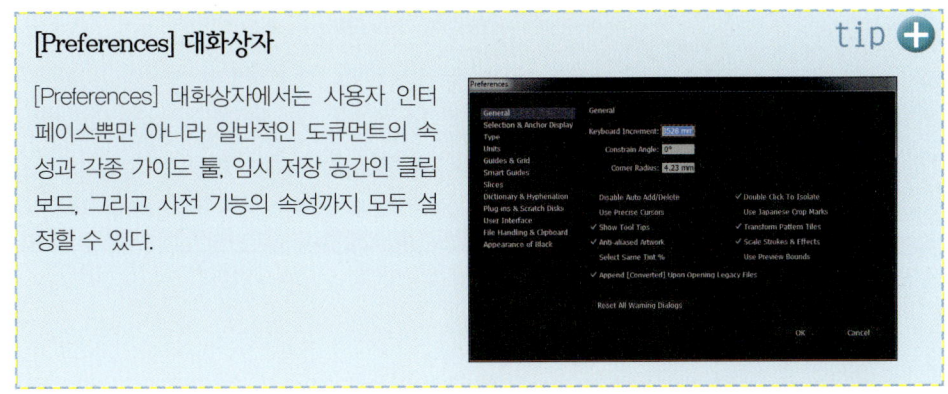

[Preferences] 대화상자

[Preferences] 대화상자에서는 사용자 인터페이스뿐만 아니라 일반적인 도큐먼트의 속성과 각종 가이드 툴, 임시 저장 공간인 클립보드, 그리고 사전 기능의 속성까지 모두 설정할 수 있다.

01 혼자해보기

[Preferences] 대화상자에서 일러스트레이터 CS6의 캔버스 색상을 바꿔보자.

▲ 흰색으로 조정(전, 후)된 캔버스 색상

HINT | [Preferences] 대화상자에서 [User Interface]를 선택한다. [Canvas Color]에서 [White]를 체크하고 [OK] 버튼을 클릭하면 캔버스 색상이 흰색으로 변경된다. 다시 [Preferences] 대화상자의 [Canvas Color]에서 [Match User Interface Brightness]를 체크하고 [OK] 버튼을 클릭하면 캔버스 색상이 원래의 색상으로 돌아온다.

02 혼자해보기

[Preferences] 대화상자를 이용하여 인터페이스 색상을 밝은 회색으로 바꿔보자.

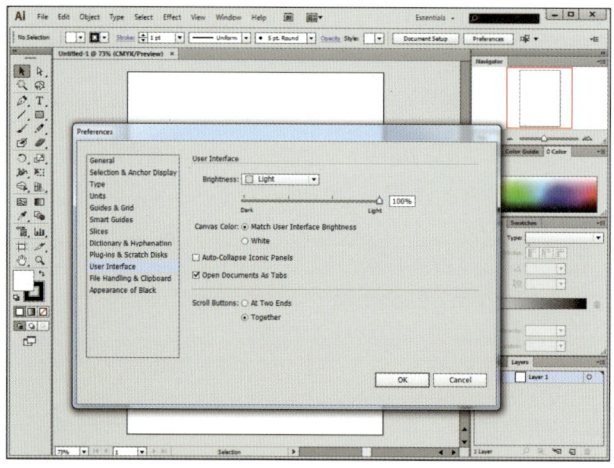

HINT | [Preferences] 대화상자에서 [User Interface]를 선택한 다음 [Brightness]를 'Light'로 설정하거나 슬라이더를 최대 100%로 설정한 다음 [OK] 버튼을 클릭한다.

Section 2. 일러스트레이터 CS6 화면 구성 알아보기

일러스트레이터 CS6는 사용자의 편의를 중심으로 인터페이스를 제공할 뿐만 아니라 나만의 도구 모음을 구성하여 숨겨진 툴도 손쉽게 사용할 수 있다. 일러스트레이터 CS6의 화면 구성을 알아보자.

> **알아두기**
> - 일러스트레이터 CS6는 메뉴 바, 옵션 바, 도구 모음, 팔레트, 도큐먼트, 대지, 상태 표시줄로 구성되어 있다.
> - 일러스트레이터 CS6 툴의 기본 명칭과 기능, 그리고 나만의 도구 모음을 구성하는 방법을 알아 둔다.

설명하기 01 일러스트레이터 CS6의 화면 구성 요소

일러스트레이터 CS6의 화면은 상단의 메뉴 바, 옵션 바, 좌측의 도구 모음, 우측의 팔레트, 작업 영역인 도큐먼트와 대지로 구성된다.

▲ 일러스트레이터 CS6의 화면 구성

1. 메뉴 바

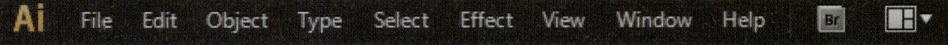

▲ 메뉴 바

일러스트레이터 CS6의 메뉴 바에는 9가지의 다양한 메뉴가 있다. 각 메뉴마다 여러 가지 하위 메뉴를 제공하며 하위 메뉴의 색상이 검은색이면 바로 실행 가능한 메뉴들이지만 회색을 띠는 비활성화 메뉴들은 현 상태에서는 실행할 수 없다. 그리고 각 메뉴의 오른쪽에 삼각형 화살표는 더 세분화된 여러 가지 종류의 하위 메뉴가 숨어 있음을 의미한다.

2. 옵션 바

▲ 옵션 바

옵션 바는 도구 모음에서 선택한 툴의 옵션을 표시하며 선택한 툴의 종류에 따라 옵션의 기능을 다양하게 제공한다.

3. 도구 모음

도구 모음은 일러스트레이터 CS6의 좌측에 위치하며 아이콘 형태의 다양한 툴들을 제공한다. 각 툴의 우측 하단에 ▣ 표시가 있는 경우 해당 아이콘을 1~2초간 누르고 있으면 숨겨진 아이콘들이 표시되어 다양한 툴을 선택할 수 있다. 각 툴을 더블클릭하거나 도큐먼트 위에서 클릭하면 해당 툴의 옵션 대화상자가 나타나 옵션 설정이 가능하다.

4. 도큐먼트

▲ 도큐먼트　　　　　　　　　　▲ 도구 모음

도큐먼트는 일러스트레이터의 작업 창을 열 수 있는 영역을 의미한다. 제목 표시줄로 여러 도큐먼트들을 선택하여 작업할 수 있고 최대 100개까지의 도큐먼트를 실행할 수 있다. 작업 내용은 언제든지 저장하여 보관할 수 있으며 기존에 보관하고 있던 도큐먼트를 불러와 추가적인 작업을 진행할 수도 있다.

5. 팔레트

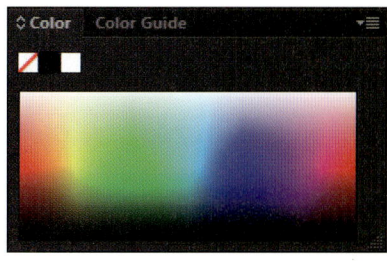 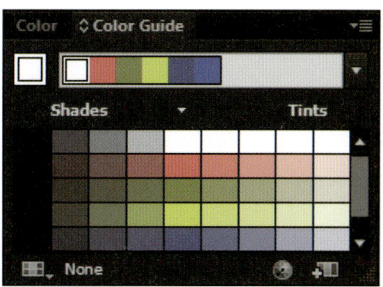

▲ [Color], [Color Guide] 팔레트

일러스트레이터 CS6는 매우 다양한 종류의 팔레트를 제공한다. 이러한 팔레트들은 서로 합치거나 독립적으로 분리할 수 있으며 사용자가 임의로 정렬할 수도 있다. 또한 각 팔레트의 우측 상단에 있는 팝업 버튼을 클릭하면 다양한 옵션 설정이 가능하다.

일러스트레이터 CS6에서는 [Color] 팔레트에서 확장 가능한 색상 스펙트럼을 사용하여 빠르고 정확하게 색상을 지정할 수 있다. 또한 16진수 값을 복사하여 다른 애플리케이션에 신속하게 적용할 수도 있다.

6. 상태 표시줄

▲ 상태 표시줄

상태 표시줄은 현재 활성화되어 있는 도큐먼트의 정보가 나타나는 곳으로 확대 비율, 현재 선택된 툴의 정보, 대지의 개수 및 번호 등이 표시된다.

Section 3. 일러스트레이터 CS6의 다양한 툴과 도구 모음 알아보기

일러스트레이터 CS6는 다양한 툴의 도구 모음을 배치하고 사용자의 편의에 맞게 재배치할 수 있다. 각종 툴들은 아이콘 모양이 해당 기능을 나타내고 있어 사용자가 알아보기 쉽게 구성되어 있다. 다양한 색상 스펙트럼을 제공하는 팔레트는 그래픽 작업에 필요한 기능과 옵션을 제공한다.

▶ 알아두기

- 도구 모음의 툴들을 이용하여 간편하게 다양한 그래픽 작업을 할 수 있다.
- 팔레트를 이용하여 쉽고 빠르게 정확한 색상을 적용할 수 있다.

설명하기 01 도구 모음

툴 위에 마우스 포인터를 위치시키면 툴의 이름이 나타난다. 툴 이름 옆의 영문자는 단축키를 의미하며 키보드에서 영문자를 누르면 자동으로 해당 툴이 선택된다. ◢ 표시가 있는 툴들은 마우스로 1~2초간 클릭하면 숨은 툴들이 표시된다.

- 선택 툴(Selection) V
- 마술봉 툴(Magic Wand) Y
- 펜 툴(Pen) P
- 선분 툴(Line Segment) ₩
- 페인트 브러시 툴(Paintbrush) B
- 물방울 브러시 툴(Blob brush) Shift +B
- 회전 툴(Rotate) R
- 유동화 툴(Width) Shift + W
- 도형 구성 툴(Shape Builder) Shift + M
- 메시 툴(Mesh) U
- 스포이트 툴(Eyedropper) I
- 심볼 스프레이어 툴(Symbol Sprayer) Shift + S
- 대지 툴(Artboard) Shift + O
- 손 툴(Hand) H

- 직접 선택 툴(Direct Selection) A
- 올가미 툴(Lasso) Q
- 문자 툴(Type) T
- 사각형 툴(Rectangle) M
- 연필 툴(Pencil) N
- 지우개 툴(Eraser) Shift + E
- 크기 조절 툴(Scale) S
- 자유 변형 툴(Free Transform) E
- 원근감 그리드 툴(Perspective Grid) Shift + P
- 그레이디언트 툴(Gradient) G
- 블렌드 툴(Blend) W
- 막대 그래프 툴(Column Graph) J
- 분할 툴(Slice) Shift + K
- 돋보기 툴(Zoom) Z

드로잉 모드
- 표준 그리기(Draw Normal) Shift + D
- 배경 그리기(Draw Behind) Shift + D
- 내부 그리기(Draw Inside) Shift + D

화면 모드
- 화면 모드 변경(Change Screen Mode) F

색상 모드
- 칠과 선 교체(Swap Fill and Stroke) Shift + X
- 색상 초기화(Default Fill and Stroke) D
- 색상(Color) 〈
- 그레이디언트(Gradient) 〉
- 없음(None) /

설명하기 02 도구 모음의 툴

- **선택 툴**

도큐먼트 상의 오브젝트 및 그룹 오브젝트를 선택하거나 이동할 때 사용한다. 마우스를 클릭하여 특정 오브젝트를 선택할 수 있으며, 드래그로 선택 범위를 만들거나 `Shift`를 누른 상태에서 여러 개의 오브젝트를 클릭하여 다중 선택도 가능하다. 여러 가지 툴 중에서 가장 기본이 되는 툴로써 어떠한 작업 과정에서도 `Ctrl`을 누르면 나타낼 수 있다.

- **직접 선택 툴, 그룹 선택 툴**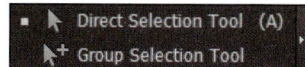

직접 선택 툴은 그룹화된 오브젝트에서 특정 부분 오브젝트를 선택하거나 기준점을 선택할 때 또는 오브젝트의 일부분을 수정할 때 사용한다. 그룹 오브젝트를 선택하고 싶다면 그룹 선택 툴을 사용한다.

- **마술봉 툴**

여러 오브젝트 중에서 색상 등 유사한 속성을 가진 오브젝트들만을 한 번에 선택할 수 있는 기능으로 포토샵의 마술봉 툴과 기능이 유사하다.

- **올가미 툴**

자유롭게 드래그하여 자취에 포함되는 모든 오브젝트 및 선, 기준점을 선택한다.

- **펜 툴**

펜, 고정점 추가, 고정점 삭제, 그리고 고정점 변환 툴은 주로 자유로운 형태를 그릴 때 사용한다. 직선 또는 베지어 곡선의 형태를 조절하여 오브젝트를 생성하고 기존 오브젝트에 고정점을 추가 및 삭제하여 변형한다. 일러스트레이터에서 원하는 이미지를 자유롭게 만들고 싶다면 꼭 익혀두어야 할 툴이다.

- **문자 툴**

문자, 영역 문자, 패스 상의 문자, 세로 문자, 세로 영역 문자, 그리고 패스 상의 세로 문자 툴을 제공한다.

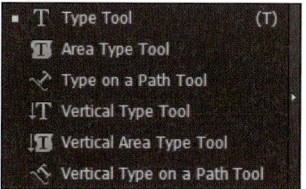

- **선분 툴**

직선, 곡선, 나선형, 사각형 격자, 그리고 극좌표(원형) 그리드 툴이 있으며 다양한 형식의 테두리선을 작성할 수 있다. 만들어진 선을 이으면 도형을 구성할 수 있다.

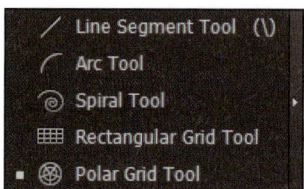

• 도형 툴

사각형, 둥근 사각형, 원형, 다각형, 별모양 및 플레어 툴을 제공한다. 일러스트레이터에서 다양한 도형을 작성할 때 사용하며 플레어 툴은 조명 효과나 태양광 효과를 나타낼 때 사용한다.

• 페인트 브러시 툴

일반적인 패스에 다양한 형태의 선 느낌 또는 이미지를 표현할 수 있는 브러시 기능을 이용하여 붓 터치 효과를 표현할 때 사용하는 툴이다. 태블릿과 같은 장비를 이용하면 더 효과적으로 사용할 수 있다.

• 연필, 스무스, 패스 지우개 툴

연필 툴은 자유 곡선을 그리거나 수정하는 기능을 가지고 있으며 스무스 툴 및 패스 지우개 툴과 같이 연동하여 사용한다. 스무스 툴을 이용하면 부드러운 곡선으로 만들 수 있으며 패스 지우개 툴을 이용하여 불필요한 오브젝트의 기준점과 곡선을 삭제할 수 있다.

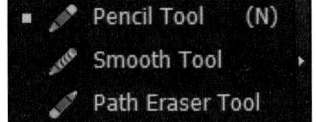

• 물방울 브러시 툴

물방울 브러시로 다른 오브젝트 위를 드래그하면 해당 오브젝트와 물방울 브러시로 그려진 오브젝트가 하나의 깔끔한 벡터 오브젝트로 그룹화된다. 물방울 브러시 툴을 지우개 툴 및 스무스 툴과 함께 사용하면 자연스러운 드로잉을 구사할 수 있다.

• 지우개, 가위, 칼 툴

지우개 툴을 이용하면 포토샵과 같이 이미지를 자유롭게 지울 수 있다. 가위 툴로 자르고자 하는 오브젝트의 패스를 클릭하면 하나의 오브젝트를 두 개 이상의 오브젝트로 나눌 수 있다. 칼 툴은 오브젝트의 나누고자 하는 부분을 드래그하여 자른 위치를 기준으로 두 개의 오브젝트로 분리한다.

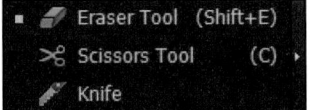

• 회전, 반사 툴

회전 툴은 선택한 오브젝트를 다양한 각도로 회전시키며 Shift 를 누르면 정확히 45도 간격으로 회전시킬 수 있다. 반사 툴은 거울에 비친 모양처럼 오브젝트를 수직, 수평 또는 원하는 각도로 반전시킬 수 있다.

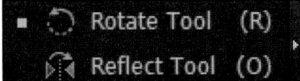

- **크기 조절, 기울이기, 모양 변경 툴**

    크기 조절 툴은 선택한 오브젝트의 크기를 자유롭게 또는 정확하게 조절하고 기울기 툴은 오브젝트의 기울기를 조절한다. 모양 변경 툴은 선택한 점을 기준으로 기존 형태에 많은 변화를 주지 않으면서 자연스럽게 변형한다.

    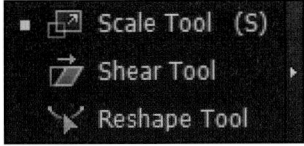

- **유동화 툴**

    폭, 변형, 돌기기, 오목 툴 등 많은 오브젝트 변형 툴을 제공한다. 이러한 유동화 툴을 사용하면 브러시 툴로 그려진 선의 강약을 조절할 수 있으며 오브젝트를 다양한 방법으로 변형할 수 있다.

- **자유 변형 툴**

    자유 변형 툴은 선택된 오브젝트를 둘러싸는 크기 조절 박스를 생성하고 기준점을 자유롭게 조절하여 크기, 회전 및 다양한 변형 등을 제공한다.

- **도형 구성 툴**

    여러 툴과 패널을 사용하지 않고도 도형 구성 툴을 사용하면 대지에서 손쉽게 모양들을 결합하고 편집할 수 있다. 특정한 오브젝트를 선택하거나 오브젝트들의 겹쳐진 부분에만 색상을 입히는 등의 다양한 편집이 가능하다.

    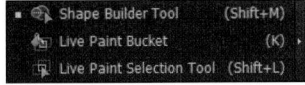

- **원근감 그리드, 원근감 선택 툴**

    원근감이 있는 배경, 오브젝트 및 타이포그래피를 쉽고 빠르게 제작할 수 있다. 3D 효과를 특별하게 사용하지 않아도 원근감 툴을 이용하여 간편하게 3D 배경들을 생성할 수 있다.

- **메시 툴**

    메시 툴은 오브젝트에 그물과 같은 기준점을 배치하여 자연스러운 색상의 그레이디언트 효과를 적용한다.

- **그레이디언트 툴**

    그레이디언트 툴은 오브젝트의 내부에 자연스럽게 여러 가지 색상이 섞여 있는 그레이디언트를 적용하며 그레이디언트의 방향, 거리 및 무늬를 조절할 수 있다.

- **스포이트, 측정 툴**

스포이트 툴은 오브젝트의 색상, 선 두께와 같은 속성들을 복제하여 다른 오브젝트에 손쉽게 적용한다. 측정 툴은 오브젝트의 좌표, 거리, 길이 등의 정보를 알기 위해서 사용하는 툴로 [Info] 팔레트에 해당 결과가 나타난다.

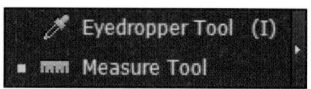

- **블렌드 툴**

블렌드 툴은 오브젝트와 오브젝트 사이를 자연스럽게 연결하여 하나의 오브젝트를 생성한다. 오브젝트들의 사이에는 그레이디언트가 적용된다.

- **심볼 툴**

심볼 스프레이어, 이동, 분쇄기 등 다양한 심볼 툴들은 도큐먼트에 심볼을 생성하고 생성한 심볼을 쉽고 다양한 방법으로 편집할 수 있는 기능들을 제공한다.

- **그래프 툴**

기타 문서 편집 프로그램에서와 같은 다양한 그래프를 생성할 수 있으며 사용자 임의대로 그래프의 스타일을 변경할 수 있다.

- **대지 툴**

대지 툴은 인쇄 또는 다른 형식의 파일로 저장할 경우 처리할 부분의 영역을 지정한다. 지정된 대지는 자유롭게 크기를 변경하거나 없앨 수 있다.

- **분할, 분할 선택 툴**

분할 툴은 작업한 오브젝트를 부분적으로 나누는 기능을 가지고 있으며, 분할 선택 툴은 분할된 각각의 이미지를 선택하고 이동하며 옵션을 설정할 수 있는 기능이 있다.

- **손, 타일링 인쇄 툴**

손 툴로 도큐먼트를 드래그하여 자유롭게 원하는 위치로 이동할 수 있다. 타일링 인쇄 툴은 인쇄 경계를 나타내어 도큐먼트 상에 인쇄할 영역을 이동한다.

- **돋보기 툴**

도큐먼트를 확대 또는 축소하여 작업 환경을 원활하게 하는 기능을 가지고 있다.

- **색상 모드**

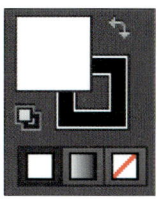

오브젝트의 면과 선의 색상을 지정한다. 면과 선에 단일 색상, 그레이디언트, 색상 없음을 쉽게 적용할 수 있도록 3개의 속성 아이콘을 제공하며, 단일 색상과 그레이디언트는 오브젝트 내부에 색상을 적용하고 색상 없음은 오브젝트에 색상을 적용하지 않는 것이다. 일러스트레이터 CS6에서는 선의 색상에도 그레이디언트를 제공한다.

- **드로잉 모드**

도형이나 선을 그릴 때 현재 선택되어 있는 이미지의 앞, 뒤, 내부에 그릴 것인지를 설정할 수 있다.

- **화면 모드**

표준 화면 모드, 메뉴 막대가 있는 전체 화면 모드, 그리고 전체 화면 모드와 같이 세 가지의 화면 모드 방식을 제공한다.

설명하기 03 팔레트

- **[Navigator] 팔레트**

[Navigator] 팔레트에 있는 빨간색 사각형을 마우스로 움직이면 현재 보이는 작업 영역을 이동시킬 수 있다. 또한 하단의 슬라이더를 사용하여 작업 영역을 확대 또는 축소해서 볼 수 있다.

- **[Document Info] 팔레트**

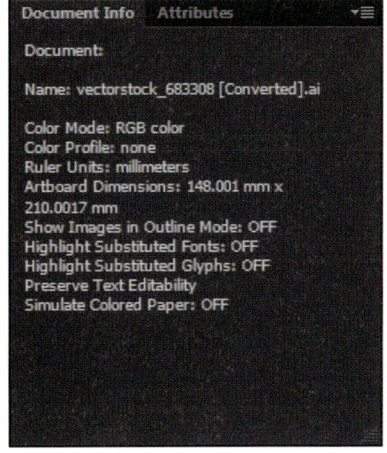

현재 작업 중인 문서의 이름, 경로, 색상 및 크기 등과 같은 정보가 나타난다.

- **[Appearance] 팔레트**

  오브젝트를 이루는 면과 선에 대한 정보가 나타나며 [Appearance] 팔레트에서 색상 변경 및 여러 가지 속성 작업을 할 수 있다.

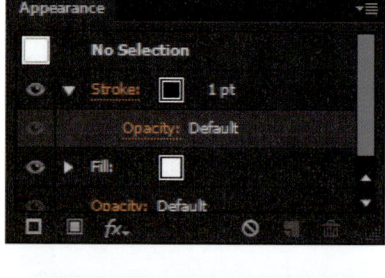

- **[Info] 팔레트**

  선택한 오브젝트의 위치나 크기, 면과 선에 대한 정보 또는 마우스의 현재 위치의 좌표값을 보여준다.

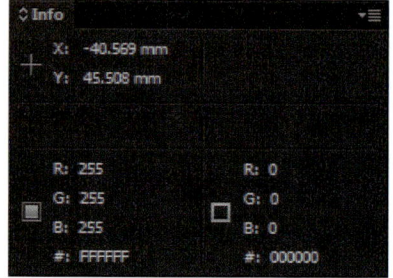

- **[Stroke] 팔레트**

  선택한 오브젝트의 선에 대한 모든 정보를 표시하고 옵션을 설정한다. 선의 끝단면, 모퉁이의 모양 등 디테일한 부분까지도 설정이 가능하다.

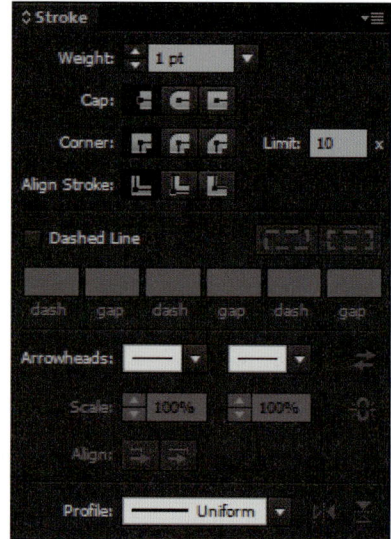

- **[Color] 팔레트**

  오브젝트에 색상을 적용할 때 사용하며 회색 음영, RGB, CMYK, HSB 외에 반전, 보색 등 다양한 색상 모드를 제공한다.

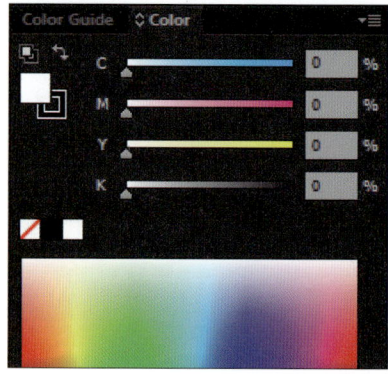

- **[Color Guide] 팔레트**

  하나의 색상을 기준으로 서로 어울리는 색상들을 여러 개의 배색 띠와 단계별 색상으로 나타낸다. [Color Guide] 팔레트에서 색상을 지정하면 지정된 색상과 어울리는 여러 가지 색을 자동으로 보여준다. 색상 라이브러리(▦)를 이용하면 더욱 다양한 어울림 색상을 지정할 수 있다.

  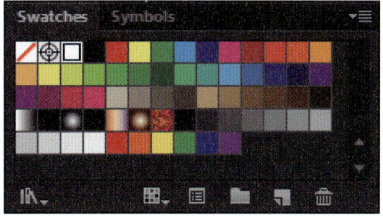

- **[Swatches] 팔레트**

  일러스트레이터가 기본적으로 다양한 원색, 그레이디언트, 무늬 등을 제공하며 사용자가 자주 사용하는 색상들을 팔레트에 저장하여 사용할 수도 있다. 견본 라이브러리를 이용하면 테마에 따라 더 많은 무늬와 색상들을 사용할 수 있다.

- **[Gradient] 팔레트**

  여러 개의 색상 사이를 부드럽게 연결하는 색상 배열을 만들어 오브젝트에 적용할 수 있다. 또는 그레이디언트가 적용된 오브젝트의 그레이디언트 속성을 변경할 수 있다.

  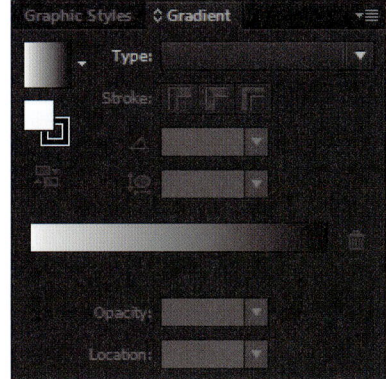

- **[Graphic Styles] 팔레트**

  기본, 투명 외에 다양한 그래픽 무늬, 입체적인 효과 견본들을 제공하며 이를 이용하여 쉽고 빠르게 다양한 효과를 오브젝트에 적용할 수 있다. 그래픽 스타일 라이브러리(▦)를 이용하면 더 많은 효과를 지원받을 수 있다.

  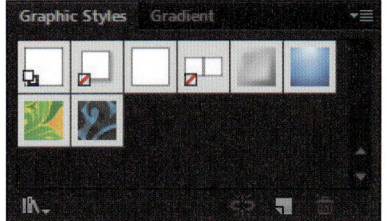

- **[Transparency] 팔레트**

  오브젝트에 투명도나 마스크 기능을 적용한다.

  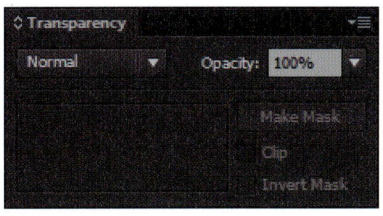

- **[Symbols] 팔레트**

    심볼 스프레이어 툴( )로 화면에 흩뿌리는 이미지 심볼을 지정한다. 심볼 라이브러리( )를 이용하여 매우 다양한 심볼을 생성할 수 있다.

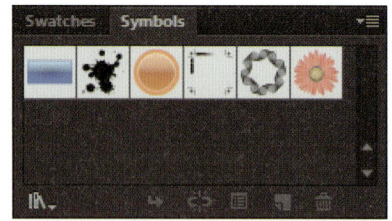

- **[Magic Wand] 팔레트**

    오브젝트의 색상, 선 두께와 같은 속성을 기준으로 유사한 오브젝트를 한 번에 선택할 수 있게 하는 자동 선택 툴에 대한 옵션을 설정할 수 있다. 허용치를 이용하여 선택할 속성의 기준을 조절할 수 있다.

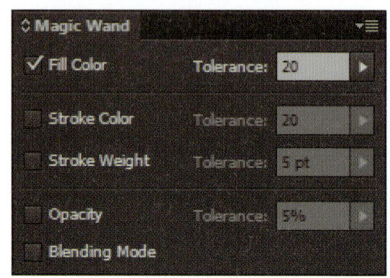

- **[Brushes] 팔레트**

    페인트 브러시 툴( )을 사용할 때 그려지는 다양한 형태의 붓 모양을 제공하며 브러시의 속성을 지정할 수 있다. 브러시 라이브러리( )에서 더 많은 붓의 모양을 이용할 수 있다.

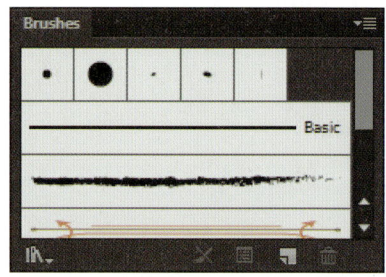

- **[Actions] 팔레트**

    문서 편집 프로그램에서 제공하는 매크로 기능과 같이 작업 과정을 기록하여 단 한 번의 명령으로 반복 작업을 할 수 있게 한다. 같은 작업을 여러 번 반복할 때 편리하며 기록된 데이터를 저장해 두면 계속해서 사용할 수 있다.

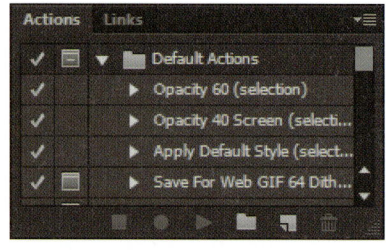

- **[Attributes] 팔레트**

    선택한 오브젝트의 속성을 설정하는 팔레트로 이러한 속성을 이용하여 중복 인쇄, 오브젝트의 중심점 숨김, 이미지 맵, 그리고 출력 장치 해상도 설정 등의 작업이 가능하다.

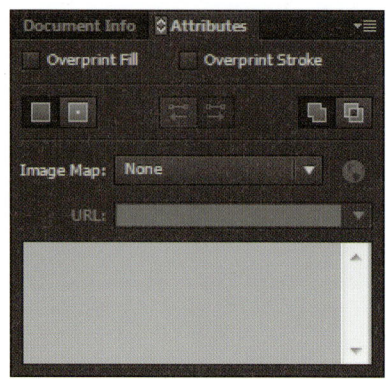

- **[Layers] 팔레트**

    여러 오브젝트가 하나의 작업 영역에 있으면 그룹 기능만으로는 분류하기가 어렵다. 이때 레이어를 사용하면 좀 더 편리하게 관리할 수 있으며, [Layers] 팔레트에는 레이어의 목록, 이름, 숨김, 잠금 등의 옵션을 설정할 수 있다. 각 레이어 아이콘에는 해당 레이어의 오브젝트가 표시되기 때문에 쉽게 레이어들을 관리할 수 있다.

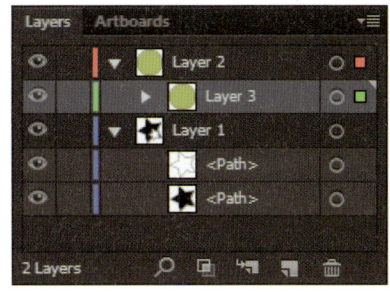

- **[Artboards] 팔레트**

    하나의 파일에 여러 대지를 만들 수 있고, [Artboards] 팔레트에서 각 대지의 목록과 이름, 색상 등의 옵션을 지정할 수 있다. 또 각 대지별로 인쇄 설정이 가능하기 때문에 특정 부분만 인쇄할 수 있다.

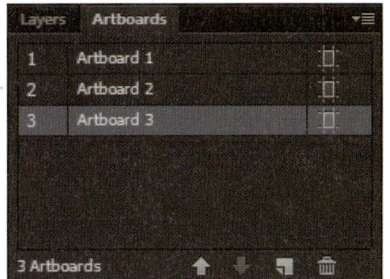

- **[Links] 팔레트**

    [File]-[Open] 메뉴로 작업 영역에서 불러온 비트맵 이미지를 관리한다. 불러온 이미지를 타 프로그램에서 수정하면 수정된 이미지를 갱신하거나 새로운 이미지를 바꿀 수 있다.

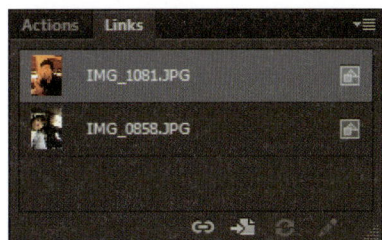

- **[Align] 팔레트**

    선택한 오브젝트들을 특정 위치에 정렬하거나 일정한 간격을 두고 정렬할 때 사용한다.

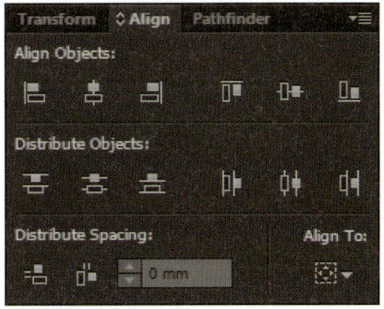

- **[Pathfinder] 팔레트**

    두 개 이상의 오브젝트가 겹쳐진 부분을 합치거나 나눈 다음 혼합시켜 새로운 형태를 만들 수 있다.

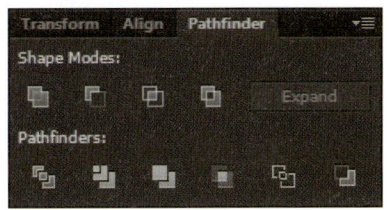

- **[Transform] 팔레트**

    선택한 오브젝트의 위치, 크기, 각도, 기울기에 대한 수치 값을 조절하여 좀 더 세밀하게 변형할 수 있다.

    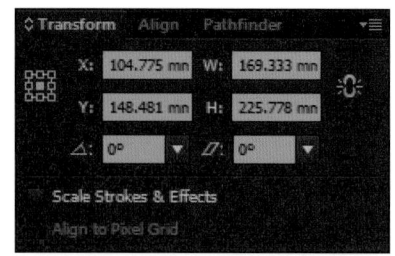

- **[Tabs] 팔레트**

    워드프로세서에도 있는 기능으로 도표나 서식 작업을 할 때 많이 사용된다. 글머리, 대시, 마침표, 기타 문자에 탭 지시선 모양을 사용자 정의로 지정할 수 있다.

    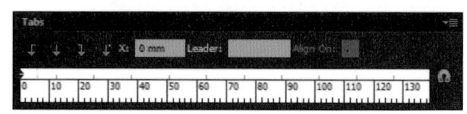

- **[Paragraph] 팔레트**

    단락의 속성을 지정하고 정렬, 들여쓰기, 금칙 문자 설정 또는 간격 조절 등을 할 수 있다.

    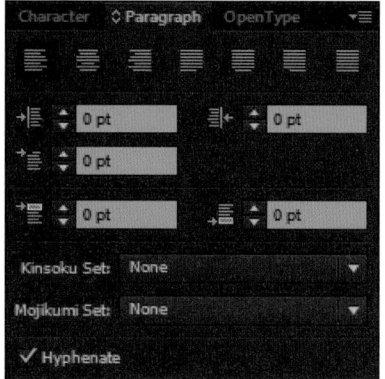

- **[Paragraph Styles] 팔레트**

    단락 속성 등을 설정한 후 하나의 스타일로 저장하여 원하는 문장에 쉽고 빠르게 저장된 단락 속성을 적용할 수 있다.

- **[Character] 팔레트**

    서체의 크기, 행간, 자간, 문자 폭, 문자 높이, 기준선 이동 등 문자에 관한 여러 가지 속성을 조절할 수 있는 옵션을 모아놓은 팔레트이다. 문자를 섬세하게 조절하여 아름답고 세련된 타이포그래피를 만들 수 있다.

    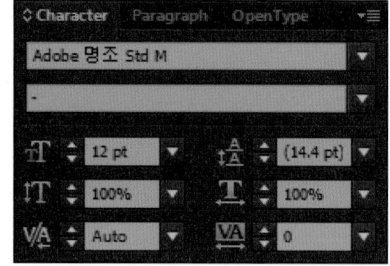

- **[Character Styles] 팔레트**

  [Character Styles] 팔레트에서 서체의 크기, 행간, 자간, 문자 폭, 기준선 이동 등 문자에 관한 여러 가지 속성을 조절한 후 해당 속성들을 하나의 문자 스타일로 저장할 수 있다. 저장된 문자 스타일은 다른 문자에 같은 속성들을 빠르게 적용할 수 있다.

- **[SVG Interactivity] 팔레트**

  일러스트레이터에서 Javascript와의 연동을 위한 팔레트이다. 특정 오브젝트를 선택했을 때 또는 마우스를 이동한 경우 이벤트를 발생시킬 수 있다.

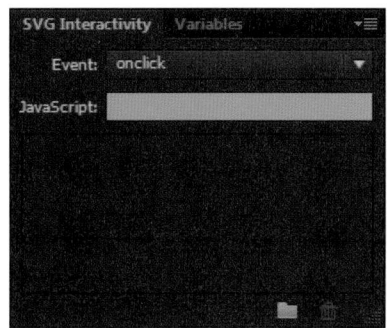

- **[OpenType] 팔레트**

  다양한 서체와 언어로 된 문자세트를 열어 작업할 수 있도록 도와준다. 다중 플랫폼 글꼴 관리를 단순화시켜 대체 글리프와 100개 이상의 OpenType 글꼴이 포함된 확장 문자 세트의 이점을 최대한 사용할 수 있다. 특수한 기호 또는 함수를 입력할 때에도 유용하다.

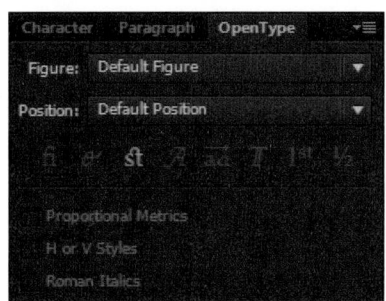

- **[Variables] 팔레트**

  변수를 이용해서 템플릿을 제작할 때 사용한다. 문자를 포함한 모든 오브젝트들은 각자의 아이디와 같은 변수를 가지며 이는 자바 스크립트에서도 사용 가능하다.

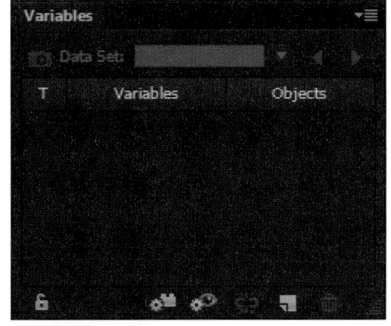

- **[Glyphs] 팔레트**

  특수 문자나, 영문, 기타 문자를 입력할 때 사용한다. 서체도 선택할 수 있어 작업 중인 폰트에 맞는 문자를 입력할 수 있다.

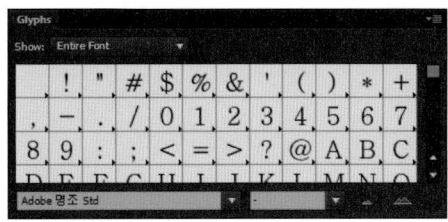

- **[Pattern Options] 팔레트**

  패턴의 옵션을 설정하고 설정된 옵션을 저장할 수 있다. 패턴의 정렬 방법, 크기, 간격 등 다양한 속성을 조절할 수 있다.

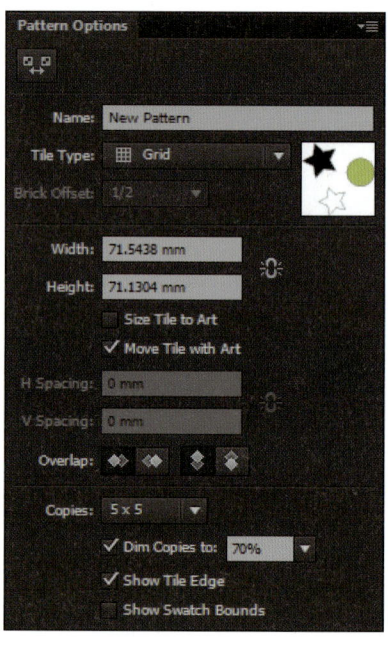

> ### 팔레트의 기본 구조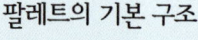
>
> 일러스트레이터 CS6에서는 다양한 팔레트가 제공되며 각 팔레트마다 일러스트레이터 작업을 하는 데 있어서 매우 중요한 역할을 한다. 작업 공간을 위해 팔레트를 합치거나 분리 또는 최소화할 수 있으며 해당 팔레트 탭을 드래그하여 팔레트를 이동할 수 있고 원하는 곳에 분리시키거나 합칠 수 있다.
>
>
>
> ❶ 크기 조절 버튼 : 팔레트의 크기를 단계적으로 조절한다.
> ❷ 팔레트 탭 : 팔레트의 이름을 나타낸다.
> ❸ 최소화 버튼 : 팔레트를 최소 단위인 아이콘 크기로 줄인다.
> ❹ 팝업 버튼 : 해당 팔레트의 세부적인 명령이 있는 하위 메뉴를 펼친다.
> ❺ 라이브러리 버튼 : 다양한 효과 및 일러스트 양식을 제공한다.

01 혼자해보기
여러 가지 팔레트를 합치거나 분리해 보자.

 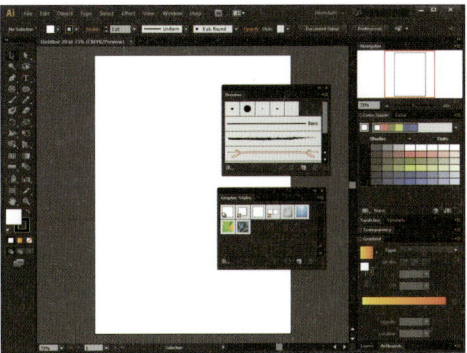

▲ 팔레트 이동 및 결합 전, 후

HINT | 일러스트레이터 CS6를 실행한 후 오른쪽에 기본적으로 펼쳐진 팔레트 중에서 원하는 팔레트의 탭 부분을 드래그하여 이동시킨다. 또는 탭 부분을 드래그하여 결합된 팔레트들을 분리하거나, 따로 떨어진 팔레트를 다른 팔레트의 위치로 드래그하여 결합시킨다. [File]-[New] 메뉴를 이용하여 새 대지를 생성하면 각 팔레트의 기능이 활성화된다.

02 혼자해보기
새로운 팔레트를 열어보고 아이콘 모양으로 최소화해 보자.

HINT | [Window] 메뉴를 열고 여러 가지 팔레트를 선택하여 연다. 불러온 팔레트를 오른쪽으로 드래그하여 정렬한 후 최소화 버튼(▶▶)을 클릭하여 전부 아이콘화 시킨다.

Section 3 . 일러스트레이터 CS6의 다양한 툴과 도구 모음 알아보기

Section 4. 파일 만들고 저장하기

모든 작업에 앞서 가장 기본적인 것은 새로운 파일을 생성하고 저장하는 것이다. 새로운 도큐먼트의 속성을 설정하고 원하는 파일 형태로 저장하는 방법을 알아보자.

> **알아두기**
> - [File]-[New] 메뉴를 이용하면 새로운 파일을 만들고 저장할 수 있다.
> - [File]-[New from Template] 메뉴를 이용하면 일러스트레이터 CS6가 제공하는 다양한 템플릿을 이용할 수 있다.

따라하기 01 새로운 파일 생성하기

[File] 메뉴를 이용하여 새로운 파일을 생성해 보자.

▲ 새로운 파일 만들기

❶ [File]-[New] 메뉴를 선택한다.

❷ [New] 대화상자에서 생성할 파일의 속성을 설정할 수 있다. 생성할 파일의 [Name]을 '새 파일 만들기 연습', [Size]를 'A4'로 설정하고 [OK] 버튼을 클릭한다.

❸ 생성된 도큐먼트의 크기는 가로 210mm, 세로 297mm로 A4 종이의 규격이며, 화면에 나타난 흰색 부분이 작업 영역이 된다.

[New] 대화상자

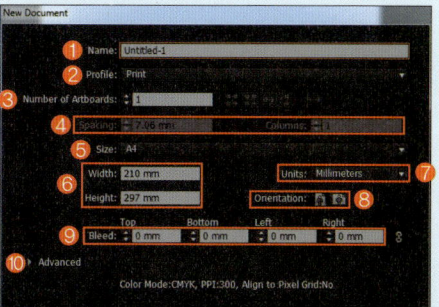

▲ [New] 대화상자

❶ Name : 새 도큐먼트의 이름을 설정한다.
❷ Profile : 일러스트레이터 CS6에서 제공하는 기본 도큐먼트의 크기를 분류별로 제공한다. 기본 값은 'Print'이며 테블릿 또는 특정 휴대폰에 적합한 도큐먼트 크기를 제공하는 'Mobile and Devices'도 지원한다.
❸ Number of Artboards : 생성할 대지(대지)의 개수 및 연결 관계를 지정한다.
❹ Spacing/Columns : 대지들 사이의 간격을 조절하고 나열 형태를 지정한다.
❺ Size : 프로파일 값에 따른 도큐먼트 크기에 대한 세부 사항을 설정한다.
❻ Width/Height : 도큐먼트의 가로 및 세로의 크기를 지정한다.
❼ Units : 도큐먼트 크기의 단위를 지정한다.
❽ Orientation : 용지의 방향을 세로 또는 가로로 지정한다.
❾ Bleed : 용지의 상, 하, 좌, 우 여백의 크기를 지정한다.
❿ Advanced : [Advanced]를 클릭하면 숨어있던 색상 모드, 래스터 효과, 미리 보기 모드 속성이 나타나며 이를 설정할 수 있다.
⓫ Templates : 일러스트레이터 CS6에서 제공하는 다양한 도큐먼트를 지원받을 수 있다.

따라하기 02 템플릿으로 문서 생성하기

일러스트레이터 CS6가 제공하는 템플릿으로 도큐먼트를 생성해 보자.

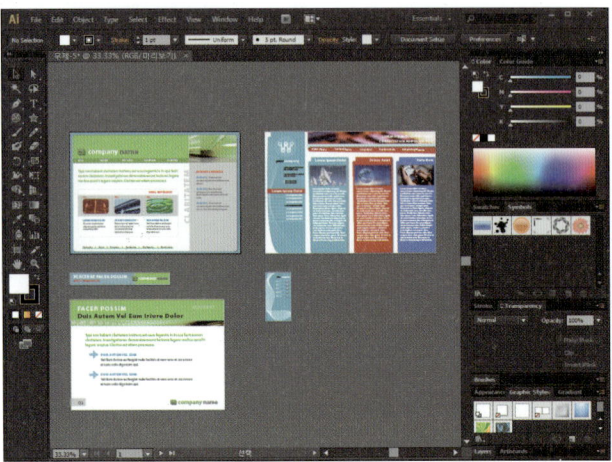

▲ 'Online and Display Items' 템플릿

❶ [File]-[New from Template] 메뉴를 선택한다.

❷ [New from Template] 대화상자에서 원하는 주제의 폴더를 선택한다. 이번 예제에서는 [Templates] 폴더를 선택한다.

❸ [Templates] 폴더에는 일러스트레이터 CS6가 제공하는 다양한 템플릿이 저장되어 있다. 각 템플릿을 클릭하면 대화상자의 아래에서 미리 보기가 가능하다.

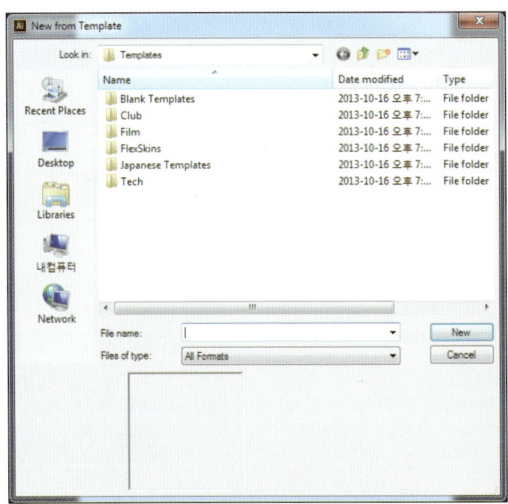

▲ [New from Template] 대화상자

❹ 템플릿 중에서 'Online and Display Items'를 선택하고 [New] 버튼을 클릭한다.

❺ 선택한 템플릿이 새로운 도큐먼트로 나타난다.

따라하기 **03 파일 불러오기**

[File]-[Open] 메뉴를 이용하여 저장해 둔 파일을 불러와 보자.

[예제 파일 : 챕터01_예제 파일\로마의 휴일.ai]

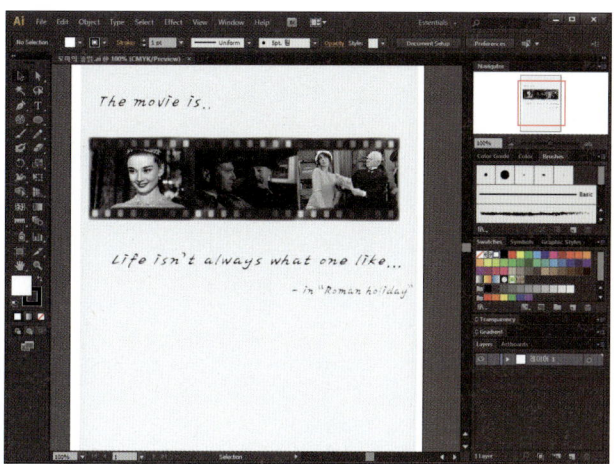

▲ 불러오기 화면

❶ [File]-[Open] 메뉴를 선택한다.

❷ [Open] 대화상자에서 [챕터01_예제 파일] 폴더에 있는 '로마의 휴일.ai' 파일을 선택하고 [Open] 버튼을 클릭한다.

❸ '로마의 휴일.ai' 파일이 일러스트레이터 CS6에 나타난다.

최근 파일 열기 tip ➕

[File]-[Open Recent Files] 메뉴를 이용하면 최근에 사용했던 파일들의 리스트가 최대 10개까지 나타난다.

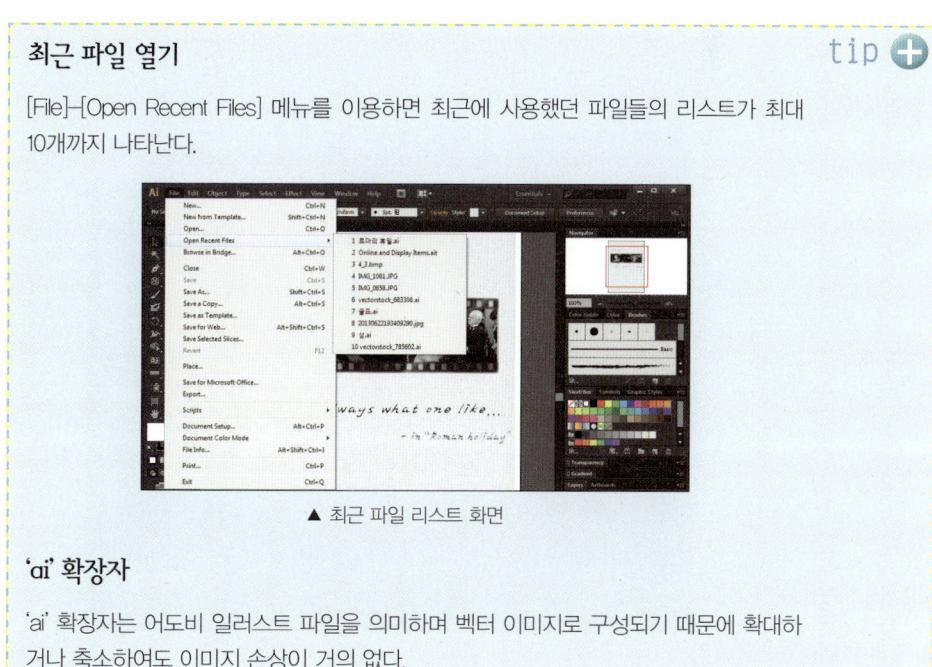

▲ 최근 파일 리스트 화면

'ai' 확장자

'ai' 확장자는 어도비 일러스트 파일을 의미하며 벡터 이미지로 구성되기 때문에 확대하거나 축소하여도 이미지 손상이 거의 없다.

Section 4. 파일 만들고 저장하기

따라하기 **04 작업 파일 저장하기**

작업 파일을 저장하기 위해서는 'Save'와 'Save as' 두 가지 방법을 이용할 수 있다. 저장하지 않는 파일은 다시 복구가 불가하므로 저장하는 습관을 갖도록 한다. 또한 원본 파일을 보호하기 위해 작업한 파일은 다른 이름으로 저장한다.

[예제 파일 : 챕터01_예제 파일\샹들리제.ai]
[완성 파일 : 챕터01_완성 파일\샹들리제2.ai]

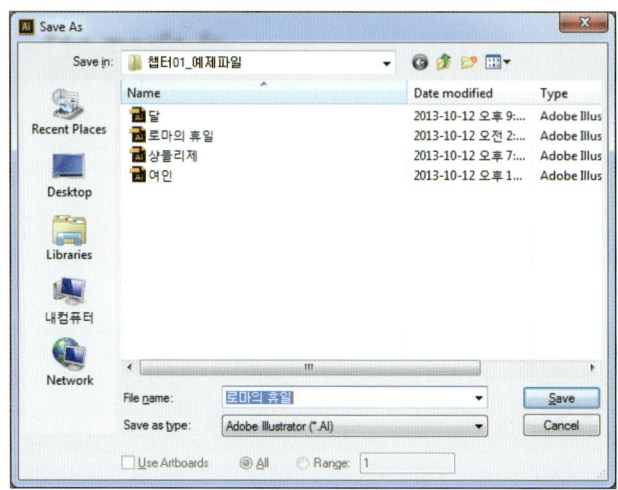

▲ [Save As] 대화상자

❶ [File]-[Open] 메뉴를 선택한다.

❷ [Open] 대화상자에서 [챕터01_예제 파일] 폴더에 있는 '샹들리제.ai' 파일을 선택하고 [Open] 버튼을 클릭한다.

❸ '샹들리제.ai' 파일이 화면에 나타난다.

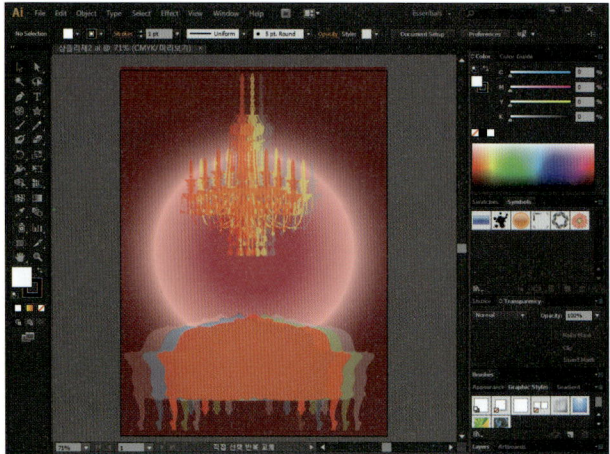

▲ '샹들리제.ai' 파일

❹ [File]-[Save as] 메뉴를 선택한다.

❺ [Save as] 대화상자에서 저장할 위치를 선택하고 [Name]에 새로운 파일 이름 '샹들리제2', 확장자를 'Adobe illustrator(*.ai)'로 지정한 후 [Save] 버튼을 클릭한다.

❻ [Illustrator Options] 대화상자가 나타나면 [OK] 버튼을 클릭하여 저장한다.

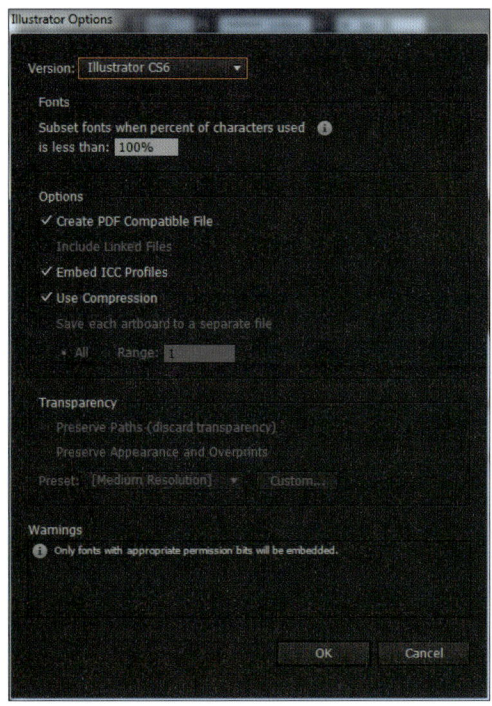

▲ [Illustrator Options] 대화상자

> **tip** ➕
>
> **저장 파일 형식**
>
> [Save] 대화상자에서는 일러스트 파일의 저장 파일 형식을 지정할 수 있다.
>
> - FXG : Adobe Flex®에서 사용하도록 구성된 그래픽 파일 포맷으로 Adobe Flash Builder/Adobe Flash Catalyst와 같은 응용 프로그램에서 FXG 파일을 사용하면 더욱 풍부한 인터넷 응용 프로그램과 작업을 개발할 수 있다.
> - PDF : PDF(Portable Document Format)는 문서 파일로써 거의 모든 운영체제에서 읽거나 인쇄할 수 있으며 원본 문서의 글꼴, 이미지, 그래픽, 문서 형태 등이 그대로 유지 및 보안성이 높다.
> - EPS : 이미지나 문자 레이아웃 데이터를 다른 응용 프로그램에 입력하기 위해 캡슐화한 포스트스크립트 파일이다. 축소 및 확대 출력에도 매끄러운 곡선을 인쇄한다.

Section 5. 대지(Artboard) 다루기

일러스트레이터 CS6에서는 이전 버전과 같이 대지의 강화된 기능이 돋보인다. 하나의 파일에서 다양한 크기와 형태의 대지를 최대 100개까지 생성할 수 있으며, 대지 간의 공유를 통해 다양하고 편리한 작업을 할 수 있다.

◉ 알아두기

- [Artboards] 팔레트를 이용하면 새로운 대지를 생성하거나 삭제할 수 있다.
- [Artboard Options] 대화상자에서 대지의 속성을 설정할 수 있다.

따라하기 01 대지 생성하기

[Artboards] 팔레트를 이용하여 여러 개의 대지를 만들어 보자.

▲ 대지 생성 화면

❶ [File]-[New] 메뉴를 선택하여 새로운 도큐먼트를 생성한다.

❷ 일러스트레이터 화면의 오른쪽 팔레트 중에서 [Artboards] 팔레트를 선택하거나 [Window]-[Artboards] 메뉴를 선택한다.

❸ [Artboards] 팔레트에는 현재 기본적으로 생성되어 있는 'Artboard 1'이 표시되어 있다.

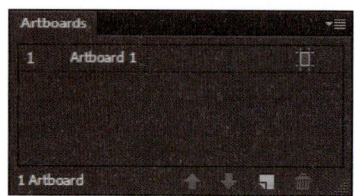

▲ [Artboards] 팔레트

❹ [Artboards] 팔레트에서 오른쪽 하단의 [New Artboard](🔲)를 클릭하여 새로운 대지를 생성한다.

❺ 새로운 대지가 생성되면 [Artboards] 팔레트에 'Artboard 2'라는 목록이 추가된다.

❻ [Artboards] 팔레트에서 특정 대지의 이름 부분을 마우스로 더블클릭하면 대지 이름을 수정할 수 있다.

> **tip** ➕
> [Ctrl]을 누른 상태에서 키보드의 [+]를 누르면 도큐먼트 화면이 확대되고 [-]를 누르면 화면이 축소된다.

따라하기 02 대지 복사하기

[Artboards] 팔레트를 이용하여 대지를 복사해 보자.

[예제 파일 : 챕터01_예제 파일\달.ai]
[완성 파일 : 챕터01_완성 파일\달_완성.ai]

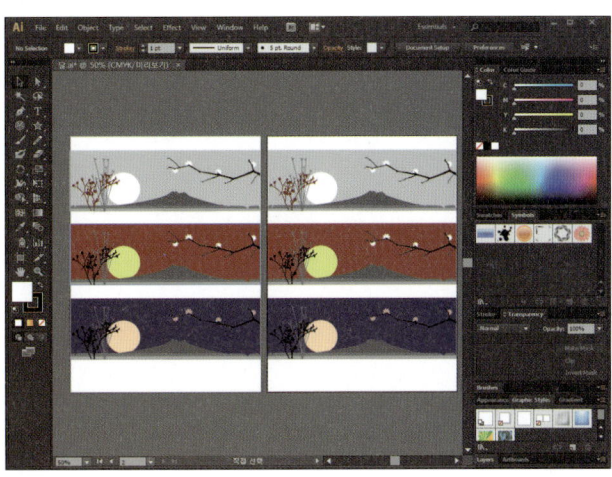

▲ 대지 복사 화면

❶ [File]-[Open] 메뉴를 선택하고 [Open] 대화상자에서 '달.ai' 파일을 불러온다.

❷ [Artboards] 팔레트의 대지 목록 중에서 'Artboard 1'을 선택한다.

❸ 선택한 대지 목록을 [Artboards] 팔레트의 오른쪽 하단에 있는 [New Artboard](🔲) 위로 드래그한다. 또는 [Artboards] 팔레트의 오른쪽 상단에 있는 팝업 버튼(≡)을 클릭하여 [Duplicate Artboards]를 선택한다.

❹ 대지가 복사되면 [Artboards] 팔레트에 'Artboard 1 copy'라는 목록이 추가된다.

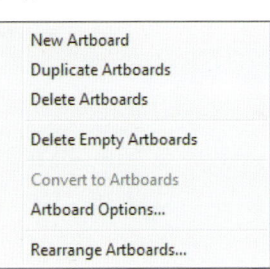

▲ [Artboards] 팔레트의 옵션 목록

Section 5. 대지(Artboard) 다루기 47

따라하기 03 대지 삭제하기

[Artboards] 팔레트를 이용하여 생성했던 대지를 삭제해 보자.

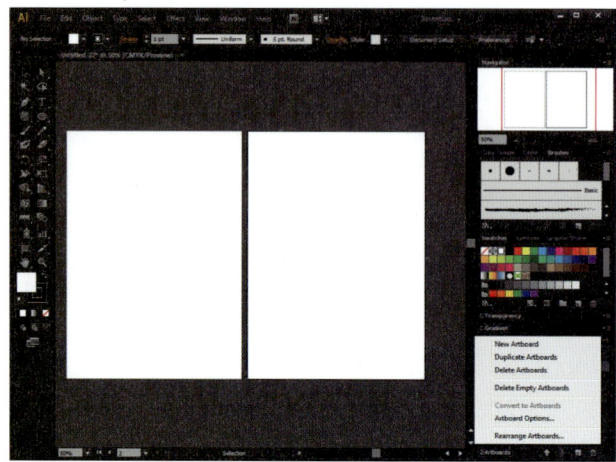

▲ 대지 삭제 화면

❶ [File]-[New] 메뉴로 새 도큐먼트를 생성한다.

❷ [Artboards] 팔레트를 이용하여 대지를 하나 더 복사하여 생성한다.

❸ [Artboards] 팔레트에 복사된 대지를 선택하고 [Artboards] 팔레트의 오른쪽 하단에 있는 [Delete Artboard]( )를 클릭한다. 또는 팝업 버튼( )의 [Delete Artboards]를 이용하여 대지를 삭제한다.

❹ 대지가 삭제되면 [Artboards] 팔레트에 해당 대지의 목록이 삭제된다.

> **tip** ➕
>
> **[Artboards] 팔레트**
>
> - [Artboards] 팔레트에는 대지들의 목록이 나타나며, 대지를 생성하거나 복사, 삭제하는 기능이 있다.
> - [Artboards] 팔레트 하단에 있는 화살표를 이용하면 대지들의 순서를 바꿀 수 있다.
> - [Artboards] 팔레트 오른쪽 상단에 있는 팝업 버튼( )을 클릭하면 대지를 생성, 복사, 삭제할 수 있으며 특정 대지의 이름 및 크기 등의 옵션을 설정할 수 있다.
>
>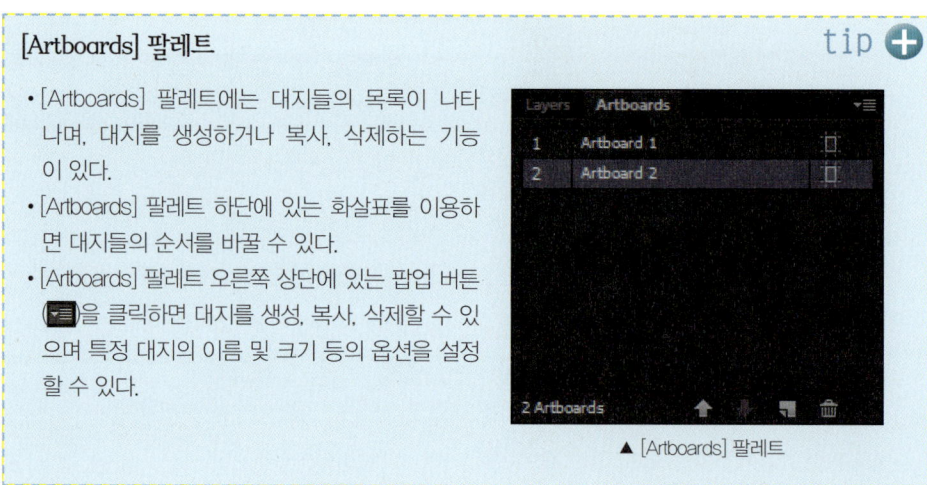
>
> ▲ [Artboards] 팔레트

tip

[Artboard Options] 대화상자를 이용하여 대지의 속성을 설정해 보자.

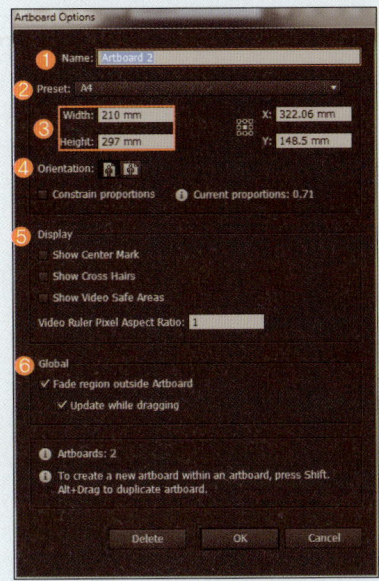

▲ [Artboard Options] 대화상자

❶ Name : 대지의 이름을 설정한다.
❷ Preset : 대지의 크기를 종이 규격별로 제공한다.
❸ Width/Height : 대지의 가로, 세로의 크기를 지정한다.
❹ Orientation : 대지의 방향을 세로 또는 가로로 지정한다.
❺ Display : 대지의 중심과 십자선을 표시할 수 있다. 그리고 비디오 적합 영역 표시를 설정하여 인쇄 또는 다른 미디어에서 사용될 때 이미지가 잘려나가지 않도록 여백 라인(Safe Areas)을 표시해 준다.
❻ Global : 대지 외의 영역을 다른 색으로 표시하여 대지와 그 외의 영역이 잘 구별되도록 한다.

Section 6. 레이어의 개념과 구조 이해하기

대지와는 또 다르게 레이어를 사용하면 작업의 속도와 이미지 또는 작업 단계 구분에 있어서 매우 효율적인 작업을 할 수 있다. 주로 배경, 주 이미지, 겹쳐지는 이미지 등으로 레이어를 나누고, 각 레이어로 겹쳐진 이미지들을 구분할 수 있다. 효율적인 작업을 위해 레이어의 개념과 사용 방법을 알아보자.

알아두기
- [Layers] 팔레트를 이용하면 새로운 레이어를 생성하거나 삭제할 수 있다.
- [Layer Options] 대화상자에서 레이어의 속성을 설정할 수 있다.

설명하기 01 레이어

레이어(Layer)는 '층'을 의미하는 개념으로 마치 투명한 비닐판과도 같은 역할을 한다. 여러 개의 그룹과 이미지를 담을 수 있으며, 일러스트 작업 시에 방해되는 이미지나 패스 선을 화면상에서 숨기거나 삭제 또는 하나의 레이어로 합칠 수 있다.

따라하기 01 레이어 생성하기

[Layers] 팔레트를 이용하여 여러 개의 레이어를 만들어 보자.

▲ 레이어 생성 화면

❶ 새로운 도큐먼트를 생성한 후 일러스트레이터 화면의 오른쪽 팔레트 중 [Layers] 팔레트를 선택한다.

❷ [Layers] 팔레트에서 오른쪽 하단의 [Create New Layer]( )를 클릭하여 새로운 레이어를 생성한다.

❸ 새 레이어가 생성되면 [Layers] 팔레트에 'Layer 2' 레이어가 기본으로 생성되어 있는 'Layer 1' 레이어 위에 추가된다.

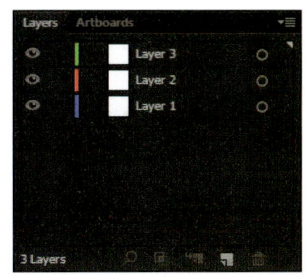

▲ [Layers] 팔레트에 새로운 레이어가 추가된 모습

따라하기 02 **레이어 복사하기**

[Layers] 팔레트를 이용하여 레이어를 복사해 보자.

[예제 파일 : 챕터01_예제 파일\여인.ai]
[완성 파일 : 챕터01_완성 파일\여인_완성.ai]

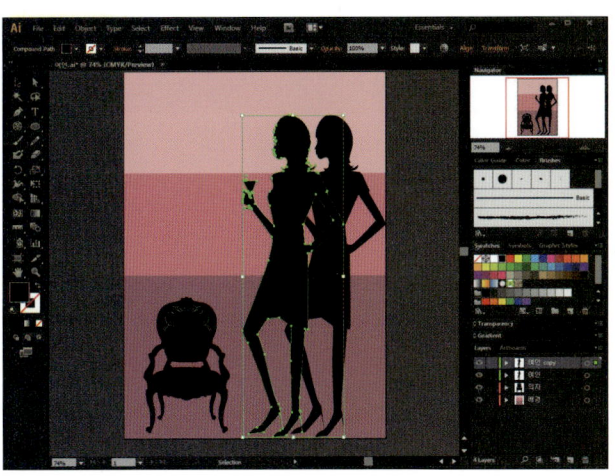

▲ 레이어 복사 화면

❶ [File]-[Open] 메뉴를 선택하여 '여인.ai' 파일을 불러온다.

❷ [Layers] 팔레트에서 '여인' 레이어를 선택한다.

❸ '여인' 레이어를 [Create New Layer]( ) 위로 드래그하여 복사한다. 또는 팝업 버튼을 클릭한 후 [Duplicate "여인"]을 선택하여 복사한다.

❹ 레이어가 복사되면 [Layers] 팔레트에 '여인 copy'이라는 레이어가 추가된다.

❺ 마우스로 여인 모양의 오브젝트를 드래그하여 옮겨서 레이어가 복사된 것을 확인한다.

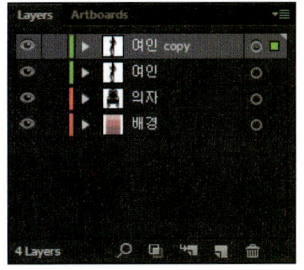

▲ [Layers] 팔레트의 '여인' 레이어 사본 리스트

Section 6. 레이어의 개념과 구조 이해하기 51

따라하기 03 레이어 삭제하기

[Layers] 팔레트를 이용하여 레이어를 삭제해 보자.

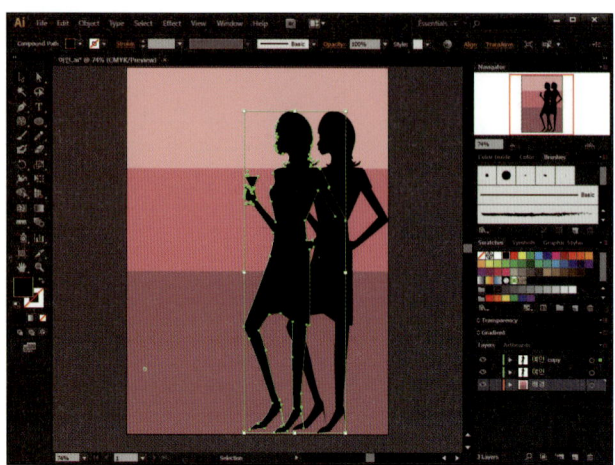

▲ 레이어 삭제 화면

❶ [Layers] 팔레트에서 '의자' 레이어를 선택한다.

❷ [Layers] 팔레트의 오른쪽 하단에 있는 [Delete Selection](🗑)을 클릭하거나 '의자' 레이어를 [Delete Selection](🗑) 위로 드래그한다.

❸ '의자' 레이어가 가지고 있던 이미지와 [Layers] 팔레트에서 '의자' 레이어의 목록이 삭제된다.

> **[Layers] 팔레트** tip ➕
>
> - [Layers] 팔레트에는 레이어들의 목록이 나타나며, 레이어를 생성하거나 복사, 병합, 숨김, 잠금, 삭제하는 기능이 있다.
> - [Layers] 팔레트에 있는 레이어들의 목록 중에서 특정 레이어를 선택하여 드래그하면 레이어들의 순서를 바꿀 수 있다. 순서가 높은 레이어가 다른 레이어들 위로 겹쳐진다.
> - [Layer] 대화상자의 오른쪽 상단에 있는 팝업 버튼(▼≡)을 클릭하면 레이어를 생성, 복사, 병합, 삭제 등의 작업을 할 수 있다.
> - 레이어의 목록에서 눈 아이콘(👁)을 클릭하면 해당 레이어를 화면에서 보이지 않도록 숨길 수 있다. 다시 클릭하면 눈 아이콘(👁)이 나타나면서 해당 레이어의 숨김을 해제할 수 있다.
> - 레이어의 목록에서 ■을 클릭하면 잠금 아이콘(🔒)으로 바뀌면서 해당 레이어를 수정할 수 없도록 잠금 설정을 할 수 있다.
> - 레이어의 이름을 더블클릭하면 해당 레이어의 이름 및 색상 등의 옵션을 설정할 수 있는 [Layer Options] 대화상자가 나타난다.

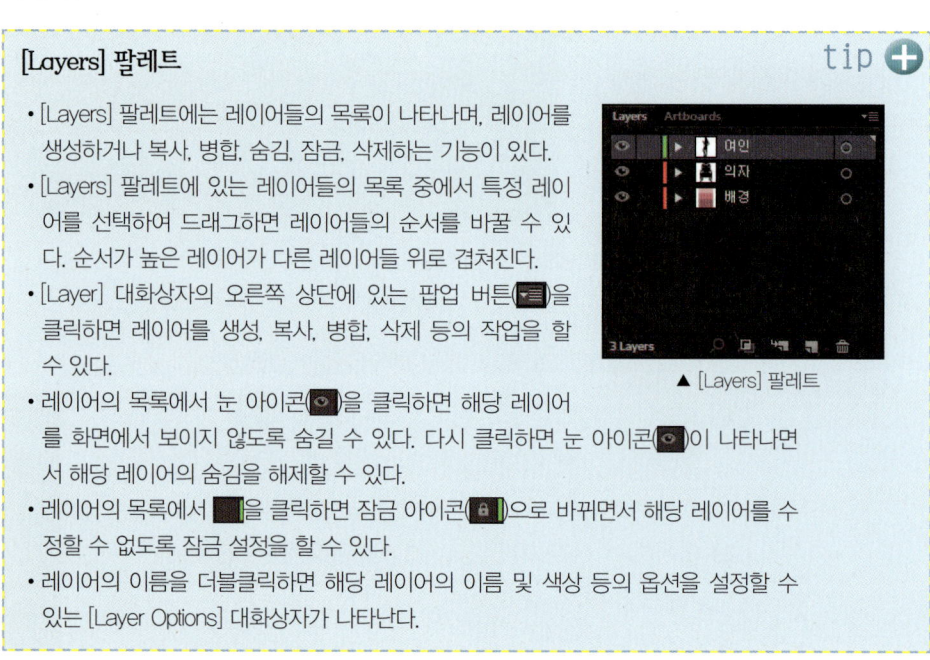

▲ [Layers] 팔레트

[Layers] 팔레트

[Layer Options] 대화상자를 이용하여 레이어의 속성을 설정해 보자.

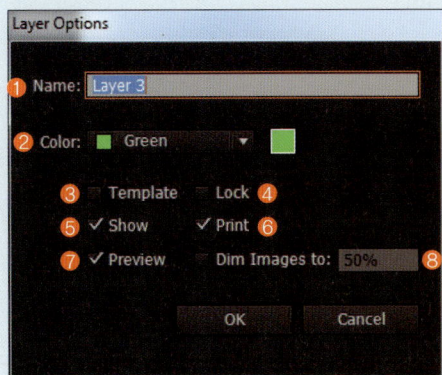

▲ [Layer Options] 대화상자

❶ Name : 레이어의 이름을 설정한다.
❷ Color : 각 레이어들 간의 이미지들을 구분하기 위한 것으로 해당 레이어에 있는 이미지들을 선택했을 때 나타나는 패스의 색을 지정한다.
❸ Template : 템플릿이란 바닥에 이미지를 놓고 본뜨는 것을 말하며 이 옵션을 체크하면 '잠금' 상태가 되면서 이미지가 흐려진다.
❹ Lock : 레이어의 잠금 상태를 설정한다.
❺ Show : 레이어의 숨김 상태를 설정한다.
❻ Print : 인쇄할 때 해당 레이어의 이미지가 출력될 것인지를 설정한다.
❼ Preview : 해당 레이어의 이미지가 화면에서 Outline 상태로 표시될 것인지를 설정한다.
❽ DIM Images to : 해당 레이어의 투명도 수치를 설정한다.

1. 일러스트레이터 CS6

일러스트레이터란 사전적 의미로는 '삽화가'이며 쉽게 말해서 삽화 그림을 그리는 사람으로 정의할 수 있으며, 미국 어도비(adobe)사가 개발한 벡터 드로잉 프로그램을 말한다. 주로 편집 디자인과 캐릭터 디자인, 심볼 디자인, 제품 디자인 등의 작업에 사용하며 화상 이미지의 인쇄를 위한 고해상도 분판출력까지 지원하고 있어 출판사나 신문사 등 전문적인 현장에서도 사용하고 있다.

일러스트레이터 프로그램은 벡터 그래픽을 사용하므로 정점의 좌표값만을 데이터로 저장하기 때문에 비트맵 그래픽에 비해 수정이 자유롭고 저장 용량이 작다. 또한 펜, 브러시 툴과 다양한 도형을 사용하여 자유로운 드로잉이 가능하며, 여러 가지 스타일과 다양한 심볼들을 제공한다.

일러스트레이터 CS6는 이전 버전과 대비하여 더 다양한 툴, 효과 및 라이브러리를 제공한다. 이를 이용하여 좀 더 섬세하고 자유로운 드로잉을 쉽고 빠르게 할 수 있다. 일러스트레이터 CS6는 다들 어렵게 생각하는 일러스트를 누구나 할 수 있도록 지원한다.

2. 비트맵 이미지와 벡터 이미지

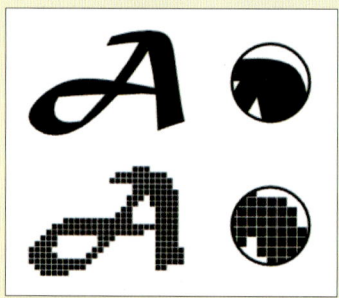

▲ 비트맵과 벡터 방식의 차이

컴퓨터에서 이미지를 처리하는 방식은 크게 비트맵 방식과 벡터 방식이 있다. 먼저 비트맵(Bitmap) 방식은 비트(Bit) + 맵(Map)의 합성어로 비트는 컴퓨터 신호를 저장하는 최소 단위를 뜻하고 맵은 지도를 뜻한다. 컴퓨터 그래픽에서 모니터 상에 나타나는 영상 데이터의 최소 단위는 픽셀(pixel)이라 하는데, 이 픽셀은 사각형의 작은 점들로 구성된다. 비트맵 이미지는 이러한 사각형의 작은 점들을 각각의 색으로 채워 서로 연결된 지도 모양으로 표현한다. 픽셀이라는 작은 점마다 색상 정보를 담을 수 있으므로 다양한 색상을 표현할 수 있지만 이미지 용량이 커지는 단점이 있다.

벡터(Vecter)란 물리학에서 방향과 양을 둘 다 동시에 갖는 것을 말한다. 이러한 벡터를 컴퓨터 그래픽과 연결시켜보면 선은 방향이 되고, 양은 면이 된다. 즉 선과 면으로 이루어진 개체의 시작점과 끝점의 좌표 값과 두 점을 연결하는 직선, 곡선, 기울기 정보, 채워질 면의 색상 정보를 저장하여 표현한다. 따라서 그림을 아무리 늘리거나 줄여도 저장된 정보들을 컴퓨터가 다시 연산하여 늘 새롭게 모니터 상에 보여주므로 색상이 깨지지 않아 똑같은 품질을 유지마하며 파일 크기가 비트맵 이미지보다 훨씬 작다는 장점이 있다. 그러나 비트맵 방식에 비해 다양한 색상을 표현할 수 없는 단점이 있다.

종합실습 pointup

1. 일러스트레이터 CS6 도구 모음의 각 부분 명칭을 알아보자.

❶ (   )

❷ (   )

❸ (   )

❹ (   )

❺ (   )

HINT | 도구 모음은 일러스트레이터 CS6에서 가장 기본적이며 핵심적인 것이므로 반드시 명칭과 그 기능을 알아두자.

2. 팔레트의 크기를 조절하거나 이동하고, 팔레트끼리 합치거나 분리해 보자.

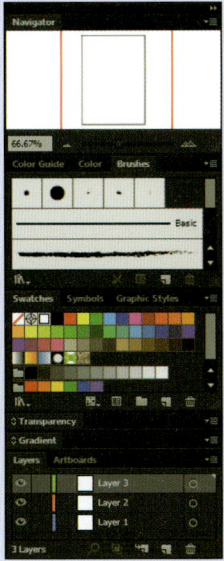

HINT | 사용자의 편의를 위해 도구 모음 및 팔레트의 크기와 위치를 자유롭게 변경시킬 수 있다. 팔레트의 탭 부분을 클릭한 후 드래그하여 팔레트를 이동시키거나 합쳐보자.

3. [Layers] 팔레트가 제공하는 다양한 기능을 살펴보자.

HINT | [Layers] 팔레트에서는 레이어 숨김, 잠금, 복사 및 삭제뿐만 아니라 각 레이어의 오브젝트를 미리 보기 아이콘을 통해 제공한다. 각 레이어 목록 앞부분의 ▶ 버튼을 클릭하면 해당 레이어에 포함된 오브젝트 리스트를 표시할 수 있다.

02 CHAPTER

일러스트레이터 CS6의 시작, 기초 실력 쌓기

일러스트레이터 CS6는 초보자라도 쉽고 빠르게 원하는 이미지를 만들 수 있도록 고급 드로잉 툴과 더 세밀해진 브러시 기능을 제공한다. 여기에서는 기본적인 툴의 사용법을 알아본다.

Section 1   일러스트레이터 CS6 기본 사용법 알아보기
Section 2   기본 편집 기능 알아보기
Section 3   오브젝트 자유롭게 변형하기
Section 4   오브젝트 자르기
Section 5   선택 툴과 직접 선택 툴을 이용하여 오브젝트 변형하기
Section 6   안내선과 그리드를 사용하여 정확한 작업하기
Section 7   정밀한 일러스트 작업에 필요한 측정 기능 사용하기

오브젝트 편집과 수정 쉽게 하기

일러스트레이터 CS6에서 제공하는 여러 가지 기능들을 다루는 기본적인 방법을 학습해 보자.

Chapter

01 작업 화면 조정

[View] 메뉴는 미리 보기 기능이나 눈금자, 안내선, 그리드 등의 작업을 도와주는 보조 툴들을 실행하는 명령으로 구성되어 있다. 이러한 기능들은 사용자가 원하는 화면 구성으로 보여주거나 웹 환경에 맞는 상태로 미리 보기 기능을 제공하여 사용자가 작업하는 데 많은 도움을 준다.

• 미리 보기(Overprint Preview)

[View]-[Overprint Preview] 메뉴는 일러스트레이터 CS6가 실행될 때 기본적으로 선택되어 있는 모드로써 오브젝트의 내부 및 외곽선의 색상, 블렌드, 그레이디언트 등의 모든 속성을 화면에 표시한다.

- **픽셀 미리 보기(Pixel Preview)**

[View]-[Pixel Preview] 메뉴는 현재 페이지의 벡터 방식 오브젝트들을 비트맵 이미지로 변형시켜 보여준다.

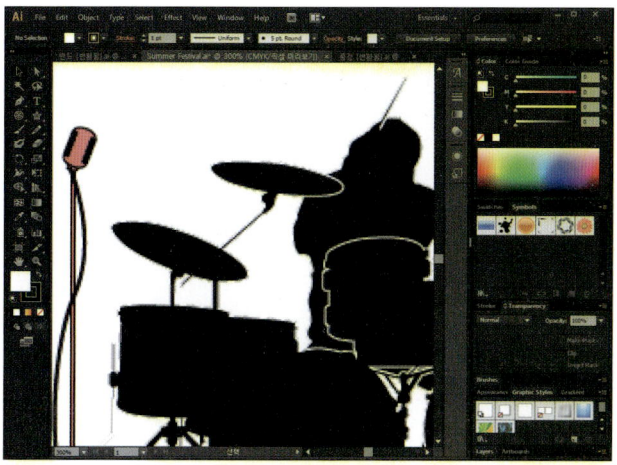

- **윤곽선(Outline)**

[View]-[Outline] 메뉴는 오브젝트들의 선들만 보여주는 기능으로 복잡한 오브젝트나 오브젝트들의 중심점 등을 쉽게 확인하고 싶을 때 사용한다.

• 눈금자(Ruler)/그리드(Grid)

[View]-[Ruler]-[Show Ruler] 메뉴는 화면에 눈금자를 표시하고, [View]-[Show Transparency Grid] 메뉴는 화면에 체크 무늬와 같은 그리드를 표시하여 사용자가 그래픽 작업을 할 때 오브젝트의 위치나 크기를 결정하는 데 도움을 준다.

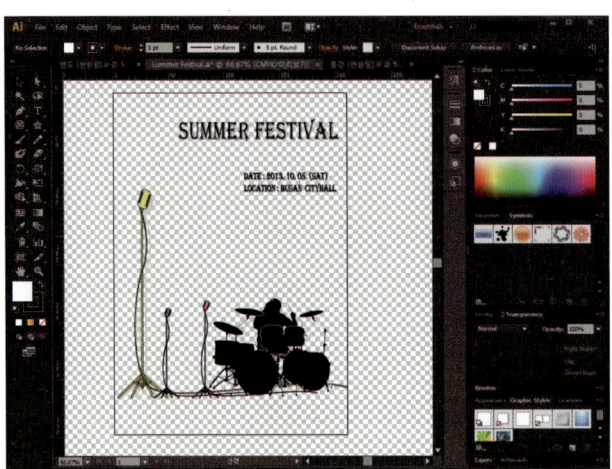

02 작업 화면 보기 모드

일러스트레이터 CS6에서 제공하는 화면 모드 기능은 작업 공간을 효율적으로 사용하기 위한 방법으로 도구 모음 하단에 있는 '화면 모드 변경' 아이콘(　　)에서 여러 가지 화면 보기 모드를 제공한다.

• 표준 보기 모드

표준 보기 모드는 기본 모드로써 제목 표시줄, 메뉴 등이 모두 표시된다. 화면에 모든 메뉴 및 툴과 도큐먼트가 함께 보이기 때문에 작업 시에 다른 프로그램을 쉽게 전환이 가능하지만, 화면에 보이는 도큐먼트의 면적은 가장 작다.

• 메뉴 바가 있는 전체 화면 모드

[메뉴 바가 있는 전체 화면 모드]는 기본 모드인 [표준 보기 모드]에서 도큐먼트가 최대로 확장된 모드로써 도큐먼트를 넓게 사용하고 싶을 때 유용하다. [메뉴 바가 있는 전체 화면 모드]를 실행하면 화면 모드 변경 아이콘이 　　에서 　　로 변경된다.

• 전체 화면 모드

[메뉴 바가 있는 전체 화면 모드]에서 도큐먼트 영역이 더 확장된 모드로써 메뉴 및 도구 모음이 보이지 않고 오직 도큐먼트 영역만이 화면에 표시된다. 따라서 단축키만으로 메뉴들을 사용할 수 있다. 이 모드를 취소하고 싶으면 Esc 를 눌러 이전 모드로 돌아갈 수 있다.

03 도큐먼트 단위 설정

화면에 표시되는 눈금자 부분에서 마우스 오른쪽 버튼을 클릭하면 도큐먼트의 단위를 설정할 수 있다. 그러나 이러한 설정은 현재의 도큐먼트에 해당되기 때문에, 도큐먼트들의 기본 단위를 설정하기 위해서는 [Edit]-[Preferences]-[Unit] 메뉴를 선택한 후 [Preferences] 대화상자에서 단위들을 설정해야 한다.

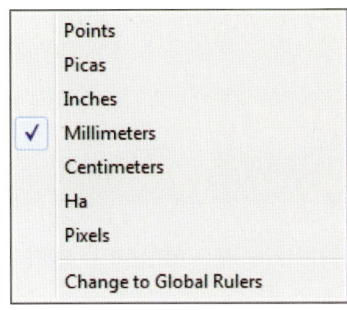
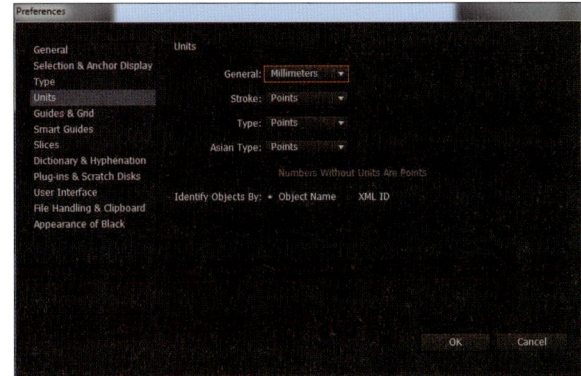

▲ 단위 변경 메뉴와 [Preferences] 대화상자

04 단축키 설정

일러스트레이터 CS6에서 제공하는 다양한 기능과 툴들은 단축키를 이용하여 간단하게 설정 및 이용이 가능하다. 기본적으로 지정되어 있는 단축키 이외에도 사용자가 원하는 툴을 원하는 단축키에 설정이 가능하다. [Edit]-[Keyboard Shortcuts] 메뉴에서 단축키 리스트 보기 및 설정을 할 수 있다.

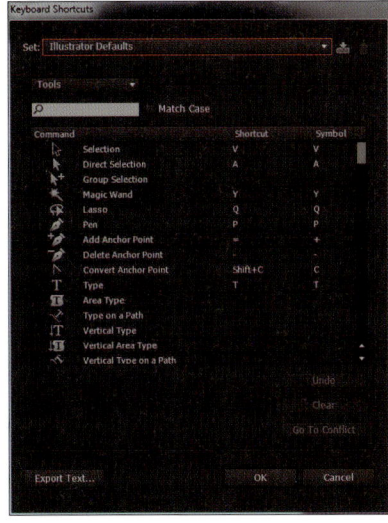

▲ [Keyboard Shortcuts] 대화상자

Section 1 — 일러스트레이터 CS6 기본 사용법 알아보기

오브젝트를 생성하고 편집하기에 앞서 기본적인 툴의 사용 방법을 알아보자.

> ◉ **알아두기**
> - 돋보기 툴과 단축키를 이용하여 작업 화면을 확대 및 축소할 수 있다.
> - [Navigator] 팔레트를 이용하여 대지를 이동하거나 화면을 확대 및 축소할 수 있다.

따라하기 01 작업 화면 확대, 축소하기

작업의 속도 향상 및 능률을 위해 작업 화면을 확대 또는 축소할 수 있다.

[예제 파일 : 챕터02_예제 파일\캔디머신.ai]

❶ [File]-[Open] 메뉴를 선택한 후 [챕터02_예제 파일] 폴더에서 '캔디머신.ai' 파일을 불러온다.

❷ 기본 확대 비율은 66.67%로 대지 전체가 한 화면에 나타난다.

❸ 돋보기 툴(🔍)을 더블클릭하여 화면 보기 비율을 100%로 설정한다.

❹ 마우스 포인터가 🔍로 변경되었다면 확대하려는 대지 부분 위로 마우스 포인터를 위치시킨 뒤 클릭하여 화면을 확대한다.

❺ 위와 같은 방법으로 확대를 원하는 부분에 원하는 만큼 클릭하여 화면을 확대시킨다.

❻ 확대를 통해 화면에서 가려진 부분은 도구 모음에서 손 툴(✋)을 선택한 후 드래그하여 이동할 수 있다.

❼ `Alt`를 누르면 마우스 포인터가 🔍로 바뀌는데, 이때 화면을 클릭하면 확대된 화면이 축소된다.

> **tip** ➕
> 일러스트레이터 CS6에서는 확대는 최대 6,400%, 축소는 최대 3%까지 가능하다. 클릭한 부분을 중심으로 화면이 일정한 비율로 확대 및 축소되며 확대된 비율이 작업 표시줄과 상태 표시줄에 나타난다.
>
>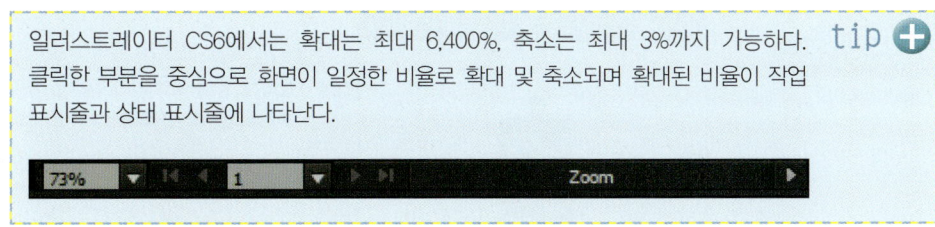

> **tip** ➕
> **단축키로 화면 확대 및 축소시키기**
> - Zoom In(`Ctrl`+`+`) : [View]–[Zoom In] 메뉴 또는 단축키(`Ctrl`+`+`)를 활용하여 화면을 확대할 수 있다.
> - Zoom Out(`Ctrl`+`-`) : [View]–[Zoom Out] 메뉴 또는 단축키(`Ctrl`+`-`)를 활용하여 화면을 축소할 수 있다.
> - Fit in Window(`Ctrl`+`0`) : [View]–[Fit in Window] 메뉴 또는 단축키(`Ctrl`+`0`)를 활용하여 작업 이미지가 현재 작업 화면에 가득 차도록 확대 및 축소 할 수 있다.
> - Actual Size(`Ctrl`+`1`) : [View]–[Actual Size] 메뉴 또는 단축키(`Ctrl`+`1`)를 이용하면 화면 비율이 실제 이미지 크기인 100%로 전환된다.

따라하기 02 [Navigator] 팔레트를 이용하여 작업 화면 이동하기

[Navigator] 팔레트를 이용하여 화면을 확대 및 축소하고 대지 위를 이동해 보자.

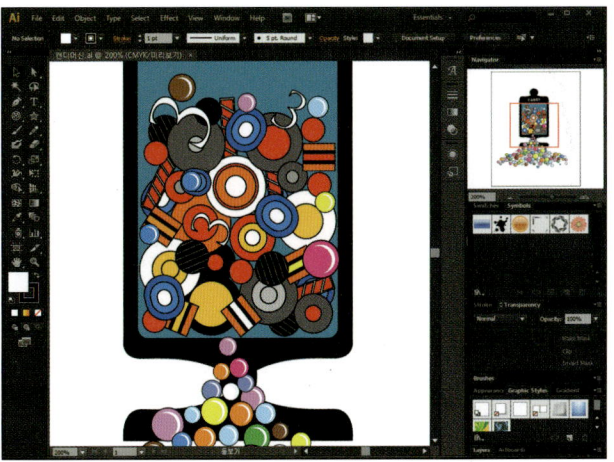

❶ [Window]–[Navigator] 메뉴를 선택하여 작은 화면으로 미리 보기가 가능한 [Navigator] 팔레트를 불러온다.

❷ [Navigator] 팔레트 위에 마우스 포인터를 올려놓고 마우스 포인터가 손 툴()로 바뀌면 드래그하여 작업 화면을 이동시킨다.

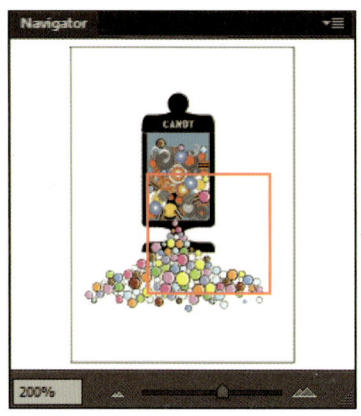

▲ [Navigator] 팔레트 화면

❸ [Navigator] 팔레트 하단의 슬라이더를 오른쪽으로 드래그하면 화면 비율과 함께 작업 화면의 이미지도 확대된다.

❹ [Navigator] 팔레트 좌측 하단의 입력 상자는 화면 비율을 나타내는 것으로써 '100'을 입력하면 원본 크기의 비율로 조정된다.

> **단축키로 대지 이동하기** tip ➕
>
> 일러스트 작업에서 단축키를 이용하면 작업 시간을 매우 단축할 수 있다.
>
> - `Ctrl`+마우스 스크롤 UP : 대지의 왼쪽 방향으로 이동하기
> - `Ctrl`+마우스 스크롤 DOWN : 대지의 오른쪽 방향으로 이동하기

Section 2. 기본 편집 기능 알아보기

오브젝트(Object)란 패스로 이루어진 것으로 점, 선과 함께 일러스트 이미지를 구성하는 가장 기본적인 단위이다. 오브젝트를 편집하고 수정하는 방법을 알아보자. 또 오브젝트 작업의 편리성과 효율성을 높이기 위해 오브젝트들을 하나의 그룹으로 묶거나 그룹을 해제해 보자.

◯ 알아두기

- 마우스 또는, 단축키를 이용하여 오브젝트의 크기 조절 및 회전시킬 수 있다.
- [Edit] 메뉴와 단축키를 이용하여 오브젝트를 복사, 붙여 넣기, 자르기, 삭제하기 등의 작업을 할 수 있다.
- [Group], [Ungroup] 명령으로 여러 개의 오브젝트를 하나의 오브젝트로 그룹화하거나 해제할 수 있다.
- [Object]-[Lock] 메뉴를 선택하여 불필요한 오브젝트를 일시적으로 잠글 수 있다.
- [Arrange] 명령을 실행하여 오브젝트들의 배열을 조정할 수 있다.
- `Ctrl`+`Z`, `Ctrl`+`Shift`+`Z`로 작업 실행 취소 및 복구할 수 있다.

따라하기 01 오브젝트 선택과 이동, 회전하기

일러스트레이터 CS6는 오브젝트를 선택하기 위한 다양한 기능을 제공한다. 그 중에서도 가장 기본적인 선택 툴을 이용한 오브젝트 선택 방법을 알아보자.

[예제 파일 : 챕터02_예제 파일\네잎클로버.ai]
[완성 파일 : 챕터02_완성 파일\네잎클로버_완성1.ai]

❶ '네잎클로버.ai' 파일을 불러온 후 도구 모음에서 선택 툴(▶)을 선택한다.

❷ 잎 오브젝트들 중에서 오른쪽 하나를 선택 툴( )로 선택하면, 선택한 잎 주위로 바운 딩 박스가 표시되어 해당 오브젝트가 선택되었음을 알 수 있다.

❸ 바운딩 박스의 각 모서리 조절점에 마우스 포인터를 위치시키고, 마우스 포인터가 회전 모양으로 바뀌었을 때 Shift 를 누른 채 드래그하여 오른쪽으로 회전시킨다. Shift 는 오브젝트를 회전할 때 정확히 45° 간격으로 회전하는 기능을 제공한다.

▲ 오브젝트 회전 화면

❹ 왼쪽 잎 오브젝트와 아래 잎 오브젝트도 같은 방법으로 각 왼쪽으로 45°, 왼쪽으로 90° 회전하여 네 잎 클로버를 완성한다.

> **단축키** tip ➕
>
> 오브젝트를 선택하거나 무엇인가를 적용한 상태에서 아래의 단축키를 사용하면 더욱 빠르고 정확한 작업을 실행할 수 있다.
>
> - Ctrl : 직접 선택 툴을 나타내어 세부적인 작업이 가능하다.
> - Ctrl + D : 마지막 작업을 반복한다. 해당 단축키를 누를때마다 계속적으로 반복 하므로 회전 작업의 경우 더욱 더 빠른 작업을 실행할 수 있다.
> - Ctrl + 1 : 실제 크기인 100%로 확대 및 축소하여 볼 수 있다.
> - Ctrl + 3 : 선택한 오브젝트를 화면에서 숨긴다.
> - Ctrl + Alt + 3 : 숨겨진 모든 오브젝트를 화면에 나타낸다.

| 따라하기 02 | 잘라내기, 복사, 붙이기, 삭제 기능 알아보기 |

오브젝트의 편집 작업 중에서 가장 기본적인 자르기, 붙여 넣기, 복사하기, 지우기 기능을 알아보자.

[예제 파일 : 챕터02_예제 파일\네잎클로버2.ai]
[완성 파일 : 챕터02_완성 파일\네잎클로버_완성2.ai]

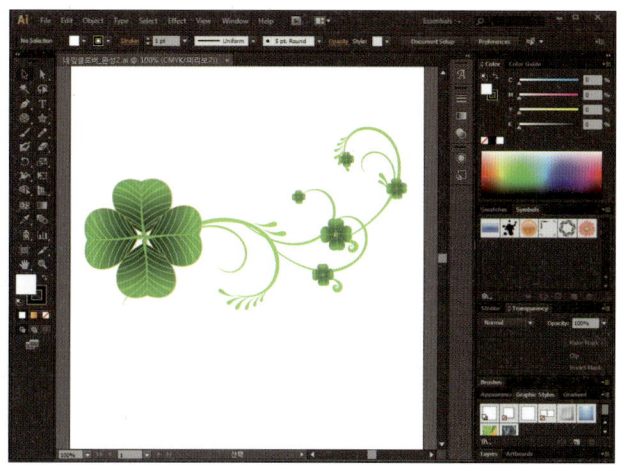

❶ 선택 툴( )로 그룹화된 네 잎 클로버 오브젝트를 선택한다.
❷ [Edit]-[Copy] 메뉴 또는 Ctrl + C 를 눌러 오브젝트를 복사한다.
❸ [Edit]-[Paste] 메뉴 또는 Ctrl + V 를 눌러 복사한 오브젝트를 붙여 넣는다.

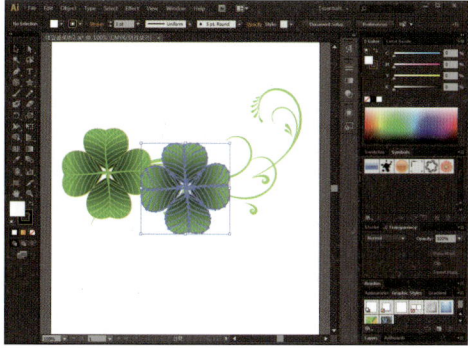

❹ 복제된 오브젝트가 선택된 상태에서 바운딩 박스의 조절점을 이용하여 크기를 조절하고 알맞은 위치로 이동시킨다.

> **단축키를 이용한 오브젝트 변형**   tip
> - Alt +마우스 : 오브젝트 중심점을 기준으로 오브젝트의 크기를 변형한다.
> - Shift +마우스 : 오브젝트의 왼쪽 하단을 기준으로 가로 및 세로 비율만 변형한다.

Section 2. 기본 편집 기능 알아보기

따라하기 03 오브젝트 정렬하기

겹쳐지는 오브젝트들의 정렬 순서를 설정해 보자.

[예제 파일 : 챕터02_예제 파일\에이스카드.ai]
[완성 파일 : 챕터02_완성 파일\에이스카드_완성.ai]

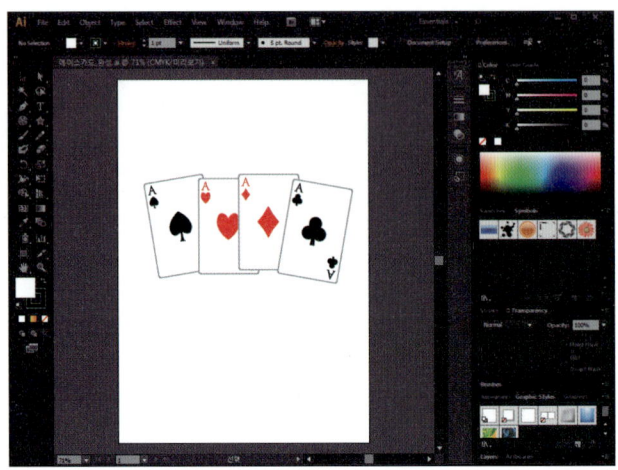

❶ '에이스카드.ai' 파일을 불러온 후 선택 툴(　)로 스페이드 A 카드 오브젝트를 선택한다.

❷ 선택한 오브젝트를 대지 가운데로 이동시킨 후 하트 A 카드 오브젝트를 스페이드 A 카드와 조금 겹쳐지도록 이동시킨다.

❸ [Object]-[Arrange]-[Bring to Front] 메뉴 또는, 하트 A 카드 오브젝트 위에서 마우스 오른쪽 버튼을 클릭한 후 [Arrange]-[Bring to Front]를 선택한다. 하트 A 가 스페이트 A 위로 겹쳐진다.

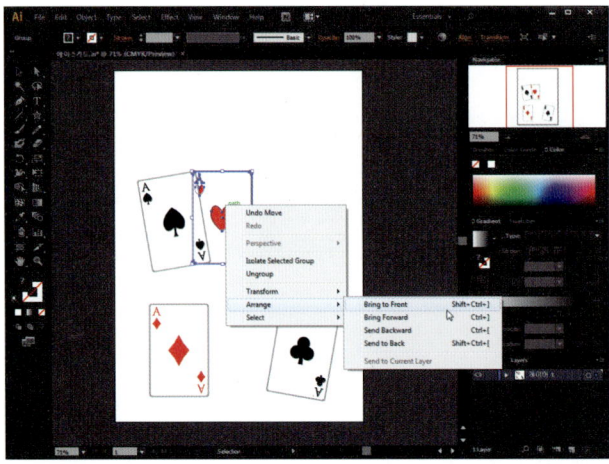

❹ 이번에는 다이아몬드 A 카드 오브젝트를 하트 A 카드 오브젝트와 겹쳐지도록 이동시킨 후 같은 방법으로 다이아몬드 A 카드가 맨 앞으로 오도록 위치시킨다.

❺ 마지막으로 크로버 A 카드 오브젝트를 다이아몬드 A 카드와 겹쳐지도록 이동시킨 후 역시 맨 앞으로 위치시킨다.

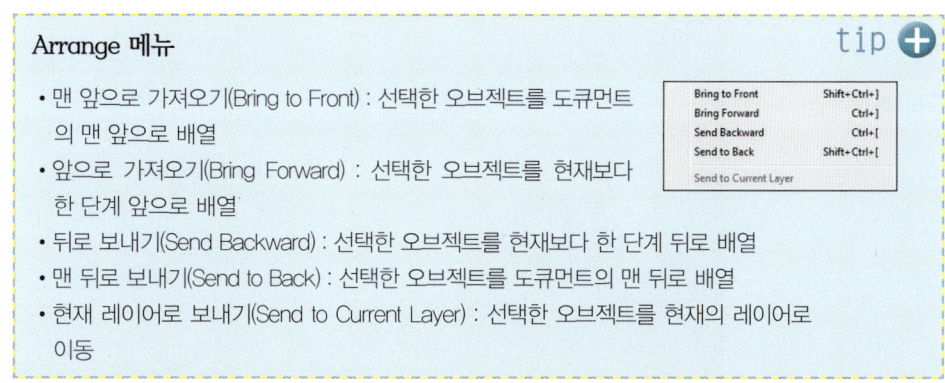

Arrange 메뉴 tip

- 맨 앞으로 가져오기(Bring to Front) : 선택한 오브젝트를 도큐먼트의 맨 앞으로 배열
- 앞으로 가져오기(Bring Forward) : 선택한 오브젝트를 현재보다 한 단계 앞으로 배열
- 뒤로 보내기(Send Backward) : 선택한 오브젝트를 현재보다 한 단계 뒤로 배열
- 맨 뒤로 보내기(Send to Back) : 선택한 오브젝트를 도큐먼트의 맨 뒤로 배열
- 현재 레이어로 보내기(Send to Current Layer) : 선택한 오브젝트를 현재의 레이어로 이동

따라하기 04 앞에 붙이기, 뒤에 붙이기, 제자리에 붙이기, 모든 대지에 붙이기

붙여 넣기 명령 중에서 오브젝트 간의 위, 아래 정렬 순서를 조절하는 기능을 알아본다.

[예제 파일 : 챕터02_예제 파일\게이샤.ai]
[완성 파일 : 챕터02_완성 파일\게이샤_완성.ai]

❶ '게이샤.ai' 파일을 불러온 후 선택 툴( )로 여자 오브젝트를 선택한다.

❷ 여자 오브젝트가 선택된 상태에서 [Edit]-[Copy] 메뉴 또는, Ctrl + C 를 눌러 오브젝트를 복사한다.

❸ [Edit]-[Paste in Back] 메뉴 또는, Ctrl + B 를 눌러 여자 오브젝트 뒤로 복사한 여자 오브젝트를 붙여 넣는다.

❹ 복사한 여자 오브젝트가 선택된 상태에서 방향키를 눌러 오른쪽으로 이동시키면 원본 여자 오브젝트 뒤로 복사된 여자 오브젝트가 나타난다.

01 혼자해보기 복사한 오브젝트를 다른 대지에 붙여보자.

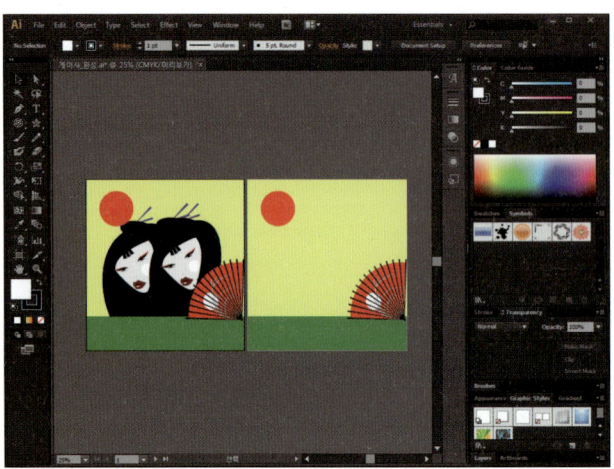

HINT | 부채 오브젝트를 선택하여 복사한 후 [Edit]-[Paste on All Artboards] 메뉴를 선택하여 다른 대지의 같은 위치에 복사한 부채를 붙여 넣는다.

[Edit] 메뉴의 오브젝트 편집 기능 tip

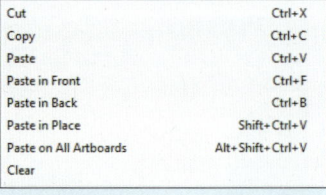

- 오리기 명령은 오브젝트를 도큐먼트에서 잘라내어 메모리에 일시적으로 보관하기 때문에 다시 해당 오브젝트를 붙여 넣을 수 있다.
- 지우기 명령은 오브젝트를 도큐먼트에서 잘라낸 뒤 메모리에 보관하지 않기 때문에 해당 오브젝트를 다시 붙여 넣을 수 없다.

| 따라하기 05 | 실행 취소와 복구하기 |

일러스트레이터 CS6에서는 이미지 작업을 하던 중에 방금 실행한 작업을 취소하거나 취소한 작업을 되돌리는 기능을 제공한다. 이를 이용하여 작업 중 실수로 지워진 오브젝트들을 되돌릴 수 있다.

[예제 파일 : 챕터02_예제 파일\거미와뱀.ai]

❶ '거미와뱀.ai' 파일을 불러온 후 도구 모음의 선택 툴()로 거미 오브젝트를 선택한다.

❷ [Edit]-[Delete] 메뉴 또는, `Delete`를 눌러 거미 오브젝트를 삭제한다.

❸ 거미 오브젝트가 지워지면 [Edit]-[Cancel Delete] 메뉴 또는, `Ctrl`+`Z`를 눌러 지워진 거미 오브젝트를 복구시킨다.

❹ [Edit]-[Cancel] 메뉴 또는 `Ctrl`+`Shift`+`Z`를 누르면 취소한 명령을 복구하여 거미 오브젝트를 다시 지울 수 있다.

> **단축키** `Ctrl`+`Z`
>
> tip ✚
>
> 실행 취소 단축키 `Ctrl`+`Z`와 실행 취소 되돌리기 단축키 `Ctrl`+`Shift`+`Z`는 일러스트레이터뿐만 아니라 각종 문서 편집 프로그램, Microsoft Office 등의 프로그램에서도 적용된다. 단 실행 취소를 연속으로 할 수 있는 수가 제한적이므로 이를 유념해야 한다.

| 따라하기 | 06 | 그룹 설정하기 |

여러 개의 오브젝트를 하나의 오브젝트로 그룹화하면 복잡한 이미지들을 효율적으로 관리할 수 있다.

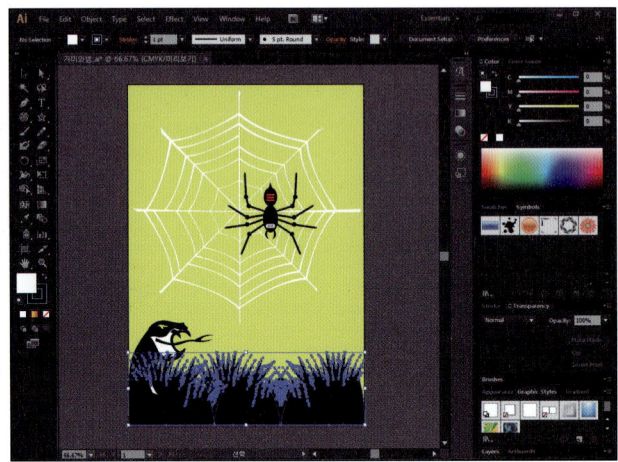

❶ '거미와뱀.ai' 파일을 불러온 후 도구 모음에서 선택 툴( )을 선택한다.

❷ 풀 오브젝트를 선택하면 풀 오브젝트가 각각 하나씩 선택되는 것을 확인할 수 있다.

❸ 풀 오브젝트들을 하나의 오브젝트로 그룹화하기 위해 Shift 를 누른 상태로 각각 풀 오브젝트를 모두 클릭하여 선택한다.

❹ [Object]-[Group] 메뉴를 선택하여 선택한 오브젝트들을 하나의 그룹 오브젝트로 묶는다.

❺ 그룹으로 묶인 오브젝트를 선택 툴()로 드래그하여 이동시키면 하나의 오브젝트로 움직이는 것을 확인할 수 있다.

> **tip ➕**
>
> **그룹화 단축키**
>
> • 그룹 지정 단축키 : Ctrl + G 를 누르면 현재 선택한 오브젝트들을 하나의 오브젝트로 그룹화할 수 있다.
> • 그룹 해제 단축키 : Ctrl + Shift + G 를 누르면 그룹화한 오브젝트를 그룹 해제 시킬 수 있다.

따라하기 07 잠금 설정하기

복잡한 이미지를 작업하는 과정에서 원하지 않는 오브젝트가 선택되거나 변형될 수 있다. 이때 [Lock] 명령을 이용하면 오브젝트를 일시적으로 잠글 수 있어 선택되지 않도록 할 수 있다.

[예제 파일 : 챕터02_예제 파일\알파벳.ai]

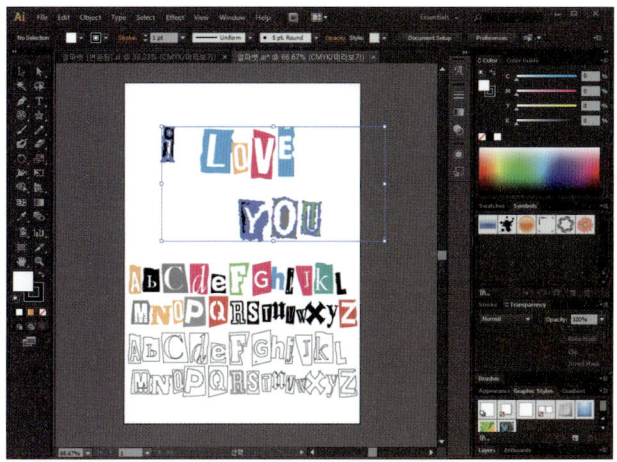

▲ 'I'와 'YOU' 오브젝트만 선택된 모습

❶ '알파벳.ai' 파일을 불러온 후 선택 툴( )로 LOVE 오브젝트를 선택한다.

❷ [Object]-[Lock]-[Selection] 메뉴 또는, Ctrl + 2 를 눌러 LOVE 오브젝트에 잠금을 설정한다.

❸ 선택 툴( )로 오브젝트 위를 드래그하여 선택 범위를 지정하면 LOVE 오브젝트 외의 다른 오브젝트들만 선택되는 것을 볼 수 있다.

❹ [Object]-[Unlock All] 메뉴 또는, Ctrl + Alt + 2 를 누르면 모든 오브젝트의 잠금 설정을 해제할 수 있다.

따라하기 08 **화면에서 오브젝트 숨기기**

여러 개의 오브젝트들이 겹쳐져 있는 경우, 뒤에 가려진 오브젝트를 수정하기 힘들다. 이때 앞에 겹쳐진 오브젝트를 [Hide] 명령을 이용하여 화면에서 숨긴 후 쉽게 작업을 진행할 수 있다.

[예제 파일 : 챕터02_예제 파일\포스터.ai]

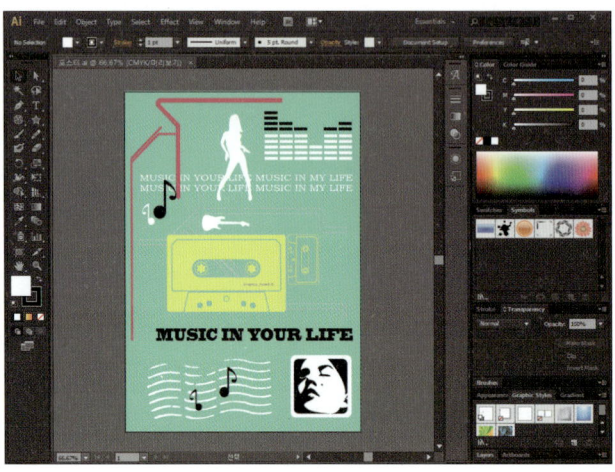

❶ '포스터.ai' 파일을 불러온 후 선택 툴( )로 하얀색 여자 오브젝트를 선택한다.

❷ [Object]-[Hide]-[Selection] 메뉴를 선택하여 하얀색 여자 오브젝트를 화면에서 숨긴다.

❸ 대지에서 하얀색 여자 오브젝트가 사라진 것을 확인할 수 있다. 그러나 오브젝트가 보이지 않는다고 해서 삭제된 것은 아니다.

❹ 숨겨진 하얀색 여자 오브젝트에 가려져 있었던 다른 오브젝트를 쉽게 선택하거나 편집할 수 있다.

❺ [Object]-[Show All] 메뉴를 선택하여 숨겨진 여자 오브젝트를 다시 화면에 나타나게 한다.

오브젝트들을 정렬하는 [Align] 팔레트

일러스트레이터 CS6에서는 두 개 이상의 오브젝트들을 정확한 위치에 정렬하기 위해서 [Align] 팔레트를 제공한다. [Window]-[Align] 메뉴를 선택하면 [Align] 팔레트가 나타난다.

• 오브젝트 정렬

❶ 가로 왼쪽 정렬(Horizontal Align Left) : 선택한 오브젝트 중에서 가장 왼쪽에 있는 오브젝트의 왼쪽 가장자리를 기준으로 정렬한다.

❷ 가로 가운데 정렬(Horizontal Align Center) : 선택한 오브젝트 중에서 가로 방향의 가운데를 기준으로 정렬한다.

❸ 가로 오른쪽 정렬(Horizontal Align Right) : 선택한 오브젝트 중에서 가장 오른쪽에 있는 오브젝트의 오른쪽 가장자리를 기준으로 정렬한다.

❹ 세로 위쪽 정렬(Vertical Align Top) : 가장 위에 있는 오브젝트의 위쪽 가장자리를 기준으로 정렬한다.

❺ 세로 가운데 정렬(Vertical Align Center) : 선택한 오브젝트 중에서 세로 방향의 가운데를 기준으로 정렬한다.

❻ 세로 아래쪽 정렬(Vertical Align Bottom) : 가장 아래에 있는 오브젝트의 아래쪽 가장자리를 기준으로 정렬한다.

• 오브젝트 분포

❼ 세로 위쪽 분배(Vertical Distribute Top) : 선택한 오브젝트들의 위쪽 가장자리를 기준으로 세로 간격을 똑같이 분배하여 정렬한다.

❽ 세로 가운데 분배(Vertical Distribute Center) : 선택한 오브젝트들의 가운데를 기준으로 세로 간격을 똑같이 분배하여 정렬한다.

❾ 세로 아래쪽 분배(Vertical Distribute Bottom) : 선택한 오브젝트들의 아래쪽 가장자리를 기준으로 세로 간격을 똑같이 분배하여 정렬한다.

❿ 가로 왼쪽 분배(Horizontal Distribute Left) : 선택한 오브젝트들의 왼쪽 가장자리를 기준으로 가로 간격을 똑같이 분배하여 정렬한다.

⓫ 가로 가운데 분배(Horizontal Distribute Center) : 선택한 오브젝트들의 가운데를 기준으로 가로 간격을 똑같이 분배하여 정렬한다.

⓬ 가로 오른쪽 분배(Horizontal Distribute Right) : 선택한 오브젝트들의 오른쪽 가장자리를 기준으로 가로 간격을 똑같이 분배하여 정렬한다.

• 분포 간격

⓭ 세로 공간 분포(Vertical Distribute Space) : 선택한 오브젝트들의 세로 간격을 똑같이 분배하여 정렬한다.

⓮ 가로 공간 분포(Horizontal Distribute Space) : 선택한 오브젝트들의 가로 간격을 똑같이 분배하여 정렬한다.

오브젝트 자유롭게 변형하기

도구 모음의 크기 조절 툴과 자유 변형 툴을 이용하면 오브젝트의 크기를 다양하게 변경할 수 있으며 회전 툴을 이용하여 오브젝트를 자유롭게 회전시킬 수 있다. 도구 모음에서 제공하는 다양한 툴을 이용하여 오브젝트를 쉽고 간단하게 변형해 보자.

● 알아두기

- 크기 조절 툴로 오브젝트를 확대 및 축소할 수 있다.
- 자유 변형 툴로 오브젝트를 간단하게 변형시킬 수 있다.
- 회전 툴로 오브젝트를 쉽게 회전시킬 수 있다.

따라하기 01 크기 조절 툴을 이용하여 오브젝트 크기 변경하기

도구 모음의 크기 조절 툴을 이용하여 오브젝트의 크기를 변경해 보자.

[예제 파일 : 챕터02_예제 파일\눈꽃.ai]

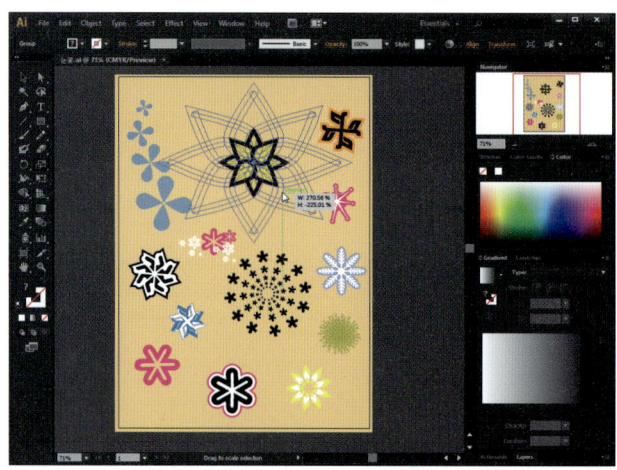

❶ '눈꽃.ai' 파일을 불러온 후 선택 툴( )로 가운데 노란색 눈꽃 오브젝트 하나를 선택한다.

❷ 오브젝트의 크기를 변경하기 위해 크기 조절 툴( )을 선택한다.

❸ 선택한 오브젝트의 바운딩 박스가 사라지면 오브젝트 주위를 마우스로 클릭한 다음 드래그하여 자유롭게 오브젝트의 크기를 변형한다.

❹ 크기를 변형시킬 때 Shift 를 누르면, 왼쪽 위 모서리를 중심을 기준으로 가로 및 세로의 비율이 같게 변형된다.

❺ 크기를 변형시킬 때 Shift + Alt 를 누르면, 오브젝트의 중심을 기준으로 가로 및 세로의 비율을 유지하면서 크기가 변형된다.

따라하기 02 [Scale] 대화상자를 이용하여 오브젝트 크기 변경하기

[Scale] 대화상자에서 크기 비율의 수치 값을 입력하여 오브젝트의 크기를 변경해 본다.

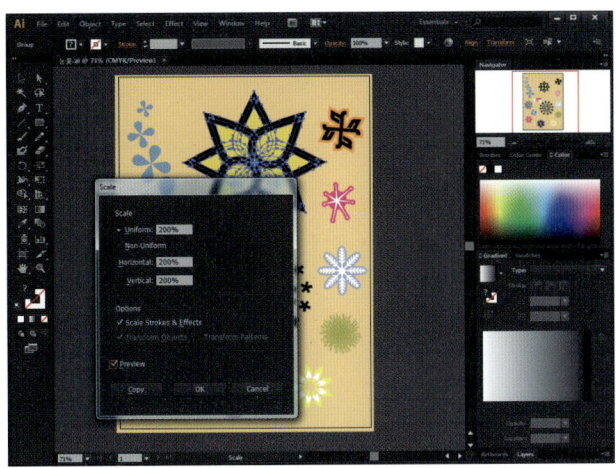

❶ 오브젝트를 하나 선택한 다음 도구 모음의 크기 조절 툴( )을 더블클릭한다.

❷ [Scale] 대화상자의 [Scale]에서 [Uniform] 부분을 클릭하고 '200'으로 설정한다.

❸ [Preview]를 체크하면 선택된 오브젝트의 변경된 설정 값을 저장하기 전에 미리 볼 수 있다.

❹ 설정이 끝났다면 [OK] 버튼을 클릭하고 [Scale] 대화상자에서 입력한 확대 비율만큼 크기가 변경된 것을 확인한다.

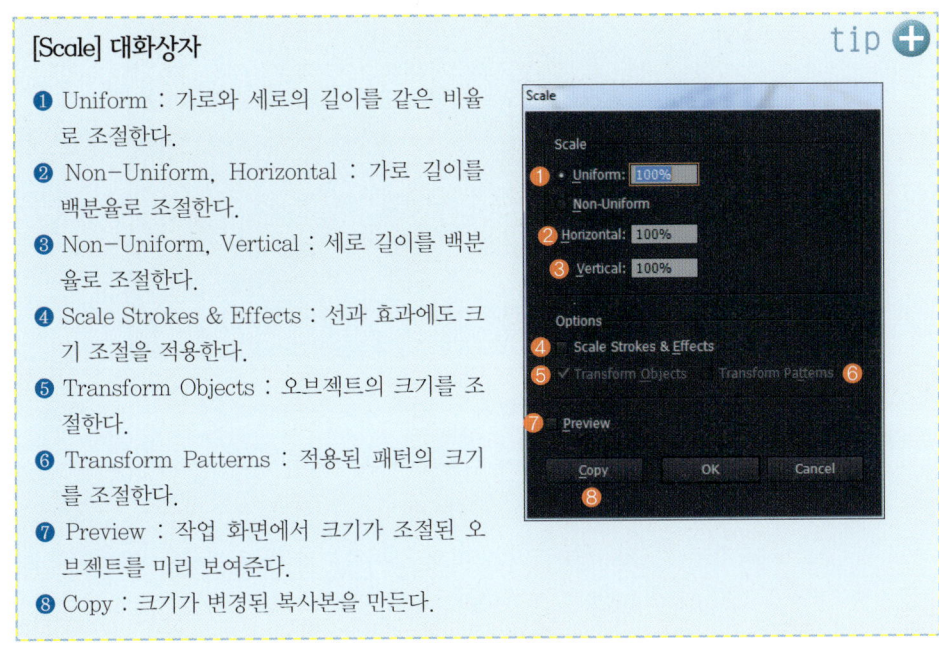

[Scale] 대화상자   tip ➕

❶ Uniform : 가로와 세로의 길이를 같은 비율로 조절한다.
❷ Non-Uniform, Horizontal : 가로 길이를 백분율로 조절한다.
❸ Non-Uniform, Vertical : 세로 길이를 백분율로 조절한다.
❹ Scale Strokes & Effects : 선과 효과에도 크기 조절을 적용한다.
❺ Transform Objects : 오브젝트의 크기를 조절한다.
❻ Transform Patterns : 적용된 패턴의 크기를 조절한다.
❼ Preview : 작업 화면에서 크기가 조절된 오브젝트를 미리 보여준다.
❽ Copy : 크기가 변경된 복사본을 만든다.

Section 3. 오브젝트 자유롭게 변형하기

따라하기 **03 자유 변형 툴, 회전 툴을 이용하여 오브젝트 변형하기**

도구 모음의 오브젝트 편집 툴들을 이용하여 오브젝트의 변형시켜 보자.

[예제 파일 : 챕터02_예제 파일\패스트푸드.ai]

❶ '패스트푸드.ai' 파일을 불러온 후 선택 툴(　)로 감자스틱 오브젝트를 선택한다.

❷ 자유 변형 툴(　)을 선택하고 감자스틱 오브젝트의 바운딩 박스 모서리점을 드래그하여 크기를 변형시킨다.

❸ 이번에는 선택 툴(　)로 팝콘 오브젝트 선택한 다음 회전 툴(　)을 선택한다.

❹ 팝콘 오브젝트 중심에 회전축이 표시되면 오브젝트의 오른쪽 상단을 아래로 드래그하여 회전축을 중심으로 회전시킨다.

❺ 오브젝트를 회전시키기 위해서는 반드시 회전 툴(　)을 선택한 상태에서 회전할 오브젝트의 내부를 드래그한다.

- 회전축을 드래그하여 이동시킨 다음 Ctrl + Alt 를 누른 채 오브젝트를 드래그하면 회전축을 중심으로 오브젝트가 회전하여 복사된다.
- Shift + Alt 를 누른 채 오브젝트를 드래그하면 회전축을 중심으로 정확히 45° 간격으로 오브젝트가 회전하여 복사된다.
- [Object]-[Transform]-[Transform Again] 메뉴를 선택하면 방금 작업했던 회전 복사 작업을 한 번 더 실행하여 오브젝트가 반복적으로 복사된다. [Transform Again] 명령은 방금 실행한 작업을 기억하여 실행할 때마다 한 번 더 실행해 주는 명령으로 단축키는 Ctrl + D 이다.

[Rotate] 대화상자

회전 툴을 더블클릭하면 [Rotate] 대화상자가 나타난다.

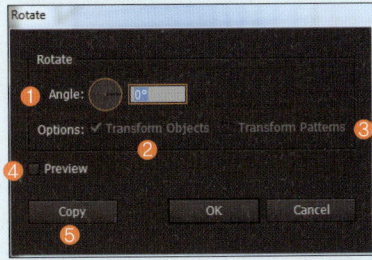

❶ Angle : 회전 각도를 지정한다. +는 시계 방향, -는 반시계 방향으로 회전한다.
❷ Transform Objects : 오브젝트의 회전 여부를 결정한다.
❸ Transform Patterns : 패턴의 회전 여부를 결정한다.
❹ Preview : 작업한 화면에서 회전한 오브젝트를 미리 보여준다.
❺ Copy : 회전한 다음 복사본을 만든다.

01 혼자해보기

반사 기능을 이용하여 오브젝트를 뒤집어 보자.

[예제 파일 : 챕터02_예제 파일\Hello.ai]

▲ 버튼 오브젝트를 복사하여 반사한 모습

HINT | 되감기 오브젝트를 복사하여 빈 부분에 붙여 넣은 다음 [Object]-[Transform]-[Reflect] 메뉴를 선택하여 오브젝트를 뒤집어 빨리 감기 오브젝트를 만든다. 소리 크기 오브젝트도 같은 방법으로 복사하여 이미지를 완성시킨다.

[Reflect] 대화상자 tip ➕

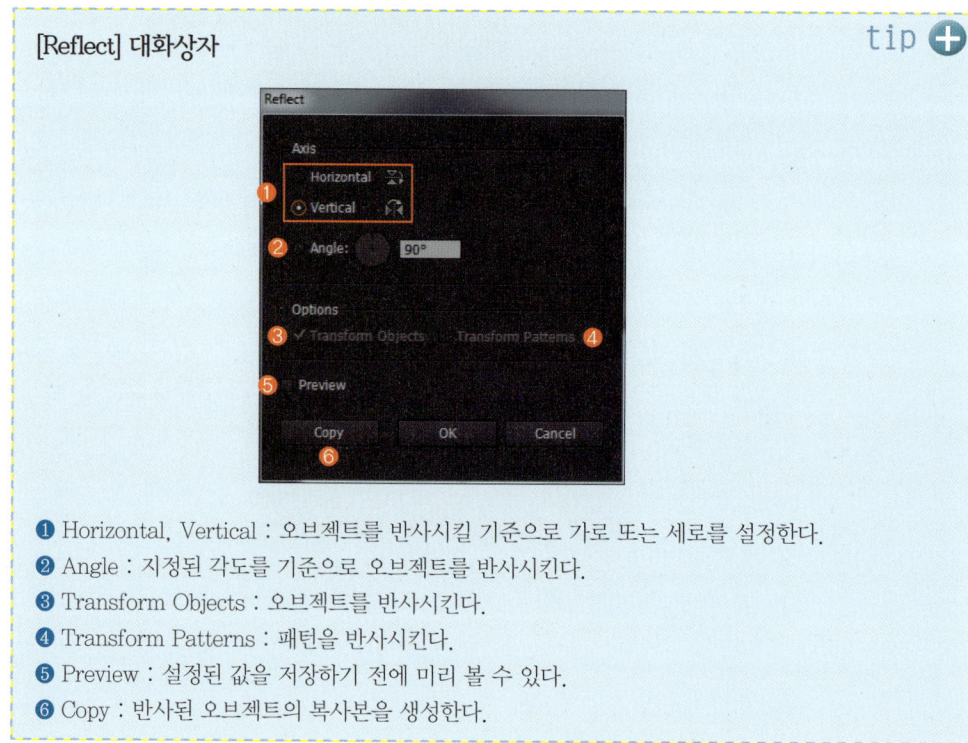

❶ Horizontal, Vertical : 오브젝트를 반사시킬 기준으로 가로 또는 세로를 설정한다.
❷ Angle : 지정된 각도를 기준으로 오브젝트를 반사시킨다.
❸ Transform Objects : 오브젝트를 반사시킨다.
❹ Transform Patterns : 패턴을 반사시킨다.
❺ Preview : 설정된 값을 저장하기 전에 미리 볼 수 있다.
❻ Copy : 반사된 오브젝트의 복사본을 생성한다.

Section 4. 오브젝트 자르기

도구 모음의 지우개, 가위 등 여러 가지 툴로 오브젝트를 자르는 방법을 알아보자.

알아두기

- 지우개 툴로 오브젝트를 간단하게 지울 수 있다.
- 가위 툴과 나이프 툴로 오브젝트를 쉽게 자를 수 있다.

따라하기 01 지우개 툴로 자유롭게 지우기

일러스트레이터 CS6에서는 지우개 툴로 오브젝트를 자유롭게 지울 수 있으며 [Eraser Tool Options] 대화상자에서 지우개 툴의 크기, 모양 등의 속성을 지정할 수 있다.

[예제 파일 : 챕터02_예제 파일\약도.ai]

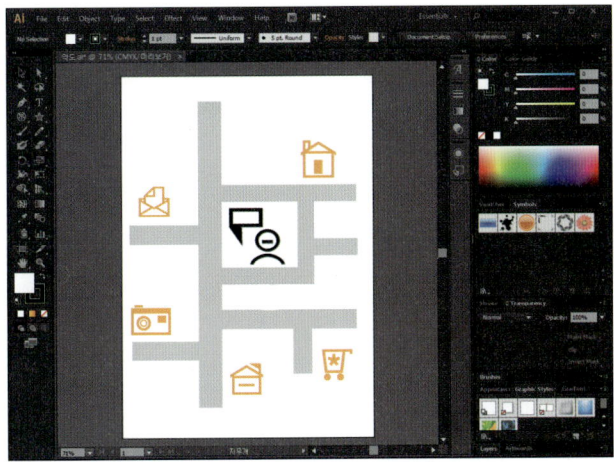

❶ '약도.ai' 파일을 불러온 후 도구 모음의 지우개 툴( )을 선택한다.

❷ 마우스 포인터가 'O' 모양으로 바뀌면 키보드의 [또는]를 눌러 지우개 포인트의 크기를 조절한다.

❸ 막다른 골목길을 만들기 위해 이어진 길 중에 한 부분을 지우개로 지운다.

❹ 이번에는 도구 모음의 지우개 툴( )을 더블클릭한다.

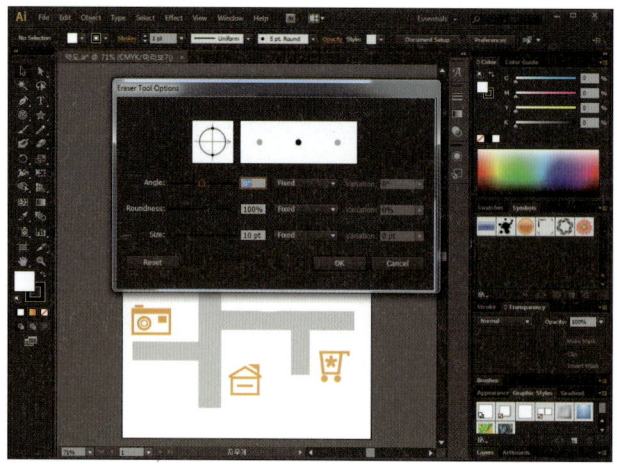

❺ [Eraser Tool Options] 대화상자가 나타나면 [Size]를 '20pt'로 설정하고 [OK] 버튼을 클릭한다.

❻ 지우개 툴로 불필요한 오브젝트를 지운다. 이때 심볼로 등록된 오브젝트나 비트맵 이미지는 지울 수 없다.

tip +

[Eraser Tool Options] 대화상자

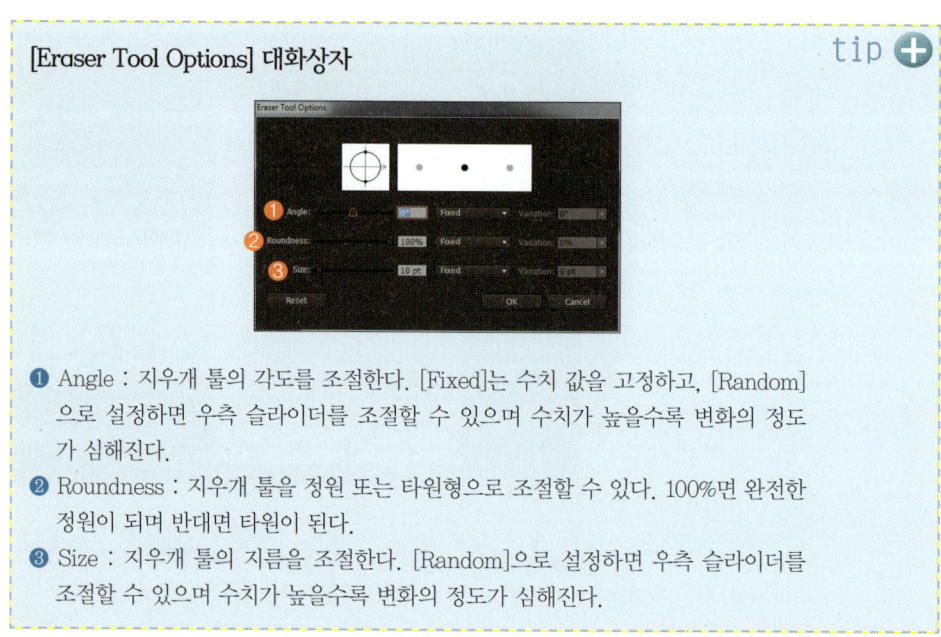

❶ Angle : 지우개 툴의 각도를 조절한다. [Fixed]는 수치 값을 고정하고, [Random]으로 설정하면 우측 슬라이더를 조절할 수 있으며 수치가 높을수록 변화의 정도가 심해진다.

❷ Roundness : 지우개 툴을 정원 또는 타원형으로 조절할 수 있다. 100%면 완전한 정원이 되며 반대면 타원이 된다.

❸ Size : 지우개 툴의 지름을 조절한다. [Random]으로 설정하면 우측 슬라이더를 조절할 수 있으며 수치가 높을수록 변화의 정도가 심해진다.

tip +

패스 지우개 툴(　)과 지우개 툴(　)의 차이점

도구 모음의 연필 툴을 누르면 표시되는 패스 지우개 툴은 오브젝트의 기준점들을 삭제하여 패스 형태의 변형을 가져와 닫힌 패스가 열린 패스로 바뀐다. 그러나 지우개 툴은 자유롭게 드래그하여 오브젝트의 기준점들을 삭제해 패스 형태의 변형을 가져오지만 닫힌 패스를 열린 패스로 변경하지는 않는다.

01 혼자해보기

지우개 툴을 이용하여 나뭇잎을 지워보자.

[예제 파일 : 챕터02_예제 파일\나무.ai]

▲ 지우개 툴로 나뭇잎을 지운 화면

HINT | 지우개 툴을 선택한 다음 [.] 를 사용하여 지우개 툴의 크기를 조절하면서 나뭇잎을 지운다. 손 떨림이나 실수로 인한 약간의 삐쭉거리게 지워진 오브젝트는 일러스트레이터 CS6가 자동으로 매끄럽게 변환시켜준다.

따라하기 02 가위와 나이프 툴로 오브젝트 자르기

가위와 나이프 툴을 이용하면 오브젝트를 쉽게 자를 수 있다. 가위 툴로 기준점을 분리하면 두 개의 기준점은 연결되지 않기 때문에 열린 오브젝트로 전환되며, 나이프 툴은 하나의 오브젝트를 드래그한 형태로 분리하기 때문에 완전히 닫힌 오브젝트로 만든다.

[예제 파일 : 챕터02_예제 파일\전선.ai]
[완성 파일 : 챕터02_완성 파일\전선_완성.ai]

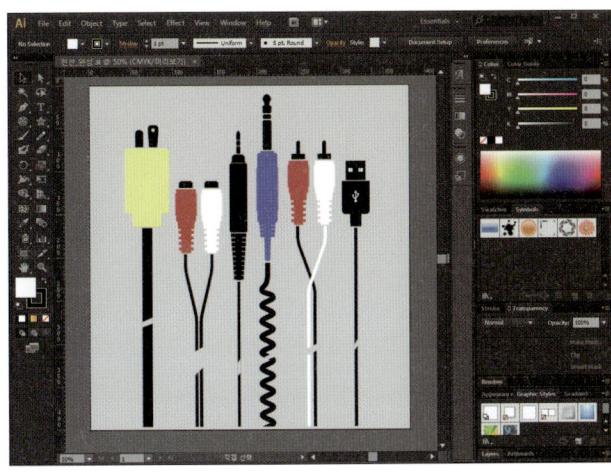

❶ '전선.ai' 파일을 불러온 후 도구 모음에서 가위 툴(	)을 선택한다. 도구 모음에서 가위 툴이 보이지 않는 경우, 지우개 툴(	)을 1~2초간 누르고 있으면 하위 메뉴로 가위 툴이 나타난다.

❷ 왼쪽 노란색 전선 오브젝트의 가운데 패스 부분을 클릭하고 반대쪽 부분도 클릭한다. 연속해서 클릭한 부분의 바로 아래와 그 반대쪽 패스도 클릭한다.

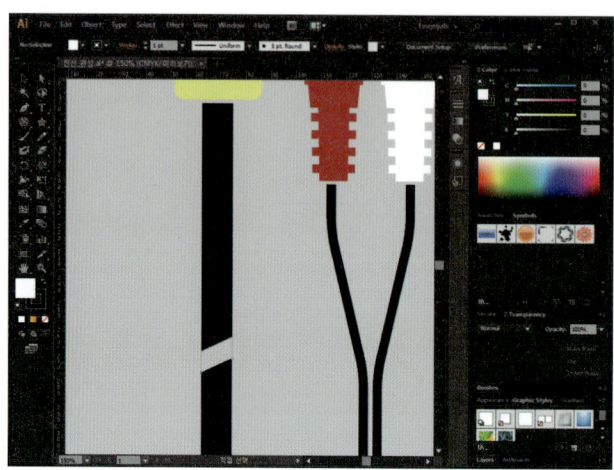

❸ 패스가 잘려나가 전선 오브젝트의 가운데 부분이 끊어진 것처럼 보인다.

❹ 이번에는 선택 툴(	)로 두 번째 전선 오브젝트를 선택한다.

❺ 도구 모음에서 나이프 툴(	)을 선택하고 두 번째 전선 오브젝트를 가로지르도록 드래그한다. 도구 모음에서 나이프 툴이 보이지 않는 경우, 지우개 툴(	) 또는 가위 툴(	)을 1~2초간 누르고 있으면 하위 메뉴로 나이프 툴이 나타난다.

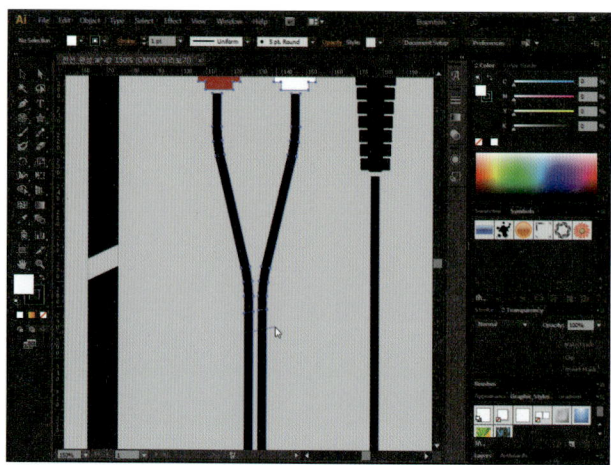

❻ 나이프 툴(	)로 드래그한 부분의 아래를 한 번 더 드래그하여 오브젝트를 자른 후 잘라내진 중간 부분을 선택하고 Delete 를 눌러 삭제한다.

❼ 다른 전선 오브젝트들도 같은 방법으로 끊어진 전선 모양으로 만든다.

가위 툴과 나이프 툴의 차이점

가위 툴로 자르면 오브젝트가 열린 패스로 이루어지지만, 나이프 툴로 자르면 오브젝트는 닫힌 패스로 이루어진다.

01 혼자해보기

가위 툴로 잘라서 만든 열린 패스를 다시 이어 닫힌 패스로 만들어보자.

[완성파일 : 챕터02_완성 파일_별.ai]

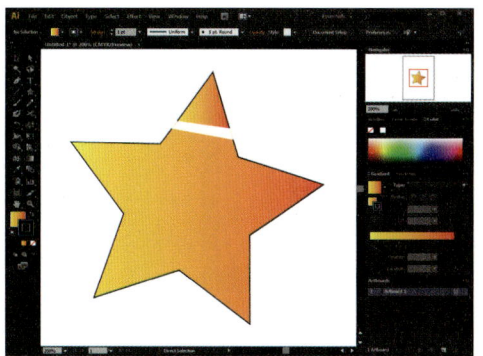
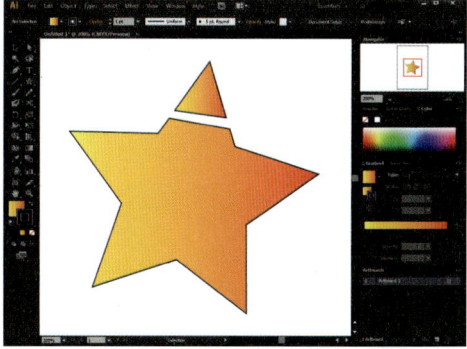

HINT | 새 도큐먼트에서 별형 툴을 이용하여 별 오브젝트를 생성한 후 면 색상은 그레이디언트, 선 색상은 검은색으로 지정한다. 지우개 툴을 1~2초간 눌러 나타나는 가위 툴로 별 오브젝트의 외곽선을 한 번씩 클릭하면서 별 오브젝트를 두 개의 열린형 패스 오브젝트로 변환한다. 펜 툴로 끊어진 패스를 다시 클릭하여 이으면서 다시 닫힌 패스로 만든다.

Section 5. 선택 툴과 직접 선택 툴을 이용하여 오브젝트 변형하기

선택 툴과 직접 선택 툴의 기능을 구별하고 어떤 상황에서 어떤 툴을 사용해야 하는지 알아보자.

> **알아두기**
> - 선택 툴은 그룹화된 오브젝트를 한 번에 선택한다.
> - 직접 선택 툴은 오브젝트를 개별적으로 선택한다.
> - 직접 선택 툴로 오브젝트의 기준점을 선택할 수 있어 세밀한 작업이 가능하다.

따라하기 01 선택 툴로 그룹화된 오브젝트 한 번에 선택하기

선택 툴을 이용하여 그룹화된 오브젝트를 이동시켜 보자.

[예제 파일 : 챕터02_예제 파일\물고기.ai]

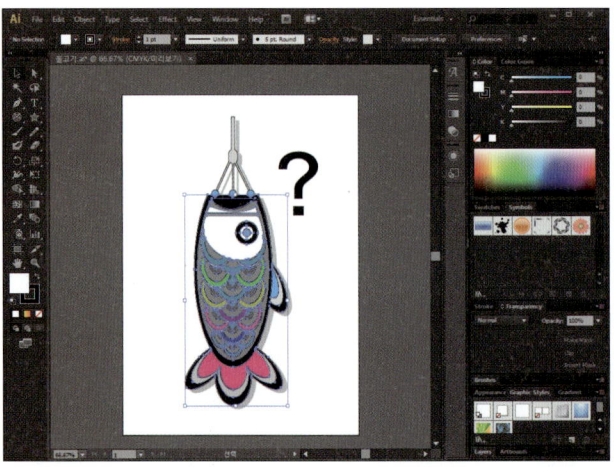

❶ '물고기.ai' 파일을 불러온 다음 도구 모음의 선택 툴( )을 선택한다.

❷ 선택 툴로 물고기 오브젝트를 선택하면 오브젝트 그룹화를 의미하는 바운딩 박스를 확인할 수 있다.

❸ 이번에는 `Shift`를 누른 상태에서 선택 툴( )로 물고기 오브젝트를 클릭하고 낚시줄 오브젝트도 클릭하여 모두 선택한다.

❹ `Ctrl`+`G`를 눌러 그룹화한 다음 선택 툴( )로 오브젝트를 이동시키면 모든 오브젝트가 그룹화되어 한 번에 선택된 것을 확인할 수 있다.

| 따라하기 02 | **직접 선택 툴로 그룹화된 오브젝트의 부분 오브젝트 선택하기** |

직접 선택 툴을 이용하여 그룹화된 오브젝트의 세부 오브젝트를 이동시켜 보자.

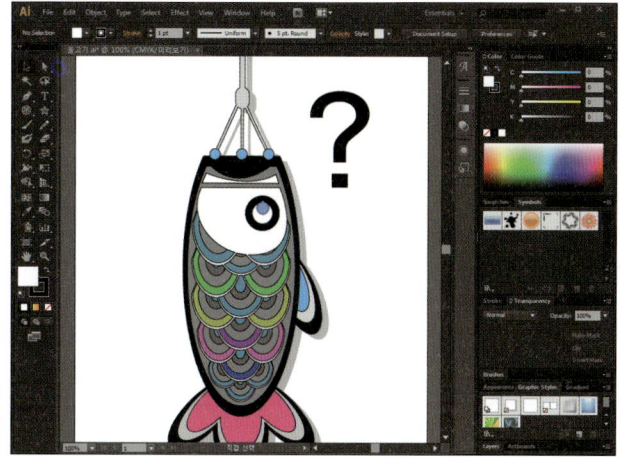

❶ 선택 툴( )로 물고기 오브젝트를 선택하여 그룹화된 것을 확인한다.

❷ 도구 모음에서 직접 선택 툴( )을 선택하고 그룹화된 물고기 오브젝트의 눈동자 오브젝트를 선택한다.

❸ 물고기 오브젝트가 그룹화되어 있음에도 불구하고 개별적으로 눈동자 오브젝트가 선택되는 것을 확인할 수 있다.

❹ 방향키 또는 직접 선택 툴( )을 이용하여 눈동자 오브젝트의 위치를 이동시킨다. 이때 직접 선택 툴로 반드시 눈동자 오브젝트의 패스가 아닌 내부를 선택한 다음 이동시킨다.

> **tip** ➕
> 직접 선택 툴을 사용하여 오브젝트를 이동시킬 때에는 마우스 모양에 주의해야 한다.
> 이동이 가능할 때에는 마우스 모양이 십자가 화살표로 변하지만, 양방향 화살표 모양일 때는 오브젝트의 형태를 변형하므로 반드시 마우스 모양을 잘 살피도록 한다.

Section 5 . 선택 툴과 직접 선택 툴을 이용하여 오브젝트 변형하기

| 따라하기 | 03 직접 선택 툴로 오브젝트 세밀하게 변형하기

직접 선택 툴로 오브젝트의 패스 및 기준점을 선택하고 변형해 보자.

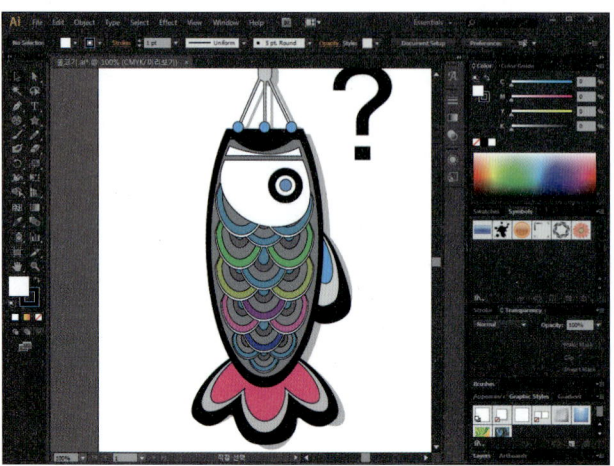

❶ 돋보기 툴( ) 또는 Ctrl + + 를 눌러 화면을 확대한다.
❷ 직접 선택 툴( )로 물고기 오브젝트의 등 비늘 부분을 클릭한다.
❸ 다시 한 번 직접 선택 툴( )로 비늘 부분의 기준점 하나를 클릭한 후, 선택한 기준점에 나타난 조절 막대를 드래그하여 오브젝트를 변형한다.

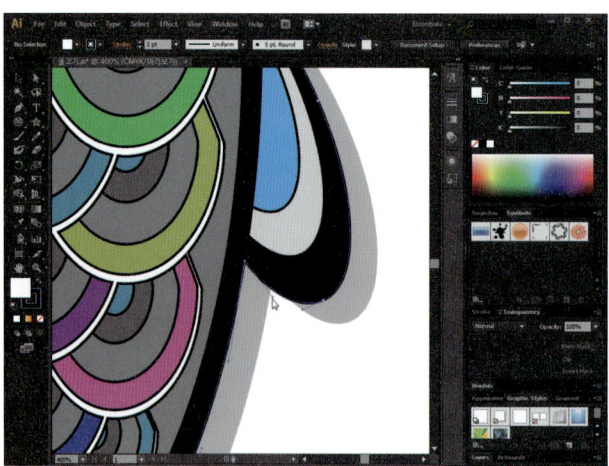

❹ 이번에는 다른 기준점을 클릭한 다음 드래그하여 오브젝트를 세밀하게 변형시킨다.

Section 6. 안내선과 그리드를 사용하여 정확한 작업하기

일러스트레이터 CS6에서 세밀한 작업을 할 때 가이드와 그리드를 사용하면 좀 더 정확한 작업을 할 수 있다.

◑ 알아두기

- 눈금자를 드래그하여 안내선을 생성할 수 있다.
- [Smart Guide] 명령은 정밀한 도면 작업 시 매우 편리하게 사용할 수 있다.
- 바둑판 모양의 눈금자인 [Grid] 명령을 사용하여 정밀한 작업을 할 수 있다.

따라하기 01 눈금자에서 가이드 사용하기

가이드는 편리하게 작업할 수 있도록 도와주는 안내선을 의미한다. 안내선을 수정하려면 [View]–[Guides]–[Lock Guide] 메뉴를 재실행해야 한다.

[예제 파일 : 챕터02_예제 파일\손과나비.ai]

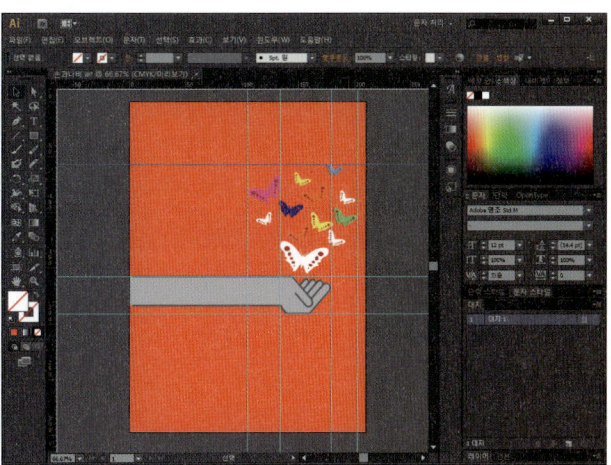

❶ '손과나비.ai' 파일을 불러온 다음 안내선을 생성하기 위해 [View]–[Ruler]–[Show Ruler] 메뉴 또는, `Ctrl`+`R`을 눌러 눈금자를 화면에 표시한다.

❷ 위쪽 가로 눈금자를 클릭한 다음 화면의 중심으로 드래그하면 하늘색의 안내선이 생성되는 것을 볼 수 있다.

❸ 왼쪽 세로 안내선도 마찬가지로 눈금자를 클릭한 다음 화면의 중심으로 드래그하면 세로 안내선이 생성된다.

❹ 생성된 안내선들은 선택 툴( )로 드래그하여 이동할 수 있다. 이동되지 않는 경우에는 [View]–[Guides]–[Lock Guide] 메뉴를 재실행하여 잠금 설정을 해제한다.

❺ 안내선이 불필요하여 보이지 않게 하고 싶다면 [View]-[Guides]-[Hide Guide] 메뉴를 선택한다.

❻ 안내선들은 각자 개별적으로 선택되며 Delete 를 눌러 삭제할 수 있다. 또한 화면에서 안내선들을 모두 삭제하려면 [View]-[Guide]-[Clear Guides] 메뉴를 선택한다.

가이드 잠금 설정   tip

생성한 안내선을 이동하거나 삭제하는 등의 수정을 하려면 [View]-[Guides]-[Lock Guide] 메뉴를 재실행하여 잠금을 해제해야 한다. 안내선 잠금이 풀리면 마우스로 각 안내선을 클릭하여 이동하거나 Delete 를 눌러 삭제할 수 있다.

[Preferences] 대화상자의 '안내선과 그리드'   tip

[Edit]-[Preferences]-[Guides & Grid] 메뉴를 선택하거나, Ctrl + K 를 누르면 나타나는 [Preferences] 대화상자의 [Guides & Grid]에서 안내선의 색상과 스타일을 설정할 수 있다.

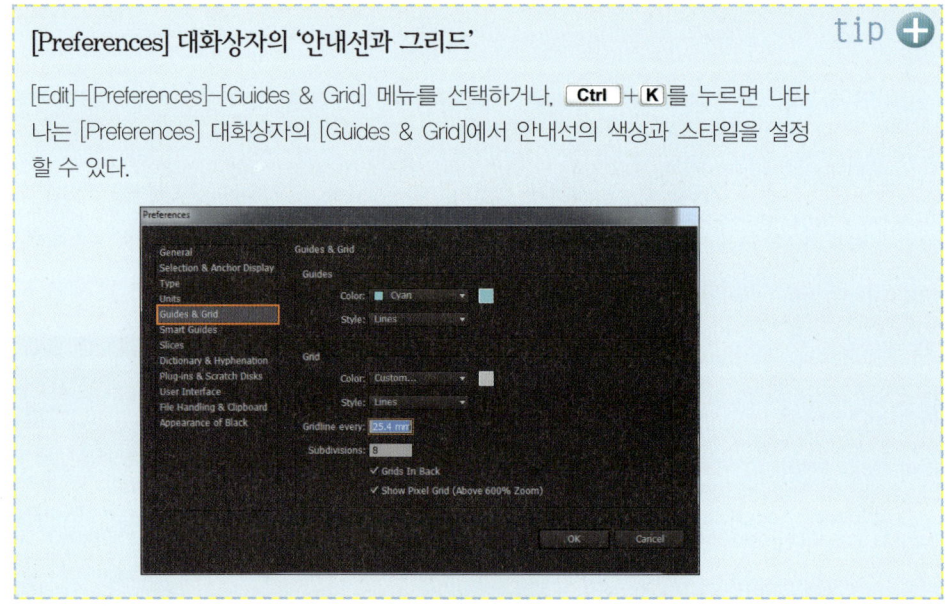

따라하기 **02 원하는 형태의 안내선 만들기**

눈금자에서 만들어지는 가로 및 세로의 안내선 외에도 원하는 형태의 안내선을 만들고 수정해 보자.

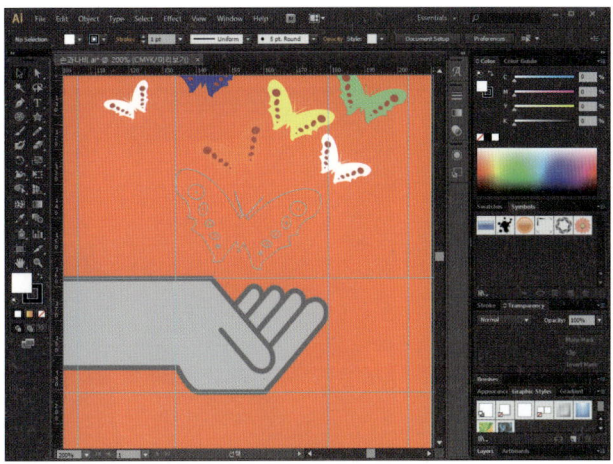

❶ 가장 큰 하얀색 나비 오브젝트를 선택하고 [View]-[Guides]-[Make Guides] 메뉴를 선택한다.

❷ 나비 오브젝트가 안내선으로 변경된 것을 볼 수 있다. 안내선으로 변경된 나비 오브젝트를 다시 본래의 오브젝트로 변경하려면 [View]-[Guides]-[Release Guides] 메뉴를 선택한다.

> **안내선 만들기** tip
>
> - [Make Guides] 명령의 단축키는 `Ctrl`+`5` 이며, [Lock Guides] 명령의 단축키는 `Ctrl`+`Alt`+`5` 이다.
> - [Guides]-[Lock Guides] 메뉴를 재실행해야 안내선의 선택, 이동 및 수정을 할 수 있다. 안내선이 잠겨 있거나 숨겨져 있으면 [Make Guides] 명령을 실행할 수 없다.

따라하기 03 특수 문자 안내선 사용하기

일러스트레이터 CS6에서 제공하는 특수 문자 안내선은 마우스 포인터, 오브젝트를 구성하는 패스, 기준점의 명칭 및 오브젝트를 이동할 때 위치와 각도 등 여러 가지를 보여주는 기능이 있어 간단한 도면 작업 시에 편리하게 사용할 수 있다.

[예제 파일 : 챕터02_예제 파일\밴드.ai]

❶ '밴드.ai' 파일을 불러온 후 [View]-[Smart Guides] 메뉴를 선택하여 특수 문자 안내선 기능을 사용한다.

❷ 특수 문자 안내선 기능으로 오브젝트의 기준점, 패스선 등에 마우스 포인터를 위치시켰을 때 패스의 속성 이름이나 각도, 중심점 등의 정보를 볼 수 있다.

❸ 해당 기능을 해제하려면 [View]-[Smart Guides] 메뉴를 다시 실행하여 체크를 해제한다.

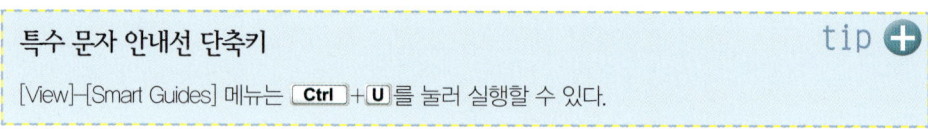

특수 문자 안내선 단축키   tip
[View]-[Smart Guides] 메뉴는 Ctrl + U 를 눌러 실행할 수 있다.

| 따라하기 | 04 | 그리드 보이기 / 감추기 |

그리드는 모눈종이 모양의 눈금자를 도큐먼트에 표시하여 기준점이나 수치 계산이 필요한 작업에 유용하다. 그리드를 이용하면 정밀한 작업이 가능하며 오브젝트를 쉽게 배치할 수 있다.

❶ [View]-[Show Grid] 메뉴를 선택하여 도큐먼트에 그리드를 표시한다.

❷ 그리드 기능을 사용하면 화면에 모눈종이 모양의 눈금자가 표시되기 때문에 이미지 작업 시 안내선 역할을 하며, 새로운 오브젝트를 위치시키거나 크기를 조절할 때에도 유용하다.

❸ 오브젝트를 그리드와 알맞게 작성하려면 [View]-[Snap to Grid] 메뉴를 선택한다. 해당 명령을 실행하면 오브젝트를 작성하려는 마우스 포인터의 시작점을 자석처럼 그리드에 딱 맞춰지도록 할 수 있다.

> **그리드 단축키** tip ➕
>
> [View]-[Show Grid] 메뉴의 단축키는 `Ctrl`+로 한 번 더 누르면 그리드를 숨길 수 있다.

Section 6. 안내선과 그리드를 사용하여 정확한 작업하기

따라하기 05 원근감 격자 사용하기

원근감 격자를 사용하면 3차원 오브젝트를 생성하기에 매우 유용하다.

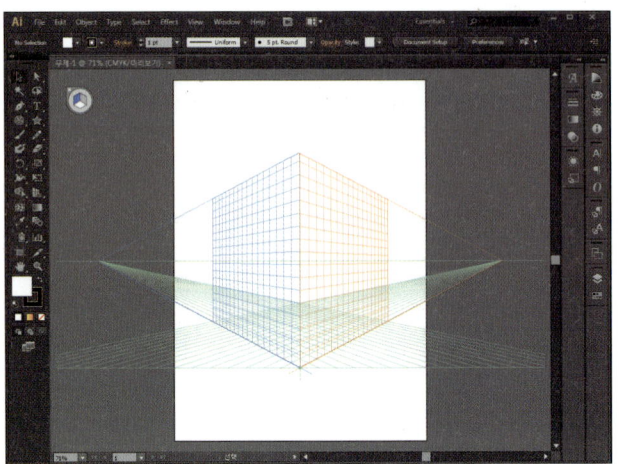

❶ 새 도큐먼트를 생성하고 [View]-[Perspective Grid]-[Show Grid] 메뉴를 선택하여 도큐먼트에 원근감 격자를 표시한다.

❷ 원근감 격자 기능을 사용하면 매우 정확한 비율의 3차원 드로잉이 가능하다.

❸ [View]-[Perspective]-[One Point Perspective] 메뉴를 선택하면 1개의 점에서 시작하는 투시법을 이용한 드로잉이 가능하다.

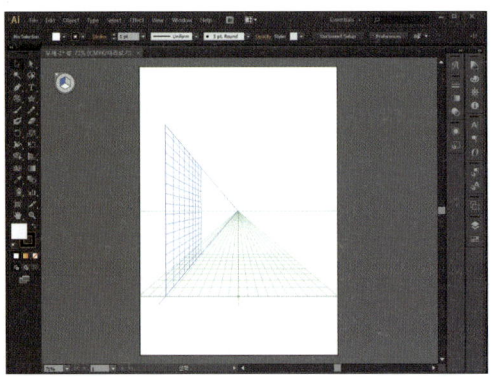

> **tip ➕**
>
> **원근감 격자 종류**
>
>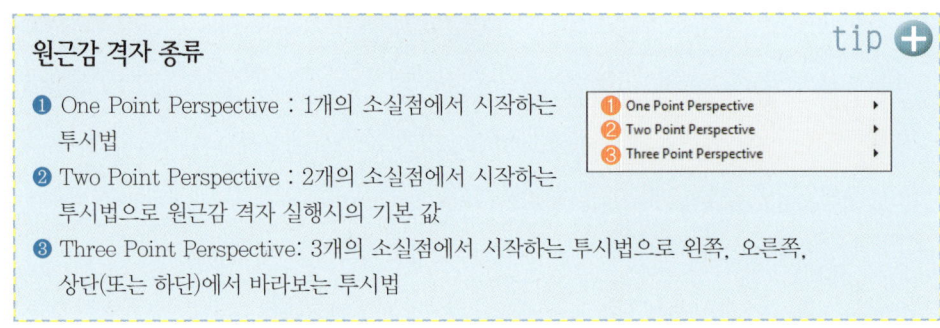
>
> ❶ One Point Perspective : 1개의 소실점에서 시작하는 투시법
> ❷ Two Point Perspective : 2개의 소실점에서 시작하는 투시법으로 원근감 격자 실행시의 기본 값
> ❸ Three Point Perspective: 3개의 소실점에서 시작하는 투시법으로 왼쪽, 오른쪽, 상단(또는 하단)에서 바라보는 투시법

Section 7. 정밀한 일러스트 작업에 필요한 측정 기능 사용하기

정밀한 수치 작업을 할 때 눈금자를 사용하면 정확한 수치 작업이 가능하며 가이드, 격자 기능과 함께 사용할 때 더욱 정교한 작업이 가능하다.

● 알아두기

- 눈금자와 [Info] 팔레트를 이용하여 정확한 작업을 위한 수치를 측정할 수 있다.
- 눈금자의 기준점을 변경하여 오브젝트의 정밀한 수치 작업을 할 수 있다.
- 측정 툴로 오브젝트의 길이를 측정할 수 있다.
- [Transform] 팔레트를 이용하여 오브젝트를 회전하거나 크기를 변경할 수 있다.

따라하기 01 눈금자 표시하고 감추기

눈금자를 사용하면 정확한 수치 작업을 할 수 있고 안내선을 생성할 수 있다. 또한 눈금자는 필요에 따라 작업 화면에서 표시하거나 숨길 수 있다.

[예제 파일 : 챕터02_예제 파일\패션.ai]

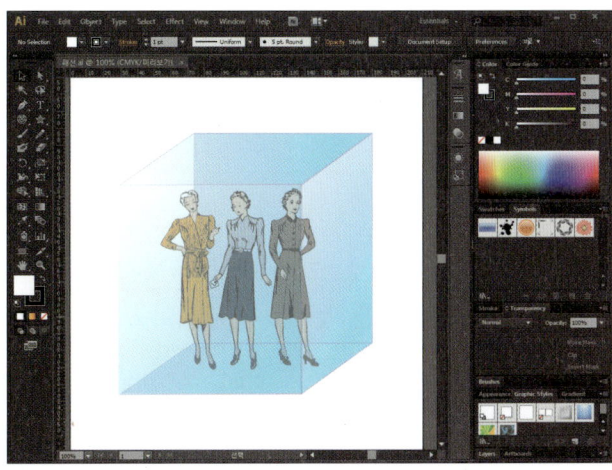

❶ '패션.ai' 파일을 불러온 후 [View]-[Rulers]-[Show Rulers] 메뉴를 선택하거나, Ctrl + R 을 눌러 작업 화면의 좌측과 상단에 눈금자를 표시한다.

❷ 눈금자를 화면에서 숨기려면 [View]-[Hide Rulers] 메뉴를 선택하거나, Ctrl + R 을 한 번 더 누른다.

| 따라하기 | 02 눈금자 기준점 위치 조절하기 |

눈금자는 기본적으로 도큐먼트의 좌측 상단을 기준점으로 '0'으로 설정되어 있지만 사용자의 편의에 따라 기준점의 위치를 직접 변경할 수 있다.

❶ 눈금자의 기준점을 변경하기 위해 먼저 눈금자가 작업 화면에 표시되어 있는지 확인한다.

❷ 눈금자가 표시되어 있다면 눈금자의 좌측 상단의 기준점을 클릭하고 원하는 위치로 드래그한다.

❸ 마우스로 눈금자를 드래그하면 십자 형태의 선이 나타나는데, 마우스 포인터를 놓은 위치가 가로와 세로의 기준점 위치로 설정된다. 기준점은 같은 방법으로 언제든지 재설정이 가능하다.

| 따라하기 | 03 측정 툴과 [Info] 팔레트로 오브젝트 측정하기 |

도구 모음의 측정 툴은 오브젝트의 길이를 측정할 수 있다. 측정 툴을 사용하면 마우스로 드래그한 시작점과 끝점까지의 거리와 두 점의 좌표, 폭, 높이 및 각도가 표시된다. 측정된 값은 [Info] 팔레트에 나타난다.

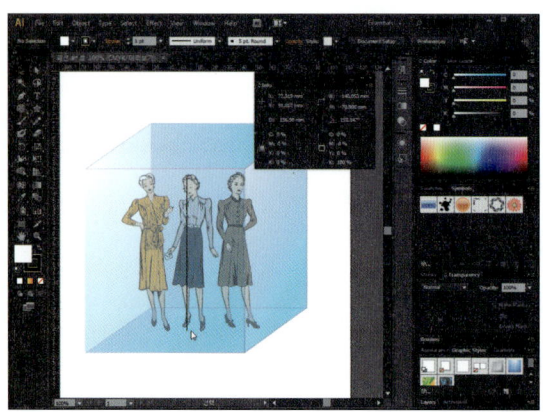

❶ 먼저 [Window]-[Info] 메뉴를 행하여 [Info] 팔레트를 불러온다.

❷ 도구 모음의 스포이트 툴( )을 1~2초간 누르고 있으면 하위 메뉴로 나타나는 측정 툴( )을 선택한다.

❸ 중앙에 여자 오브젝트의 높이를 측정하기 위해 해당 오브젝트의 상단 부분을 클릭하고 아래 방향으로 Shift 를 누른 채 드래그한다. 이때 Shift 를 같이 누르는 것은 높이를 측정하는 것이기 때문에 수직으로 드래그할 때 좌우로 기울어지지 않도록 하기 위함이다.

❹ 드래그가 끝나면 [Info] 팔레트의 거리 수치 정보란에 측정 값이 나타난다.

따라하기 04 [Transform] 팔레트로 오브젝트 변형하기

선택 툴 및 직접 선택 툴을 이용하여 오브젝트를 변형할 수 있지만 [Transform] 팔레트를 이용하면 좀 더 정확한 값으로 오브젝트를 변형할 수 있다.

❶ 먼저 [Window]-[Transform] 메뉴를 선택하여 [Transform] 팔레트를 불러온다.

❷ 선택 툴( )로 앞 유리창 오브젝트를 선택하고 해당 오브젝트의 위치 및 크기에 대한 정보를 [Transform] 팔레트에서 확인한다.

❸ [Transform] 팔레트의 값을 변경하면 오브젝트의 위치 및 크기가 변형된다.

핵심정리 summary

1. 사용자 편의에 맞게 작업 환경 설정하기

일러스트레이터 CS6에서는 작업자의 편의에 맞게 작업 환경을 설정할 수 있다. 자주 사용하는 팔레트를 미리 꺼내놓거나 사용자 임의대로 팔레트의 위치를 재설정할 수 있으며 언제든지 작업 공간을 저장하거나 공유, 사전 설정이 가능하다. 또한 공간 활용을 위해 팔레트를 일렬 또는 이열로 나열하고, 아이콘 모양으로 표시하거나 팔레트로 펼쳐 보일 수도 있다.

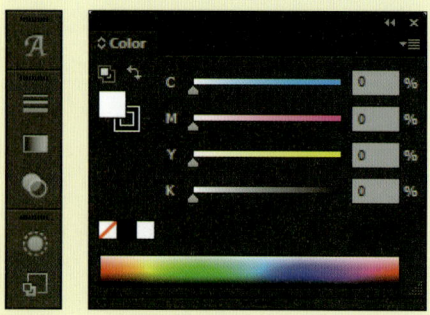
▲ 팔레트의 아이콘 모양, 팔레트 펼쳐 보이기

2. 편리한 작업을 돕는 툴

일러스트레이터 CS6는 다양한 툴을 제공하여 보다 편리하고 질 높은 일러스트 작업을 할 수 있도록 돕는다. 돋보기 툴로 화면을 확대하고 손 툴을 이용하여 도큐먼트 내에서 이동하며 눈금자 툴과 그리드 툴을 이용하여 오브젝트의 크기를 손쉽게 조절할 수 있다. 드로잉 툴을 비롯한 다양한 그래픽 작업 툴을 사용하기 전에 편리한 작업을 돕는 기본적인 툴들과 단축키를 알아 놓으면 보다 편리한 작업을 할 수 있다.

3. 오브젝트 선택과 이동하기

일러스트레이터에서 그래픽 작업을 할 때 가장 많이 하는 작업이 오브젝트를 선택하고 원하는 위치로 이동하는 것이다.

- 오브젝트 선택과 이동 : 선택 툴로 오브젝트를 클릭하여 선택하고, 원하는 위치로 드래그하면 오브젝트를 이동시킬 수 있다.
- 다중 오브젝트 선택 : 드래그하여 범위를 설정하거나 Shift 를 누른 상태에서 선택 툴로 오브젝트들을 클릭하면 오브젝트를 다중 선택할 수 있다.
- 오브젝트 복사 : 선택 툴로 오브젝트를 선택한 다음 Alt 를 누른 상태에서 오브젝트를 다른 위치로 드래그하면 해당 오브젝트가 복제된다.
- 오브젝트 변형 : 선택 툴로 오브젝트를 클릭하여 나타나는 오브젝트의 기준점을 드래그하여 변형한다.
- 마술봉 툴 사용 : 선택되어 있는 오브젝트와 같은 속성을 지닌 오브젝트를 한 번에 선택할 수 있다.
- 올가미 툴 사용 : 올가미 툴은 자유롭게 드래그하여 선택 영역에 포함되는 오브젝트, 선, 기준점을 선택할 수 있다.

종합실습 pointup

1. **작업 화면을 확대하고 원하는 부분으로 이동해 보자.**

   [예제 파일 : 챕터02_예제 파일\Man.ai]

   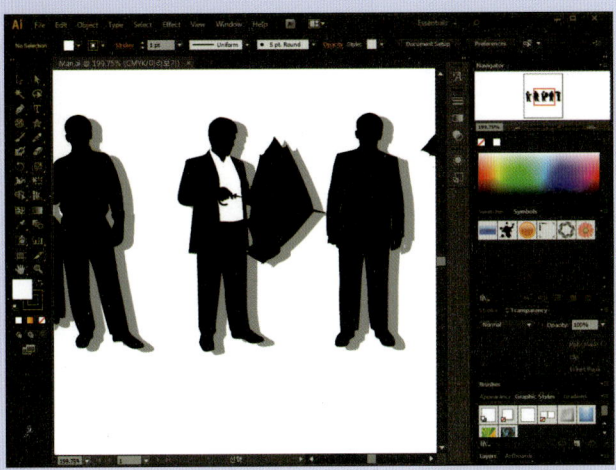

   HINT | [Navigator] 팔레트와 돋보기 툴을 이용하여 화면을 확대하고 손 툴로 드래그하여 원하는 부분으로 이동한다. 또는 단축키 `Ctrl` + `+`, `-` 를 눌러 화면을 확대 및 축소한다.

2. **회전 툴로 꽃잎 오브젝트를 회전시켜 꽃 모양 오브젝트를 만들어 보자.**

   [예제 파일 : 챕터02_예제 파일\Symbol.ai]

   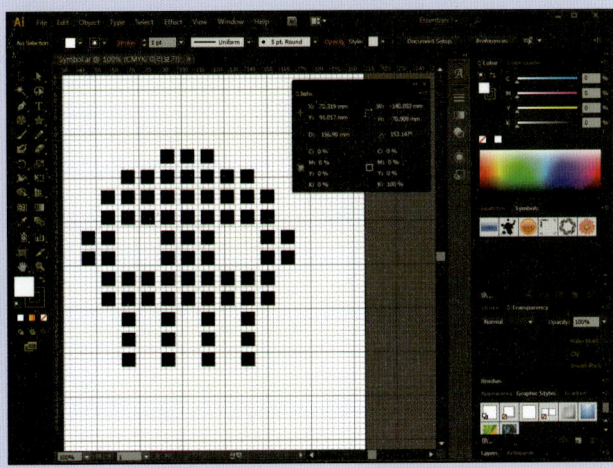

   HINT | 파일을 불러온 후 [Window]-[Info] 메뉴를 선택하여 [Info] 팔레트를 활성화한다. [View] 메뉴에서 눈금자, 그리드 등을 실행하고 측정 툴을 이용하여 오브젝트의 크기를 확인한다.

03
CHAPTER

자유로운 드로잉을 이용한
일러스트 그리기

일러스트레이터 CS6는 초보자도 멋진 일러스트를 만들 수 있도록 다양한 드로잉 효과 및 자동 조절 기능을 제공한다. 일러스트의 가장 핵심적인 기능인 드로잉 툴을 익히고 마스터해 보자.

Section 1　패스를 이용한 다양한 형태의 오브젝트 그리기

Section 2　연필 툴로 손그림 효과 내기

Section 3　페인트 브러시 툴로 회화 느낌의 일러스트 그리기

Section 4　도형 툴로 쉽게 원하는 형태 그리기

Section 5　선분 툴로 빠르게 원하는 선 그리기

Section 6　향상된 드로잉 기능 사용하기

Section 7　이미지 트레이스로 비트맵 이미지 변환하기

일러스트레이터 CS6로 드로잉하듯 그리기

Chapter 3

일러스트레이터는 마치 손으로 그림을 그린 듯한 정교함을 가진 다양한 드로잉 툴을 제공한다. 자유로운 패스를 그리기 위한 펜 툴, 브러시 툴, 그리고 연필 툴을 이용하면 상상한 대로 드로잉을 할 수 있다. 특히 일러스트레이터 CS6는 더욱 강력해진 자동 조절 기능을 제공하여 거칠게 그려진 패스들을 매끄럽게 조절할 수 있다.

01 베지어 곡선(Bezier Curve)

베지어 곡선이란 프랑스의 수학자 베지어(Bezier P.)에 의해 만들어진 것으로 두 점 사이의 불규칙한 곡선을 수학적으로 연결한 선을 말한다. 베지어 곡선은 벡터 방식의 곡선을 형성한 것으로 기준점, 방향선, 방향점으로 형태를 만들며 기준점을 연결하는 선을 세그먼트, 세그먼트들이 모여 구성한 것을 패스라고 한다. 또한 이러한 패스들이 모여 오브젝트를 구성한다. 일러스트레이터가 사용하는 벡터 방식의 그림은 크기나 모양을 변형해도 이미지 손실이 없다.

• 베지어 곡선의 구조

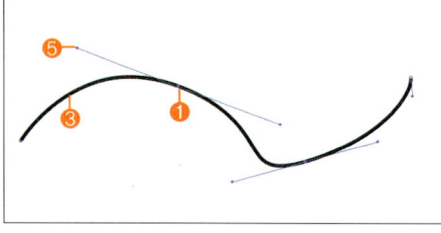
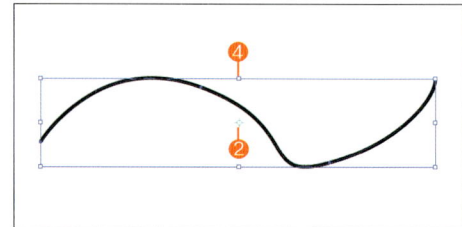

❶ 기준점(Anchor Point) : 곡선을 이루는 기준이 되는 점(Point)

❷ 중심점(Center Point) : 오브젝트의 중심점(Point)

❸ 세그먼트(Segment) : 두 점(Point) 사이를 연결하는 곡선

❹ 패스(Path) : 여러 개의 세그먼트가 연결된 것으로 오브젝트를 이루는 선

❺ 핸들(Handle) : 방향선이라고도 하며 기준점들의 방향을 조절할 수 있으며 부드럽게 곡선 처리를 할 수 있다.

02 패스(Path)

두 개 이상의 세그먼트가 연결되어 패스를 구성한다. 패스는 열린 패스와 닫힌 패스로 나누어지며, 기준점과 세그먼트를 수정하여 패스의 형태를 변경할 수 있다.

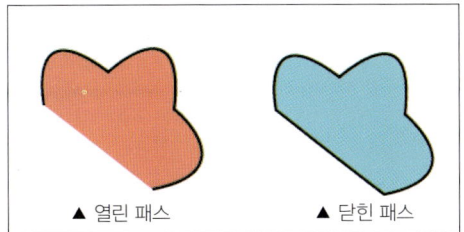

▲ 열린 패스   ▲ 닫힌 패스

- 열린 패스(Open Path) : 시작점과 끝점이 연결되지 않은 패스
- 닫힌 패스(Close Path) : 시작점과 끝점이 하나로 연결된 패스
- 오브젝트(Object) : 패스로 이루어진 오브젝트로 이미지를 이루는 각각의 패스 형태

03 펜 툴의 형태

일러스트레이터 CS6가 제공하는 펜 툴은 다양한 형태를 가지고 있으며 각 형태에 따라 기능이 달라진다. 펜 툴 오른쪽에 나타나는 기호에 따라 현재 상태를 판단하고 펜 툴을 사용해야 한다.

- ✎× : 시작점을 클릭할 때 표시된다. 즉 펜 툴을 사용하면 연속적으로 선을 이어가게 되는데 연속적인 선상이 아닌 새로운 시작점을 만들려 할 때 × 표시가 붙는다.
- ✎○ : 펜 툴을 사용하여 선을 만들어가는 과정에서 처음 시작점의 위치로 돌아오면 ○ 표시가 붙는다. ○ 표시가 나타날 때 클릭하면 정확히 닫힌 패스를 작성할 수 있다.
- ✎/ : 끊어진 패스 즉 열린 패스의 시작점 또는 끝점에 위치하면 / 표시가 나타난다. 끊어진 패스에 이어 계속해서 새로운 패스를 연결하여 작성할 때 사용한다.
- ✎− : 기준점 삭제 툴을 나타내는 표시로 패스를 이루고 있는 기준점 위에 위치하면 − 표시가 나타난다. − 표시가 나타날 때 클릭하면 해당 기준점을 삭제할 수 있다.
- ✎+ : 기준점 추가 툴을 나타내는 표시로 기준점이 아닌 세그먼트 위에 위치하면 + 표시가 나타난다. + 표시가 나타날 때 클릭하면 패스 위에 기준점을 추가할 수 있다.

04 [Brushes] 팔레트

브러시 툴을 사용할 때 [Brushes] 팔레트가 제공하는 다양한 형태의 붓 모양을 선택할 수 있다. [Brushes] 팔레트는 크게 Calligraphic Brushes, Scatter Brushes, Art Brushes, Pattern Brushes 그리고 새로 추가된 Bristle Brushes의 5가지 브러시가 제공된다.

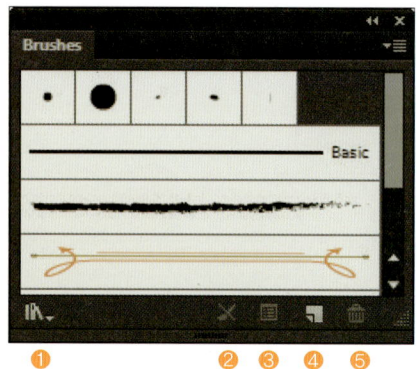

❶ Brush Libraries Menu : 일러스트레이터 CS6에서 기본으로 제공하는 브러시 라이브러리를 선택할 수 있다.

❷ Remove Brush Stroke : 선택한 오브젝트에 적용된 브러시 효과를 해제한다.

❸ Options of Selected Object : 선택한 오브젝트에 적용된 브러시의 옵션을 조절한다.

❹ New Brush : 새로운 브러시를 작성하거나 복사한다.

❺ Delete Brush : 선택한 브러시를 삭제한다.

05 브러시 라이브러리

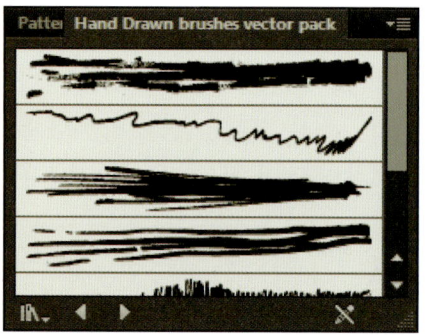

일러스트레이터 CS6은 더욱 강력해진 브러시 라이브러리를 제공한다. 다양하고 사실적인 브러시를 제공하면서 브러시의 모양, 크기, 길이 및 강도 등을 자유롭게 조절할 수 있어 실제 붓과 같은 생동감 있는 페인팅을 구현할 수 있다. 또한 어도비(Adobe) 홈페이지에서 제공하는 추가적인 라이브러리를 다운받아 적용할 수도 있다.

패스를 이용하여 다양한 형태의 오브젝트 그리기

일러스트레이터 CS6에서는 펜 툴을 이용하여 직선을 비롯한 다양한 형태의 곡선을 원하는 대로 그릴 수 있다. 원하는 패스를 그리기 위해서는 먼저 오브젝트의 구성 요소를 알고 기본적인 펜 툴의 기능을 비롯하여 기준점 추가 및 삭제 툴, 핸들 등의 사용 방법을 알아야 한다.

○ 알아두기

- 오브젝트는 기준점, 패스 그리고 방향 핸들로 이루어져 있다.
- 펜 툴을 이용하여 직선 및 자유 곡선을 그릴 수 있다.
- 기존 패스에 기준점을 추가 또는 삭제할 수 있으며, 핸들을 사용하여 패스를 수정할 수 있다.

따라하기 01 펜 툴로 직선 그리기

단 두 번의 클릭만으로 직선을 그려보자. 펜 툴로 Shift 와 함께 클릭하면 비뚤어지지 않은 직선을 그릴 수 있다.

[예제 파일 : 챕터03_예제 파일\그릇.ai]
[완성 파일 : 챕터03_완성 파일\그릇_완성.ai]

❶ '그릇.ai' 파일을 불러온 후 도구 모음의 색상 모드에서 면 색상은 '색상 없음', 선 색상은 '빨간색'으로 설정한다.

❷ 패스의 두께를 지정하기 위해 옵션 바에서 [Stroke]을 '3'으로 설정한다.

❸ 사각형 패스를 그리기 위해 도구 모음에서 펜 툴(✏)을 선택한다.

❹ 젓가락 오브젝트의 왼쪽 위 모서리를 클릭한 다음 왼쪽 아래 모서리를 클릭하여 빨간색 직선을 그린다.

❺ 계속해서 오른쪽 아래 모서리, 오른쪽 위 모서리를 클릭하여 직선을 연결해서 그린 후 마지막으로 처음 시작점인 왼쪽 위 모서리를 클릭한다.

❻ 왼쪽 위 모서리에 마우스를 위치시키면 펜 툴의 모양이 로 바뀌면서 오브젝트를 완성한다.

❼ 나머지 젓가락 오브젝트도 펜 툴을 이용하여 빨간색 가장자리를 만든다.

따라하기 02 비뚤어지지 않은 직선 그리기

펜 툴과 `Shift`를 이용하여 비뚤어지지 않은 직선을 그려보자.

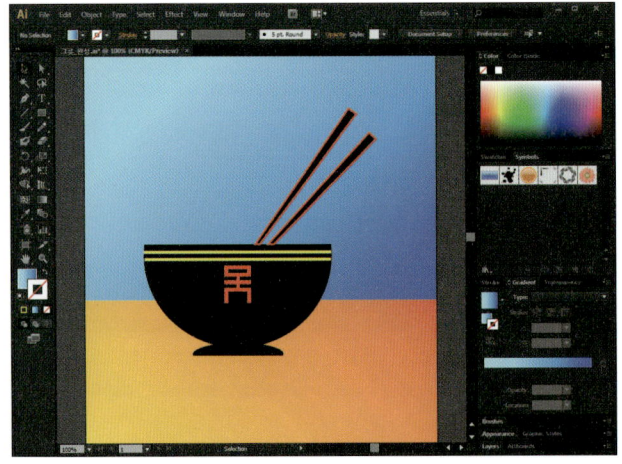

❶ 도구 모음의 색상 모드에서 면 색상은 '색상 없음', 선 색상은 '노란색'으로 지정한다.

❷ 패스의 두께를 지정하기 위해 옵션 바에서 [Stroke]을 '5'로 설정하고, 도구 모음에서 펜 툴()을 선택한다.

❸ 그릇 상단 왼쪽 부분을 한 번 클릭한 후 Shift 를 누르고 그릇의 상단 오른쪽 부분을 클릭한다. 정확하게 가로 직선이 그려지는 것을 확인한다.

❹ 직선 오브젝트를 끝내기 위해 Enter 를 누른다.

❺ 계속해서 그릇의 왼쪽 모서리, 오른쪽 모서리를 Shift 와 함께 클릭하여 직선을 연결해서 그린 후 다시 Enter 를 눌러 직선 오브젝트 생성을 마친다.

따라하기 03 펜 툴을 이용하여 원하는 곡선 그리기

베지어 곡선을 이용하여 펜 툴로 반원 형태의 곡선을 만들어 보자.

[예제 파일 : 챕터03_예제 파일\곰돌이.ai]
[완성 파일 : 챕터03_완성 파일\곰돌이_완성.ai]

❶ '곰돌이.ai' 파일을 불러온 후 도구 모음의 펜 툴( )을 선택한다.

❷ 도구 모음의 색상 모드에서 면 색을 '흰색', 선 색을 '검은색'으로 지정한다.

❸ 오른쪽 곰돌이 오브젝트의 왼쪽 목 부분을 한 번 클릭한 다음 곰돌이 머리 상단 중앙을 클릭하고, 클릭한 상태에서 드래그하여 곡선의 휘어짐 정도를 조절한다.

❹ 세 번째 점을 클릭하고 마우스에서 손을 떼지 않은 상태에서 아래로 드래그하여 곡선의 모양을 바탕의 곡선과 맞춘다.

Section 1. 패스를 이용하여 다양한 형태의 오브젝트 그리기

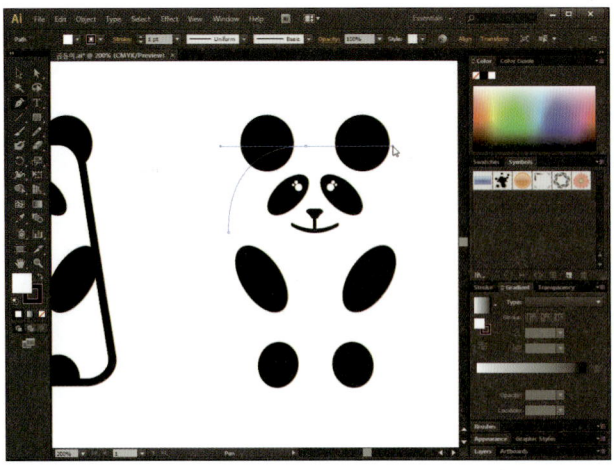

❺ 이어서 곰 오브젝트의 몸을 연결하여 만든 후 시작점으로 돌아가 마우스가 로 바뀌었을 때 클릭하여 오브젝트를 완성한다.

❻ 도구 모음에서 선택 툴( )를 선택하고 오브젝트들의 정렬 순서를 조절하여 가려졌던 곰의 얼굴과 발 등이 다시 나타나게 한다.

❼ 만들었던 몸 오브젝트가 선택된 상태에서 옵션 바의 [Stroke] 값을 조절하여 곰 오브젝트를 완성한다.

따라하기 04 오브젝트 수정하기

기준점 추가 툴로 오브젝트에 기준점을 추가 및 삭제하여 오브젝트를 변형해 보자.

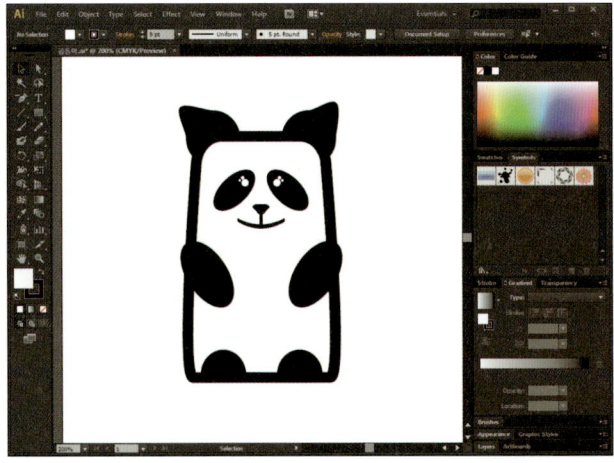

❶ 선택 툴( )로 왼쪽에 곰 오브젝트를 선택하고 마우스 오른쪽 버튼을 클릭한 후 [Ungroup]을 선택하여 그룹을 해제한다.

❷ 오른쪽 귀 오브젝트를 선택한 다음 펜 툴( )을 귀 오브젝트의 오른쪽 상단 부분에 위치시키고 마우스가 로 바뀌면 오브젝트의 패스 위를 클릭하여 기준점을 추가한다.

❸ 또는 도구 모음의 펜 툴을 1~2초간 눌러 나타나는 기준점 추가 툴( )을 선택하고 오브젝트의 패스 위를 클릭하여 기준점을 추가한다.

❹ 직접 선택 툴( )로 추가한 기준점을 드래그하여 뾰죽한 귀 오브젝트로 변형한다.

❺ 왼쪽 귀 오브젝트도 같은 방법으로 뾰죽한 귀 모양으로 변형한다.

❻ 이번에는 기준점 삭제 툴( )로 몸통 오브젝트의 모서리 기준점을 하나 클릭하여 삭제해 본다.

❼ 기준점을 삭제하면 삭제된 기준점의 양쪽 기준점들 사이가 패스로 연결된다.

❽ 다른 기준점도 삭제하여 오브젝트를 변경해 본다.

> **tip** ➕
>
> ### 그리기 툴 및 제어
>
> 일러스트레이터 CS6에서는 신속하고 편리하게 그리기 작업이 가능하다. 보다 쉬운 고정점 선택 등의 향상된 작업 성능으로 효과적이면서도 직관적으로 아트워크를 만들 수 있다.
>
> ❶ Convert
> - Convert selected anchor points to coner : 오브젝트를 각지게 표현한다.
> - Convert selected anchor points to smooth : 오브젝트를 둥글게 표현한다.
>
> ❷ Handles
> - Show handles for multiple selected anchor points : 기준점을 복수 선택하였을 때 방향선을 나타낸다.
> - Hide handles for multiple selected anchor points : 기준점을 복수 선택하였을 때 방향선을 숨긴다.
>
> ❸ Anchors
> - Remove selected anchor points : 기준점 삭제 툴과 같이 기준점을 삭제한다.
> - Connect selected end points : 마지막 기준점을 선택하여 연결한다.
> - Cut path at selected end points : 선택한 기준점을 중심으로 패스를 자른다.

Section 2. 연필 툴로 손그림 효과 내기

일러스트레이터 CS6가 제공하는 연필 툴은 자유롭게 드래그하는 데로 선이 그려지기 때문에 실제로 연필로 그린 듯한 효과를 나타내며 다양하고 재미있는 오브젝트를 만들 수 있다. 손 떨림이나 마우스로 인한 삐쭉빼쭉한 드로잉은 자동적으로 매끈하게 정돈되기 때문에 어색하지 않고 자연스러운 효과를 낼 수 있다.

◐ 알아두기

- 연필 툴을 이용하여 손으로 그린 듯한 자유로운 오브젝트를 만들 수 있다.
- 스무스 툴로 오브젝트를 부드럽게 변형할 수 있다.
- 패스 지우개 툴로 원하는 패스를 지울 수 있다.

따라하기 01 연필 툴을 이용하여 스케치 효과 만들기

사진을 바탕으로 하여 연필 툴로 외곽선을 만드는 자연스러운 스케치를 해 보자.

[예제 파일 : 챕터03_예제 파일\십자가.ai]

❶ '십자가.ai' 파일을 불러온 후 도구 모음에서 연필 툴( )을 선택한다.

❷ [Color] 팔레트에서 면 색상은 '색상 없음', 선 색상은 'R:237 G:27 B:41'로 입력한다.

❸ 십자가 부분의 외곽선을 따라 연필 툴( )로 한 번에 드래그하여 하나의 오브젝트를 만든다. `Alt` 를 누르면 연필 툴 옆에 'o' 기호가 나타나며 패스의 시작점과 끝을 연결하여 닫힌 패스를 완성한다.

❹ 직접 선택 툴( )로 어색하거나 비뚤어진 기준점들을 수정하여 오브젝트를 완성한다.

> **tip** ➕
> **닫힌 패스를 만드는 방법**
> 연필 툴, 브러시 툴과 같은 드로잉 툴들은 시작점과 끝점을 정확히 연결하기 힘들다. 이때 `Alt`를 누르면 시작점과 끝점이 연결된 닫힌 패스가 완성된다.

01 혼자해보기 [Brushes] 팔레트를 이용하여 연필 툴로 그린 패스에 효과를 적용해 보자.

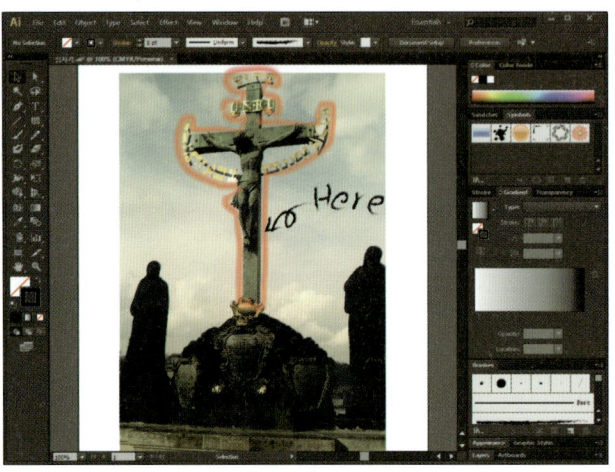

HINT | 연필 툴로 그린 패스 오브젝트를 선택하고, [Windows]-[Brushes] 메뉴를 이용하여 [Brushes] 팔레트에서 제공하는 여러 가지 브러시 모양을 적용해 본다. 연필 툴로 'Here'라는 글자를 드로잉하여 그림을 완성한다.

따라하기 02 스무스 툴 사용하기

스무스 툴을 오브젝트 위에 드래그하면 오브젝트의 기준점들을 조정 및 불필요한 기준점을 제거하여 부드러운 곡선을 완성한다.

[예제 파일 : 챕터03_예제 파일\손그림.ai]

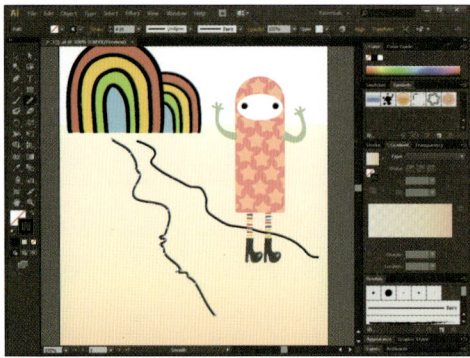 

▲ 스무스 툴을 사용한 수정 전, 후

❶ '손그림.ai' 파일을 불러온 후 도구 모음의 선택 툴( )로 왼쪽의 비뚤한 패스를 선택한다.

❷ 직접 선택 툴( )로도 수정은 가능하지만 스무스 툴( )을 이용하면 더욱 쉽게 매끈한 곡선으로 수정할 수 있다. 연필 툴( )을 1~2초간 눌러 스무스 툴( )을 선택한 다음 울퉁불퉁한 패스를 따라 드래그하여 부드럽게 수정한다.

❸ 나머지 오브젝트들도 부드럽지 않은 패스를 스무스 툴( )로 드래그하여 부드럽게 조정한다.

| 따라하기 | 03 | 패스 지우개 툴로 불필요한 패스 삭제하기 |

패스 지우개 툴로 원하는 부분의 패스를 지우거나 패스 위 기준점들을 삭제하여 패스 형태를 변형 또는 닫힌 패스를 열린 패스로 바꾼다.

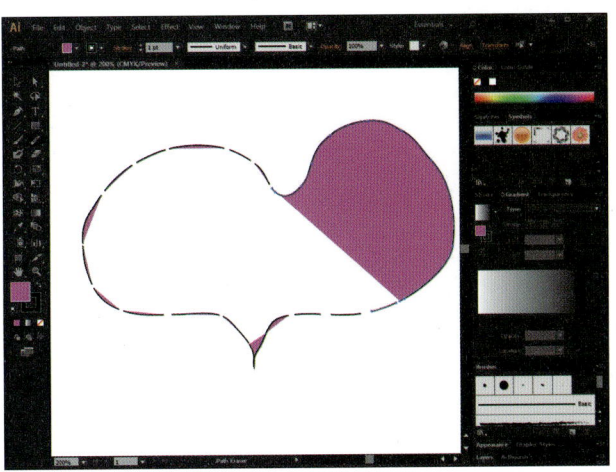

❶ [File]-[New] 메뉴를 선택하여 새 도큐먼트를 생성한다.

Section 2. 연필 툴로 손그림 효과 내기

❷ 도구 모음에서 연필 툴()을 선택하고 드래그하여 하트 오브젝트를 생성한다. 오브젝트를 완성할 때에는 Alt 를 눌러 닫힌 패스로 만든다.

❸ 선택 툴( )로 오브젝트를 선택한 다음 면과 선에 색상을 지정한다.

❹ 도구 모음에서 연필 툴을 1~2초간 눌러 패스 지우개 툴()을 선택한다.

❺ 하트 오브젝트의 패스 위를 드래그하여 부분적으로 삭제한다.

❻ 하트 오브젝트의 패스를 부분적으로 삭제하였기 때문에 열린 패스로 바뀌었으며 점선 모양으로 바뀌는 것을 확인할 수 있다.

> **tip** 연필 툴로 수정하기
>
> 연필 툴로 드로잉한 패스 위를 겹쳐서 다시 드로잉하면 두 패스가 겹쳐지면서 자동으로 하나의 패스로 연결 및 수정된다. 초보자들이 마우스로 작업할 때 비뚤어지거나 손 떨림 현상으로 인한 울퉁불퉁한 패스는 연필 툴로 쉽게 수정할 수 있다.

> **tip** [Pencil Tool Options] 대화상자
>
>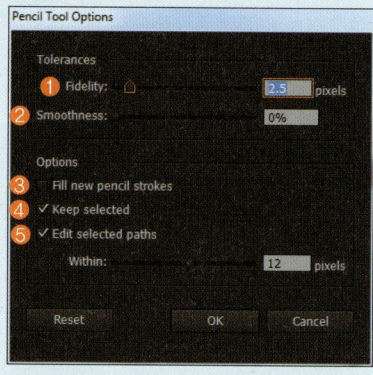
>
> ❶ Fidelity : 마우스(또는 타블렛의 펜 마우스)의 감도를 조절한다. 수치가 낮을수록 감도는 높아진다.
> ❷ Smoothness : 곡선의 부드러움을 조절한다.
> ❸ Fill new pencil strokes : 드로잉된 오브젝트에 연속성을 나타낸다.
> ❹ Keep selected : 드로잉이 끝났을 때 해당 오브젝트가 자동으로 선택된다.
> ❺ Edit selected paths : 열린 패스를 생성하였을 때 시작점과 끝점을 브러시 툴로 연결할 수 있다. 체크 해제 시 생성된 패스가 선택되지 않기 때문에 이후 겹쳐지게 드로잉해도 이전 패스가 수정되지 않는다.

Section 3
페인트 브러시 툴로 회화 느낌의 일러스트 그리기

페인트 브러시 툴은 마우스 또는 타블렛으로 자유로운 드로잉 작업이 가능한 툴이다. 일러스트레이터 CS6에서 제공하는 브러시 라이브러리를 이용하면 매우 다양한 형태의 붓 터치가 가능하며, 사용자가 직접 브러시 모양을 만들어 효율적으로 사용할 수도 있다.

◐ 알아두기
- [Brush Library] 팔레트에서 원하는 브러시를 선택하면 오브젝트에 다양한 효과를 줄 수 있다.
- 분산 브러시는 패스를 기준으로 일정한 모양의 오브젝트들을 뿌려준다.
- 아트 브러시는 동일한 오브젝트를 다양하게 왜곡하여 표현한다.
- 패턴 브러시는 등록된 패턴을 패스에 적용한다.

따라하기 01 | 브러시 라이브러리를 이용하여 효과 적용하기

페인트 브러시 기능 중에서 [Brushes] 팔레트에서 제공하는 다양한 라이브러리를 이용하여 오브젝트에 여러 가지 브러시 효과를 적용해 보자.

[예제 파일 : 챕터03_예제 파일\캐릭터.ai]

❶ '캐릭터.ai' 파일을 불러온 후 선택 툴( )로 왼쪽 상단의 '구름' 오브젝트를 선택한다.

❷ 구름 오브젝트가 선택된 상태에서 도구 모음의 색상 모드에서 선 색상을 '검은색'으로 지정한다.

❸ [Windows]-[Brushes] 메뉴 또는, [Brushes] 팔레트를 선택하고 하단의 [Brush Libraries Menu]( )를 클릭한다. [Bristle]-[Bristle Brush Library]를 선택하여 [Bristle Brush Library] 팔레트를 불러온다.

❹ 오브젝트가 선택되어 있는 상태에서 [Bristle Brush Library] 팔레트의 '4.5 pt. Round'를 선택하면 구름 오브젝트에 해당 브러시 효과가 적용된다.

❺ 이번에는 강조 브러시 효과를 위해 왼쪽 하단의 캐릭터 오브젝트를 선택한 후 [Brushes] 팔레트의 라이브러리에서 [Artistic]-[Artistic_Calligraphic]을 선택한다.

❻ [Artistic_Calligraphic] 팔레트에서 '5 pt. Flat'을 선택하여 적용한다.

❼ 다음에는 오른쪽 상단의 호박 오브젝트를 선택하고 브러시 라이브러리 중 [Arrows]-[Pattern Arrows]를 선택한다.

❽ [Pattern Arrows] 팔레트에서 'Green Arrow Brush'를 선택하여 재미있는 브러시 형태를 적용한다.

❾ 페인트 브러시 효과로 더욱 재미있는 오브젝트가 완성된다.

[Calligraphic Brush Options] 대화상자

tip

[Brushes] 팔레트에서 [New Brush]( )를 클릭하면 새로운 브러시를 만들 수 있는 [New Brush]-[Calligraphic Brush Options] 대화상자가 나타난다. 이 대화상자에서는 브러시의 모양과 각도를 조절할 수 있다.

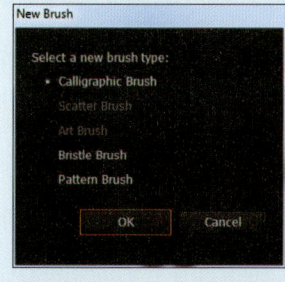
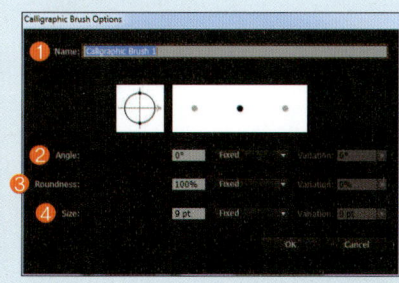

❶ Name : 브러시의 이름을 입력한다.
❷ Angle : 브러시의 회전 각도를 조절한다.
❸ Roundness : 브러시를 정원 또는 타원형으로 조절한다. 수치가 '100%'이면 완전한 정원이 되며 그 반대이면 타원형이 된다.
❹ Size : 브러시의 지름을 조절한다.
  • Fixed : [Angle], [Roundness], [Diameter]의 수치를 고정하여 같은 수치를 갖는다.
  • Random : [Random]을 선택하면 우측의 슬라이더를 조절할 수 있고 수치가 높을수록 변화의 정도가 심해진다.
  • Pressure : 테블릿을 사용할 경우 펜의 압력에 따라 수치가 조절되는데 테블릿이 설치되지 않았을 경우 선택이 되지 않는다.

| 따라하기 | 02 분산 브러시 만들기

분산 브러시는 일정한 모양의 오브젝트들을 드래그한 방향대로 흩뿌려지는 효과를 나타낸다. 하나의 오브젝트를 자연스럽게 반복적으로 위치시키고 싶을 때 사용한다.

[예제 파일 : 챕터03_예제 파일\Symbol.ai]

❶ 'Symbol.ai' 파일을 불러온 후 선택 툴( )로 하단의 노란색 별 오브젝트를 선택한다.

❷ 선택 툴( )로 상단의 노란색 원 하나를 선택하고 브러시로 등록하기 위해 [Brushes] 팔레트로 드래그한다. 또는 [Brushes] 팔레트에서 [New Brush]( )를 클릭한다.

❸ [New Brush] 대화상자가 나타나면 [Scatter Brush]를 체크하고 [OK] 버튼을 클릭한다.

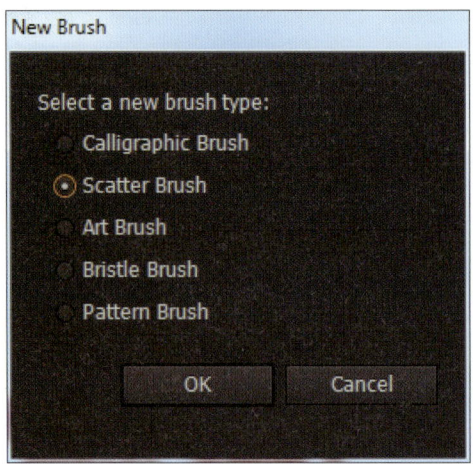

❹ 분산 브러시를 적용할 여러 가지 옵션을 설정하는 [Scatter Brush Options] 대화상자가 나타나면, 각 항목을 'Random'으로 설정한다. 'Random'은 선택한 효과를 불규칙하게 나타낸다.

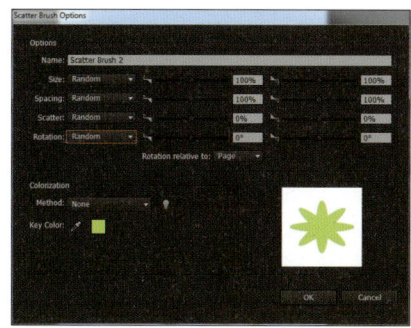

❺ 지정이 끝나면 [OK] 버튼을 클릭한다.

❻ [Brushes] 팔레트에 등록한 노란색 원 브러시인 'Scatter Brush 1'을 선택하고 도구 모음에서 페인트 브러시 툴()을 선택한다.

❼ 페인트 브러시 툴()로 도큐먼트 위를 드래그하면 드래그한 방향에 따라 노란색 원이 그려진다.

❽ 노란색 원의 크기나 형태를 조절하고 싶다면 옵션 바에서 [Stroke]의 수치를 조절하거나 [Brushes] 팔레트에서 등록한 분산 브러시를 더블클릭하여 [Scatter Brush Options] 대화상자에서 조절한다.

[Scatter Brush Options] 대화상자

[Scatter Brush Options] 대화상자에서는 일정한 모양의 오브젝트들이 곡선을 기준으로 흩뿌리는 효과를 주는 브러시 옵션을 제공한다.

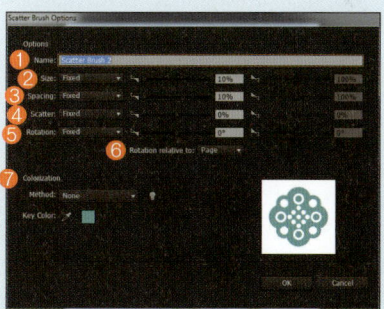

❶ Name : 브러시 이름을 설정한다.
❷ Size : 흩뿌려지는 오브젝트의 크기를 원본의 크기를 기준으로 확대 또는, 축소한다.
❸ Spacing : 오브젝트들 간의 간격을 조절한다.
❹ Scatter : 오브젝트들이 흩어지는 정도를 조절한다.
❺ Rotation : 오브젝트가 회전하는 정도를 조절한다.
❻ Rotation relative to : 'Page' 설정 시 도큐먼트를 기준으로 오브젝트가 회전하여 회전하는 정도가 일정하고, 'Path' 설정 시 패스를 기준으로 오브젝트가 회전하여 패스의 곡선에 따라 오브젝트의 회전이 결정된다.
❼ Colorization : 분산 브러시에 사용된 오브젝트의 색상을 조절하는 옵션으로 오브젝트의 외곽선 색상에 따라 색상을 변화시킨다.

[Art Brush Options] 대화상자

[Art Brush Options] 대화상자에서는 하나의 오브젝트를 패스의 형태에 따라 부드럽게 변형하는 브러시 옵션을 제공한다. 동일한 오브젝트를 다양하게 왜곡하여 표현할 수 있다.

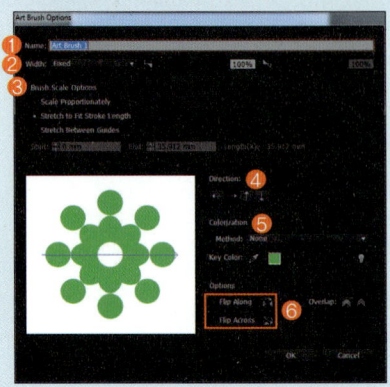

❶ Name : 아트 브러시로 등록할 오브젝트의 이름을 지정한다.
❷ Width : 오브젝트의 크기를 확대 또는 축소할 수 있다.
❸ Brush scale options : 아트 브러시의 옵션을 설정한다.
❹ Direction : 패스의 방향에 따라 오브젝트의 변형이 이루어지도록 한다. 4가지 방향으로 설정할 수 있고, 방향에 따라 오브젝트의 변형이 달라진다.
❺ Colorization : 브러시의 색상을 외곽선의 색상으로 변경한다.
❻ Flip : 브러시로 적용된 오브젝트를 반전 또는 회전시킨다.

[Bristle Brush Options] 대화상자

일러스트레이터 CS6가 제공하는 Bristle 브러시의 스타일을 조절하여 새로운 브러시를 생성할 수 있다.

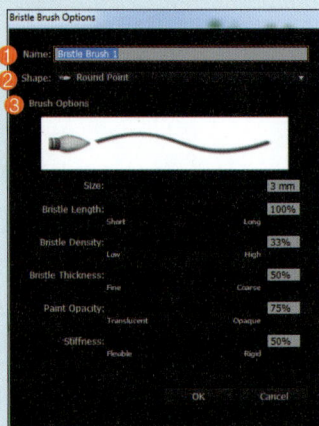

❶ Name : 생성할 브러시의 이름을 지정한다.
❷ Shape : 브러시의 모양을 지정한다.
❸ Brush Options : 브러시의 크기, 밀도, 두께 등 다양한 옵션을 지정할 수 있다.

[Pattern Brush Options] 대화상자

[Pattern Brush Options] 대화상자에서는 등록된 패턴을 패스의 형태에 따라 진행되도록 하는 브러시 옵션을 제공한다. 특히 다른 브러시에서 볼 수 없는 기능으로 패스가 꺾이는 여러 부분에 서로 다른 오브젝트를 적용할 수 있어 세밀한 작업이 가능하다.

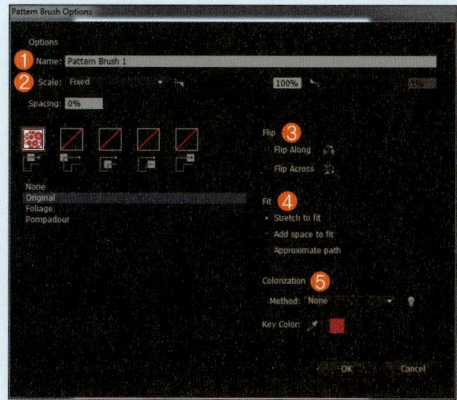

① Name : 패턴으로 등록할 오브젝트의 이름을 지정한다.
② Scale : 오브젝트의 크기를 확대 또는 축소한다.
③ Flip : 패턴을 회전시킨다.
④ Fit : 패턴을 채워주는 형태를 지정한다.
⑤ Colorization : 브러시 색상을 외곽선의 색상으로 변경한다.

Section 4. 도형 툴로 쉽게 원하는 형태 그리기

도형 툴을 사용하면 다양한 형태의 오브젝트를 그릴 수 있다. 사각형과 원형을 비롯한 다각형 등을 그릴 수 있으며 수치가 정확한 도형들도 쉽게 작성할 수 있다.

> **알아두기**
> - 도구 모음의 도형 툴을 선택한 다음 도큐먼트의 빈 공간을 클릭하면 오브젝트의 수치 값을 입력할 수 있는 옵션 대화상자가 나타나 정밀한 오브젝트를 만들 수 있다.
> - 도형 툴에는 사각형, 원형, 다각형과 별형 툴이 있다.
> - 플레어 툴로 이미지에 태양광이 비치는 듯한 렌즈 효과를 표현할 수 있다.

따라하기 01 사각형 툴로 옷 오브젝트 그리기

사각형 툴은 직사각형 또는 정사각형을 작성하는 툴이며, 둥근 사각형 툴은 사각형의 모서리 부분을 둥글게 만든다.

[예제 파일 : 챕터03_예제 파일\꼬마.ai]

❶ '꼬마.ai' 파일을 불러온 후 도구 모음에서 면 색상은 'R:34, G:31, B:31', 선 색상은 '색상 없음'으로 설정한다.

❷ 도구 모음에서 사각형 툴(▢)을 선택하고 바지를 드로잉하기 위해 도큐먼트 위를 드래그하여 사각형 오브젝트를 생성한다.

❸ 도구 모음에서 직접 선택 툴(▷)을 선택하고 그려진 바지 오브젝트의 모서리 기준점을 클릭한 다음 위, 아래, 좌, 우로 드래그하여 자연스럽게 변형한다.

Chapter 3. 자유로운 드로잉을 이용한 일러스트 그리기

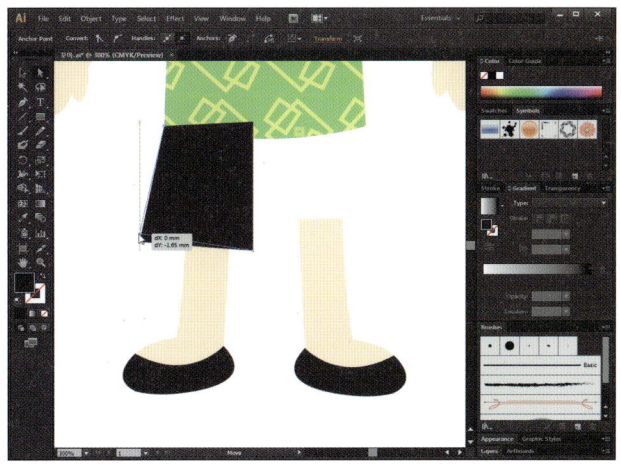

❹ 수정이 끝났으면 선택 툴( )로 생성한 오브젝트를 다시 선택하고 이를 복사하기 위해 Ctrl + C 와 Ctrl + V 를 누르거나, Shift + Alt 를 누른 상태에서 옆으로 드래그하여 복사한다.

❺ 복사된 오브젝트를 선택한 후 [Object]-[Transform]-[Reflect] 메뉴를 선택하여 [Reflect] 대화상자를 불러온다.

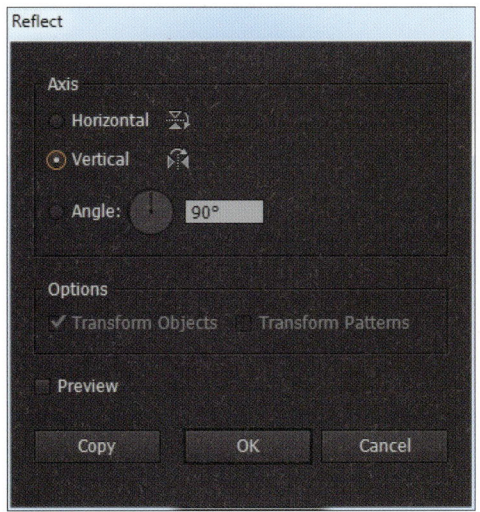

❻ [Reflect] 대화상자에서 [Vertical]을 체크하고 [OK] 버튼을 클릭하여 오브젝트를 뒤집는다.

❼ 생성한 바지 오브젝트를 그룹화한 다음, 다른 오브젝트들과의 정렬을 조절하여 오브젝트를 완성한다.

| 따라하기 | 02 원형 툴로 3차원 구슬 만들기 |

원형 툴을 이용하여 원 오브젝트를 생성하고 그레이디언트 등 다양한 효과를 이용하여 3차원 효과를 만들어 보자.

[예제 파일 : 챕터03_예제 파일\구슬.ai]
[완성 파일 : 챕터03_완성 파일\구슬_완성.ai]

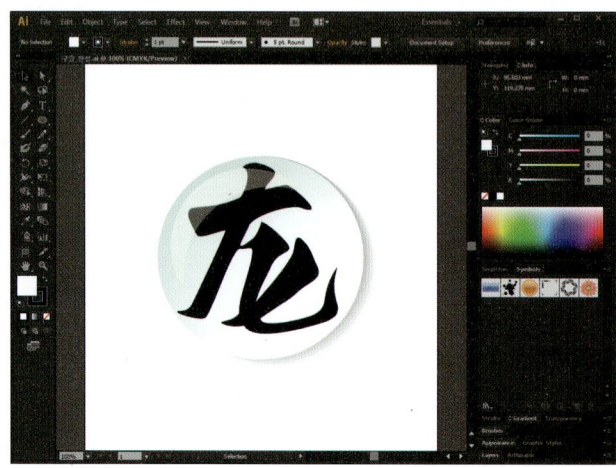

❶ '구슬.ai' 파일을 불러온 후 도구 모음에서 원형 툴( )을 선택한다.

❷ 도큐먼트의 빈 공간에서 클릭하면 나타나는 [Ellipse] 대화상자에서 [Width]는 '121mm', [Height]는 '121mm'로 설정하고 [OK] 버튼을 클릭한다.

❸ 생성된 원형 오브젝트를 선택한 상태에서 선 색상을 '없음'으로 지정하고 면 색상을 클릭한 다음 [Windows]-[Gradient] 메뉴를 선택하여 [Gradient] 팔레트를 불러온다.

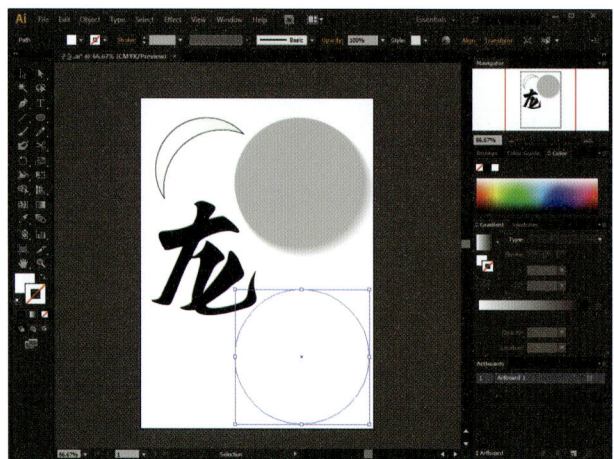

❹ [Gradient] 팔레트에서 아래 그림과 같이 [Type]과 색상을 지정한다. 그레이디언트 색상 바(Gradient Slider)는 ▣에 의해 좌우되며 해당 아이콘을 더블클릭하면 각 기준점의 색상을 변경할 수 있다. 색상 바 바로 아래쪽을 클릭하면 색상 기준점을 추가로 생성할 수 있다.

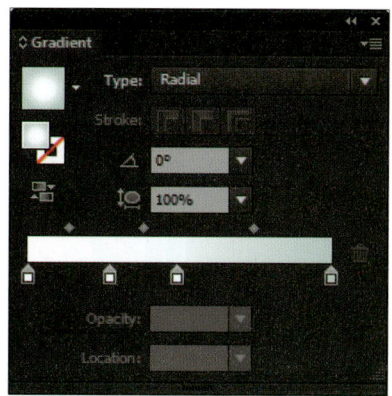

❺ 색상 지정이 끝나면 그림자 오브젝트와 겹치도록 이동하고 순서를 조절하여 생성한 구슬 오브젝트가 맨 위로 나타나게 한다.

❻ 이번에는 한자 오브젝트를 겹쳐진 오브젝트들 위로 이동시킨다.

❼ 왼쪽의 초승달 모양의 오브젝트를 최종적으로 맨 위로 이동시킨 다음 선 색상은 '없음', 옵션 바에서 투명도를 조절하는 [Opacity]를 '50%'로 설정하여 구슬이 마치 빛에 반사되는 듯한 효과를 설정한다.

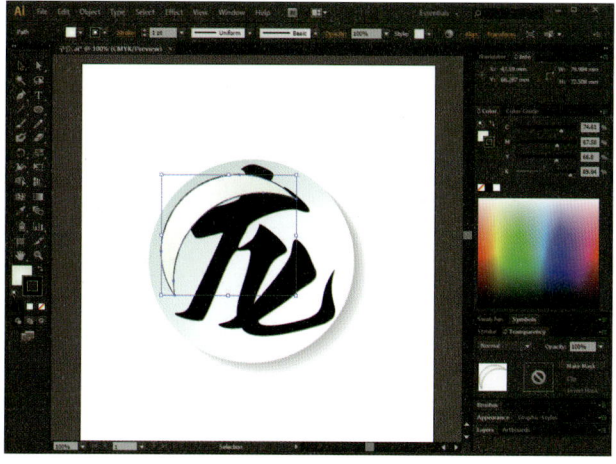

다각형 툴의 기본 설정

다각형 툴의 초기 값은 육각형이지만 설정을 변경하면 다른 모양의 다각형으로 변경이 가능하다. 그러나 일러스트레이터 CS6를 다시 실행하면 다각형의 초기 값인 육각형으로 되돌아간다.

도형의 면 수 또는 꼭지점 수를 간단히 지정하는 방법 tip

도형 툴을 이용하여 드래그할 때 ↑, ↓를 누르면 도형의 면의 개수나 꼭짓점 수를 간편하게 조절할 수 있다.

01 혼자해보기

다양한 형태의 다각형으로 별 오브젝트 그리기

도구 모음의 도형 툴에는 다양한 형태의 도형을 작성할 수 있는 다각형 툴과 별형 툴이 있다. 옵션 대화상자를 이용하여 다양한 도형을 작성할 수 있고 단축키를 사용하여 쉽고 빠르게 도형을 작성할 수 있다.

HINT | 새로운 도큐먼트를 불러온 후 별형 툴로 드래그하여 별을 생성한 다음 [Gradient] 팔레트에서 그레이디언트를 적용한다. 원형 툴로 눈을 만들고 삼각형의 입 오브젝트는 사각형 툴로 사각형을 그린 다음 직접 선택 툴로 변형시킨다.

Section 5. 선분 툴로 빠르게 원하는 선 그리기

이전 섹션에서는 펜 툴을 이용하여 패스와 오브젝트를 생성하였다. 이번에는 일러스트레이터 CS6에서 제공하는 직선, 곡선, 나선형, 사각형, 원형 그리드 툴을 이용하여 보다 쉽고 간편하게 패스 작업을 해 보자. 툴을 더블클릭하거나 대화상자의 옵션을 설정하여 선의 모양을 좀 더 세밀하게 작업할 수 있다.

◯ 알아두기
- 직선 툴과 원호 툴로 드래그하면 직선 및 원호를 만들 수 있다.
- 나선형 툴을 선택하고 드래그하면 곡선의 나선을 만들 수 있다.
- 사각형 그리드 툴을 선택하고 드래그하면 사각형 그리드를 만들 수 있다.
- 원형 그리드 툴을 선택하고 드래그하면 원형 그리드를 만들 수 있다.

따라하기 01 직선을 그리는 직선 툴 사용하기

단순한 직선을 그리는 것만으로도 효과적인 드로잉을 할 수 있다. 주어진 그림에 직선을 그려 강조 효과를 만들어 보자.

[예제 파일 : 챕터03_예제 파일\Nature.ai]

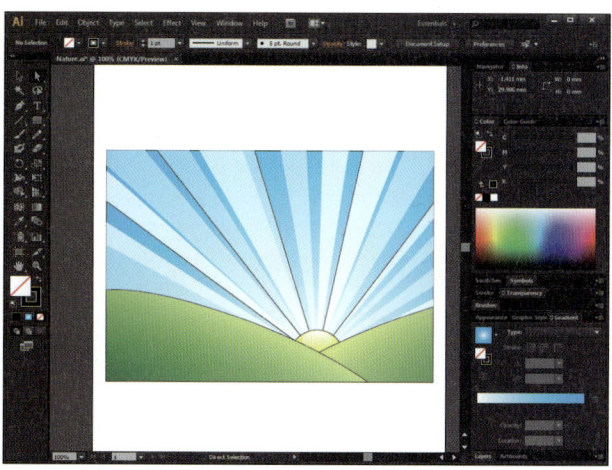

❶ 'Nature.ai' 파일을 불러온 후 도구 모음에서 직선 툴(│)을 선택한다.
❷ 면 색상은 '없음', 선 색상은 '검은색'으로 지정한다.
❸ 햇빛을 강조하기 위해 태양 오브젝트 바로 위를 클릭하고 클릭한 상태에서 상단 끝까지 드래그하여 직선을 그린다.
❹ 다른 햇빛 부분에도 직선을 생성하여 햇빛을 강조하는 효과를 완성한다.

따라하기 02 **나선 형태의 곡선을 작성하는 나선형 툴 사용하기**

나선형 툴은 소용돌이 형태의 오브젝트를 만드는 툴로써 소라, 달팽이 등껍질 형태의 나선형을 제작할 수 있다. 나선형 툴을 선택하고 도큐먼트의 빈 공간을 클릭하면 [Spiral] 대화상자를 이용할 수 있다.

❶ 새 도큐먼트를 불러온 후 도구 모음에서 나선형 툴( )을 선택한다.
❷ 먼저 도큐먼트 위를 드래그하여 기본 나선형 오브젝트를 생성한다.
❸ 이번에는 도큐먼트 위를 한 번 클릭하여 [Spiral] 대화상자를 불러온다. [Segment]를 '20'으로 설정한 후 [OK] 버튼을 클릭한다. 도큐먼트에 두 번째 나선형 오브젝트가 생성된다.
❹ 이번에는 다시 [Spiral] 대화상자에서 [Style]을 오른쪽의 '시계 방향'으로 바꾼 후 [OK] 버튼을 클릭한다. 반대 방향의 나선형 오브젝트가 생성되는 것을 확인한다.

> **나선형 툴과 단축키 사용**   tip ➕
>
> 나선형 툴을 사용하면서 키보드의 방향키를 누르면 나선형의 세그먼트 수를 증가 또는 감소시킬 수 있으며 을 누른 상태에서 드래그하면 [Decay]의 수치 값을 조정할 수 있다.

tip

[Spiral] 대화상자

나선형 툴을 선택하고 도큐먼트의 빈 공간을 클릭하면 [Spiral] 대화상자가 나타난다. [Spiral] 대화상자를 이용하면 다양한 나선형을 작성할 수 있다.

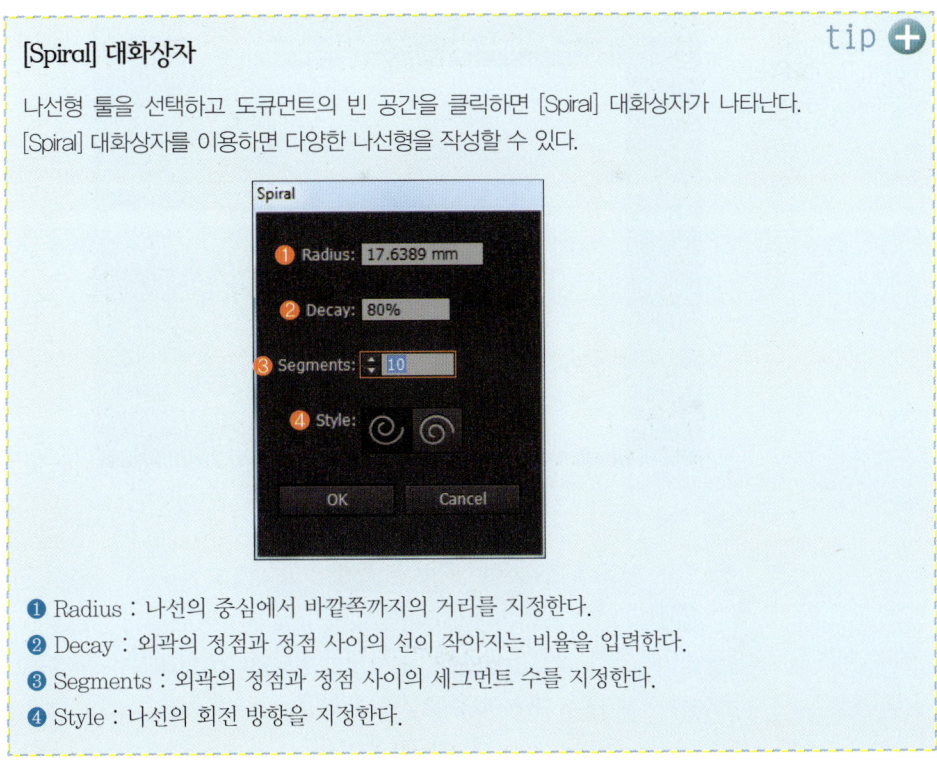

❶ Radius : 나선의 중심에서 바깥쪽까지의 거리를 지정한다.
❷ Decay : 외곽의 정점과 정점 사이의 선이 작아지는 비율을 입력한다.
❸ Segments : 외곽의 정점과 정점 사이의 세그먼트 수를 지정한다.
❹ Style : 나선의 회전 방향을 지정한다.

따라하기 03 원형 그리드 툴을 이용한 오브젝트 생성하기

원형 그리드 툴을 이용하여 간단하게 그리드 오브젝트를 만들어 보자.

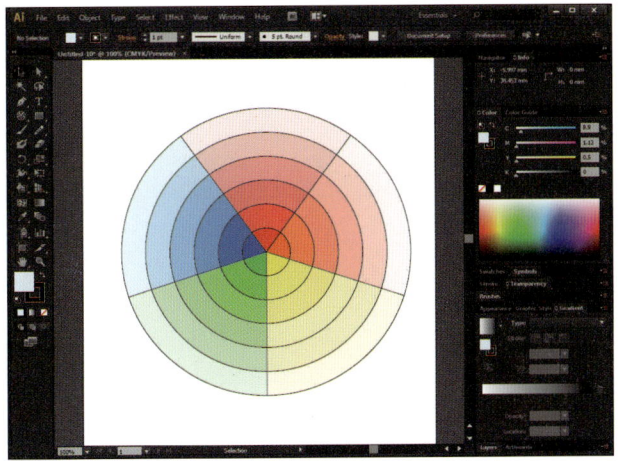

❶ [File]-[New] 메뉴를 실행하여 새 도큐먼트를 생성한다.
❷ 도구 모음에서 원형 그리드 툴(　)을 선택하고 도큐먼트 위를 [Shift] + [Alt] 와 함께 드래그하여 원형 그리드를 생성한다.

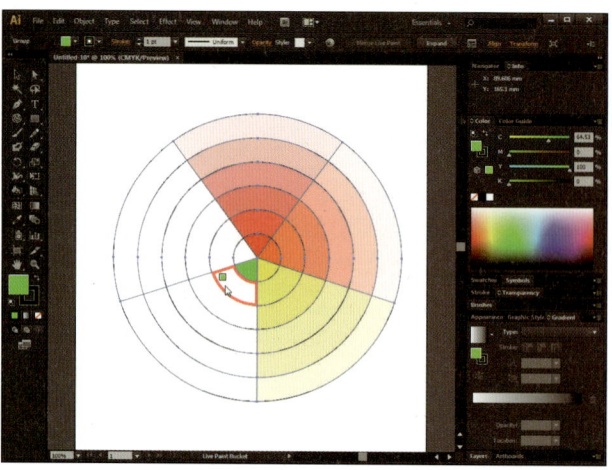

❸ 원형 그리드가 선택된 상태에서 선 색상은 '검은색', 면 색상은 '흰색'으로 지정한다.
❹ 도구 모음에서 셰이프 빌더 툴( )을 1~2초가 누르면 나타나는 라이브 페인트 버킷 툴 ( )을 선택하고 그리드 각 셀의 색상을 적용한다.
❺ 도구 모음의 면 색상 지정 아이콘을 더블클릭하면 쉽게 비슷한 색상을 찾아 적용할 수 있다.

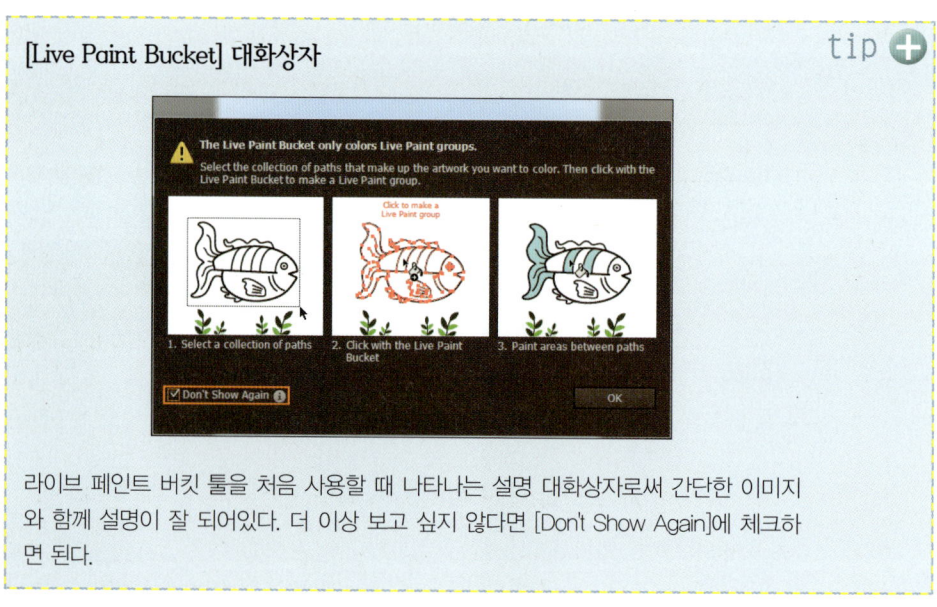

[Live Paint Bucket] 대화상자 tip ➕

라이브 페인트 버킷 툴을 처음 사용할 때 나타나는 설명 대화상자로써 간단한 이미지와 함께 설명이 잘 되어있다. 더 이상 보고 싶지 않다면 [Don't Show Again]에 체크하면 된다.

Section 6. 향상된 드로잉 기능 사용하기

일러스트레이터 CS6에서는 클리핑 마스크 기능을 제공하여 온갖 툴을 순서대로 조합해야 했던 복잡한 작업을 오브젝트 뒤나 안의 지정된 영역에 바로 적용할 수 있도록 해결했다.

> **알아두기**
> - 드로잉 모드를 이용하여 오브젝트의 내부 또는 외부에 자유롭게 드로잉을 할 수 있다.
> - 그룹화된 오브젝트에는 [Draw Inside] 모드가 적용되지 않는다.

따라하기 01 [Draw Normal] 모드

드로잉 모드를 이용하면 오브젝트의 내부에 자유롭게 드로잉하거나 오브젝트의 순서에 관계없이 오브젝트의 앞 또는 뒤에 드로잉이 가능하다.

[예제 파일 : 챕터03_예제 파일\과일.ai]

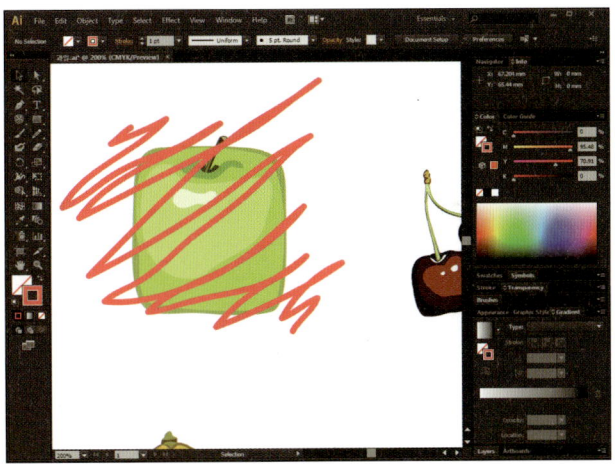

❶ '과일.ai' 파일을 열면 여러 가지 과일 오브젝트가 나타난다.

❷ 도구 모음의 가장 하단에 있는 드로잉 모드에서 [Draw Normal]( )을 선택한다(일러스트레이터 CS6를 시작할 때 기본 값으로 설정되어 있다).

❸ 도구 모음에서 브러시 툴( )을 선택하고 색상 모드의 선 색상을 '붉은색'으로 지정한 다음 왼쪽 상단의 사과 오브젝트 위를 자유롭게 드로잉한다.

❹ 사과 오브젝트 위에 드로잉되는 것을 확인할 수 있다.

따라하기 02 [Draw Behind] 모드

[Draw Behind] 모드는 [Draw Normal] 모드와는 반대로 도큐먼트에 있는 오브젝트의 뒤에 드로잉이 가능하다.

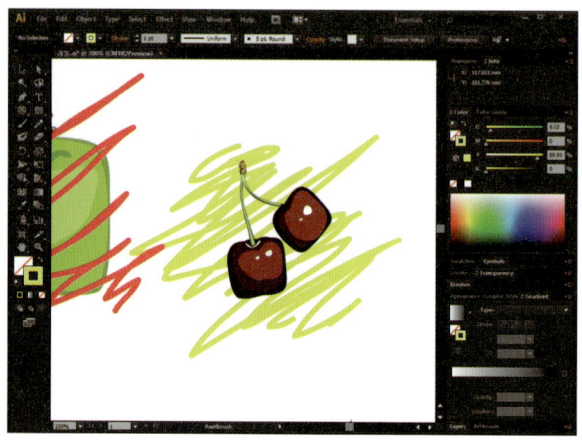

❶ 이번에는 도구 모음의 색상 모드에서 선 색상을 노란색 계열로 지정한다.
❷ 도구 모음 하단의 드로잉 모드에서 [Draw Behind](　)를 선택한다.
❸ 브러시 툴(　)을 선택한 다음 오른쪽 상단의 체리 오브젝트 위를 자유롭게 드로잉한다.
❹ 체리 오브젝트의 뒤로 드로잉이 되는 것을 확인할 수 있다. 이와 같이 [Draw Behind] 모드는 따로 오브젝트를 선택하지 않아도 도큐먼트에 존재하는 오브젝트의 뒤에 드로잉이 가능하다.

따라하기 03 [Draw Inside] 모드

[Draw Inside] 모드를 지정한 오브젝트는 항상 오브젝트의 내부에만 드로잉이 가능하다.

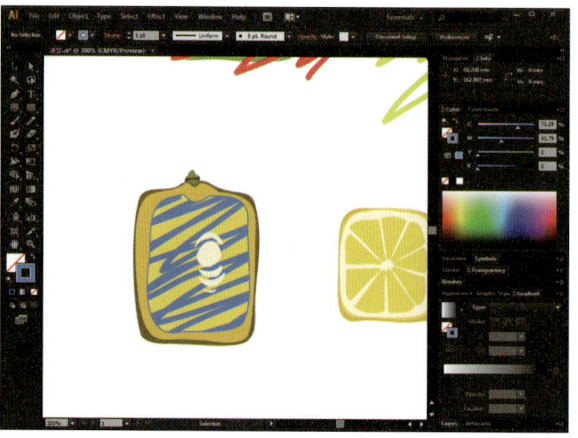

❶ 직접 선택 툴(▶)로 왼쪽 하단의 배 오브젝트 중간에 노란색 오브젝트를 선택한다.

❷ 도구 모음의 하단에서 [Draw Inside](⊙)를 선택하면 원형 오브젝트 주위로 점선이 나타난다.

❸ 브러시 툴(✎)을 선택하고 선 색상 또는 [Swatches] 팔레트에서 짙은 파란색 계열의 색상을 선택한다.

❹ 브러시 툴(✎)로 배 오브젝트 위를 자유롭게 드로잉한다.

❺ 드로잉이 끝나면 원형 오브젝트 내부에만 드로잉이 되는 것을 확인할 수 있다.

> **[Draw Inside] 모드** tip ➕
>
> [Draw Inside] 모드는 선택된 오브젝트 내에 드로잉 또는 오브젝트를 생성할 수 있는 기능으로써 그룹화된 오브젝트를 선택하는 경우에는 비활성화된다. 이러한 경우 그룹화를 풀거나 직접 선택 툴로 그룹화 내 특정 오브젝트만을 선택한 다음 사용할 수 있다.

01 혼자해보기

귤 오브젝트 내부에 별 오브젝트를 그려보자.

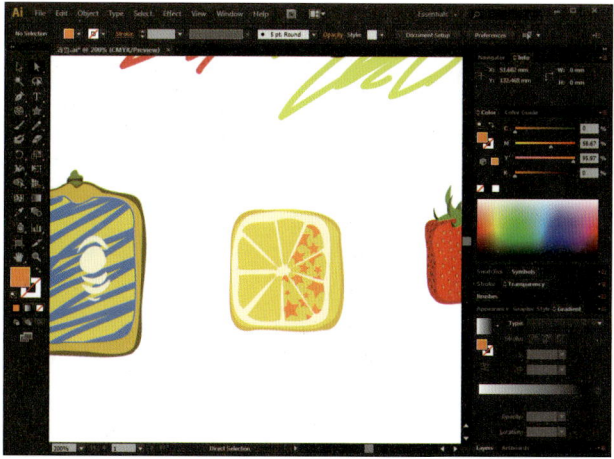

HINT | 직접 선택 툴로 귤 오브젝트의 세모를 선택한 다음 드로잉 모드에서 [Draw Inside] 모드로 지정하고 별형 툴로 별 오브젝트를 그린다.

Section 7. 이미지 트레이스로 비트맵 이미지 변환하기

일러스트레이터 CS6에서는 이미지 트레이스 기능이 더욱 강력해졌다. 이전 버전에서 이미지 트레이스 기능 적용 후 어색했던 표현 또는 잘 활용할 수 없었던 부분을 개선하여 좀 더 자연스러운 트레이스 기능을 제공한다.

> **알아두기**
> - 이미지 트레이스 기능을 이용하여 비트맵 이미지(사진 등)를 벡터 이미지로 바꿀 수 있다.
> - 사진의 외곽선을 추출하여 더욱 간단히 오브젝트를 생성할 수 있다.

따라하기 01 ┃ 이미지 트레이스 기능 적용하기

이미지 트레이스 기능에도 다양한 효과가 있다. 먼저 가장 대표적인 이미지 트레이스 기능을 적용하여 보자.

[예제 파일 : 챕터03_예제 파일\아기.ai]

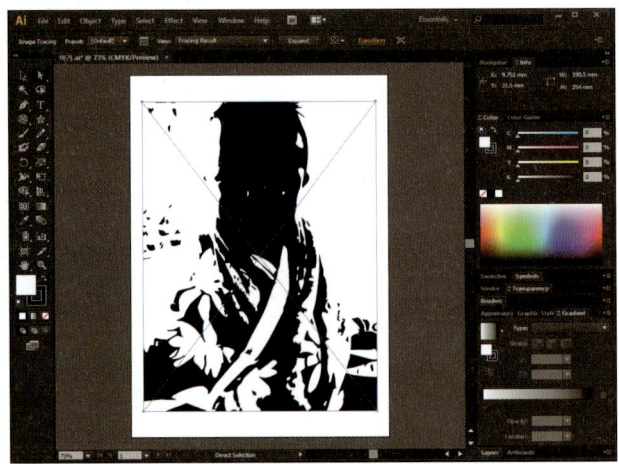

❶ '아기.ai' 파일을 불러온 후 선택 툴( )로 아기 사진을 선택한다.

❷ [Object]-[Image Trace]-[Make and Expand] 메뉴를 선택한다.

❸ 아기 사진에 이미지 트레이스의 기본 값이 적용되어 벡터 이미지로 바뀌는 것을 확인한다.

❹ 이번에는 옵션 바의 [Preset]을 'High Fidelity Photo'로 바꾸어 수채화 효과의 벡터 이미지로 만들어 본다.

❺ 마지막으로 옵션 바에서 [Preset]을 'Low Fidelity Photo', [View]를 'Outline with Source Image'로 설정하고 결과를 확인한다.

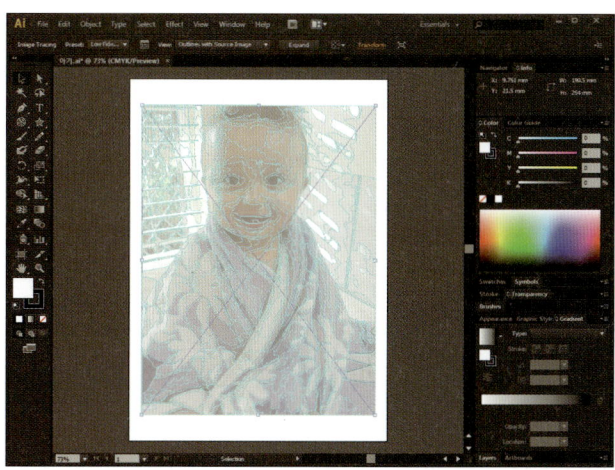

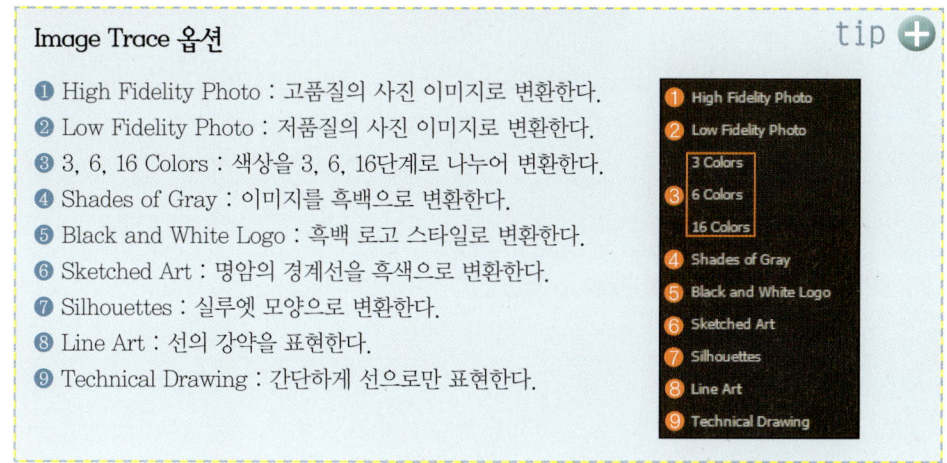

Image Trace 옵션

❶ High Fidelity Photo : 고품질의 사진 이미지로 변환한다.
❷ Low Fidelity Photo : 저품질의 사진 이미지로 변환한다.
❸ 3, 6, 16 Colors : 색상을 3, 6, 16단계로 나누어 변환한다.
❹ Shades of Gray : 이미지를 흑백으로 변환한다.
❺ Black and White Logo : 흑백 로고 스타일로 변환한다.
❻ Sketched Art : 명암의 경계선을 흑색으로 변환한다.
❼ Silhouettes : 실루엣 모양으로 변환한다.
❽ Line Art : 선의 강약을 표현한다.
❾ Technical Drawing : 간단하게 선으로만 표현한다.

핵심정리 summary

1. 오브젝트와 패스를 만드는 툴
- 도형 툴 : 사각형, 원형, 별형, 다각형 등의 오브젝트를 그릴 수 있으며 Shift 를 누른 상태에서 드래그하면 가로와 세로의 길이가 같게 오브젝트를 작성할 수 있다.
- 펜 툴 : 점과 점을 곡선 또는 직선으로 연결하여 오브젝트를 그린다. 패스 위에 클릭하면 새로운 기준점이 추가된다.
- 기준점 추가 툴 : 오브젝트에 기준점을 추가하는 툴로, 패스 위에 마우스 포인터를 위치하였을 때 '+' 표시가 나타나며 이때 패스 위를 클릭하여 기준점을 추가한다.
- 기준점 삭제 툴 : 오브젝트의 기준점을 삭제하는 툴로, 필요 없는 기준점 위에 마우스 포인터를 위치하였을 때 '-' 표시가 나타나며 이때 기준점을 클릭하여 기준점을 삭제한다.
- 방향점 전환 툴 : 원하는 방향으로 드래그하여 방향점을 전환한다.

2. 향상된 드로잉 기능
- 일러스트레이터 CS6에서는 드로잉 순서에 관계없이 오브젝트들의 순서를 마음대로 결정할 수 있도록 매우 향상된 드로잉 기능을 제공한다.

3. 다양한 붓 터치와 브러시 형태를 나타내는 툴
- 페인트 브러시 툴 : [Brushes] 팔레트에서 원하는 브러시를 선택하고 화면에 드래그하여 드로잉 작업을 한다.
- 분산 브러시 툴 : 일정한 모양의 오브젝트들이 패스를 기준으로 흩뿌려지는 효과를 낸다. 밤하늘에 별이 떠 있는 것과 같이 하나의 오브젝트를 반복해서 자연스럽게 위치시켜야 할 때 강력한 효과를 나타낸다.
- 아트 브러시 툴 : 하나의 오브젝트를 패스의 형태에 따라 부드럽게 변형하는 브러시로 동일한 오브젝트를 다양한 형태로 변형하여 표현할 수 있다.
- 패턴 브러시 툴 : [Swatches] 팔레트에 등록되어 있는 패턴을 패스의 형태에 따라 진행되도록 하는 브러시이다.

4. 이미지 트레이스 기능

이미지 트레이스 기능은 한마디로 비트맵 이미지를 벡터 이미지로 변환하는 기능이다. 이미지 트레이스 기능을 이용하여 사진을 이미지로 변환하고 배경만 삭제하거나 사진의 외곽선만 따낼 수 있다. 여러 가지 옵션을 이용하여 자신의 맞는 효과를 적용해 본다.

종합실습 pointup

1. 다양한 드로잉 툴과 드로잉 모드를 이용하여 눈사람을 만들어 보자.

[예제 파일 : 챕터03_예제 파일\성.ai]

 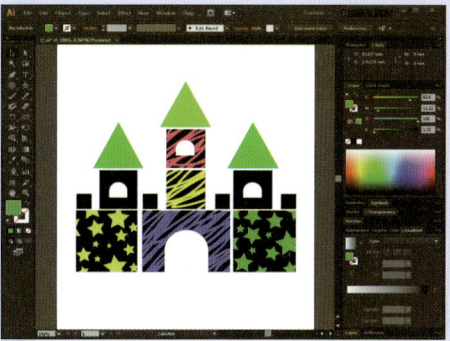

HINT | 도형 오브젝트를 생성하거나 기존의 것을 복사하여 성을 완성하고 드로잉 모드를 이용하여 성 오브젝트 내부에 브러시 툴로 드로잉하거나 별형 툴로 별 오브젝트를 넣어 무늬를 만든다.

2. 이미지 트레이스 기능을 이용하여 사진을 오브젝트 형태로 만들어 보자.

[예제 파일 : 챕터03_예제 파일\골프.ai]

HINT | 사진을 선택한 상태에서 [Object]-[Image Trace]-[Make and Expand] 메뉴를 선택하여 사진 이미지를 벡터 오브젝트로 변환한다.

04 CHAPTER

여러 가지 방법으로 원하는
색상 적용하기

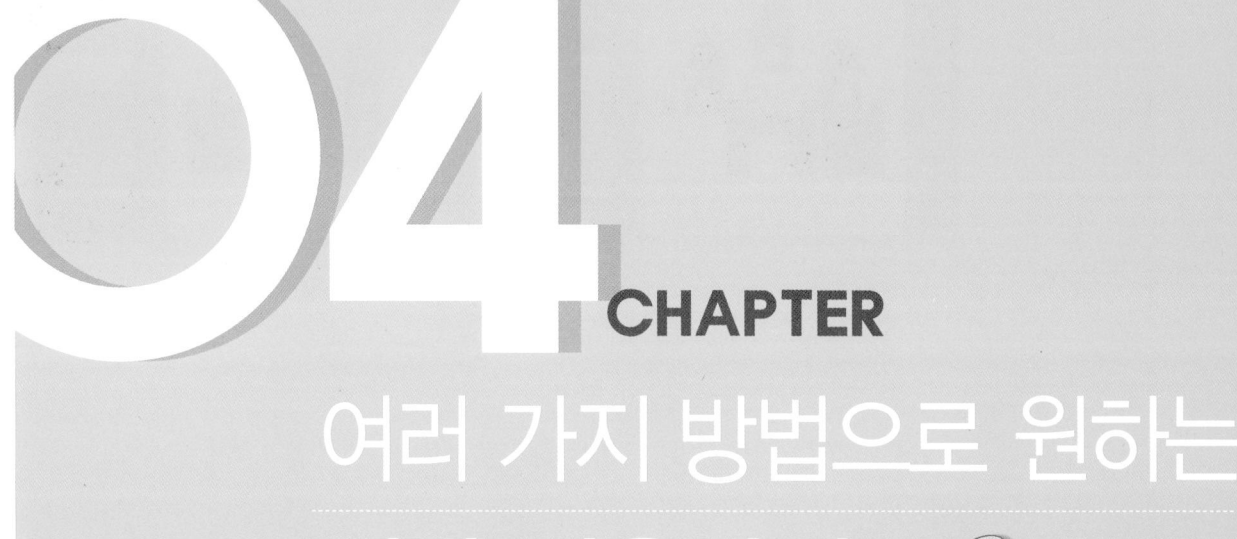

기본적인 드로잉 방법을 익혔다면 이제는 드로잉하여 만들어진 오브젝트에 생명을 불어넣는 다채로운 색상 설정 방법을 익혀보자. 특히 일러스트레이터 CS6가 제공하는 다양한 색상 팔레트들을 사용하면 입체적인 색상과 더불어 어울림 색상 및 생생한 색감을 나타낼 수 있다.

Section 1 오브젝트에 원하는 색상 적용하기

Section 2 라이브 색상으로 손쉽게 색상 선택하기

Section 3 그레이디언트로 생동감있는 그림 그리기

Section 4 원하는 색상 설정을 쉽고 빠르게 하기

Section 5 메시로 입체적인 오브젝트 만들기

Section 6 [Swatches] 팔레트에 쉽게 패턴 등록하고 사용하기

그래픽 작업에 필요한 색상 만들기

일러스트레이터 CS6는 초보자들도 쉽고 빠르게 어울리는 색상을 조합하고 적용할 수 있도록 다양한 툴 및 팔레트를 제공한다. 드로잉에 자신이 없는 사람도 일러스트레이터의 [Color] 팔레트를 사용하면 충분히 멋지고 창의적인 그래픽을 제작할 수 있다. 먼저 기본적인 색의 개념을 알고 일러스트레이터 CS6가 제공하는 다양한 색상 툴을 사용하는 방법을 익혀보자.

Chapter

01 색의 3속성

색이란 빛에 의해 얻어지는 물리적인 지각 현상으로 물질이나 물체의 형상을 인식시키고 지각시켜 주는 시각의 근본이다. 대부분 색의 지각은 물체의 반사, 흡수를 통해 얻어진다.

- 색상 : 각각의 색이 가지고 있는 독특한 성질을 말하며, 우리나라의 색상은 먼셀의 표준 20색상환으로 규정하여 사용하고 있다.
- 명도 : 오브젝트가 지니는 밝기의 정도를 말한다. 먼셀 표색계에서는 흰색을 명도 10, 검은색을 명도 0으로 하고 그 사이의 회색 단계를 10등분하고 차례로 번호를 매겨 유채색을 포함한 모든 색의 명도를 비교한다.
- 채도 : 색상의 농도를 나타내는 것을 말하며 아무 색도 섞지 않아 맑고 깨끗하며 원색에 가까운 것을 채도가 높다고 표현한다. 채도는 스펙트럼 색에 가까울수록 높아지며, 한 색상 중에서 가장 채도가 높은 색상을 순색이라고 한다. 흰색과 검은색은 채도가 없기 때문에 무채색이라 불린다.

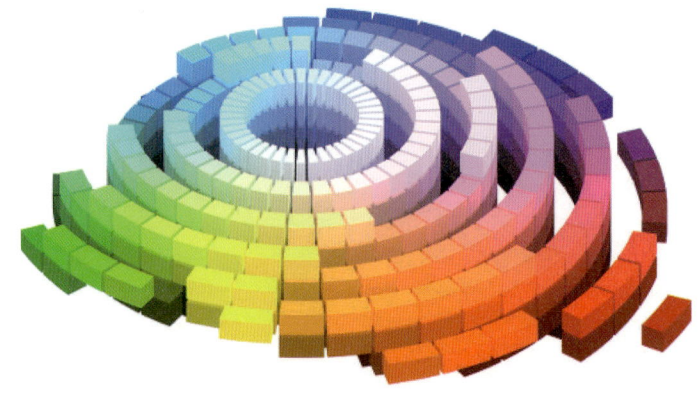

▲ 입체 색상판

02 색상 모드

색상 모드는 이미지의 색상을 구성하는 색상 모형을 말하며 RGB, CMYK, HSB, Grayscale 등이 있다.

- **RGB 모드** : 빨간색(Red), 녹색(Green), 파란색(Blue)로 이루어진 색상 체계이다. 일반적인 이미지 표현 방식이며, 빛의 삼원색을 이용하여 이미지를 표현한다. 모니터에서 보여지는 모든 색상은 RGB 모드이다.
- **CMYK 모드** : 청록색(Cyan), 자주색(Magenta), 노란색(Yellow), 검은색(Black)으로 이루어진 색상 체계로 인쇄물에서 잉크의 배합과 동일한 체계를 가지고 있다. 입출력을 위한 방식으로 웹에서 사용하는 색상과는 많은 차이가 있어 포토샵이나 일러스트레이터와 같은 그래픽 프로그램에서 색상 일치를 위한 여러 가지 방법을 제공하고 있다.
- **HSB 모드** : 색상(Hue), 채도(Saturation), 명도(Brightness)를 표현하며 색상의 3요소에 의해 보여지는 색상이다.
- **Grayscale 모드** : 검은색과 흰색 사이의 색상을 256단계로 나누어 표현하는 방식으로, 주로 일반 흑백 이미지의 경우 Grayscale 색상 모드를 이용하여 표현된다.

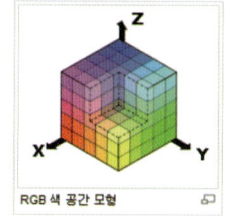

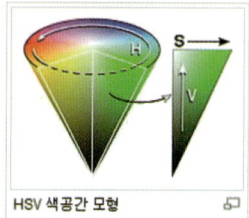

▲ RGB, CMYK, HSV 색 공간 맵(출처 : 위키백과)

03 면과 선 색상

일러스트레이터 CS6의 도구 모음 하단에 위치한 면 색상(Fill)과 선 색상(Stroke)은 오브젝트의 면과 선에 색상을 설정한다.

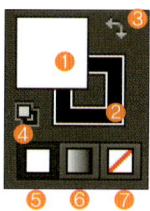

❶ 면 색상(Fill) : 오브젝트의 면에 적용된 색상을 표시한다.
❷ 선 색상(Stroke) : 오브젝트의 외곽선에 적용된 색상을 표시한다.
❸ 색상 전환(Swap Fill & Stroke) : 면과 선 색상 박스의 색상을 서로 교체한다.
❹ 색상 초기화(Default) : 면과 선 색상을 기본 값인 '흰색'과 '검은색'으로 초기화한다.
❺ 단일 색상Color) : 오브젝트의 면과 선에 단일 색상을 적용한다.
❻ 그레이디언트(Gradient) : 오브젝트의 면과 선에 그레이디언트 색상을 적용한다.
❼ 색상 없음(None) : 오브젝트의 면과 선에 색상을 적용하지 않는다.

04 [Color Picker] 대화상자

도구 모음의 면 색상이나 선 색상을 더블클릭하면 [Color Picker] 대화상자가 나타난다. [Color Picker] 대화상자를 이용하면 보다 종합적이고 세밀하게 색상을 작성할 수 있다. [Color Picker] 대화상자의 하단에 있는 [Only Web Colors]를 체크하면 웹 컬러 환경으로 전환되어 웹 페이지를 만들 때 유용하게 사용할 수 있다.

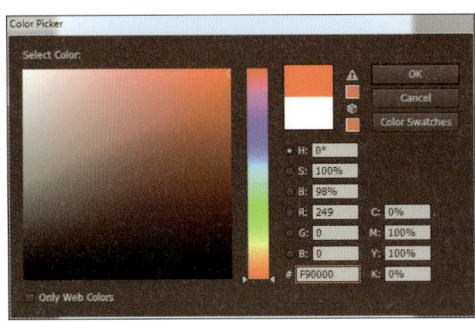 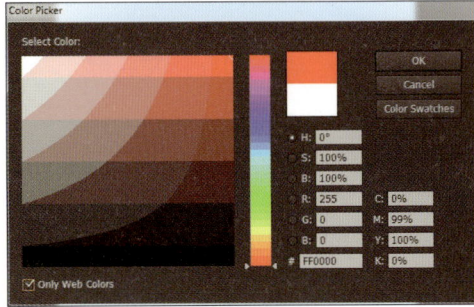

05 [Color Guide] 팔레트

[Color Guide] 팔레트는 다양한 어울림 색상을 제시하여 사용자가 쉽고 빠르게 어울리는 또는 테마에 맞는 색상을 적용할 수 있도록 도와준다. 기본으로 제공하는 색상 조합 이외에 다양한 주제 및 분위기에 따른 색상 조합도 제공하여 광범위하게 활용할 수 있다.

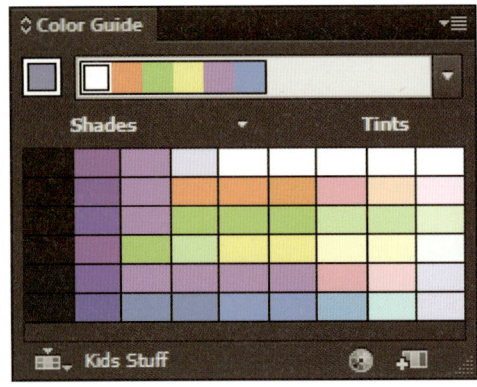

06 그레이디언트 메시

그레이디언트 메시란 오브젝트에 그물 형태의 망점을 생성하여 그레이디언트가 적용되는 범위를 설정해 보다 현실감 있는 그레이디언트를 적용하는 기능을 말한다. 자연스럽고 다양한 색감으로 오브젝트에 그레이디언트를 표현할 수 있다.

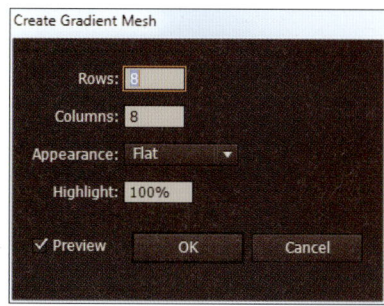 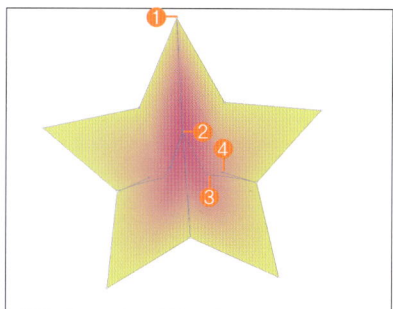

❶ Anchor Point : 오브젝트의 형태를 결정하는 점
❷ Mesh Point : 메시 툴을 클릭하면 생성되고 색상의 축이 되는 점
❸ Mesh Line : Anchor Point와 Mesh Point를 연결하는 선으로 색상의 흐름을 관리
❹ Mesh Patch : 메시와 메시 사이의 영역으로 자연스러운 그레이디언트를 생성

07 라이브 색상

라이브 색상을 빠르고 직관적으로 색을 배합하고 저장하여 다양한 색상 표현을 할 수 있도록 돕는다. 색상 변형을 테스트하거나 적용 및 제어할 수 있으며 선택한 오브젝트에 상호 작용 방식으로 색상을 간편하게 편집하여 미리 보면서 작업할 수 있다.

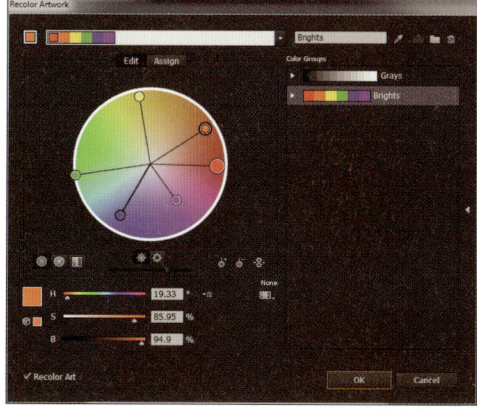

Section 1. 오브젝트에 원하는 색상 적용하기

일러스트레이터 CS6는 오브젝트에 다양한 색상을 쉽게 적용할 수 있도록 여러 가지 팔레트를 매우 간단하면서도 편리한 방법으로 제공하고 있다. 여기에서는 일러스트레이터에서 오브젝트에 색상을 적용하는 가장 기본적인 방법에 대해 알아본다.

◎ 알아두기

- 도구 모음의 색상 모드에서 면과 선 색상 박스를 더블클릭하여 나타나는 [Color Picker] 대화상자에서 원하는 색상을 적용할 수 있다.
- [Color], [Swatches], [Color Guide] 팔레트를 이용하여 다양한 색상을 적용할 수 있다.

따라하기 01 도구 모음의 색상 모드 이용하기

도구 모음의 색상 모드는 오브젝트의 면과 선에 색상을 적용한다.

[예제 파일 : 챕터04_예제 파일\빵.ai]
[완성 파일 : 챕터04_완성 파일\빵_완성.ai]

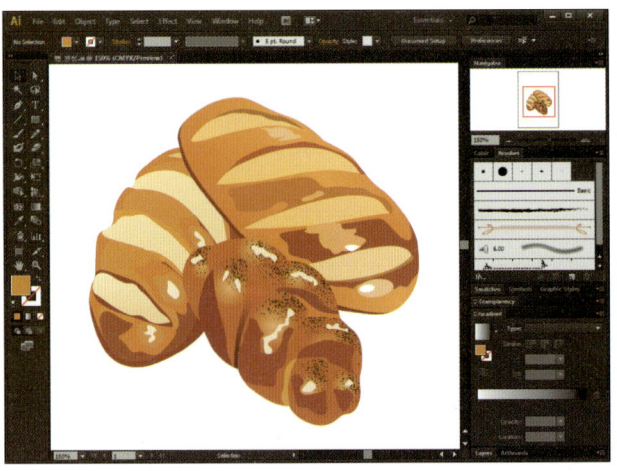

❶ '빵.ai' 파일을 불러온 후 직접 선택 툴(▶)로 오른쪽 빵 오브젝트의 흰색 부분을 하나 선택한다.

❷ 도구 모음 하단의 색상 모드에서 면 색상을 더블클릭하여 [Color Picker] 대화상자를 나타낸다.

❸ [Color Picker] 대화상자에서 'R:247, G:200, B:116'으로 설정하고 [OK] 버튼을 클릭하여 색상을 적용한다.

❹ 색상 모드에서 선 색상을 '없음'으로 설정한다.

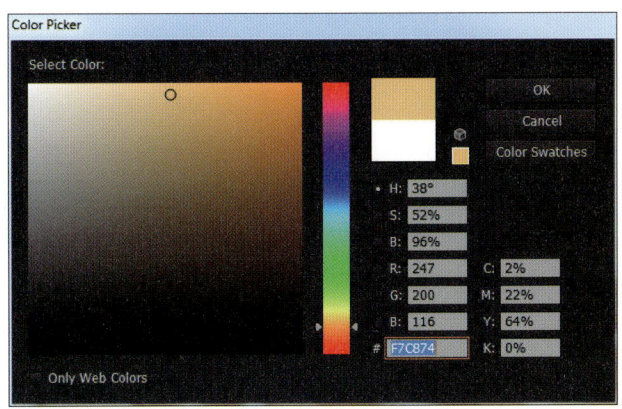

❺ 남아 있는 흰색 오브젝트에도 같은 면 및 선 색상을 적용하기 위해 다시 직접 선택 툴
()로 다른 흰색 부분을 선택한다.

❻ 오브젝트가 선택된 상태에서 도구 모음의 스포이트 툴()을 선택한 다음 이전에 색상
을 적용하였던 오브젝트를 클릭하여, 클릭한 오브젝트의 속성을 선택한 오브젝트에 적
용한다.

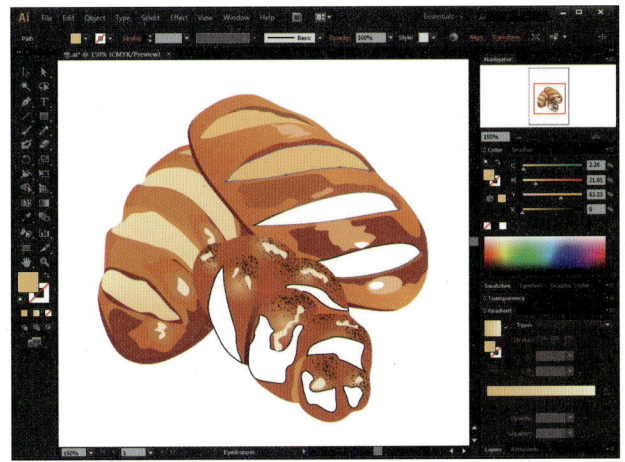

❼ 오른쪽 빵 오브젝트에 남은 부분들도 같은 방법으로 완성시킨다.

❽ 이번에는 가운데 빵 오브젝트의 흰색 부분을 Shift 와 함께 선택 툴()로 모두 클릭
하여 한 번에 선택한다.

❾ 모든 흰색 부분이 선택된 상태에서 색상 모드의 면 색상을 더블클릭하고 [Color
Picker] 대화상자에서 'R:169, G:51, B:47'로 설정한 후 [OK] 버튼을 클릭한다.

❿ 선 색상은 '없음'으로 설정하면 한 번에 모든 오브젝트의 색상 속성이 적용되었음을 확
인할 수 있다.

Section 1. 오브젝트에 원하는 색상 적용하기

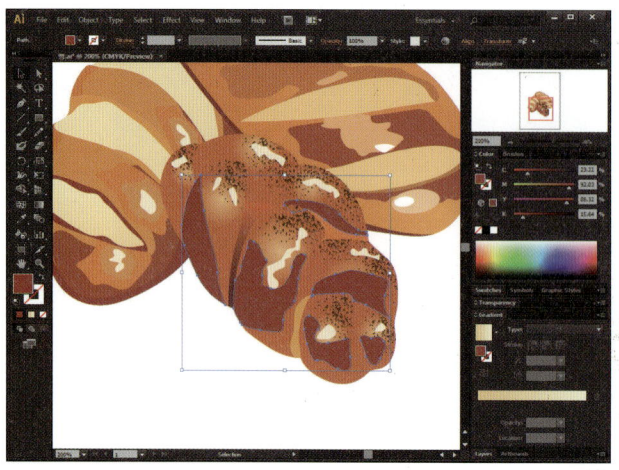

> **tip**
>
> **색상 모드**
>
> 색상 모드에는 여러 가지 종류가 있는데 주로 RGB 모드와 CMYK 모드를 사용한다. 화면에서 보여주기 위한 웹과 같은 작업에는 RGB 모드를 사용하고 인쇄를 목적으로 하는 작업에는 CMYK 모드를 사용한다.

따라하기 02 [Color Guide] 팔레트로 색상 적용하기

일러스트 작업 시 어느 누구라도 색상을 적용할 때 잘 어울리는 색상을 고르는 것은 쉽지 않을 것이다. 일러스트는 사진과 같은 그림을 그리는 것이 아니라 창작 활동이기 때문이다. 이에 일러스트레이터 CS6는 [Color] 팔레트뿐만 아니라 조화로운 색상 적용을 위한 [Color Guide] 팔레트를 제공한다.

[예제 파일 : 챕터04_예제 파일\나무아트.ai]

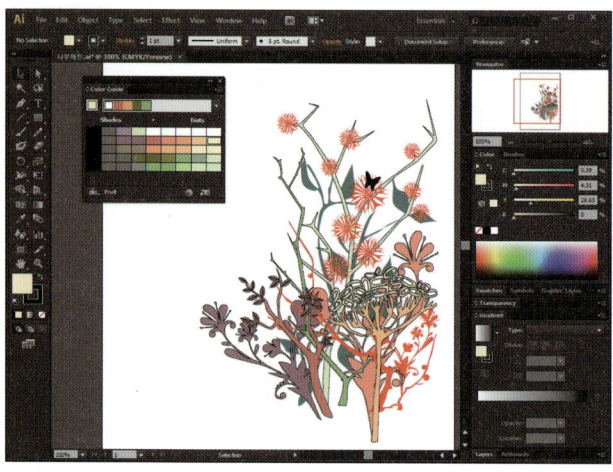

❶ '나무아트.ai' 파일을 불러온 후 선택 툴(   )로 색상이 없는 나뭇가지 오브젝트를 하나 선택한다.

❷ [Window]-[Color Guide] 메뉴를 선택하여 [Color Guide] 팔레트를 불러온다.

❸ [Color Guide] 팔레트 하단의 [Library](   )를 클릭한 다음 [Food]-[Fruit]를 선택한다.

❹ [Fruit] 라이브러리 색상 팔레트가 나타나면 다시 [Harmony Rules](   )를 클릭한 다음 'High contrast 3'을 선택한다.

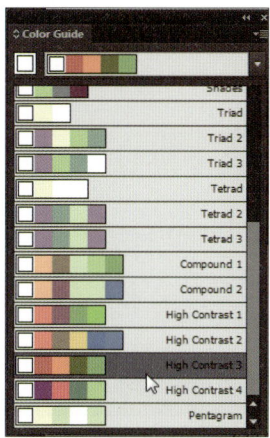

❺ 선택 툴(   )로 원하는 색상들을 골라 각 오브젝트에 적용한다.

❻ 어떠한 색을 적용하여도 매우 어우러지는 색상 조합을 느낄 수 있다.

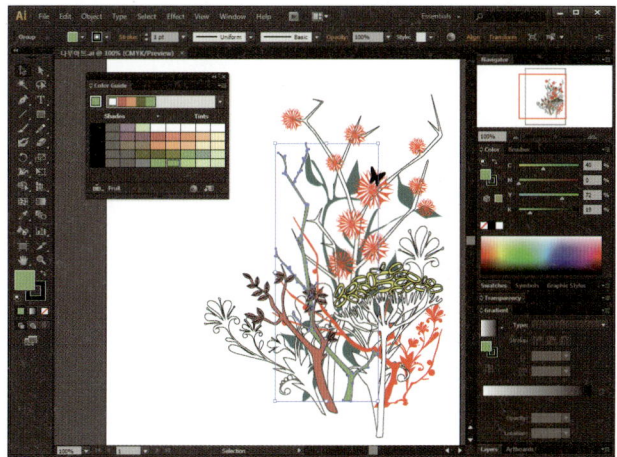

Section 1. 오브젝트에 원하는 색상 적용하기   147

Section 2. 라이브 색상으로 손쉽게 색상 선택하기

일러스트레이터 CS6에서 제공하는 [Color Guide] 팔레트와 라이브 색상 명령 기능을 함께 사용하면 더욱 생생한 라이브 색상을 적용할 수 있다.

> **알아두기**
> - [Recolor Artwork] 대화상자에서 라이브 색상을 적용할 수 있다.
> - [Swatches] 팔레트의 New Color Group 기능으로 원하는 색상 그룹을 생성 및 저장할 수 있다.

따라하기 01 | Recolor Artwork 실행하기

[Edit]-[Edit Colors]-[Recolor Artwork] 메뉴를 선택하면 나타나는 [Recolor Artwork] 대화상자에서 색상 조합의 라이브 색상 적용이 가능하다.

[예제 파일 : 챕터04_예제 파일\Flower.ai]

❶ 'Flower.ai' 파일을 불러온 후 도구 모음의 선택 툴( )로 중앙의 노란색 꽃 오브젝트를 선택한다.

❷ 라이브 색상을 적용하기 위해 [Edit]-[Edit Colors]-[Recolor Artwork] 메뉴를 선택한다.

❸ [Recolor Artwork] 대화상자가 나타나면 [Assign] 항목에 선택한 오브젝트의 적용된 배색이 표시되는 것을 확인할 수 있다.

❹ [Recolor Artwork] 대화상자의 우측 [Color Groups]에서 'Color Group 2'를 선택하면 좌측 [Current Color]에서 'New'가 바뀌면서 새로운 색상 조합이 적용된다. 하단의 [OK] 버튼을 클릭한다.

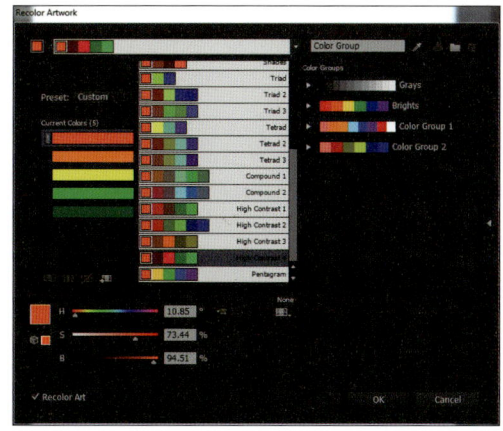

tip

[Recolor Artwork] 대화상자

[Edit]-[Edit Colors]-[Recolor Artwork] 메뉴 또는 [Color Guide] 팔레트 하단의 [Edit or Apply color]( )를 선택하면 라이브 색상을 제공하는 [Recolor Artwork] 대화상자를 실행할 수 있다.

- Assign(Control how art is recolored) : [Assign] 탭에서는 색상 그룹의 색상들이 아트워크의 원래 색상을 어떻게 대체하고 보이는지를 알 수 있다. 선택된 오브젝트가 있을 때에만 색상들을 할당할 수 있다.

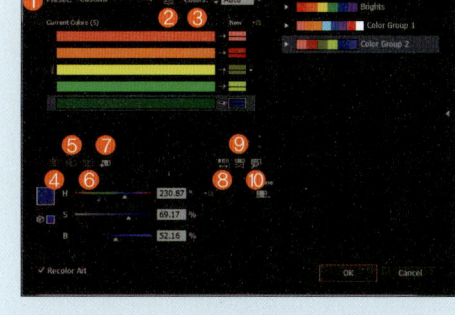

❶ Preset : Custom, Color library, 1 color job, 2 color job, 3 color job, Color harmony를 선택하여 제어할 수 있다.
❷ Color Reduction Options( ) : [Recolor Options] 대화상자를 나타낸다.
❸ Colors : 색상 수를 설정하여 제어할 수 있다.
❹ Merge colors into a row( ) : 2개 이상의 색상을 동시에 선택했을 때 하나의 열로 합쳐진다.
❺ Separate colors into different rows( ) : 합쳐져 있는 색상을 따로 떼어 구분시킨다.
❻ Excludes selected colors so they will not be recolored( ) : 열안의 색상을 따로 떼어 구분시킨다.
❼ New row( ) : 새로운 열을 만든다.
❽ Randomly change color order( ) : 색상 그룹 내에서 임의의 배색이 설정된다.
❾ Randomly changes saturation and brightness( ) : 색상 그룹 내에서 임의의 채도와 명도가 설정된다.
❿ Click on colors above to find them in the artwork( ) : 색상을 선택하면 아트워크에 적용된 색상을 표시한다.

• Edit (Edit active colors) : [Edit] 탭에서는 [Harmony Rules] 메뉴와 'Color Wheel'을 이용하여 어울리는 색상들로 색상 그룹을 수정하거나 새롭게 만든다. 'Color Wheel'에서 조화로운 배색을 확인하고, 각각의 색상 값들을 살펴보며 조정할 수 있다. 또한 명도를 조정하고 색상 추가와 제거, 색상 그룹 저장이 가능하다.

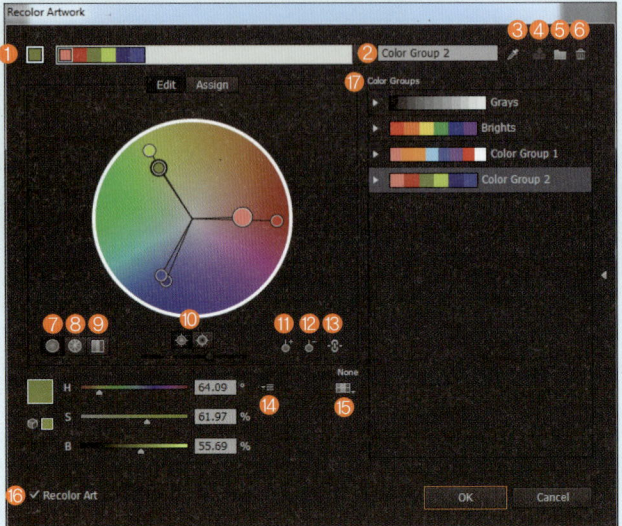

❶ Active Colors : 기본 배색을 설정한다.
❷ Harmony Rules : 'Active Colors' 옆의 내림 버튼을 클릭하면 Harmony Rules 배색이 표시된다.
❸ Get colors from selected art : 원래의 아트보드 배색 설정을 보여준다.
❹ Save changes to color group : 새롭게 설정한 배색을 저장한다.
❺ New Color Group : 새롭게 설정한 색상 그룹을 Color Group 창에 표시한다.
❻ Delete Color Group : 설정한 색상 그룹을 삭제한다.
❼ Display smooth color wheel : 부드러운 Color Wheel을 표시한다.
❽ Display segmented color wheel : 나눠진 Color Wheel을 표시한다.
❾ Display color bars : Color Bar 형태로 표시한다.
❿ Adjusts brightness : 명도를 조절하는 슬라이더이다.
⓫ Add Color tool : Add Color tool을 선택하고 Color Wheel에서 원하는 색상을 클릭하면 색상 툴이 추가된다.
⓬ Remove Color tool : Remove Color tool을 선택하고 Color Wheel에서 삭제하려는 색상을 클릭하면 색상 툴이 삭제된다.
⓭ Unlink harmony colors : 색상의 상호 작용 효과를 설정 및 해제한다.
⓮ Specifies the mode of the color adjustment sliders : 색상 모드 변경이 가능하다.
⓯ Limits the color group to colors in a swatch library : [Swatches] 라이브러리를 직접 선택하여 적용할 수 있다.
⓰ Recolor Art : 아트워크에 적용되는 색상을 미리 보면서 작업할 수 있다.
⓱ Color Groups : 자주 사용하거나 필요한 색상 그룹을 저장 또는 편집할 수 있다.

• Color Groups : Color Groups 항목에는 저장된 색상 그룹들이 표시된다. 색상 그룹을 선택하고 수정할 수 있으며, 선택된 아트워크를 다시 채색할 수도 있다. 색상 그룹을 저장하면 이 리스트에 그룹이 추가된다.

| 따라하기 02 | **[Adjust Color Balance] 명령을 사용하여 색상 변경하기** |

[Adjust Colors] 대화상자에서 'CMYK(Cyan, Magenta, Yellow, Black)'의 값을 조절하여 오브젝트의 디테일한 색상을 적용해 보자.

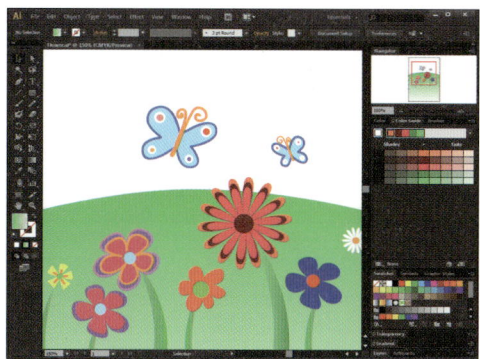 

❶ 선택 툴( )로 큰 나비 오브젝트를 선택한 다음 [Edit]-[Edit Colors]-[Adjust Color Balance] 메뉴를 선택하여 [Adjust Color] 대화상자를 불러온다.

❷ [Adjust Colors] 대화상자에서 먼저 [Preview]를 체크하여 미리 보기를 설정한다.

❸ Cyan(푸른색), Magenta(붉은색), Yellow(노란색), Black(검은색)의 수치 값을 조절하여 선택한 나비 오브젝트의 색상을 변경한다.

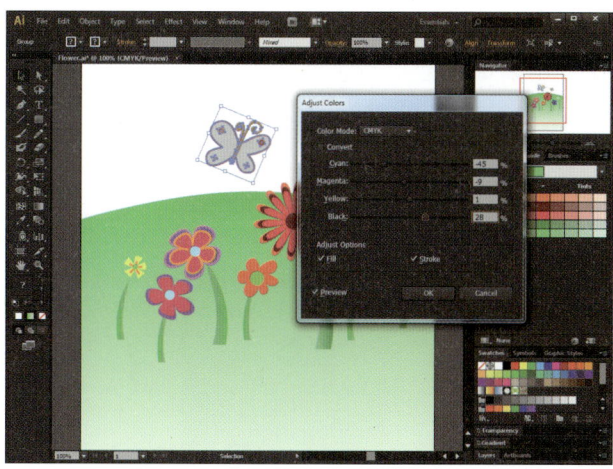

❹ 조절이 끝나면 [OK] 버튼을 클릭하여 큰 나비 오브젝트에 색상을 적용한다. 같은 방법으로 작은 나비 오브젝트의 색상도 변경해 본다.

Section 2 . 라이브 색상으로 손쉽게 색상 선택하기

따라하기 03 [Convert to Grayscale] 명령으로 흑백 효과를 적용해 보자

[Edit]-[Edit Colors]-[Convert to Grayscale] 메뉴를 이용하면 단 한 번의 클릭으로 오브젝트의 색상을 흑백으로 바꿀 수 있다.

❶ `Ctrl`+`A`를 눌러 모든 오브젝트를 선택한다.

❷ [Edit]-[Edit Colors]-[Convert to Grayscale] 메뉴를 선택하면 한 번에 모든 오브젝트들이 흑백으로 전환한다.

❸ 이번에는 다시 `Ctrl`+`A`를 눌러 모든 오브젝트를 선택한 후 [Edit]-[Edit Colors]-[Invert Colors] 메뉴를 선택하여 반전 색상을 적용한다.

❹ 이미 흑백으로 전환된 상태이므로 흑색은 백색으로, 백색은 흑색으로 전환된다.

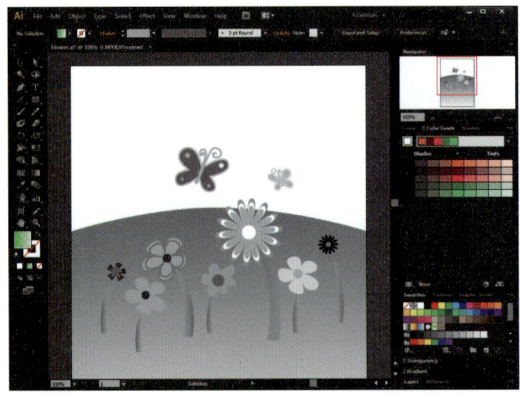

tip

[Edit Colors] 메뉴

[Edit]-[Edit Colors] 메뉴를 사용하면 단 한 번의 클릭으로 흑백 전환을 할 수 있으며 세밀하게 색상의 수치 값을 조절하여 색상을 적용할 수도 있다. 단 해당 기능들은 반드시 오브젝트가 선택되어 있어야만 적용할 수 있다.

그레이디언트로 생동감있는 그림 그리기

일러스트레이터 CS6에서 제공하는 [Gradient] 팔레트를 이용하면 특별한 3D 기능 없이 입체적인 효과를 표현할 수 있다.

◐ 알아두기

- 그레이디언트 툴을 이용하여 선형, 원형의 그레이디언트 색상을 적용할 수 있다.
- [Gradient] 팔레트에서 그레이디언트의 색상, 각도 등을 세밀하게 조절할 수 있다.

따라하기 01 그레이디언트 적용하기

단순히 그레이디언트만 적용하더라도 밋밋한 일러스트를 생생하게 살아있는 일러스트로 나타낼 수 있다.

[예제 파일 : 챕터04_예제 파일\2013.ai]

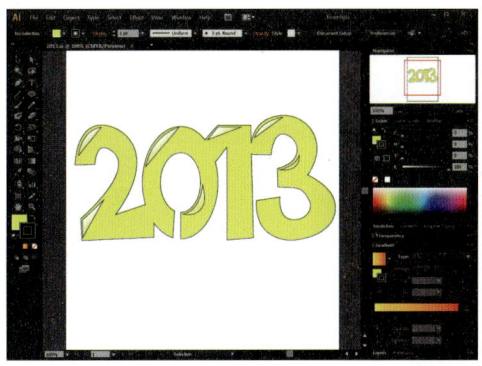 

❶ '2013.ai' 파일을 불러온 후 선택 툴( )로 2013 오브젝트를 선택한다.

❷ 2013 오브젝트가 선택된 상태에서 [Window]-[Gradient] 메뉴를 선택하여 [Gradient] 팔레트를 불러온다.

❸ [Gradient] 팔레트에서 ■를 클릭한 후 오렌지색 아이콘을 클릭하여 오브젝트에 오렌지색 그레이디언트를 적용한다.

④ Ctrl + A 를 눌러 모든 오브젝트를 선택한 다음 도구 모음의 색상 모드에서 선 색상을 '없음'으로 설정하여 오브젝트를 완성한다.

따라하기 02 [Gradient] 팔레트에서 그레이디언트 조절하기

[Gradient] 팔레트를 이용하면 더욱 다양한 그레이디언트를 적용할 수 있다.

❶ 선택 툴( )로 2013 오브젝트를 선택하고 [Window]-[Gradient] 메뉴를 선택하여 [Gradient] 팔레트를 불러온다.
❷ [Gradient] 팔레트에서 면 색상을 선택한 다음, [Type]을 클릭하고 'Radial'을 선택한다.
❸ 오브젝트의 중심을 기준으로 그레이디언트가 적용되는 것을 확인할 수 있다.

❹ 이번에는 오브젝트가 선택된 상태에서 [Gradient] 팔레트의 색상을 변경하기 위해 색상 기준점 아이콘(　)을 하나 더블클릭하여 색상 박스를 불러온 후 원하는 색상으로 선택한다.

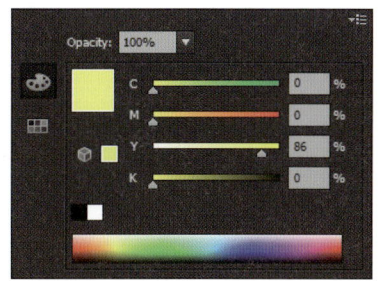

❺ 다른 색상 기준점들도 더블클릭하여 원하는 색상으로 변경한다.
❻ 색상 기준점들을 그레이디언트 슬라이더에서 좌우로 드래그하여 위치도 변경해 본다.

tip ➕ 그레이디언트 적용하기

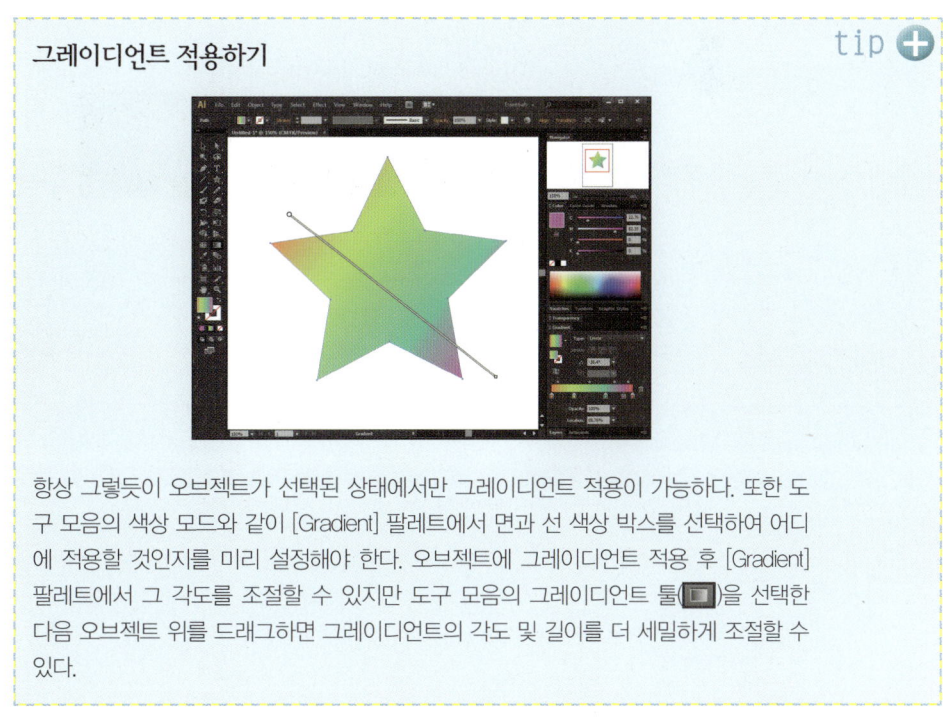

항상 그렇듯이 오브젝트가 선택된 상태에서만 그레이디언트 적용이 가능하다. 또한 도구 모음의 색상 모드와 같이 [Gradient] 팔레트에서 면과 선 색상 박스를 선택하여 어디에 적용할 것인지를 미리 설정해야 한다. 오브젝트에 그레이디언트 적용 후 [Gradient] 팔레트에서 그 각도를 조절할 수 있지만 도구 모음의 그레이디언트 툴(　)을 선택한 다음 오브젝트 위를 드래그하면 그레이디언트의 각도 및 길이를 더 세밀하게 조절할 수 있다.

| 따라하기 | 03 선에 그레이디언트 적용하기 |

일러스트레이터 CS6가 새롭게 제공하는 선 그레이디언트를 적용해 보자.

❶ 선택 툴( )로 2013 오브젝트를 선택하고 도구 모음의 색상 모드에서 선 색상을 '검은 색'으로 설정한 다음 옵션 바에서 [Stroke]을 '15'로 설정한다.

❷ [Gradient] 팔레트를 불러온 후 선 색상 박스를 선택한 다음 [Type]을 'Linear(선형)'으로 설정한다.

❸ 이전과 마찬가지로 색상 기준점 아이콘( )의 색상을 변경해 본다.

tip ➕

그레이디언트 슬라이더

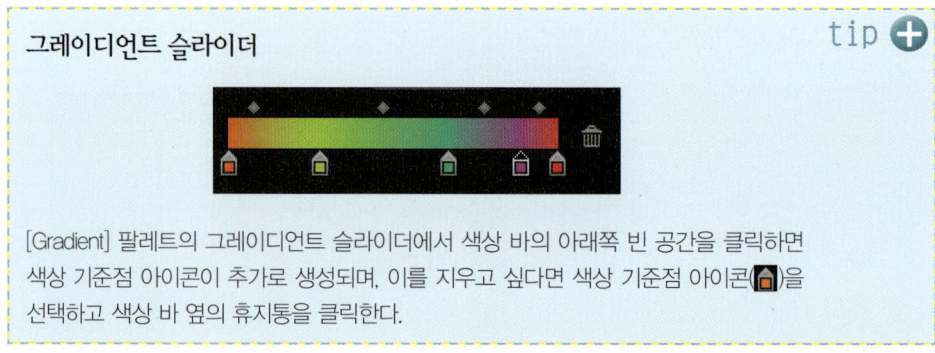

[Gradient] 팔레트의 그레이디언트 슬라이더에서 색상 바의 아래쪽 빈 공간을 클릭하면 색상 기준점 아이콘이 추가로 생성되며, 이를 지우고 싶다면 색상 기준점 아이콘( )을 선택하고 색상 바 옆의 휴지통을 클릭한다.

01 혼자해보기

선분 툴을 이용하여 선 오브젝트를 생성하고 선 그레이디언트를 적용해 보자.

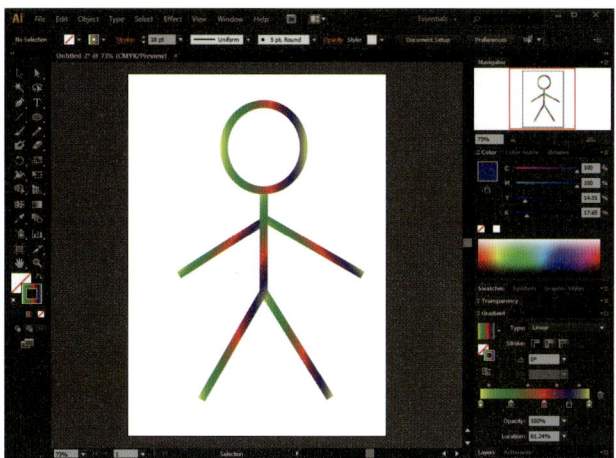

HINT | 새 도큐먼트를 불러온 후 선분 툴(/)로 선 오브젝트를 생성한 후 옵션 바에서 [Stroke]의 값을 증가시켜 굵기를 조절한다. 선 오브젝트가 선택된 상태에서 [Window]-[Gradient] 메뉴를 선택하여 [Gradient] 팔레트를 불러온다. 선 색상을 선택한 다음 [Type] 및 색상을 설정한다.

02 혼자해보기

도형 오브젝트를 생성하고 면과 선에 그레이디언트를 적용해 보자.

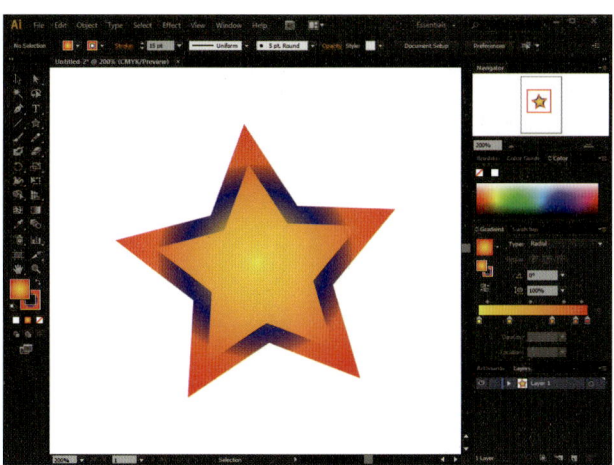

HINT | 새 도큐먼트에서 별형 툴로 별 오브젝트를 생성한 후 옵션 바에서 [Stroke]의 값을 '15'로 설정한다. 오브젝트가 선택된 상태에서 면 색상 박스와 선 색상 박스를 각각 선택하고 [Gradient] 팔레트의 색상을 조절하여 그레이디언트를 적용한다.

Section 3. 그레이디언트로 생동감있는 그림 그리기

Section 4. 원하는 색상 설정을 쉽고 빠르게 하기

일러스트레이터 CS6는 기본적인 색상 툴 이외에도 다양한 색상 및 패턴을 적용하는 [Swatches] 팔레트, 유사한 색만을 자동으로 선택하는 마술봉 툴과 원하는 부분에만 색상을 입힐 수 있는 라이브 페인트 버킷 툴을 제공한다. 또한 스포이트 툴은 이미지 또는 오브젝트의 색상 정보를 비롯하여 오브젝트의 외곽선 등 다양한 속성도 함께 복제할 수 있다.

● 알아두기

- [Swatches] 팔레트에 패턴을 등록하고 생성할 수 있다.
- 스포이트 툴을 사용하여 오브젝트의 색상을 추출해 낼 수 있다.
- 라이브 페인트 버킷 툴로 효율적인 색상 적용이 가능하다.

따라하기 01 [Swatches] 팔레트에 색상 조합 등록하기

[Swatches] 팔레트의 [New Color Group](■)으로 설정한 라이브 색상을 그룹으로 설정하여 조화로운 배색 설정이 가능하다.

[예제 파일 : 챕터04_예제 파일\메이크업.ai]

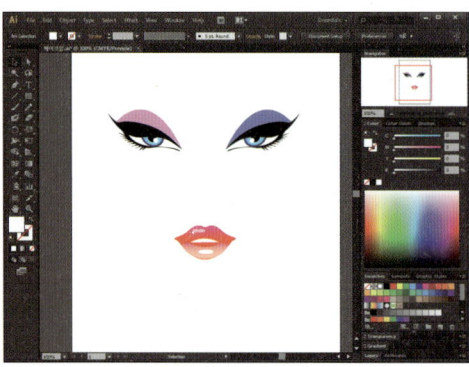
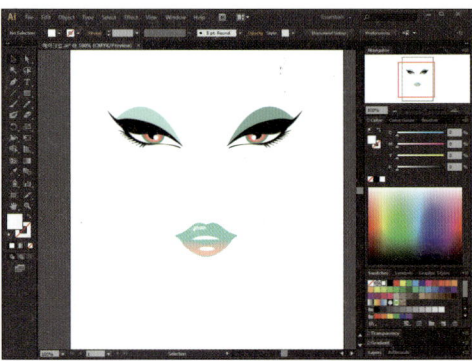

❶ '메이크업.ai' 파일을 불러온 후 선택 툴(▶)로 그룹화된 얼굴 오브젝트를 선택한다.

❷ [Window]-[Swatches] 메뉴를 실행하여 [Swatches] 팔레트를 불러온 후 팔레트의 중앙 하단에 있는 [New Color Group](■)을 클릭한다.

❸ [New Color Group] 대화상자에서 새로운 색상 그룹을 설정하기 위해 [Name]은 'Makeup', [Create From]은 [Selected Artwork]를 체크하고 [OK] 버튼을 클릭한다.

④ [Swatches] 팔레트에 선택한 오브젝트의 색상 그룹이 추가된 것을 확인한다.

⑤ 새롭게 만들어진 'Makeup' 색상 조합이 선택된 상태에서 [Swatches] 팔레트의 [Edit or Apply Color Group]( )을 클릭한다.

⑥ [Recolor Artwork] 대화상자가 나타나면 [Assign]에서 'Color group'을 변경하거나 [Edit]에서 'Color Wheel'을 드래그하여 원하는 색상으로 변경한 다음 [OK] 버튼을 클릭한다.

따라하기 02 스포이트 툴 사용하기

스포이트 툴을 이용하면 다른 오브젝트의 색상 속성을 추출하여 똑같이 적용할 수 있다.

[예제 파일 : 챕터04_예제 파일\투명나무.ai]

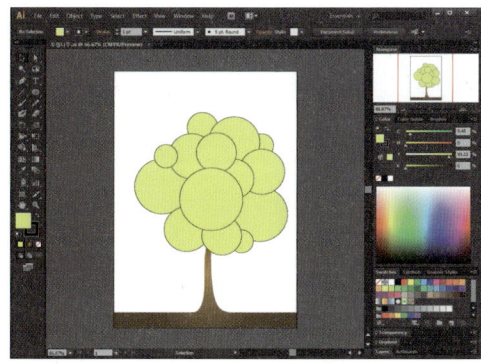 

① '투명나무.ai' 파일을 불러온 후 선택 툴( )로 노란색 원 오브젝트를 하나 선택한다.

② 도구 모음의 색상 모드에서 선 색상을 '없음'으로 선택하고 면 색상을 선택한 다음 옵션 바의 [Opacity]를 '60%'로 설정한다.

③ 이번에는 다른 노란색 원 오브젝트를 선택하고 도구 모음의 스포이트 툴( )을 선택한 다음 앞서 색상을 변경하였던 투명 원 오브젝트 내부를 클릭한다.

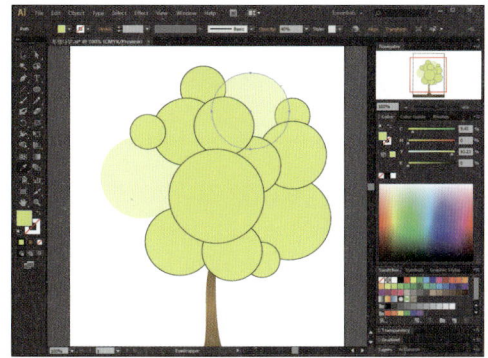

❹ 선택된 노란색 원 오브젝트의 면과 선 색상 및 투명도가 스포이트 툴(✐)로 추출한 오브젝트의 속성과 똑같이 변경되는 것을 확인할 수 있다.

❺ 나머지 노란색 원 오브젝트들도 스포이트 툴(✐)을 이용하여 같은 색상으로 변경한다.

> **tip ➕**
> **일시적인 선택 툴 변경**
> 매번 다른 오브젝트를 선택 툴로 선택하고 다시 도구 모음에서 스포이트 툴을 선택하는 것은 많은 작업 공정을 만든다. 이러한 경우 먼저 도구 모음에서 스포이트 툴을 선택한 다음 `Ctrl`을 누르면 일시적으로 마우스 포인터가 선택 툴로 변경되어 오브젝트를 선택할 수 있다.

따라하기 03 라이브 페인트 버킷 툴 사용하기

라이브 페인트 버킷 툴을 이용하면 자동으로 외곽선의 경계를 검색하고 수정할 수 있다. 따라서 빠르고 효율적으로 색상을 적용할 수 있다.

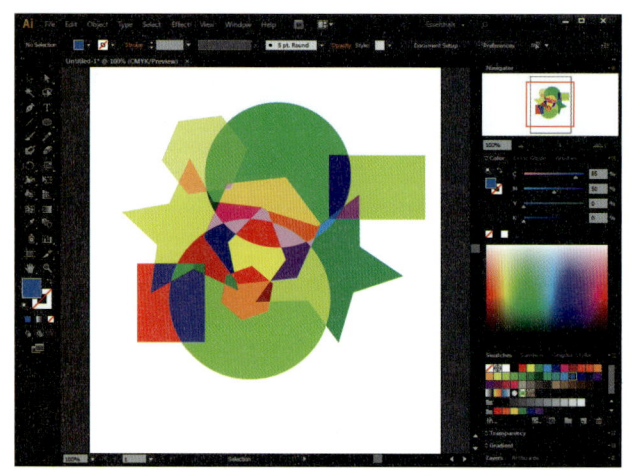

❶ 새 도큐먼트를 불러온 후 도구 모음의 사각형 툴(▢), 원형 툴(⬤), 또는 다른 도형 툴들을 이용하여 다양한 도형 오브젝트가 겹치도록 드로잉한다. 이때 각각의 도형 오브젝트에 다른 색상을 적용하고 선 색상은 '없음'으로 설정한다.

❷ `Ctrl`+`A`를 눌러 모든 오브젝트를 선택한 다음, 오브젝트 위에서 마우스 오른쪽 버튼을 누르고 [Group]을 선택한다.

❸ [Object]-[Live Paint]-[Gap Options] 메뉴를 선택한다.

❹ [Gap Options] 대화상자의 [Paint stops at]에서 'Large Gaps'를 선택하여 오브젝트의 큰 틈새에도 페인팅이 빠져 나가지 못하도록 하고 색상을 설정할 부분을 알려주는 [Gap Preview Color]는 'Yellow'로 설정한다. 설정이 끝나면 [Set Default] 버튼을 클릭하여 저장한다.

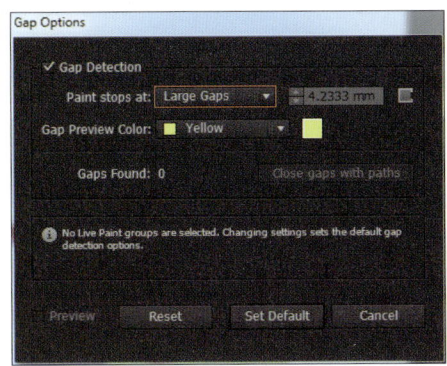

❺ 오브젝트가 선택되지 않은 상태에서 색상 모드의 면 색상을 원하는 색상으로 설정한다.

❻ 그룹화된 오브젝트를 선택한 다음 도구 모음에서 라이브 페인트 버킷 툴(　)을 선택한다.

❼ 마우스 포인터를 오브젝트가 겹쳐진 부분 위에 위치시키면 그 주위로 테두리가 나타난다. 색상을 적용할 위치를 확인하고 클릭하여 색상을 적용한다.

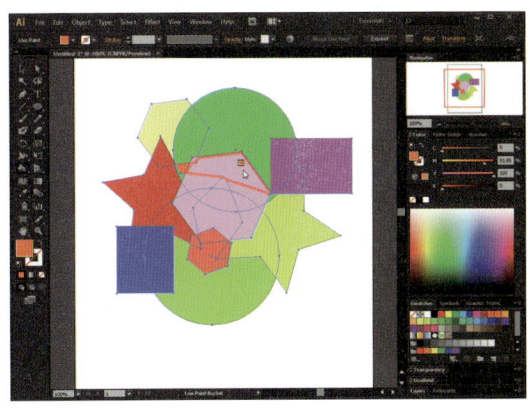

❽ 이번에는 [Swatches] 팔레트에서 여러 가지 색상들이 조합되어 있는 색상 그룹을 하나 선택한다.

❾ 마우스를 다시 오브젝트 위로 옮기면 마우스 포인터 위로 세 가지의 색상 조합이 나타난다. 이는 선택한 색상 조합의 현재 색상, 앞 색상, 뒤 색상을 나타내며 키보드의 방향키를 사용하여 현재의 적용 예정인 색상을 변경할 수 있다.

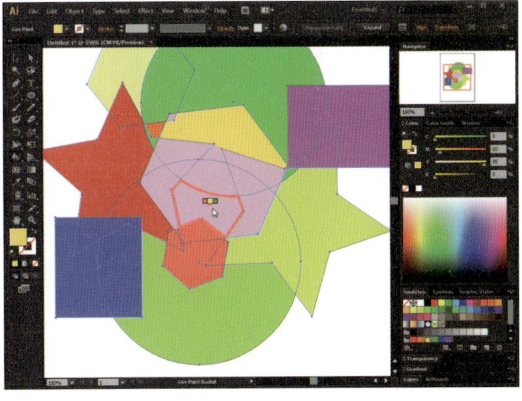

❿ 방향키를 이용하여 간단하게 [Swatches] 팔레트의 색상 조합에 따른 색상을 적용하여 본다.

Section 4 . 원하는 색상 설정을 쉽고 빠르게 하기

메시로 입체적인 오브젝트 만들기

일러스트레이터 CS6의 메시 툴을 이용하면 오브젝트에 더 세밀한 입체 효과를 적용할 수 있다. 그럼 메시 툴을 이용하여 마치 사진같은 오브젝트를 만들어 보자.

> **알아두기**
> - [Create Gradient Mesh] 대화상자에서 메시를 생성할 수 있다.
> - 오브젝트 위를 메시 툴로 클릭하거나 드래그하면 더 세밀하게 메시 포인트를 작성할 수 있다.

따라하기 01 메시 포인트 작성하기

메시 포인트의 색상을 조절하는 것만으로도 사진과 같은 사실적인 효과를 만들 수 있다.

[완성 파일 : 챕터04_완성 파일\사과.ai]

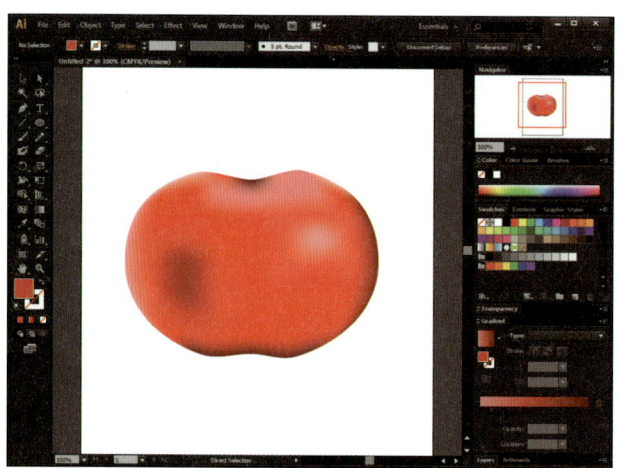

❶ 새 도큐먼트를 불러온 후 원형 툴 (◉)로 가로로 긴 타원을 하나 생성한다.

❷ 펜 툴(✎)을 이용하여 타원의 위, 아래쪽에 기준점을 추가하고 직접 선택 툴(▶)을 이용하여 사과 모양의 오브젝트로 변형한다.

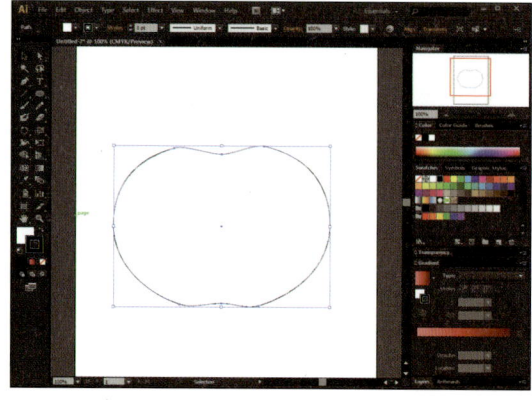

❸ 오브젝트가 선택된 상태에서 [Object]-[Create Gradient Mesh] 메뉴를 선택하여 [Create Gradient Mesh] 대화상자를 불러온다.

❹ [Create Gradient Mesh] 대화상자에서 [Preview]에 체크하여 미리 보기를 설정한다.

❺ [Rows]와 [Columns]를 각각 '8'로 설정하고 [OK] 버튼을 클릭한다.

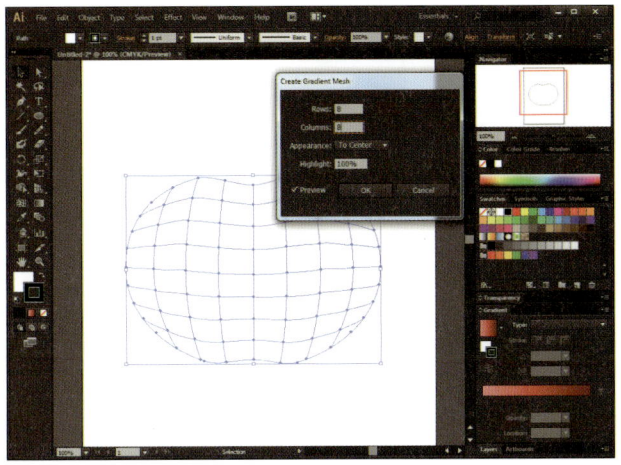

❻ 사과 오브젝트의 면 색상을 '빨간색', 선 색상을 '없음'으로 변경한다.

❼ 직접 선택 툴(▶)로 각 메시 포인트를 선택하면서 도구 모음의 색상 모드 또는 [Swatches] 팔레트를 이용하여 메시 포인트에 색상을 적용한다. 색상은 사과의 색과 비슷하도록 적용한다.

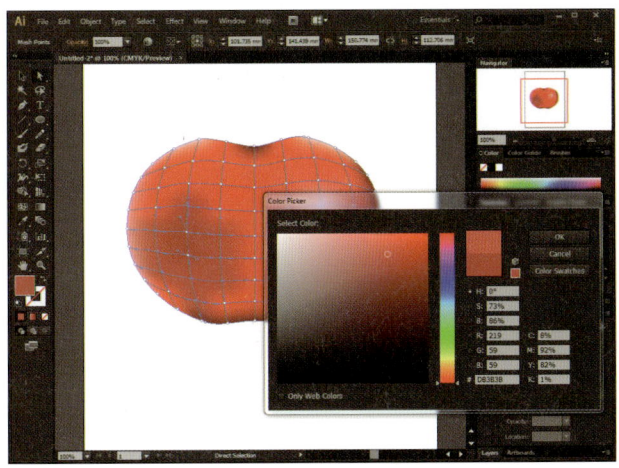

> tip ➕
> 입체적인 효과를 위해 오브젝트의 가장자리는 기본 색상보다 어두운 색상으로 설정하고 상단과 중앙 쪽은 밝은 색상을 설정한다.

Section 5. 메시로 입체적인 오브젝트 만들기 163

| 따라하기 | 02 | 메시 포인트 수정하기 |

직접 선택 툴로 이미 작성된 메시 포인트를 수정하면 더 자연스럽게 입체감을 살릴 수 있다.

[완성 파일 : 챕터04_완성 파일\사과_2.ai]

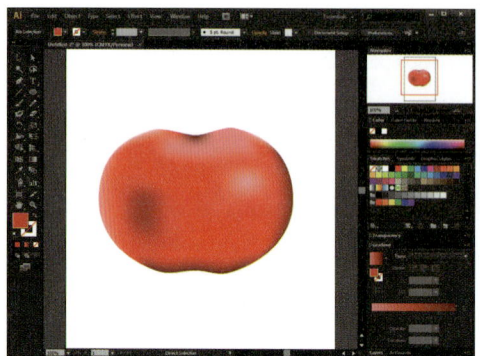 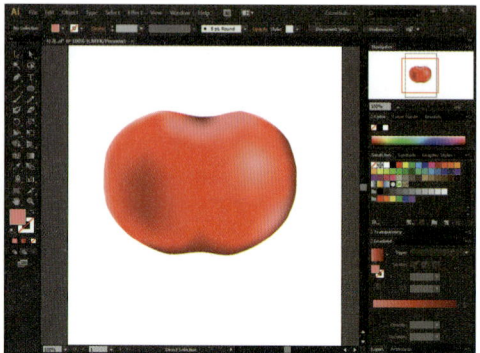

▲ 메시 포인트 수정 전, 후

❶ 도구 모음에서 직접 선택 툴( )을 선택하고 사과 오브젝트 위를 클릭한다.

❷ 좀 더 자연스러운 사과를 나타내기 위해 메시 포인트를 선택하고 상하좌우로 드래그하여 이동시킨다.

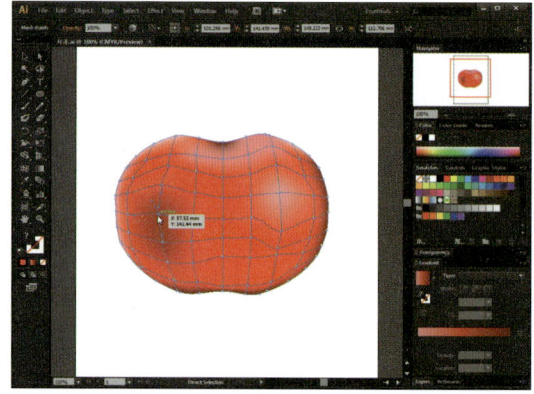

❸ 이번에는 메시 포인트들 사이의 면을 클릭하고 상하좌우로 드래그하여 위치를 이동시킨다. 적용한 색상들이 좀 더 자연스러울 수 있도록 입체감을 생각하면서 이동시킨다.

❹ 오른쪽 설정 메뉴에서 [Brightness]의 [Custom]을 클릭하여 'Dark', 'Medium Dark', 'Medium Light', 또는 'Light'를 선택한다.

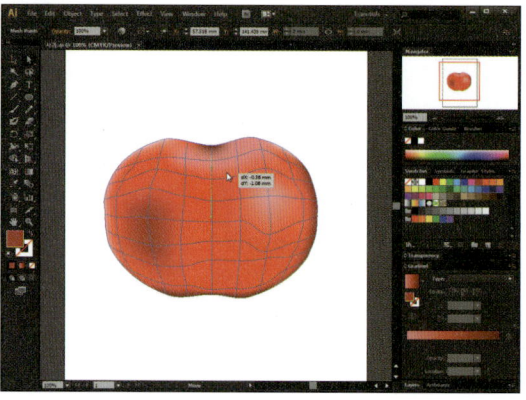

❺ 밝기의 값을 선택할 때마다 자동으로 색상이 바뀌는 것을 확인한다.

Section 6
[Swatches] 팔레트에 쉽게 패턴 등록하고 사용하기

패턴이란 일정한 문양을 일정한 간격으로 반복하여 표현하는 것을 말한다. [Swatches] 팔레트에 오브젝트를 등록하고 이를 이용하여 패턴을 만들어 사용할 수 있다. 패턴을 이용하면 배경이나 반복되는 작업을 손쉽게 할 수 있다.

◯ 알아두기
- 오브젝트를 [Swatches] 팔레트에 등록하여 패턴으로 사용하고 이를 수정할 수 있다.
- 일러스트레이터 CS6에서 제공하는 다양한 패턴을 이용할 수 있다.

따라하기 01 새로운 패턴 등록하기

일러스트레이터 CS6에서는 원하는 오브젝트를 [Swatches] 팔레트에 등록하여 패턴으로 사용할 수 있다.

[예제 파일 : 챕터04_예제 파일\천사.ai]

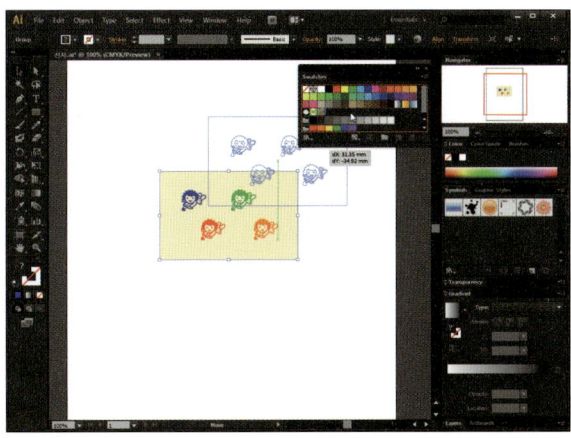

❶ '천사.ai' 파일을 불러온 후 그룹화된 천사 오브젝트들을 확인한다.
❷ [Window]-[Swatches] 메뉴를 선택하여 [Swatches] 팔레트를 불러온다.
❸ 선택 툴(▶)로 천사 오브젝트를 선택한 다음 [Swatches] 팔레트 내부로 드래그한다.
❹ 천사 오브젝트가 [Swatches] 팔레트에 패턴으로 등록된 것을 확인한다.

> **반복적인 무늬 패턴 만들고 수정하기**   tip ⊕
>
> 패턴은 일정한 문양을 반복적으로 표현하는 것으로 일러스트레이터 CS6에서는 여러 종류의 패턴 라이브러리를 제공한다. 사용자가 만들고 등록한 패턴은 자유롭게 수정이 가능하며 새로운 패턴으로 등록할 수도 있다.

따라하기 02 한 번에 패턴 등록하고 세부 사항 설정하기

일러스트레이터 CS6에서는 단 한 번에 패턴을 등록하면서 미리 보기를 통해 세부 사항을 적용할 수 있다.

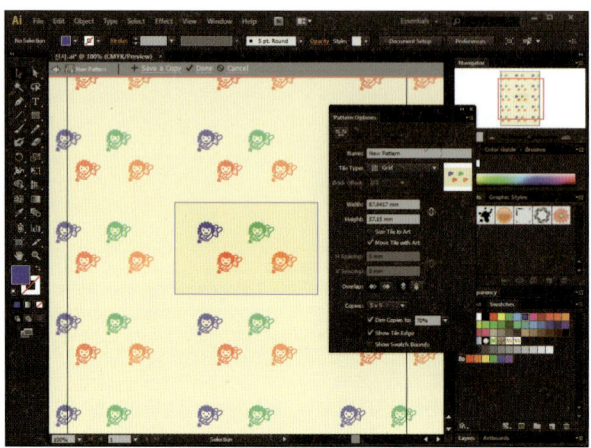

❶ 다시 한 번 '천사.ai' 파일을 불러온 후 선택 툴( )로 천사 오브젝트들을 선택한다.

❷ [Object]-[Pattern]-[Make] 메뉴를 선택한다.

❸ [Pattern Options] 대화상자에서 [Name]에는 '천사'를 입력하고 [Tile Type]에서 'Brick by Row'를 선택한다.

❹ 선택이 끝나면 대화상자의 오른쪽 상단의 [x]를 클릭하여 패턴 등록을 완료한다.

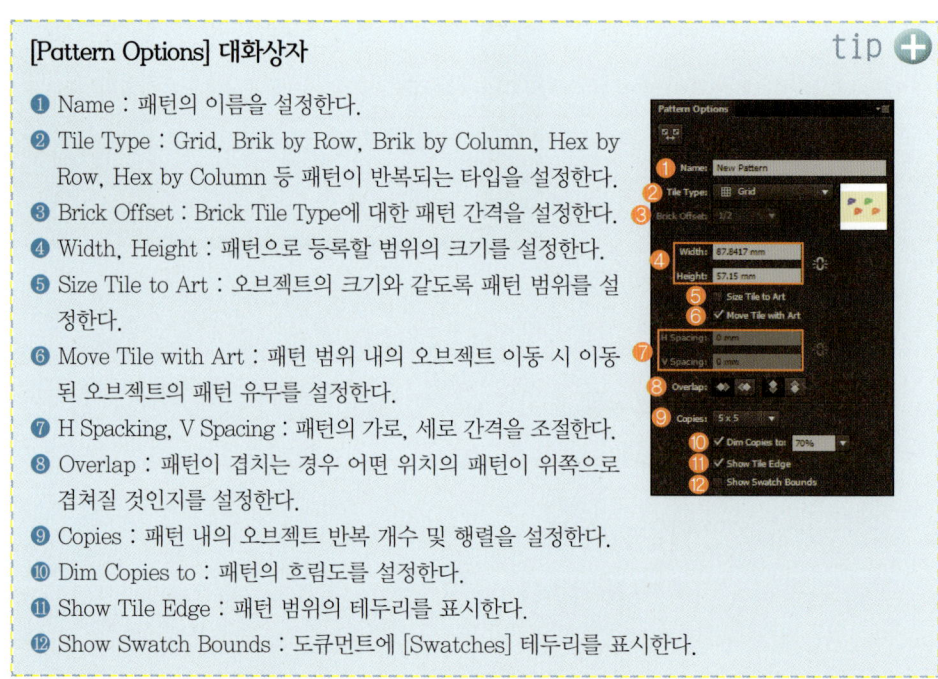

[Pattern Options] 대화상자 tip ➕

❶ Name : 패턴의 이름을 설정한다.
❷ Tile Type : Grid, Brik by Row, Brik by Column, Hex by Row, Hex by Column 등 패턴이 반복되는 타입을 설정한다.
❸ Brick Offset : Brick Tile Type에 대한 패턴 간격을 설정한다.
❹ Width, Height : 패턴으로 등록할 범위의 크기를 설정한다.
❺ Size Tile to Art : 오브젝트의 크기와 같도록 패턴 범위를 설정한다.
❻ Move Tile with Art : 패턴 범위 내의 오브젝트 이동 시 이동된 오브젝트의 패턴 유무를 설정한다.
❼ H Spacking, V Spacing : 패턴의 가로, 세로 간격을 조절한다.
❽ Overlap : 패턴이 겹치는 경우 어떤 위치의 패턴이 위쪽으로 겹쳐질 것인지를 설정한다.
❾ Copies : 패턴 내의 오브젝트 반복 개수 및 행렬을 설정한다.
❿ Dim Copies to : 패턴의 흐림도를 설정한다.
⓫ Show Tile Edge : 패턴 범위의 테두리를 표시한다.
⓬ Show Swatch Bounds : 도큐먼트에 [Swatches] 테두리를 표시한다.

1. [Color] 팔레트

[Color] 팔레트는 색상 탭을 조절하여 자유롭게 색상을 만들고 적용할 수 있다. [Color] 팔레트의 면이나 선 색상을 더블클릭하면 나타나는 [Color Picker] 대화상자에서 색상을 세밀하게 설정할 수도 있다.

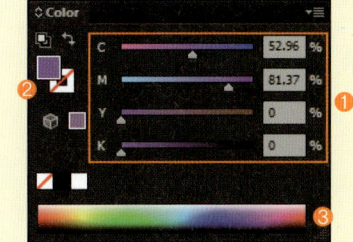

❶ 면과 선 색상 박스 : 면(Fille)과 선(Stroke)에 적용된 색상을 보여준다. 색상 값을 입력하여 색상을 조절할 수 있으며, 더블클릭하여 표시되는 [Color Picker] 대화상자를 이용해 색상을 세밀하게 조절할 수도 있다.

❷ 색상 없음 : 오브젝트에 적용된 색상을 삭제하여 색상을 적용하지 않는다.

❸ 색상 스펙트럼 : 색상 스펙트럼 위에 마우스 포인터를 위치하면 스포이트 형태로 변경된다. 스포이트 커서로 원하는 색상을 클릭하면 색상이 적용된다.

2. [Color Guide] 팔레트

[Color Guide] 팔레트는 선택한 색의 유사 색상을 고르는 데 도움을 주며 색상을 수정하고 편집하는 라이브 색상에 접근할 수도 있다.

❶ 색상 견본 상자(Swatches) : 기본 색상으로 설정한 색상과 어울리는 색상을 표시한다.

❷ Color Library : 일러스트레이터 CS6에서 기본으로 제공하는 [Color Guide] 팔레트의 라이브러리를 표시한다.

❸ Edir Colors : [Live Color] 대화상자를 표시한다.

❹ Save color group to Swatch panel : [Swatches] 라이브러리에 색상을 추가한다.

3. [Swatches] 팔레트

[Swatches] 팔레트는 [Color] 팔레트에서 작성한 색상을 등록하여 언제든지 쉽게 오브젝트에 적용할 수 있다. 기본적으로 색상, 그레이디언트, 패턴이 등록되어 있고 필요한 색상을 새로 등록하거나 삭제할 수 있다.

❶ Swatch Libraries menu : 일러스트레이터 CS6에서 기본으로 제공하는 [Swatches] 라이브러리를 선택할 수 있다.

❷ Show Swatch Kinds menu : [Swatches] 팔레트에 등록되어 있는 색상, 그레이디언트, 패턴, 색상 그룹을 선택하여 나타낼 수 있다.

❸ Swatch Options : [Swatches] 옵션을 설정한다.

❹ New Color Group : 기본적으로 등록되어 있는 색상 그룹 외에 [Swatches] 색상을 그룹 설정할 수 있다.

❺ New Swatch : 기본적으로 등록되어 있는 색상 외에 [Color] 팔레트에서 조정한 색을 [Swatches] 팔레트에 등록할 수 있다.

❻ Delete Swatch : [Swatches] 팔레트에 등록되어 있는 색상을 선택하고 휴지통 아이콘으로 드래그하면 해당 색상이 팔레트 내에서 삭제된다.

4. [Gradient] 팔레트

그레이디언트 색상뿐만 아니라 방향을 조절할 수 있으며 그레이디언트 형태를 직선형과 원형으로 설정할 수 있다.

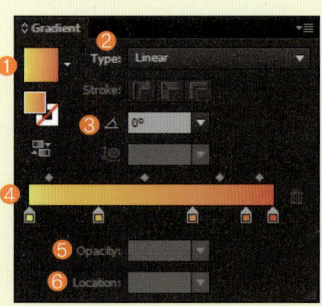

❶ Preview : 설정되어 있는 그레이디언트를 미리 보여준다.

❷ Type : 그레이디언트의 스타일을 직선형 또는 원형으로 설정한다.

❸ Angle : 그레이디언트의 진행 각도를 설정한다.

❹ Gradient Slider : 그레이디언트의 색상을 설정하는 바로써, 원하는 색을 자유롭게 추가 및 삭제할 수 있으며 각 색상의 위치를 조절할 수 있다.

❺ Opacity : 그레이디언트의 투명도를 조절한다.

❻ Location : 색상 탭의 위치를 설정한다.

종합실습

1. **[Gradient] 팔레트를 이용하여 다양한 그레이디언트 색을 적용해 보자.**

   [예제 파일 : 챕터04_예제 파일\색상조정.ai]

   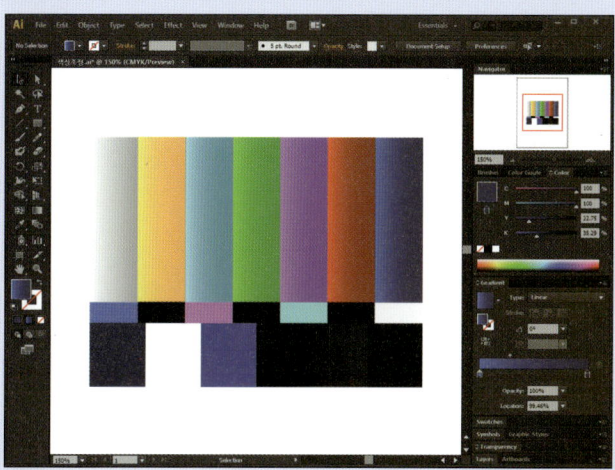

   HINT | 선택 툴로 각 오브젝트를 선택하고 [Gradient] 팔레트에서 시작과 끝 색상을 설정하여 그레이디언트 색상을 적용한다.

2. **패턴을 등록하고 밤하늘의 별 패턴을 적용해 보자.**

   [예제 파일 : 챕터04_예제 파일\Star.ai]

   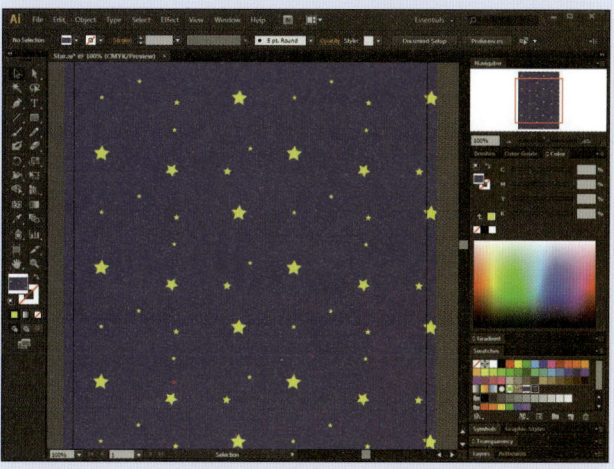

   HINT | 'Star.ai' 파일의 오브젝트를 [Swatches] 팔레트로 드래그하여 패턴으로 등록한 다음 해당 오브젝트를 지우고 도큐먼트 크기와 동일한 사각형 오브젝트를 하나 생성한다. 사각형 오브젝트가 선택된 상태에서 [Swatches] 팔레트에 등록한 패턴을 클릭하여 적용한다.

05

CHAPTER

일러스트레이터 CS6를 사용한

타이포그래피 & 캘리그래피

일러스트레이터 CS6에서 제공하는 다양한 문자 툴과 옵션을 이용하면 창의적인 문자 디자인이 가능하다. 타이포그래피와 캘리그래피에 대해 알아보고 직접 만들어 보자.

Section 1   기본적인 문자 입력 방법 알아보기

Section 2   문장의 다양한 변화 알아보기

Section 3   패스를 따라 자유롭게 흐르는 문자 만들기

Section 4   이미지 주변으로 흐르는 문장 만들기

Section 5   문자 스타일로 문자 속성 통일하기

Section 6   나만의 캘리그래피 만들기

Section 7   문자 왜곡하기

문자로 자유로운 타이포그래피 & 캘리그래피 만들기

Chapter 5

다양한 형태의 글꼴들이 개발되어 효과적인 메시지 전달을 위한 문자 디자인이 발전하고 있다. 일러스트레이터 CS6의 강력한 문자 기능들을 이용하면 디자이너뿐만 아니라 일반 사람들도 일명 손 글씨, 광고 디자인, 로고 디자인을 비롯하여 타이포그래피 & 캘리그래피, 웹 디자인 등이 가능하다.

01 일러스트레이터 CS6의 문자편집 기능

일러스트레이터 CS6의 문자 편집 기능으로 워드프로세서 이상의 전자출판(DTP) 편집 기능을 사용할 수 있을 뿐만 아니라 다양한 이미지를 제작할 수도 있다. 실제로 적은 분량의 편집 작업은 일러스트레이터를 사용하여 제작하는 경우가 많으며 일러스트레이터 CS6는 문자 자체를 포스트스크립트(Postscript)와 같은 벡터 곡선으로 인식하여 화면상에서도 정교한 작업이 가능하다.

02 문자 입력 툴

일러스트레이터 CS6의 도구 모음은 문자 툴, 영역 문자 툴, 패스 문자 툴, 세로 문자 툴, 세로 영역 문자 툴, 세로 패스 문자 툴과 같이 각기 기능이 다른 6가지의 문자 입력 툴을 제공한다.

❶ **문자 툴(Type Tool)** : 가장 기본적인 문자 입력 툴로 원하는 지점에 클릭하고 문자를 입력할 수 있다. 또한 도큐먼트에 사각 형태로 드래그한 다음 문자를 입력하면 글상자가 설정되어 문자를 입력할 수 있다.

❷ **영역 문자 툴(Area Type Tool)** : 하나의 오브젝트에만 문자를 입력할 수 있어 문자를 오브젝트 형태로 표현할 수 있다.

❸ **패스 문자 툴(Type on a Path Tool)** : 도큐먼트에 그려진 패스를 따라 문자들을 입력한다. 하나의 패스를 따라 문자가 흘러가게 입력하거나 오브젝트의 외곽선을 따라 문자가 흘러가도록 표현한다.

❹ **세로 문자 툴(Vertical Type Tool)** : 세로 방향으로 배열된 문자를 입력하는 툴로 주로 아시아권 언어에 쓰이며 영문에는 잘 쓰이지 않는다.

❺ **세로 영역 문자 툴(Vertical Area Type Tool)** : 오브젝트 영역 안에 세로 방향으로 문자를 입력한다.

❻ 세로 패스 문자 툴(Vertical Type on a Path Tool) : 세로 방향으로 배열된 문자 즉, 세로쓰기를 패스나 오브젝트의 외곽선을 따라 입력한다.

03 [Character] 팔레트

문자 입력 설정을 팔레트 형식으로 제공하는 [Character] 팔레트는 글꼴, 크기, 자간, 행간 등을 매우 정밀하게 조절한다.

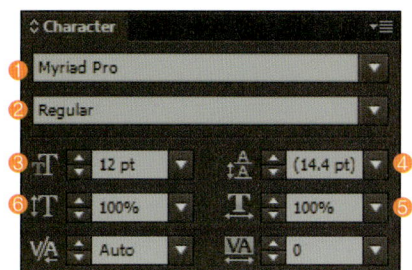

❶ Set the font Family : 컴퓨터 시스템에 설치되어 있는 글꼴을 선택하여 사용할 수 있다. 다양한 글꼴을 사용하려면 시스템에 글꼴을 설치하여야 한다.

❷ Set the font Style : 글꼴에는 일반적으로 보통(Normal), 이탤릭(Italic), 볼드(Bold)체가 제공된다. 이 스타일 옵션은 지원되는 글꼴에서만 사용 가능하다.

❸ Set the font Size : 글꼴의 크기를 조절한다. 단위는 pt이며 1 pt는 0.3528mm와 같다.

❹ Set the font Leading : 행간을 조절한다. 행간이란 문자와 문자들 사이의 줄 간격을 말하며 보통 [Auto]로 맞춰져 있지만 필요한 경우 행간 조절을 할 수 있다.

❺ Horizontal Scale : 문자의 가로 길이를 조절한다. 수치가 높을수록 문자의 넓이가 넓어진다.

❻ Vertical Scale : 문자의 세로 길이를 조절한다. 수치가 높을수록 문자의 높이가 길어진다.

04 [Open Type] 팔레트

문자 작성 시에 함수와 같은 특수 문자 입력 시 필요한 글꼴 형식을 제공한다.

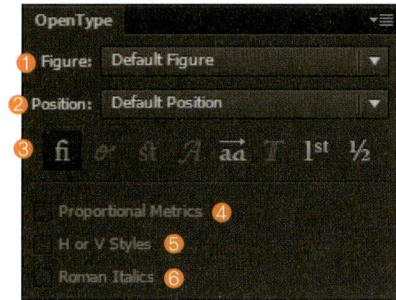

❶ Figure : 표 형식, 비례 등 다양한 문자 스타일을 제공한다.

❷ Position : 문자의 위치를 위쪽, 아래쪽 등으로 지정한다.

❸ Format : 여러 가지 수학 기호 관련 형식을 제공한다.

❹ Proportional Metrics : 폭이 변화하는 가변 높이 모양을 사용한다. 텍스트를 고전적이고 세련된 스타일로 변화시킨다.

❺ H or V Styles : 행과 열 형태로 적용한다.

❻ Roman Italics : 로마 이텔릭체를 적용한다.

05 [Paragraph] 팔레트

[Paragraph] 팔레트에는 문자의 단락 속성을 지정하고 문자의 정렬, 들여쓰기 등을 조절한다.

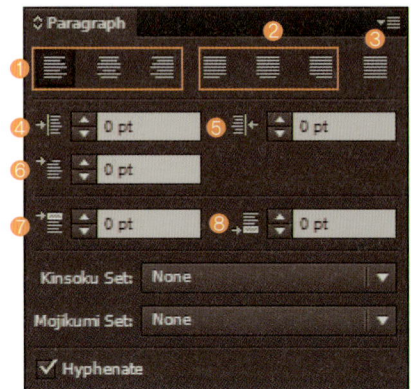

❶ Align Left, Align Center, Align Right : 문단을 왼쪽, 중앙, 오른쪽으로 정렬한다.

❷ Justify with last line align left, center, right : 양쪽의 끝선에 일치하게 정렬되고 마지막 줄이 왼쪽, 가운데, 오른쪽으로 정렬된다. 마지막 줄이 왼쪽으로 정렬되는 양쪽 정렬이 가장 많이 사용되며 깨끗하게 정리되어 보인다.

❸ Justify All Lines : 문단이 양측으로 강제 정렬되어 자간 변화가 심해진다. 강제 정렬 방식은 가독성이 많이 떨어지므로 자주 쓰이지 않는다.

❹ Left indent : [Left indent]에 수치 값을 입력하면 글상자의 외곽으로부터 왼쪽에 여백을 설정한다.

❺ Right indent : [Right indent]에 수치 값을 입력하면 글상자의 외곽으로부터 오른쪽에 여백을 설정한다.

❻ First line left indent : 문단이 나누어질 때 처음 시작하는 문장에 여백을 설정하여 들여쓰기한다.

❼ Space before paragraph : 문단과 문단 사이에 일정한 간격을 설정한다.

❽ Space after paragraph : 문단과 문단 사이에 일정한 간격 이후에 있는 문단 간격을 설정한다.

06 [Tabs] 팔레트

탭을 조절하는 팔레트로 일종의 눈금자로써 문단의 줄 간격, 여백의 설정을 정밀하게 조절할 수 있으며 키보드의 Tab 으로 간격을 설정하여 문자 간의 간격 조절을 쉽게 할 수 있다. 탭은 도표와 같은 작업을 할 때 필요한 기능으로 워드 프로세서에서 보는 것처럼 자동으로 표를 만들 수는 없지만 [Tab] 팔레트를 이용하여 쉽게 표를 작성할 수 있다.

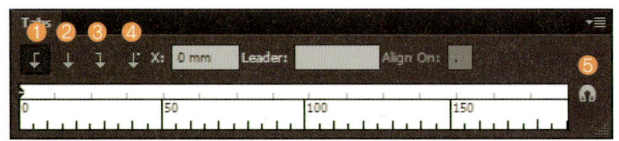

① 좌측 탭 : 입력한 문자를 좌측을 기준으로 정렬한다.
② 중앙 탭 : 입력한 문자를 중앙을 기준으로 정렬한다.
③ 우측 탭 : 입력한 문자를 우측을 기준으로 정렬한다.
④ 소수점 탭 : 입력한 문자를 소수점을 기준으로 정렬한다.
⑤ Snap : 탭을 눈금 지점에 가까이 하면 자석처럼 눈금에 붙는다.

07 타이포그래피(Typography)

'타이프(Type)'와 '그래피(Graphy)'의 합성어로 활판술, 즉 활자 서체의 배열을 말하며 특히 문자 또는 활판 기호를 중심으로 한 2차원적 표현을 칭한다. 서양의 활판술 발명 이전의 양식을 지금도 계승하고 있으나 현재에는 디자인의 한 분야가 되었다. 디자이너들에 의한 한글 타이포그래피가 인기를 얻으면서 광고, 캠페인 등 모든 분야에 광범위하게 쓰이고 있다.

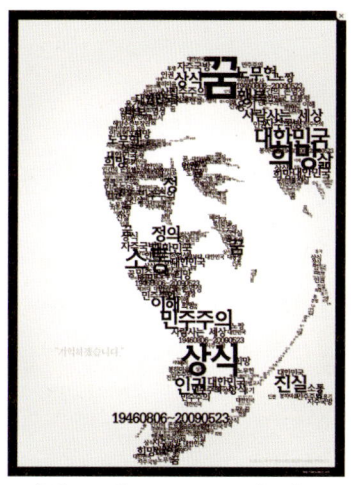

▲ 출처 : http://djuna.cine21.com/bbs/view.php?id=main&no=167546

08 캘리그래피(Calligraphy)

캘리그래피란 프랑스어로 '아름답게 쓰다'의 뜻을 가지며 동양에서 일컫는 서(書)에 해당한다. 원래는 붓이나 펜을 이용해서 종이나 천에 글씨를 쓰는 것으로서, 비석 등에 끌로 파서 새기는 에피그래피(epigraphy)와는 구분 지어졌으나, 비문 등도 아름답게 쓰여진 것은 캘리그래피에 포함된다. 현대 사회에서는 영화나 포스터 등에 자주 쓰이며 캘리그래피 전용 붓과 펜이 있지만 나뭇잎, 돌맹이 등과 같은 자연적인 소재로 글씨를 적어 독특한 캘리그래피를 만들기도 한다.

▲ 출처 : 허슈그라피

Section 1. 기본적인 문자 입력 방법 알아보기

일러스트레이터 CS6는 문자를 위한 여러 가지 툴을 제공한다. 기본적으로 문자 툴을 도큐먼트 위에서 클릭하면 바로 원하는 문자를 입력할 수 있다. 문자 툴로 도큐먼트 위를 드래그하면 글상자가 만들어져 문자 입력 범위를 지정할 수 있다.

> ◎ **알아두기**
> - 문자 툴을 이용하여 문자를 입력할 수 있다.
> - 옵션 바에서 문자에 대한 기본적인 값을 설정할 수 있다.
> - [Character] 팔레트를 이용하여 문자 옵션을 설정할 수 있다.

따라하기 01 문자 입력하기

짧은 글을 입력할 때에는 문자를 입력할 위치에 문자 툴로 클릭하여 작성한다.

[예제 파일 : 챕터05_예제 파일\거울.ai]

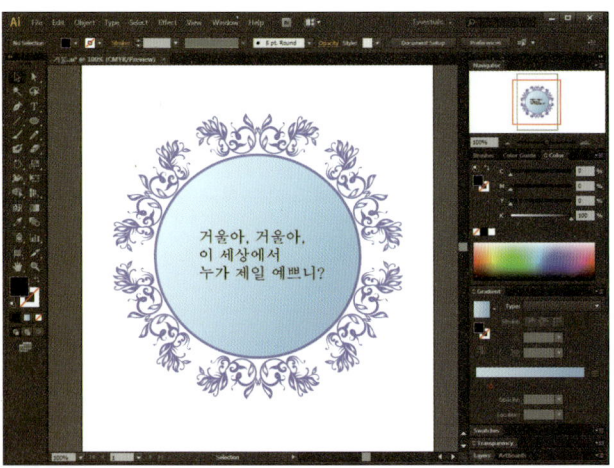

① '거울.ai' 파일을 불러온 후 거울 오브젝트를 확인한다.

② 도구 모음에서 문자 툴(T)을 선택한 다음 거울 오브젝트 가운데를 클릭한다.

③ 클릭한 위치에 커서가 깜빡이면 '거울아, 거울아, 이 세상에서 누가 제일 예쁘니?'라고 문자를 입력한다.

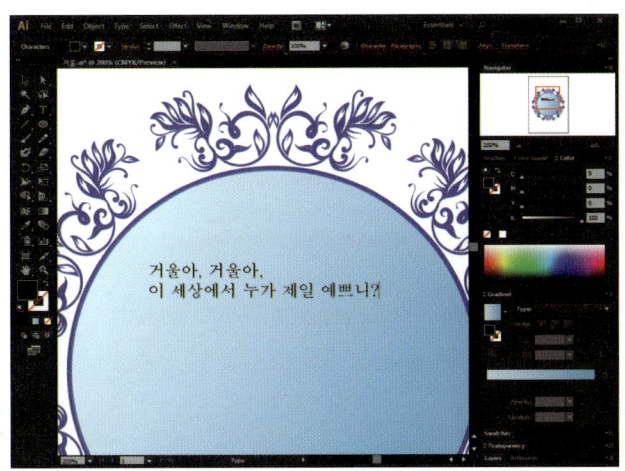

❹ 입력한 문자를 드래그하여 범위를 잡은 후 **Ctrl** + **Shift** + **>** 를 눌러 문자의 크기를 키운다. 도구 모음에서 선택 툴()을 선택하여 문자 입력 상태를 종료한다.

❺ 선택 툴()로 문자 오브젝트를 클릭하고 드래그하여 문자의 위치를 조정한다.

문자 크기 변경 단축키 **tip**

Ctrl + **Shift** + **>** 는 문자 크기 증가, **Ctrl** + **Shift** + **<** 는 문자 크기를 감소시키는 단축키이다.

문자 오브젝트 편집 **tip**

선택 툴이 선택된 상태에서 문자 오브젝트 위를 더블클릭하면 문자 툴을 선택하지 않아도 간편하게 문자를 편집할 수 있다.

문자 속성 설정 단축키 **tip**

문자 툴이 선택된 상태에서 **Ctrl** + **T** 를 누르면 문자 속성을 설정할 수 있는 [Character] 팔레트가 나타난다.

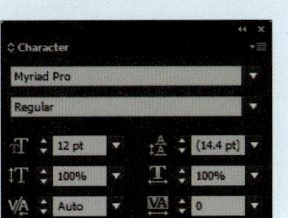

따라하기 02 [Character] 팔레트를 이용하여 글꼴 수정하기

문자 툴로 입력한 문자를 [Character] 팔레트를 이용하여 다양하게 변형한다.

[예제 파일 : 챕터05_예제 파일\장미하관.ai]

❶ '장미하관.ai' 파일을 불러온 후 선택 툴( )로 '오빠라고 불러다오.' 문자 오브젝트를 선택한다.

❷ [Window]-[Type]-[Character] 메뉴를 선택하여 [Character] 팔레트를 불러온다.

❸ [Character] 팔레트에서 글꼴은 'MD솔체'로 변경하고 문자 크기는 '36pt'로 지정한다.

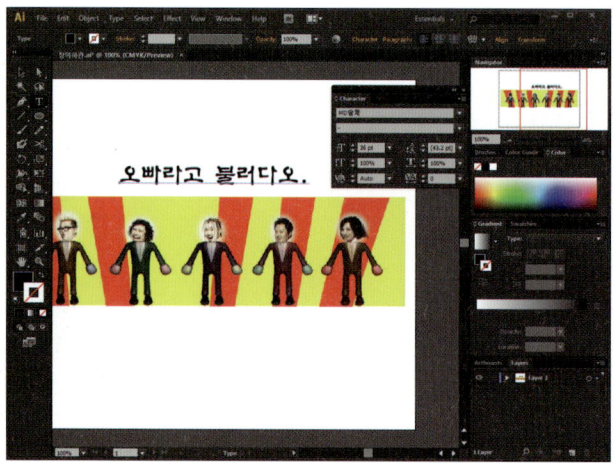

❹ 이번에는 '오빠' 문자를 문자 툴( )로 드래그하여 블록으로 지정한다.

❺ 도구 모음의 색상 모드에서 면 색상을 더블클릭하고 [Color Picker] 대화상자에서 'R:221, G:27, B:82'로 설정한 후 [OK] 버튼을 클릭한다. [Character] 팔레트에서 문자 크기는 '48pt'로 변경한다.

01
혼자해보기

'장미하관'이라는 문자를 나만의 스타일로 입력해 보자.

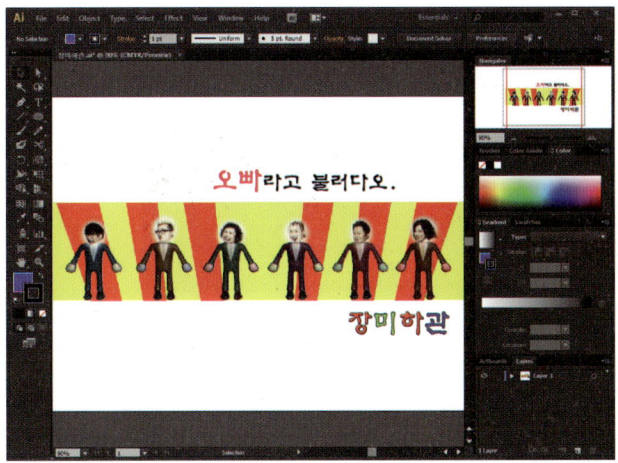

HINT | 문자 툴로 도큐먼트 위를 클릭한 다음 '장미하관'이라고 입력한다. 문자 오브젝트가 선택된 상태에서 [Character] 팔레트에서 글꼴의 크기와 도구 모음의 면 색상을 변경하여 나만의 스타일을 완성한다. 선 색상을 지정하면 문자 오브젝트의 외곽선이 생성된다.

따라하기	03	특수 문자 입력하기

[Glyphs] 팔레트를 이용하여 특수 문자를 입력해 보자.

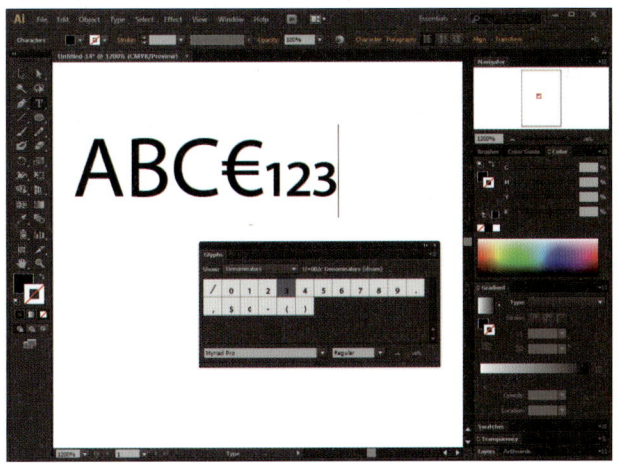

❶ 새 도큐먼트를 불러온 후 도구 모음에서 문자 툴(T)을 선택한다.

❷ 문자 툴(T)로 빈 공간에서 클릭하여 커서가 나타나도록 설정한다.

❸ 'ABC'를 입력하고 [Window]-[Type]-[Glyphs] 메뉴를 선택하여 [Glyphs] 팔레트를 불러온다.

❹ 커서가 깜빡이는 상태에서 [Glyphs] 팔레트의 [Show]를 'Lining Figures'으로 변경한 후 EUR 단위 아이콘(€)을 더블클릭하여 입력한다.

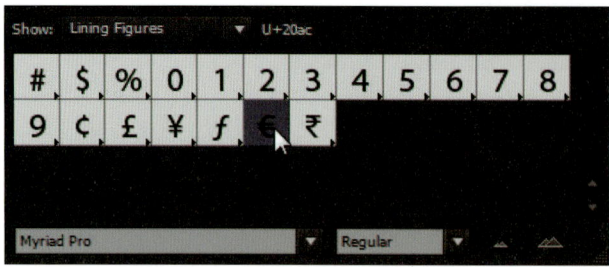

❺ 이번에는 [Show]를 'Denominators'로 변경하고 숫자 '1,2,3'을 차례로 더블클릭하여 입력한다.

[Glyphs] 팔레트   tip ➕

[Glyphs] 팔레트에서 특수 문자를 더블클릭하면 해당 특수 문자를 입력할 수 있다. 이때 특수 문자를 1~2초간 누르고 있으면 위첨자, 아래첨자 등과 같은 옵션을 선택할 수도 있다.

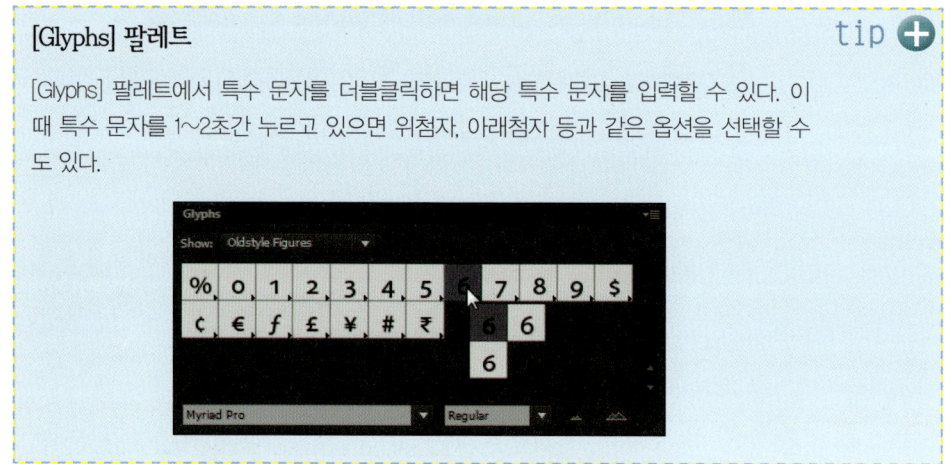

Section 2. 문장의 다양한 변화 알아보기

긴 문장을 입력하고 싶다면 반드시 글상자를 생성하여 입력 범위를 지정해야 한다. 또한 문장의 정렬 방법과 여러 가지 속성을 적용하여 문서 편집 프로그램 못지않은 다양한 효과를 지정할 수 있다.

◐ 알아두기
- 문자 툴을 드래그하여 글상자를 만들 수 있다.
- [Paragraph] 팔레트를 이용하여 문장의 다양한 속성을 적용할 수 있다.

따라하기 01 문자 정렬 방법 익히기

[Paragraph] 팔레트를 이용하여 문자 정렬 방법을 알아보자.

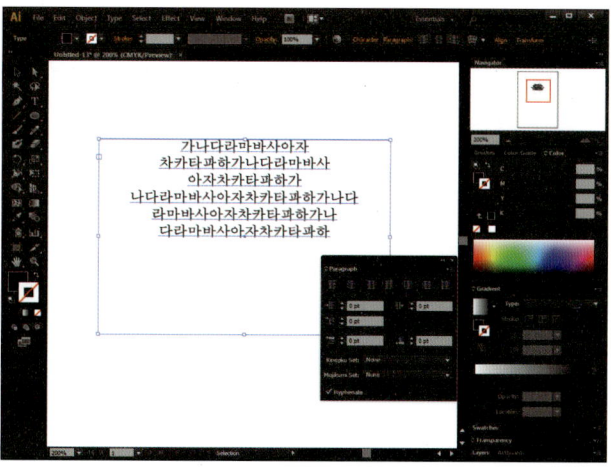

❶ 새 도큐먼트를 불러온 후 도구 모음에서 문자 툴(T)을 선택한다.

❷ 빈 공간에서 클릭하고, 클릭한 채로 드래그하여 글상자를 생성한다.

❸ 글상자에 '가나다라마바사아자차카타파하'를 입력한다.

❹ 입력한 문자를 모두 블록으로 지정한 뒤 Ctrl + C 를 눌러 복사하고 문자 오브젝트 맨 뒤에 커서를 위시시킨다. Ctrl + V 로 붙여 넣기를 다섯 번 한다. 그리고 문자 중간 중간을 클릭하고 Enter 를 눌러 여러 개의 문장으로 나눈다.

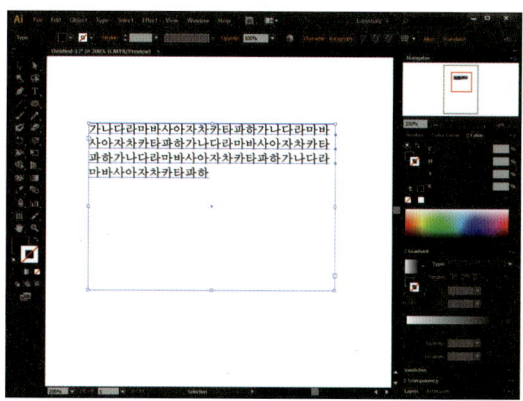

❺ [Window]-[Type]-[Paragraph] 메뉴를 선택하여 [Paragraph] 팔레트를 불러온다.
❻ [Paragraph] 팔레트가 나타나면 문자 오브젝트를 선택한 상태에서 [Align Center]( )를 선택한다.
❼ 선택 툴( )로 도큐먼트의 빈 공간을 클릭하여 선택을 해제한다.

따라하기 02 문장 속성 적용하기

[Paragraph] 팔레트를 이용하여 문자 정렬 방법을 알아보자.

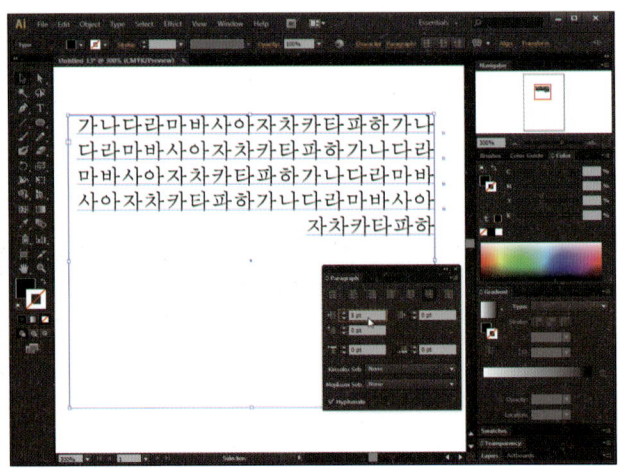

❶ '따라하기 01'과 같은 방법으로 '가나다라마바사아자차카타파하'를 반복해서 입력하여 긴 문장을 만든다.

❷ [Window]-[Type]-[Paragraph] 메뉴를 선택하여 [Paragraph] 팔레트를 불러온다.

❸ 문자 오브젝트가 선택된 상태에서 [Paragraph] 팔레트의 [Justify with last line aligned right]( )를 클릭하여 마지막 줄의 정렬을 오른쪽으로 바꾼다.

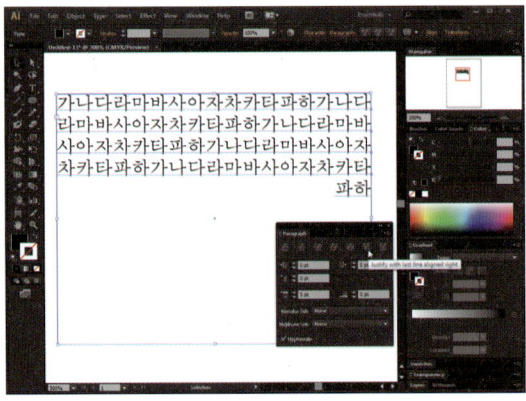

❹ 이번에는 문단 전체를 들여쓰기하는 수치 값을 '5pt'로 조정하고 그 결과를 확인한다.

Section 3. 패스를 따라 자유롭게 흐르는 문자 만들기

일러스트레이터 CS6에서는 단순히 가로 또는 세로가 아닌 다양한 패스를 따라 문자를 작성할 수 있다. 패스 문자 툴로 오브젝트를 클릭하면 해당 오브젝트는 모든 속성이 삭제되면서 문자의 패스 안내선으로만 존재하게 된다.

알아두기
- 패스 문자 툴을 이용하여 오브젝트의 형태에 따른 문자를 만들 수 있다.
- 패스를 따라 흐르는 듯한 문자를 만들 수 있다.

따라하기 01 패스 문자 툴로 문자 입력하기

도구 모음의 패스 문자 툴을 선택한 다음 오브젝트의 외곽선을 클릭하면 오브젝트가 문자의 패스 안내선으로 변경된다.

[예제 파일 : 챕터05_예제 파일\나무그래픽.ai]
[완성 파일 : 챕터05_완성 파일\나무그래픽_완성.ai]

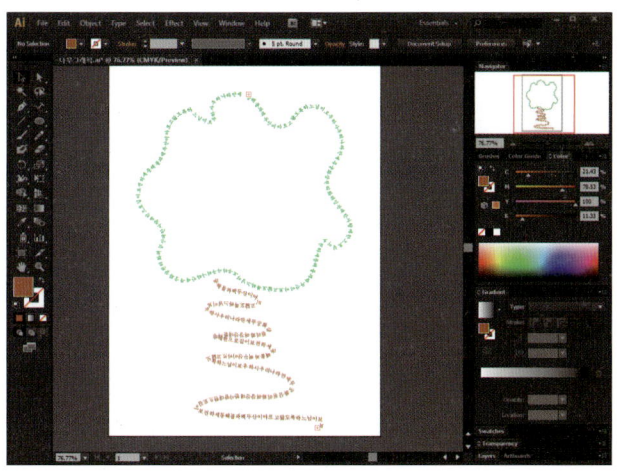

❶ '나무그래픽.ai' 파일을 불러온 후 나무 오브젝트를 확인한다.
❷ 도구 모음에서 문자 툴(T)을 1~2초간 눌러서 나타나는 패스 문자 툴( )을 선택한다.
❸ 패스 문자 툴( )로 나뭇잎 외곽선을 클릭하여 문자의 패스 안내선으로 변경한다.
❹ 커서가 깜빡이면 애국가 가사를 입력한다.

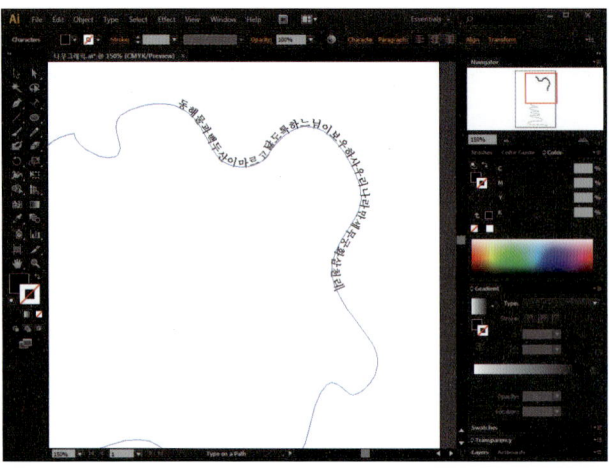

❺ 글꼴을 바꾸기 위해 [Character] 팔레트에서 [Set the font Family]를 클릭한 후 'HY궁서B'를 선택한다.

❻ 문자 오브젝트가 선택된 상태에서 도구 모음의 면 색상을 '녹색'으로 변경한다.

❼ 같은 방법으로 나무 기둥 오브젝트에 똑같이 애국가 가사를 입력하고 갈색으로 변경하여 문자로 이루어진 나무 오브젝트를 완성한다.

따라하기 02 **오브젝트 내부에 문자 입력하기**

문자로 이루어진 다양한 아트 그래픽들을 본 적이 있을 것이다. 영역 문자 툴(T)을 이용하여 간단히 문자 아트를 만들어 보자.

[예제 파일 : 챕터05_예제 파일\기타.ai]

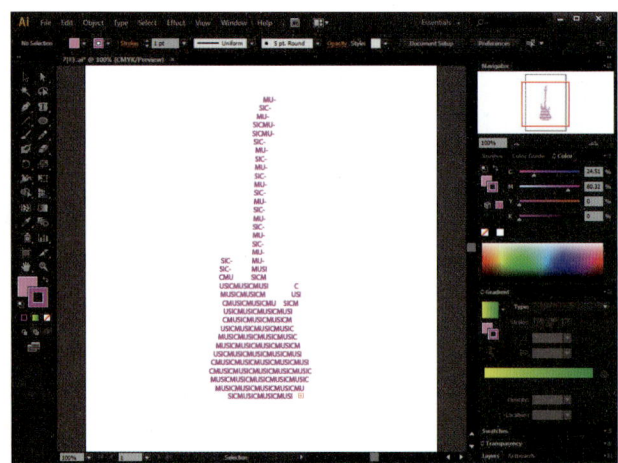

❶ '기타.ai' 파일을 불러온 후 도구 모음에서 문자 툴(T)을 1~2초간 클릭하여 영역 문자 툴(T)을 선택한다.

❷ 영역 문자 툴( )로 오브젝트의 외곽선 부분을 클릭한다.

❸ 오브젝트 내부 상단에 커서가 깜빡이면 'MUSIC'이라는 단어를 반복적으로 입력한다.

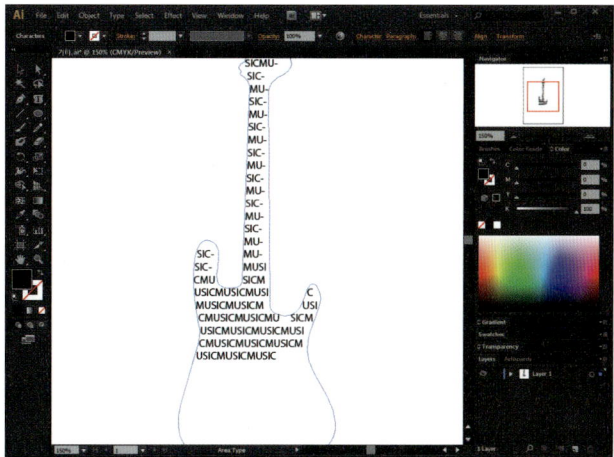

❹ 오브젝트 내부를 단어로 다 채우면 선택 툴( )로 문자 오브젝트를 선택하고 도구 모음의 색상 모드를 이용하여 원하는 색상을 적용한다.

> **영역 문자 툴** tip ➕
>
> 영역 문자 툴( )은 오브젝트 내부에 문자를 가로로 입력하고 세로 영역 문자 툴( ) 은 오브젝트 내부에 문자를 세로로 입력한다.

01 혼자해보기
도장 모양의 문자 아트를 생성해 보자.

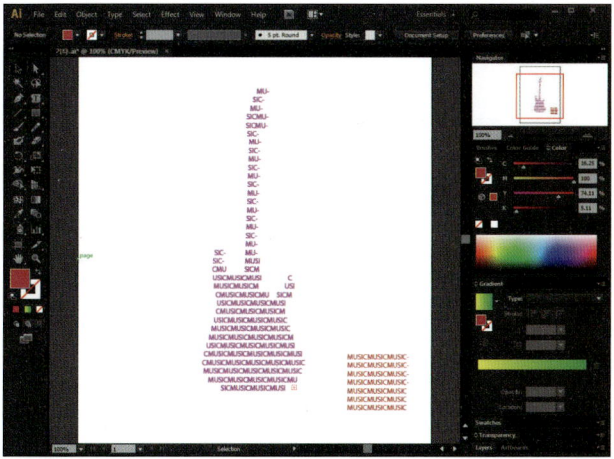

> **HINT** | 사각형 툴로 사각형 오브젝트를 하나 생성한 후 영역 문자 툴( )로 사각형 오브젝트 외곽선을 클릭한 다음 'MUSIC'이라는 단어를 반복적으로 입력한다. 입력이 끝나면 색상 모드에서 면 또는 선 색상을 '붉은색' 으로 변경한다.

Section 3 . 패스를 따라 자유롭게 흐르는 문자 만들기

Section 4. 이미지 주변으로 흐르는 문장 만들기

문장과 이미지를 함께 편집하는 경우 글 흐름에 따른 이미지의 위치가 매우 중요하다. [Text Warp] 명령은 문장과 이미지가 겹쳐 있을 때 서로 겹쳐지지 않도록 자연스럽게 이미지 주위로 문장이 흐르도록 도와준다.

● 알아두기

- [Text Warp] 명령으로 이미지 주변에 문장이 자연스럽게 흐르도록 만들 수 있다.
- [Text Warp Options] 대화상자를 이용하여 이미지와 문장 간의 간격을 조정할 수 있다.

따라하기 01 [Text Wrap] 명령 적용하기

[Text Wrap] 명령을 사용하여 이미지 주변으로 문장을 자연스럽게 흐르도록 만든다.

[예제 파일 : 챕터05_예제 파일\Music.ai]

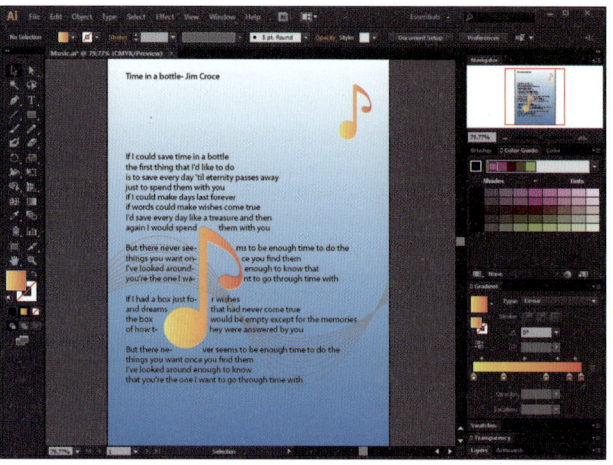

❶ 'Music.ai' 파일을 불러온 후 겹쳐져 있는 음표 오브젝트와 팝송 가사 글상자를 확인한다.

❷ 선택 툴( )로 Shift 와 함께 음표 오브젝트와 글상자를 모두 선택한다.

❸ [Object]-[Text Wrap]-[Make] 메뉴를 선택하여 음표 오브젝트 주위로 텍스트가 어울리도록 적용한다.

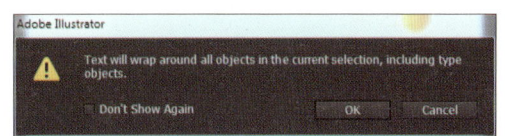

❹ 텍스트가 선택된 오브젝트 주위로 Wrap 효과가 적용된다는 경고 창이 나타나면 [OK] 버튼을 클릭한다. 해당 경고 창을 다시 나타내기 싫다면 [Don't Show Again]을 체크한다.

따라하기 02 [Text Wrap Options] 대화상자 이용하기

[Text Warp Options] 대화상자의 옵션을 이용하여 이미지와 문장 간의 간격을 설정한다.

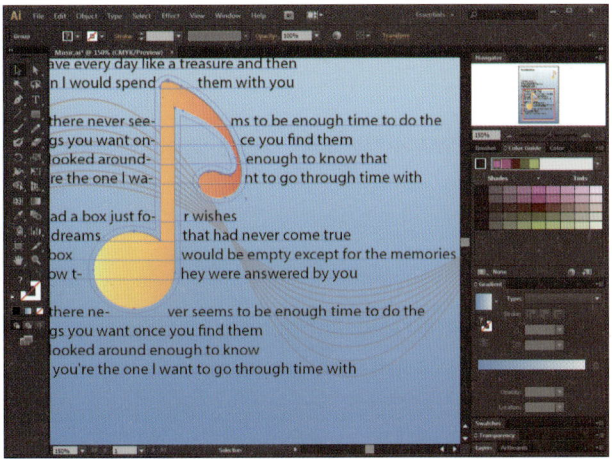

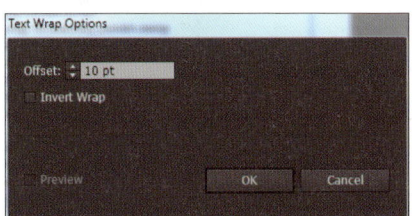

❶ 선택 툴( )로 음표 오브젝트를 선택하고 [Object]-[Text Wrap]-[Text Wrap Options] 메뉴를 선택한다.

❷ [Text Wrap Options] 대화상자의 [Offset]을 '10 pt'로 설정하고 [OK] 버튼을 클릭한다.

❸ 음표 오브젝트 주위 여백이 늘어난 것을 확인한다.

> **tip ➕**
>
> **[Text Warp Options] 대화상자의 [Invert Wrap] 옵션**
>
>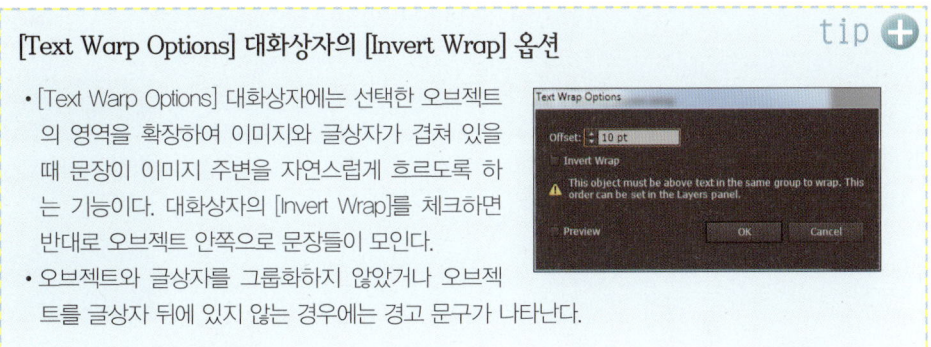
>
> • [Text Warp Options] 대화상자에는 선택한 오브젝트의 영역을 확장하여 이미지와 글상자가 겹쳐 있을 때 문장이 이미지 주변을 자연스럽게 흐르도록 하는 기능이다. 대화상자의 [Invert Wrap]를 체크하면 반대로 오브젝트 안쪽으로 문장들이 모인다.
> • 오브젝트와 글상자를 그룹화하지 않았거나 오브젝트를 글상자 뒤에 있지 않는 경우에는 경고 문구가 나타난다.

Section 4. 이미지 주변으로 흐르는 문장 만들기

Section 5. 문자 스타일로 문자 속성 통일하기

문자 스타일 기능은 문자의 글꼴, 크기, 색상 등의 여러 속성을 저장해 두었다가 한 번에 적용할 수 있는 기능이다.

> **알아두기**
> - [Character Styles] 팔레트에 원하는 문자 속성을 저장할 수 있다.
> - [Character Styles] 팔레트에 저장한 문자 속성을 다른 문자에 적용할 수 있다.

따라하기 01 문자 속성 저장하기

[Character Styles] 팔레트를 이용하여 원하는 문자 속성을 저장할 수 있다.

[예제 파일 : 챕터05_예제 파일\청첩장.ai]

❶ '청첩장.ai' 파일을 불러온 후 [Window]-[Type]-[Character Style] 메뉴를 선택한다.

❷ [Character Styles] 팔레트의 우측 하단에 있는 [New Character Style]( )을 클릭하여 새로운 문자 스타일 목록을 만든다.

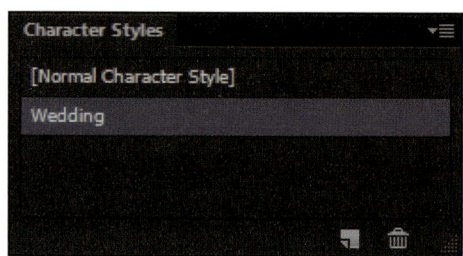

❸ 새로 만든 문자 스타일 목록 'Character Style 1'을 더블클릭하여 [Character Style Options] 대화상자를 불러온다.

❹ [Character Style Options] 대화상자의 왼쪽 항목에서 [Basic Character Formats]를 클릭한다.

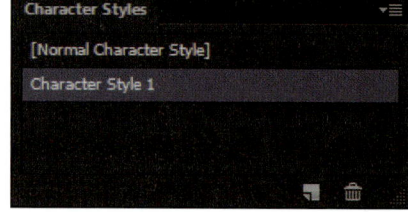

❺ [Style Name]에 'Wedding'을 입력하고 나머지 속성들을 그림과 같이 설정한다.

❻ 설정이 끝났다면 [OK] 버튼을 클릭하여 문자 스타일 생성을 완료한다.

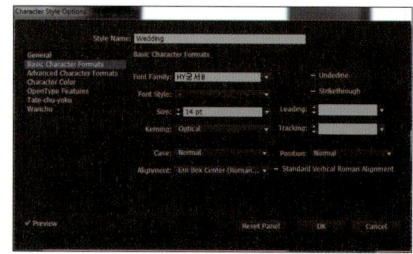

따라하기 02 문자 스타일 적용하기

[Character Styles] 팔레트에 저장한 문자 속성을 적용해 보자.

❶ 문자 툴(T)로 도큐먼트의 중앙의 '두 사람이 사랑으로 만나 ~ 축복해주십시오.'라는 문구를 블록으로 지정한다.

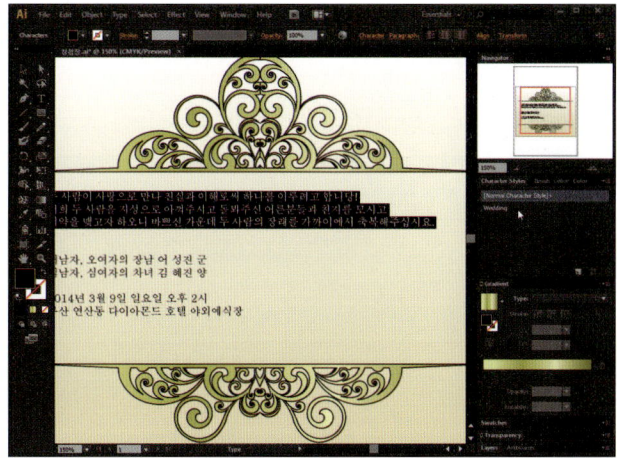

❷ [Window]-[Type]-[Character Styles] 메뉴를 선택하여 [Character Styles] 팔레트를 불러온다.

❸ [Character Styles] 팔레트의 'Wedding' 스타일을 클릭하면 선택한 문자가 한 번에 설정한 스타일대로 속성이 변경된다.

Section 5 . 문자 스타일로 문자 속성 통일하기

01 혼자해보기

[Character Style] 팔레트에 문자 색상을 지정하는 'Text Color' 문자 스타일을 생성하고 적용해 보자.

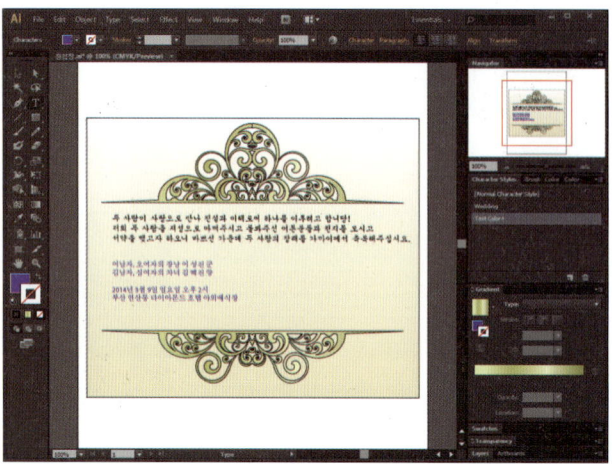

HINT | [Character Style Options] 대화상자에서 [Character Color] 항목을 선택하고 오른쪽 항목에서 문자의 색상을 변경한 후 [OK] 버튼을 클릭하여 스타일 설정을 마친다. 원하는 문구를 문자 툴로 블록 지정한 후 생성한 'Text Color'를 클릭하여 색상을 적용한다.

tip

[Character Style Options] 대화상자

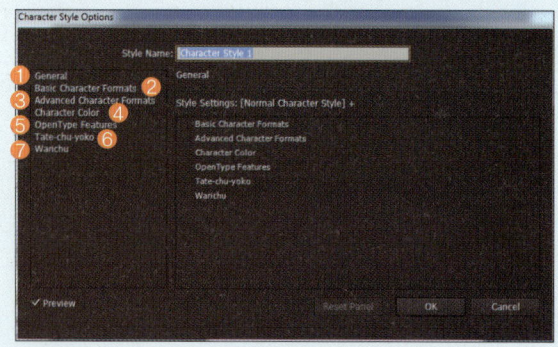

❶ General : 문자 스타일의 기본적인 스타일을 지정한다.
❷ Basic Character Formats : 기본 문자 스타일의 폰트, 크기, 정렬 방법 등을 지정한다.
❸ Advance Character Formats : 문자의 세로 및 가로 크기 등 좀 더 세부적인 스타일을 지정한다.
❹ Charactor Color : 문자 스타일에 저장할 문자 색상을 지정한다.
❺ OpenType Features : 오픈타입 문자의 스타일을 지정한다.
❻ Tate-chu-yoko : 세로로 쓰여진 글자 중 숫자나 일부분만을 가로 쓰기로 바꿔주는 기능을 적용한다.
❼ Warichu : 아시아권 2byte 문자에 사용되는 기능으로 글이 많은 경우 두 줄 이상으로 바꾸는 스타일을 지정한다.

Section 6. 나만의 캘리그래피 만들기

캘리그래피란 문자를 아름답게 쓰는 기술로 활자 이외의 서체를 뜻한다. 일명 손 글씨라 불리는 캘리그래피를 일러스트레이터 CS6가 제공하는 다양한 툴을 이용하여 나만의 스타일로 만들어 보자.

> **알아두기**
> - 브러시 툴을 이용하여 나만의 캘리그래피를 만들 수 있다.
> - [Brushes] 팔레트에서 다양한 캘리그래피 효과를 적용할 수 있다.

따라하기 01 이미지를 이용하여 손 글씨 만들기

이때까지 배운 툴들을 이용하여 이미 만들어져있는 캘리그래피를 나만의 스타일로 꾸며보자.

[예제 파일 : 챕터05_예제 파일\Lunch.ai]

❶ 'Lunch.ai' 파일을 불러온 후 오브젝트들을 확인한다.

❷ 'Lunch break'라는 오브젝트를 선택하고 도구 모음의 색상 모드에서 면 색상은 '회색', 선 색상을 '없음'으로 지정한다.

❸ 선택 툴( )로 'Lunch break' 오브젝트를 선택한 상태에서 Alt 를 누른 채 왼쪽 상단으로 드래그하여 오브젝트를 복사한다.

❹ 복사된 오브젝트를 직접 선택 툴(▶)로 선택한 다음 원하는 부분을 길게 늘어뜨리는 등의 스타일을 변경한다.

❺ 수정이 완료되면 오브젝트의 면 색상에 그레이디언트를 적용하고 선 색상을 '검은색'으로 변경하여 나만의 스타일을 완성한다.

따라하기 02 브러시 툴로 캘리그래피 만들기

일러스트레이터 CS6에서 제공하는 다양한 브러시 라이브러리를 이용하여 캘리그래피를 만들어 보자.

[완성 파일 : 챕터05_완성 파일\캘리그래피_완성.ai]

❶ [File]-[New] 메뉴를 선택하여 새로운 도큐먼트를 작성한다.

❷ 도구 모음의 색상 모드에서 면 색상은 '색상 없음', 선 색상은 '검은색'으로 지정한다.

❸ 도구 모음에서 브러시 툴(   )을 선택하고 그림과 같이 '캘리그래피'이라는 글씨를 그린다.

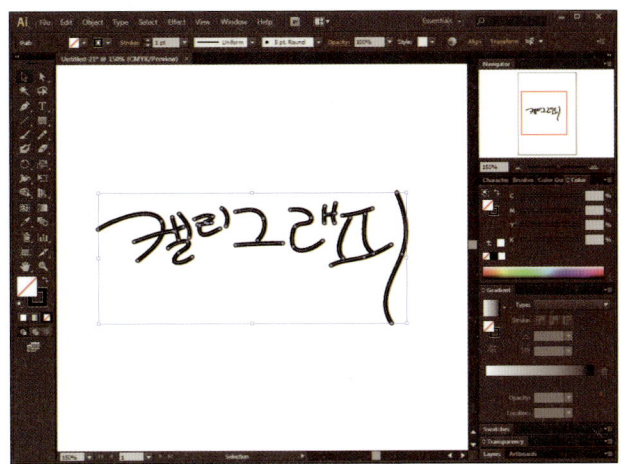

❹ 글씨를 모든 적고 난 후 선택 툴(   )로 모든 패스 오브젝트를 선택한다.

❺ [Window]-[Brushes] 메뉴를 선택하여 [Brushes] 팔레트를 불러온다.

❻ [Brushes] 팔레트 좌측 하단의 [Brush Libraries menu](   )를 클릭한 후 [Artist]-[Artistic_Ink]를 선택한다.

❼ [Artistic_Ink] 팔레트가 열리면 원하는 브러시 스타일을 선택하여 패스 오브젝트에 붓 모양의 브러시를 적용한다.

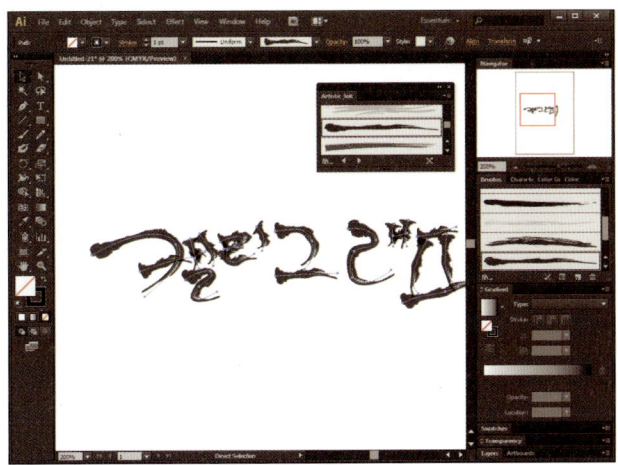

❽ 옵션 바에서 [Stroke]을 '2 pt'로 설정하여 브러시의 굵기를 조절한다.

❾ 각 패스에 선 색상을 변경하여 캘리그래피를 완성한다.

Section 7. 문자 왜곡하기

[Create Outlines] 명령은 문자의 외곽선을 추출하여 이미지 오브젝트로 변형하기 때문에 여러 가지 이미지 옵션을 적용할 수 있지만, 변형한 후에는 문자의 속성을 잃어버리므로 다양한 문자 기능 옵션은 적용할 수 없다.

> ◆ 알아두기
> - [Create Outlines] 명령으로 문자의 속성을 해제할 수 있다.
> - 문자 속성이 해제된 오브젝트를 다양하게 변형할 수 있다.

따라하기 01 [Create Outlines] 명령으로 문자 오브젝트를 이미지로 변형하기

[Create Outlines] 명령을 사용하면 문자를 이미지 오브젝트로 변환할 수 있어 다양한 이미지 옵션 기능을 적용할 수 있다.

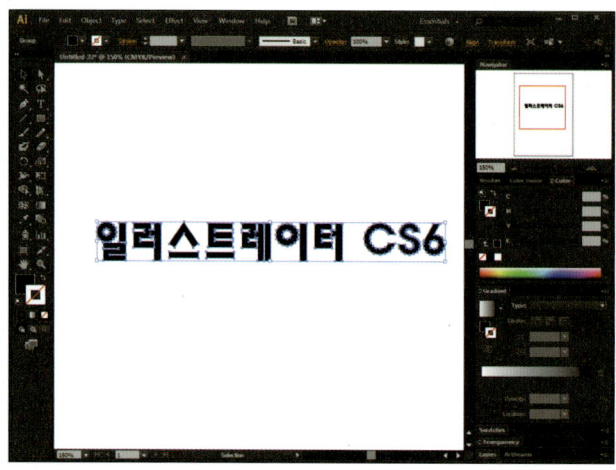

❶ [File]-[New] 메뉴를 실행하여 새로운 도큐먼트를 생성한다.
❷ 문자 툴(T)을 이용하여 '일러스트레이터 CS6'를 입력한다.
❸ [Character] 팔레트를 실행하고 [Set the font Family]를 '한컴 윤체 B', [Set the font Size]를 '48 pt'로 설정한다.

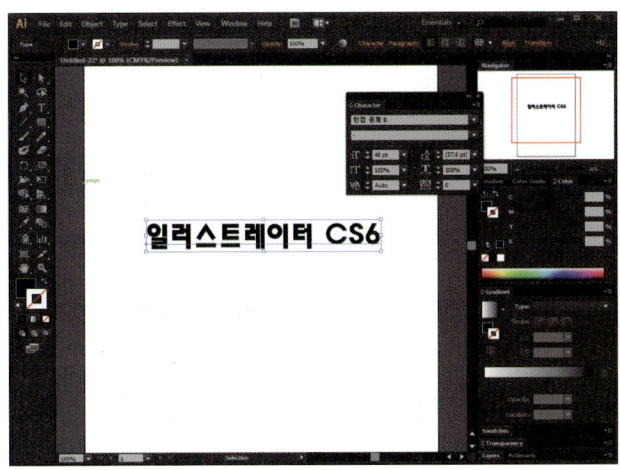

❹ 선택 툴(▶)로 문자를 선택하고 [Type]-[Create Outlines] 메뉴를 선택한다.

❺ [Object]-[Ungroup] 메뉴 또는, 문자 오브젝트 위에서 마우스 오른쪽 버튼을 클릭하고 [Ungroup]을 선택하여 그룹화를 해제한다.

❻ 선택 툴(▶)로 각 오브젝트를 클릭하여 문자 오브젝트가 이미지 오브젝트로 변환된 것을 확인한다.

따라하기 02 문자 오브젝트 꾸미기

문자 속성이 해제된 오브젝트에 다양한 이미지 옵션을 적용하여 캘리그래피를 만들어 보자.

[완성 파일 : 챕터05_완성 파일\일러스트레이터_완성.ai]

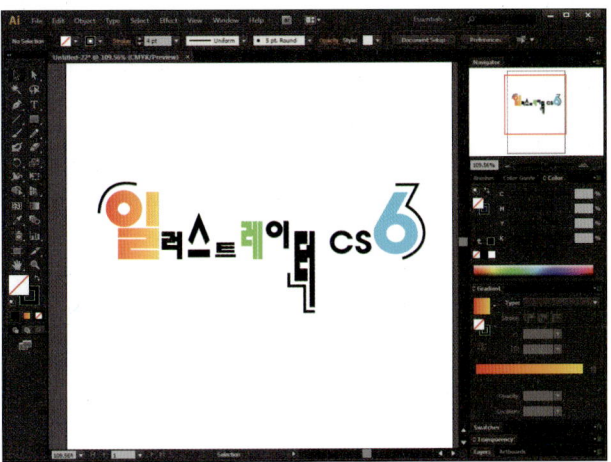

❶ 각 문자 오브젝트들은 그룹화를 해제하였기 때문에 따로 선택이 가능하다. 선택 툴(▶)로 각 오브젝트들의 크기와 위치를 조절한다.

❷ 크기 및 위치 조정이 끝나면 그레이디언트 등을 적용하여 색상을 입힌다.

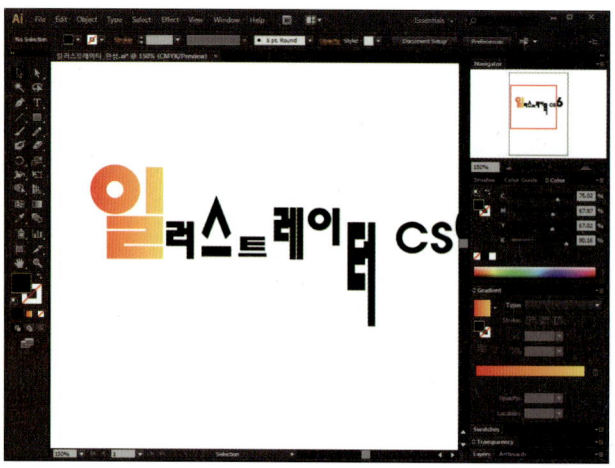

❸ 이번에는 펜 툴( )로 강조하고 싶은 문자 주위에 외곽선을 그린다.

❹ 외곽선 패스들은 옵션 바에서 [Stroke]의 값을 조절하여 굵기를 조정한다.

01 혼자해보기

도형 툴을 이용하여 개성 있는 효과를 만들어 보자.

HINT | 도형 툴로 별, 네모, 육각형 등의 오브젝트를 생성하고 문자 오브젝트 위의 적절한 위치로 옮긴 후 면 색상은 '흰색', 선 색상은 '검은색'으로 지정한다.

1. 일러스트레이터 CS6에서 문자 입력하기

- 일러스트레이터 CS6는 문자를 입력하고 다양한 효과를 적용시켜 광고, 로고, 웹 디자인과 타이포그래피, 캘리그래피 등 문자 디자인을 이용한 다양한 분야에 활용할 수 있다.
- 도구 모음에는 문자를 입력할 수 있는 여러 가지 툴들을 제공하며 [Character] 팔레트에서 글꼴, 크기, 자간, 행간 등을 조절할 수 있다.
- [Paragraph] 팔레트에서는 문장을 정렬하는 방식과 문단의 좌우 여백을 설정할 수 있으며, 작성된 문자를 효과적으로 배열할 때 사용된다.
- [Character Styles] 팔레트에 새로운 문자 속성을 저장하거나, 일러스트레이터 CS6에서 제공하는 문자 스타일을 문자에 적용하여 다양한 디자인을 할 수 있다.

2. 특수 문자 입력 및 금칙 문자 설정

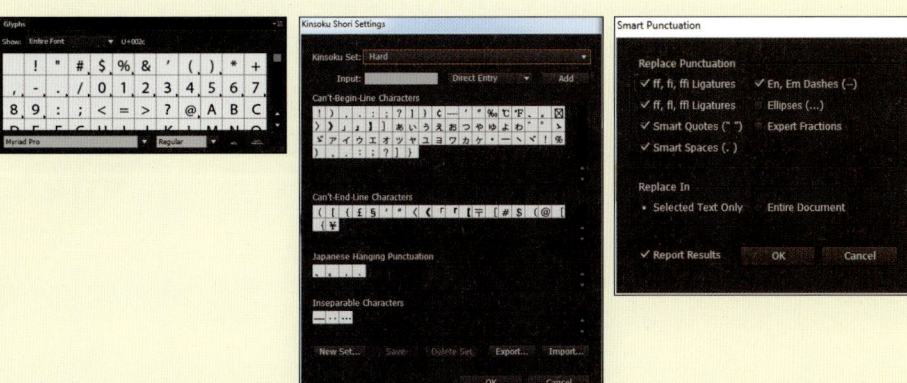

- 일러스트레이터 CS6에서는 문자를 비롯한 다양한 기호를 입력할 수 있도록 [Glyphs] 팔레트를 제공한다. [Show]에서 글꼴의 종류를 선택하면 글꼴에 따른 다양한 기호들이 나타나며 언제든지 사용 및 수정이 가능하다.
- [Type]-[Kinsoku Shori Settings] 메뉴를 선택하면 금칙 문자를 설정할 수 있다. 금칙이란 일본어 텍스트의 행 분할을 지정하는 것으로 행의 맨 앞이나 맨 뒤에 올 수 없는 문자를 말한다. 또한 일본어 구두점 내어쓰기를 위한 내어쓰기 문자와 행이 초과될 때 나뉠 수 없는 문자를 정의할 수 있다. [Kinsoku Set]에서 'Hard'는 설정된 값에 따라 선택된 문자가 한 행의 처음이나 끝에 오지 못하도록 방지하며, 'Soft'는 'Hard'보다는 완화된 금칙 세트로 선택된 문자가 행의 처음이나 끝에 오지 못하도록 한다.
- [Type]-[Smart Punctuation] 메뉴를 선택하면 자동으로 변환시켜주는 스마트 기능을 설정할 수 있다. 기본적으로 대쉬(-), 큰 따옴표(" ") 등이 오류로 입력되었을 경우 자동으로 변환되도록 설정되어 있다.

 핵심정리 summary

3. [Check Spelling] 대화상자

일러스트레이터 CS6에서는 영어에 한해 철자 오류 검사 기능을 제공한다. [Edit]-[Check Spelling] 메뉴는 도큐먼트에 존재하는 모든 문자 오브젝트에 대하여 철자 오류를 검사하며 오류에 대한 대체 단어를 제안한다. [Check Spelling] 대화상자의 옵션에서 찾을 단어 또는 검색에서 무시할 단어 등을 지정할 수 있어 문서 작성 관련 프로그램 못지 않은 강력한 문서 작성 기능을 제공한다.

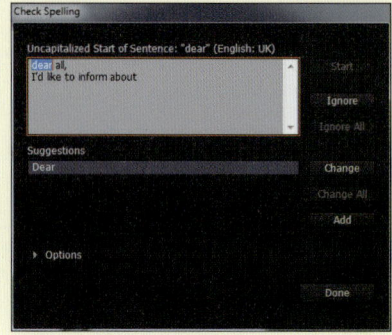

4. [Text Wrap] 명령

- 텍스트 랩(Text Wrap)은 문장과 이미지를 적절히 배치시키는 기능으로 브로셔나 전단지와 같이 이미지에 삽입된 텍스트를 작업할 때 문장과 이미지를 자연스럽게 배치하기 위한 레이아웃 기법으로 활용할 수 있다.

- 이미지와 문장을 별도로 레이아웃을 할 경우에는 조금 딱딱한 느낌의 편집이 완성되지만 텍스트 랩 기능을 사용하여 문장 안에 이미지를 자연스럽게 흐르도록 삽입하면 전체적으로 유연한 편집이 되어 읽는 사람이 자연스럽게 내용을 접할 수 있다.

5. [Create Outlines] 명령

- 일러스트레이터 CS6는 문자를 다루는 기능이 매우 뛰어날 뿐만 아니라 문자의 외곽선을 추출하여 다양한 문자 디자인을 하는 데 있어서 최적의 프로그램이다.

- [Type]-[Create Outlines] 메뉴를 사용하면 트루타입 문자의 외곽선을 추출할 수 있어 문자 디자인에 매우 중요한 역할을 한다.

- [Create Outlines] 명령을 적용하면 문자의 속성이 사라지기 때문에 문자 관련 옵션을 통한 수정이 불가능하지만 다양한 형태의 이미지로 변환할 수 있다.

종합실습 pointup

1. 영역 문자 툴을 이용하여 문자 아트를 만들어 보자.

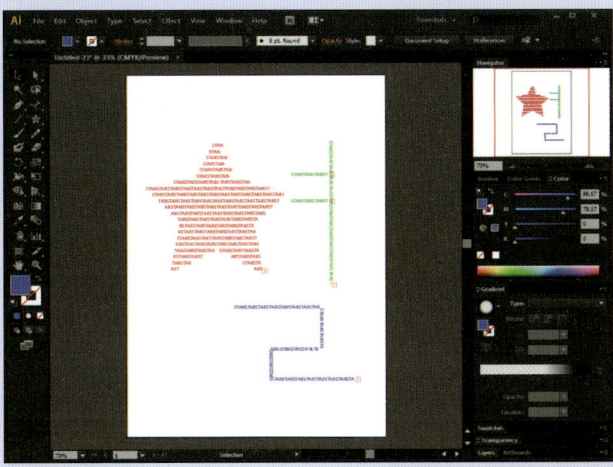

HINT | 별형 툴, 선분 툴 또는 펜 툴을 이용하여 그림과 같이 '별'이라는 오브젝트를 드로잉한 후 영역 문자 툴로 패스 위를 각각 클릭한 다음 'STAR'라는 문자를 반복적으로 입력한다. 입력이 끝나면 각 오브젝트의 면 색상을 변경하여 오브젝트를 완성한다.

2. [Create Outlines] 명령을 사용하여 나만의 캘리그래피를 만들어 보자.

HINT | 문자 툴로 도큐먼트를 클릭하고 'Illustrator'를 입력한 다음 [Character] 팔레트에서 크기와 글꼴을 조절한다. 선택 툴로 문자 오브젝트를 선택한 상태에서 [Type]-[Create Outlines] 메뉴를 선택하고 그룹화를 해제시킨다. 이미지화된 오브젝트들을 각각 선택하여 자유롭게 변형하고 색상을 적용한다. 펜 툴을 이용하여 외곽선을 그려주거나 분위기에 맞는 아트를 생성한다.

06 CHAPTER
오브젝트 변형 자유롭게 적용하기

일러스트레이터 CS6는 오브젝트와 관련하여 강력한 툴을 제공한다. 단순히 크기를 변형하고 모양을 변형하는 것이 아니라 오브젝트끼리 겹쳐진 부분만을 수정하고 손으로 누른 듯한 효과를 적용하는 등 창의적인 일러스트를 만들 수 있다.

Section 1   오브젝트 왜곡 간단하게 만들기

Section 2   유동화 툴을 이용한 직관적인 이미지 변형

Section 3   [Pathfinder] 팔레트를 이용한 오브젝트 구성

오브젝트 변형을 위해 알아둘 내용

Chapter 6

일러스트레이터 CS6에서 제공하는 유동화 툴, 변형 툴을 이용하면 오브젝트를 원하는 형태로 변형할 수 있다. 또한 3D 모델링 프로그램을 사용하지 않고도 오브젝트에 원근감과 입체감이 돋보이는 3D 효과를 적용할 수 있다.

01 Envelope Distort

오브젝트를 다른 형태로 변형하는 [Envelope Distort] 명령은 [Object]-[Envelope Distort] 메뉴에서 실행이 가능하다.

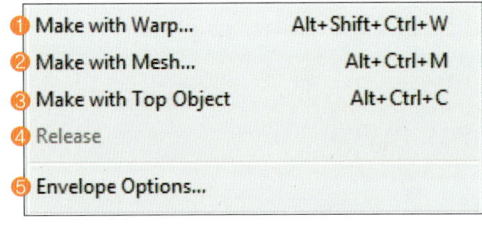

▲ Envelope Distort 적용의 예

❶ Make with Warp : 부채꼴, 조개, 물고기, 트위스트 등 다양한 형태로 변형한다.

❷ Make with Mesh : 오브젝트에 메시 포인트를 추가하여 자유롭게 변형할 수 있다.

❸ Make with Top Object : 가장 위에 배열된 오브젝트의 형태에 따라 다른 오브젝트를 변형한다.

❹ Release : 오브젝트에 적용된 Envelope Distort 효과를 해제한다.

❺ Envelope Options : Envelope Distort 효과에 대한 세부 설정을 할 수 있다.

02 [Warp Options] 대화상자

[Object]-[Make with Warp] 메뉴를 선택하면 나타나는 [Warp Options] 대화상자에는 15가지의 왜곡 스타일이 있으며 왜곡되는 정도를 가로, 세로 또는 수치 값으로 조절할 수 있어 다양한 형태의 왜곡이 가능하다.

① Style : 15가지의 변형 설정을 선택할 수 있으며 효과를 가로 또는 세로로 적용할 수 있는 옵션이 있다.

② Bend : 오브젝트를 왜곡시킬 때 변형의 정도를 수치 값으로 표시한다. -100%부터 100까지 수치 값으로 조절할 수 있으며 수치 값이 '0'에 가까울수록 변형 정도가 약하다.

③ Distortion : 왜곡되는 정도를 수치로 조절한다.

• Horizontal : 선택한 오브젝트를 수평으로 왜곡한다.
• Vertical : 선택한 오브젝트를 수직으로 왜곡한다.

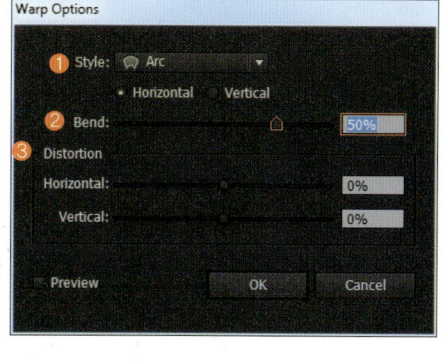

03 [Envelope Options] 대화상자

[Envelope Options] 대화상자에서는 [Envelope] 효과에 대한 세부 설정을 할 수 있다.

① Anti-Alias : 비트맵 이미지를 왜곡할 때 외곽 경계 부분을 부드럽게 만든다.

② Clipping Mask : 덮고 있는 오브젝트가 클리핑 마스크 형태로 남는다.

③ Transparency : 덮고 있는 오브젝트를 투명하게 만든다.

④ Fidelity : 왜곡 효과의 정확도를 조절한다.

⑤ Distort Appearance : Appearance의 변형 여부를 설정한다.

⑥ Distort Linear Gradients : Gradient의 변형 여부를 설정한다.

⑦ Distort Pattern Fills : Pattern의 변형 여부를 설정한다.

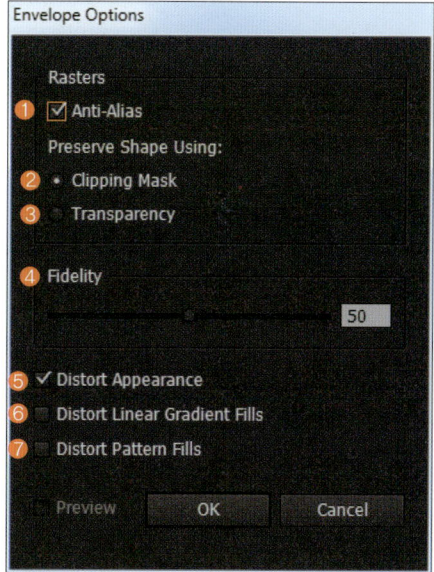

04 [Pathfinder] 팔레트

[Pathfinder] 팔레트는 두 개 이상의 오브젝트를 수학적 함수에 의해 겹쳐 합쳐지거나 나누고 혼합시켜 새로운 형태를 작성할 때 사용한다.

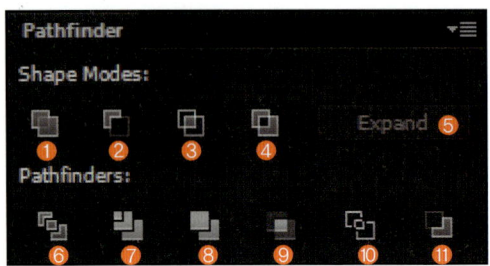

- **Shape Modes**

  ❶ Unite : 오브젝트가 겹쳐진 부분을 결합하는 기능을 제공하며 [Expand] 명령을 실행하기 전까지는 결합 형태를 언제든지 수정할 수 있다.

  ❷ Minus Front : 오브젝트가 겹쳐졌을 때 위쪽에 위치한 부분이 삭제된다. [Expand] 명령을 실행하기 전까지는 결합 형태를 언제든지 수정할 수 있다.

  ❸ Intersect : 오브젝트가 겹쳐진 부분을 제외한 나머지 부분을 삭제한다. [Expand] 명령을 실행하기 전까지는 결합 형태를 언제든지 수정할 수 있다.

  ❹ Exclude : 오브젝트의 겹쳐진 부분만 삭제한다. [Expand] 명령을 실행하기 전까지는 결합 형태를 언제든지 수정할 수 있다.

  ❺ Expand : [Pathfinder] 팔레트에서 [Shape Modes]의 명령들은 효과를 적용한 후에도 언제든지 형태를 수정할 수 있다. 하지만 [Expand] 명령을 실행하면 외곽선이 추출되어 더 이상 수정할 수 없다.

- **Pathfinders**

  ❻ Divide : 겹쳐진 오브젝트의 패스를 기준으로 각각의 오브젝트로 분리한다.

  ❼ Trim : 뒤에 있는 오브젝트는 앞의 오브젝트에 겹쳐진 부분만큼 삭제되며 보이는 부분은 분리한다.

  ❽ Merge : 뒤에 있는 오브젝트는 앞의 오브젝트에 겹쳐진 부분만큼 삭제되며 같은 색상의 오브젝트를 하나의 오브젝트로 합친다.

  ❾ Crop : 위쪽의 오브젝트와 겹쳐지는 부분을 남기며 나머지 부분은 삭제된다.

  ❿ Outline : 겹쳐진 오브젝트를 분리하며 각각의 오브젝트를 패스로 만든다.

  ⓫ Minus Back : 앞에 위치한 오브젝트가 뒤에 위치한 오브젝트의 영역만큼 삭제한다.

05 자유로운 변형을 돕는 유동화 툴

왜곡, 비틀기, 구김, 팽창, 부채꼴, 크리스털, 링클 툴을 사용하여 오브젝트의 패스를 변형하여 이미지를 변형할 수 있다. 사용 방법은 도구 모음에서 유동화 툴을 선택하면 마우스 포인터가 원형으로 변형되는데 이 원형은 효과를 적용하는 범위를 나타내며 범위를 조절할 수 있다. 마우스 포인터를 이용하여 변형하려는 오브젝트를 클릭하거나 드래그하면 오브젝트에 효과가 적용된다. 도구 모음에서 각각의 유동화 툴을 더블클릭하면 옵션 대화상자를 제공하고 있어 오브젝트를 변형하는 옵션 조절이 가능하다. 하지만 유동화 툴을 무리하게 사용하면 기존의 오브젝트 형태가 심하게 변형되어 원하는 형태를 얻을 수 없으므로 주의해서 사용해야 한다.

▲ 유동화 툴 적용의 예

Section 01 오브젝트 왜곡 간단하게 만들기

[Warp]와 [Envelope Distort] 명령은 패스, 텍스트, 오브젝트, 비트맵 이미지 등 여러 가지 오브젝트들의 형태를 왜곡하거나 변경한다.

● 알아두기

- [Warp] 명령으로 오브젝트의 형태를 여러 가지로 변형할 수 있다.
- [Envelope Distort] 명령으로 오브젝트를 뒤틀거나 손으로 문지르는 듯한 효과를 낼 수 있다.

따라하기 01 왜곡 효과 적용하기

[Wrap] 명령을 이용하여 오브젝트를 다양한 형태로 왜곡해 보자.

[예제 파일 : 챕터06_예제 파일\지구.ai]

❶ '지구.ai' 파일을 불러온 후 세 가지 지구 오브젝트를 확인한다.

❷ 선택 툴(▶)로 첫 번째 지구 오브젝트를 선택한다.

❸ [Object]-[Envelope Distort]-[Make with Warp] 메뉴를 선택한다.

❹ [Warp Options] 대화상자가 나타나면 [Style]은 'Arc', [Bend]는 '50'으로 설정하고 [OK] 버튼을 클릭한다.

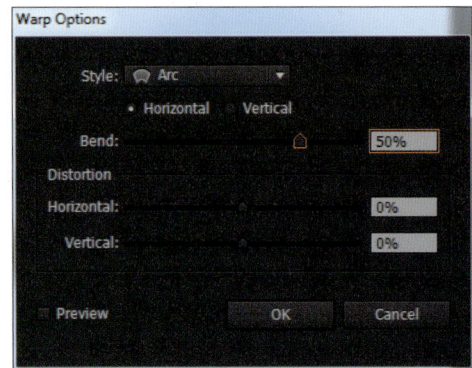

206 Chapter 6 . 오브젝트 변형 자유롭게 적용하기

❺ 선택한 문자 오브젝트에 Arc 효과가 적용되어 위로 휘어진 듯한 효과가 나타난다.

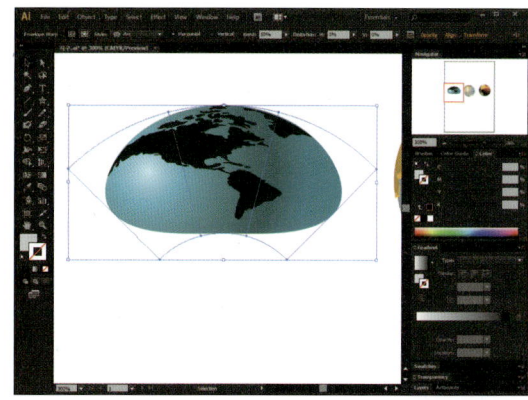

❻ 이번에는 선택 툴( )로 두 번째 지구 오브젝트를 선택하고 다시 [Object]-[Envelope Distort]-[Make with Warp] 메뉴를 선택한다.

❼ [Warp Options] 대화상자에서 [Style]은 'FishEye', [Bend]는 '50'으로 설정하고 [OK] 버튼을 클릭한다.

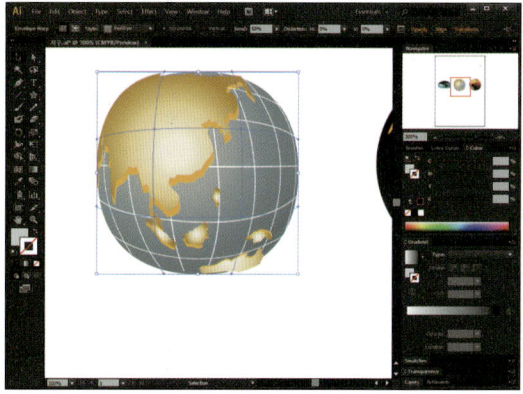

❽ 선택한 문자 오브젝트에 FishEye 효과가 적용되어 물고기의 눈으로 바라본듯 팽창된 것을 확인할 수 있다.

❾ 마지막으로 선택 툴( )을 이용하여 세 번째 지구 오브젝트를 선택한다.

❿ [Object]-[Envelope Distort]-[Make with Warp] 메뉴를 선택하고 [Warp Options] 대화상자에서 [Style]은 'Twist', [Bend]는 '50'으로 설정하고 [OK] 버튼을 클릭한다.

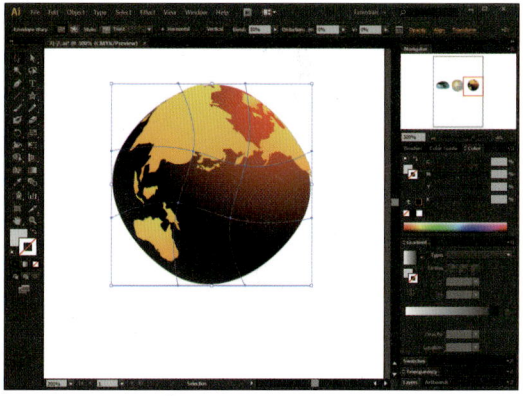

⓫ 선택한 문자 오브젝트에 Twist 효과가 적용되어 꼬인 듯한 효과가 나타난다.

Section 1. 오브젝트 왜곡 간단하게 만들기

[Warp Options] 대화상자

일러스트레이터 CS6에서는 다양한 왜곡 효과를 제공하며 언제든지 왜곡 효과를 수정할 수 있다. 왜곡 효과를 적용한 오브젝트를 수정하려면 [Edit Contents] 명령을 실행해야 한다.

- Arc : 호 형태로 왜곡

- Arc Lower : 밑 부분만 호 형태로 왜곡

- Arc Upper : 윗 부분만 호 형태로 왜곡

- Arch : 아치 형태로 왜곡

- Bulge : 볼록한 형태로 왜곡

- Shell Lower : 밑 부분을 조개 형태로 왜곡

- Shell Upper : 윗 부분을 조개 형태로 왜곡

- Flag : 펄럭이는 깃발 형태로 왜곡

- Wave : 파동이 생기는 형태로 왜곡

- Fish : 물고기 형태로 왜곡

- Rise : 한쪽으로 솟아오르는 형태로 왜곡

- Fisheye : 물고기의 눈처럼 튀어나온 형태로 왜곡

- Inflate : 부풀려지는 형태로 왜곡

- Squeeze : 안쪽으로 찌그러지는 듯한 형태로 왜곡

- Twist : 비트는 듯한 형태로 왜곡

따라하기 02 메시 포인트를 이용하여 오브젝트 변형하기

메시는 오브젝트를 그물 형태로 변형하는 기능이다. 메시 기능을 사용하면 망점을 이용한 세밀한 변형이 가능하다.

[예제 파일 : 챕터06_예제 파일\색상띠.ai]

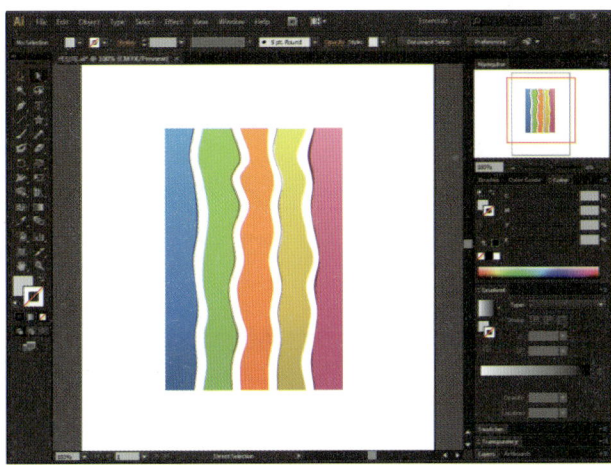

❶ '색상띠.ai' 파일을 불러온 후 선택 툴( )로 오브젝트를 선택한다.

❷ [Object]-[Envelope Distort]-[Make with Mesh] 메뉴를 선택한다.

❸ [Envelope Mesh] 대화상자에서 [Rows], [Column]을 각각 '10'으로 설정하고 [OK] 버튼을 클릭한다.

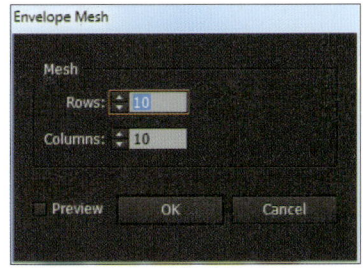

❹ 오브젝트의 가로와 세로에 각각 10개의 메시 포인트가 생성된 것을 확인할 수 있다.

❺ 직접 선택 툴( )로 메시 기준점 하나를 선택한 후 드래그하면 메시 포인트의 이동에 따라 오브젝트가 변형된다.

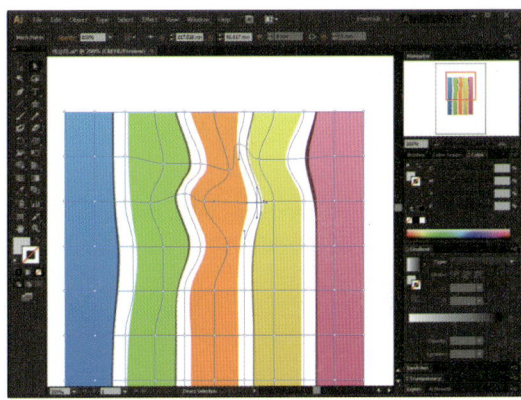

❻ 다시 원래의 형태로 되돌리고 싶은 경우에는 직접 선택 툴( )로 메시 포인트를 클릭한 다음 Delete 를 눌러 삭제한다.

❼ 삭제하는 메시 포인트의 개수가 많을수록 오브젝트는 원래의 형태로 돌아온다.

> tip ➕
> 적용한 메시 포인트를 초기화 하려면 [Object]-[Envelope Distort]-[Reset with Mesh] 메뉴를 선택하고 옵션을 설정한다.

따라하기 03 다른 오브젝트 형태에 따라 왜곡 변형하기

[Make with Top Object] 명령은 다른 오브젝트의 형태에 따라 해당 오브젝트의 모양을 왜곡 변형한다.

[예제 파일 : 챕터06_예제 파일\표지판.ai]

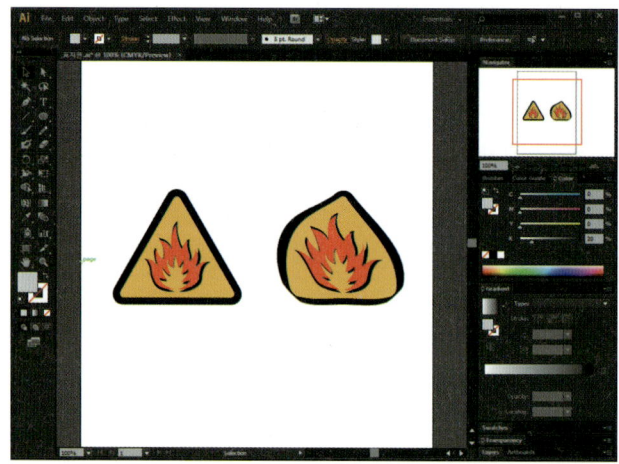

❶ '표지판.ai' 파일을 불러온 후 도구 모음의 원형 툴( )을 선택한다.

❷ 표지판 오브젝트 위에 겹쳐지도록 원 오브젝트를 하나 생성한다.

❸ Shift 와 선택 툴( )로 표지판 오브젝트와 생성한 원 오브젝트를 모두 선택한 다음 [Object]-[Envelope Distort]-[Make with Top Object] 메뉴를 선택한다.

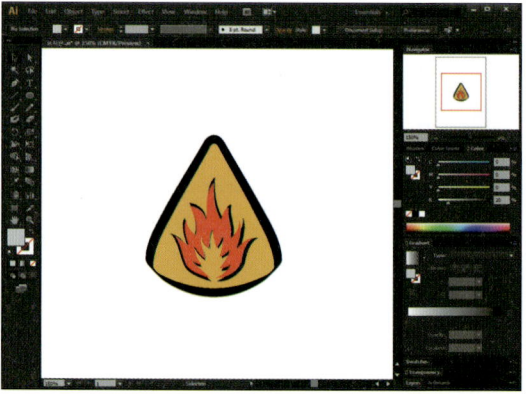

❹ 원 오브젝트의 외곽선에 따라 표지판 오브젝트가 변형된다.

❺ 직접 선택 툴()로 변형된 표지판 오브젝트의 외곽에 나타나는 선 또는, 기준점을 드래그하여 변형시킨다.

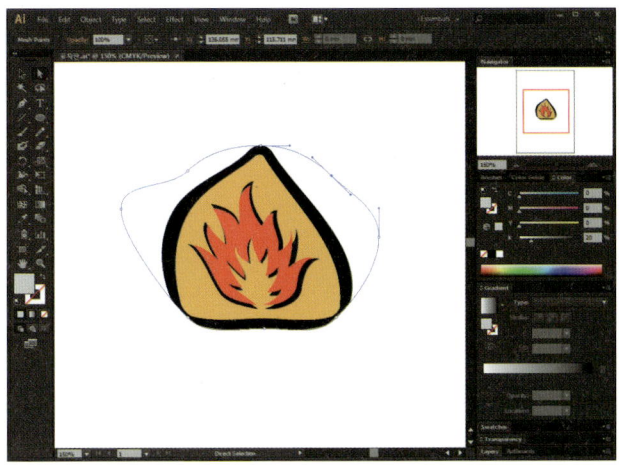

❻ 오브젝트를 선택한 상태에서 [Object]-[Envelope Distort]-[Release] 메뉴를 선택하면 왜곡 변형 효과를 해제할 수 있다.

> 반드시 기준 형태가 되는 오브젝트가 변형될 오브젝트의 앞에 위치해야 한다. **tip ➕**

01 혼자해보기

표지판 오브젝트를 별 모양으로 변형해 보자.

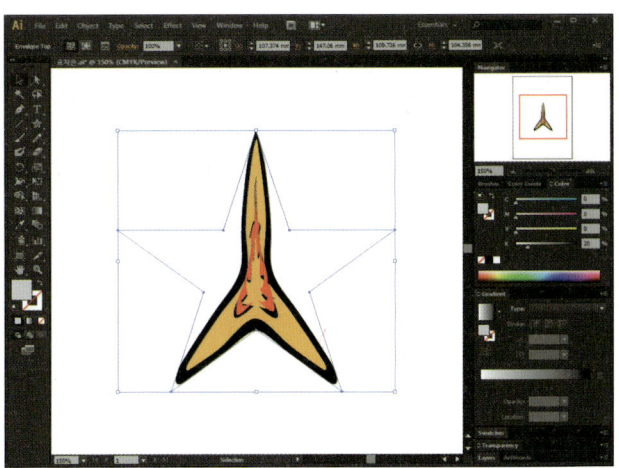

HINT | 표지판 오브젝트 위에 겹쳐지도록 별 오브젝트를 하나 생성한 다음. 선택 툴로 모든 오브젝트를 선택하고 [Object]-[Envelope Distort]-[Make with Top Object] 메뉴를 선택한다.

Section 2. 유동화 툴을 이용한 직관적인 이미지 변형

일러스트레이터 CS6에서 제공하는 8가지 유동화 툴을 이용하여 팽창, 구김 등 오브젝트에 다양한 변화를 줄 수 있다.

> **알아두기**
> - 8가지 유동화 툴에서 종류 한 가지를 선택하고 오브젝트 위를 드래그하는 것만으로 오브젝트의 형태를 변형할 수 있다.
> - 텍스트, 그래프, 심볼 속성을 가진 오브젝트에는 유동화 툴을 사용할 수 없다.

따라하기 01 유동화 툴을 이용하여 오브젝트 변형하기

유동화 툴은 오브젝트 외곽선의 두께를 늘려 오브젝트를 변형시킬 수 있다.

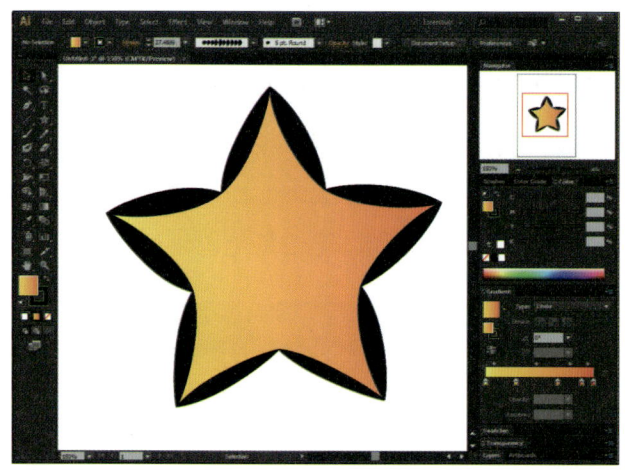

❶ 새 도큐먼트를 만들고 도구 모음에서 별형 툴(★)을 선택한다.

❷ 빈 도큐먼트에 별 오브젝트를 생성하고 면 색상에는 '그레이디언트'를, 선 색상은 '검은색'으로 지정한다.

❸ 별 오브젝트가 선택된 상태에서 도구 모음의 유동화 툴(✎)을 선택하고 마우스 포인터를 별 오브젝트의 패스 위로 위치시킨다.

❹ 패스 위에서 클릭한 채로 드래그하면 외곽선이 드래그한 만큼 넓어지는 것을 확인할 수 있다.

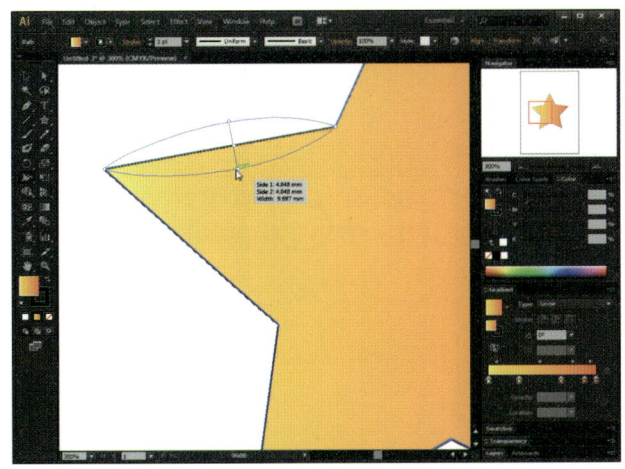

❺ 나머지 패스 선들도 유동화 툴( )을 이용하여 변형한다.

따라하기 02 왜곡 툴과 비틀기 툴로 오브젝트 변형하기

왜곡 툴로 오브젝트를 잡아당기듯이 드래그하면 오브젝트의 형태가 드래그한 방향대로 변형된다. 비틀기 툴은 마우스로 오브젝트를 잠시 누르고 있으면 비트는 형태로 변형한다.

❶ 새 도큐먼트를 만들고 도구 모음에서 문자 툴(T)을 선택한다.

❷ 빈 공간에 클릭한 다음 'Poland'라는 문자를 입력하고 [Character] 팔레트에서 글꼴을 'Eras Light ITC', 크기는 '150pt'로 설정한다.

❸ 문자 오브젝트를 이미지 오브젝트로 변환하기 위해 문자 오브젝트가 선택된 상태에서 [Type]-[Create Outlines]를 실행한다.

❹ 도구 모음의 유동화 툴( )을 1~2초간 눌러 나타나는 왜곡 툴( )을 선택한 다음, 오브젝트 위에서 상하좌우로 드래그한다. 드래그한 방향대로 오브젝트가 왜곡되는 것을 확인할 수 있다.

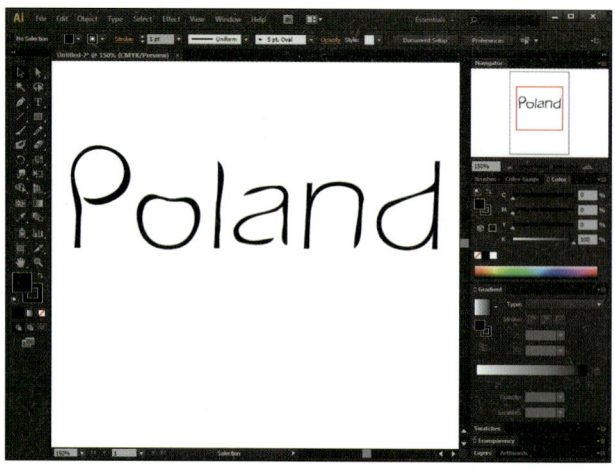

⑤ 이번에는 도구 모음에서 왜곡 툴( )을 1~2초간 눌러 비틀기 툴( )을 선택한다.

⑥ 마우스 포인터를 'Poland' 오브젝트 위에서 약 1~2초간 클릭하면 이미지가 회오리 모양으로 비틀린다. 마우스로 클릭하는 시간이 길수록 더 많이 비틀린다.

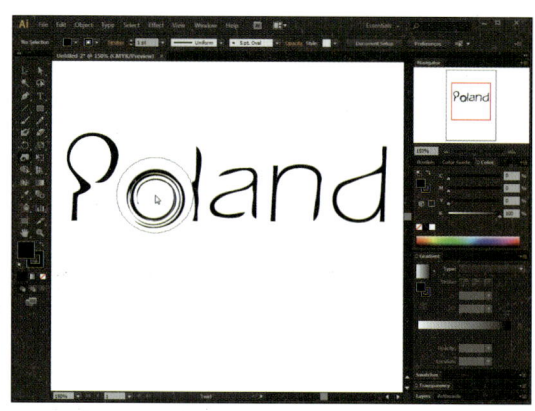

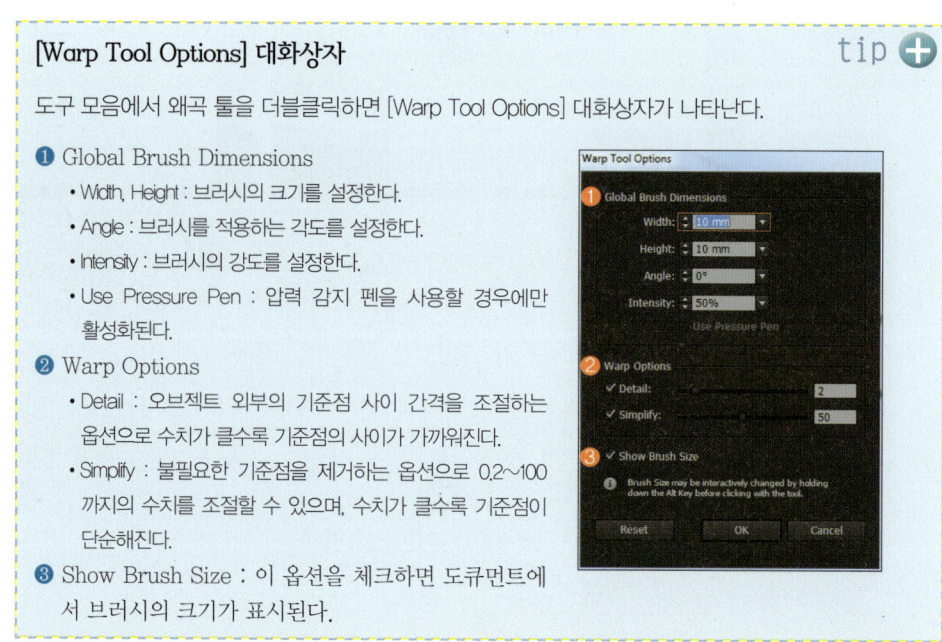

[Warp Tool Options] 대화상자

도구 모음에서 왜곡 툴을 더블클릭하면 [Warp Tool Options] 대화상자가 나타난다.

❶ Global Brush Dimensions
- Width, Height : 브러시의 크기를 설정한다.
- Angle : 브러시를 적용하는 각도를 설정한다.
- Intensity : 브러시의 강도를 설정한다.
- Use Pressure Pen : 압력 감지 펜을 사용할 경우에만 활성화된다.

❷ Warp Options
- Detail : 오브젝트 외부의 기준점 사이 간격을 조절하는 옵션으로 수치가 클수록 기준점의 사이가 가까워진다.
- Simplify : 불필요한 기준점을 제거하는 옵션으로 0.2~100까지의 수치를 조절할 수 있으며, 수치가 클수록 기준점이 단순해진다.

❸ Show Brush Size : 이 옵션을 체크하면 도큐먼트에서 브러시의 크기가 표시된다.

[Twirl Tool Options] 대화상자 — tip

도구 모음에서 비틀기 툴을 더블클릭하면 [Twirl Tool Options] 대화상자가 나타난다.

❶ Global Brush Dimensions
- Width, Height : 브러시의 크기를 설정한다.
- Angle : 브러시를 적용하는 각도를 설정한다.
- Intensity : 브러시의 강도를 설정한다.
- Use Pressure Pen : 압력 감지 펜을 사용할 경우에만 활성화된다.

❷ Twirl Options
- Twirl Rate : 이미지가 비틀어지는 방향을 설정한다. −180~180도까지의 각도 수치를 설정할 수 있고, 0도에 가까울수록 비틀어짐이 없다.
- Detail : 오브젝트 외부의 기준점 사이 간격을 조절하는 옵션으로 수치가 클수록 기준점의 사이가 가까워진다.
- Simplify : 불필요한 기준점을 제거하는 옵션으로 0.2~100까지의 수치를 조절할 수 있으며, 수치가 클수록 기준점이 단순해진다.

❸ Show Brush Size : 이 옵션을 체크하면 도큐먼트에서 브러시의 크기가 표시된다.

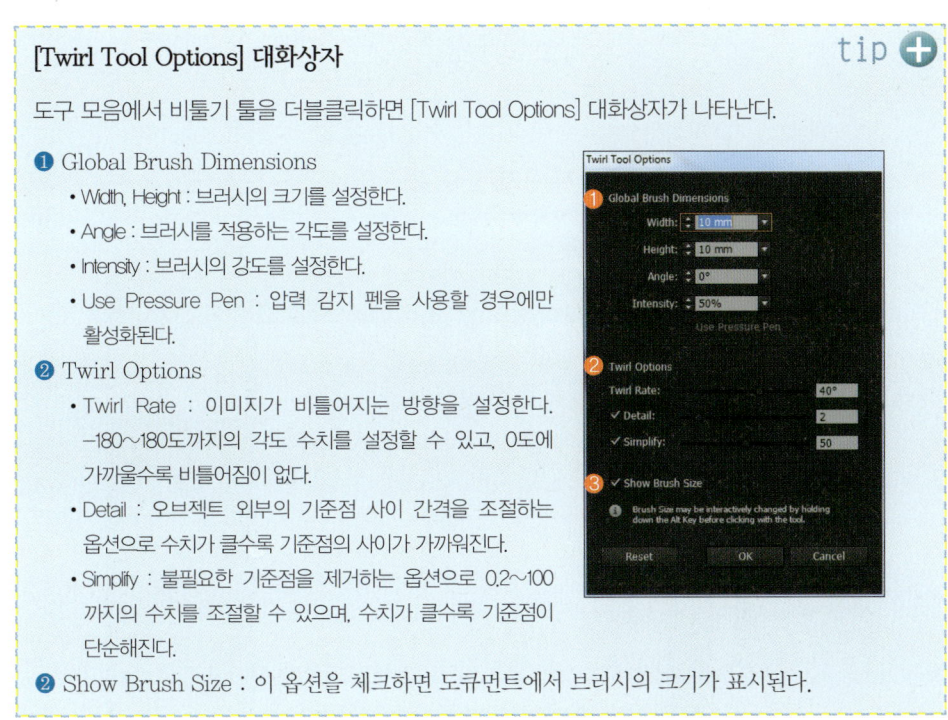

따라하기 02 | 구김 툴과 팽창 툴로 오브젝트 변형하기

구김 툴은 클릭한 지점으로 오브젝트가 모이게 하는 효과를 얻을 수 있다. 팽창 툴은 구김 툴과는 반대로 오브젝트를 팽창시키는 효과를 얻을 수 있다.

[예제 파일 : 챕터06_예제 파일\병아리.ai]

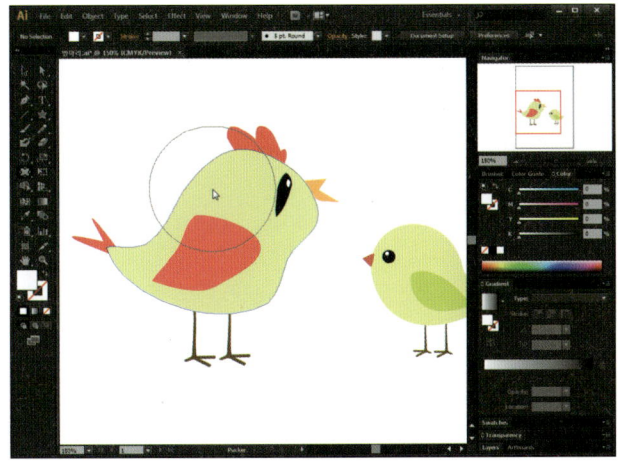

❶ '병아리.ai' 파일을 불러온 후 도구 모음에서 유동화 툴( )을 1~2초간 눌러 구김 툴( )을 선택한다.

Section 2 . 유동화 툴을 이용한 직관적인 이미지 변형

❷ 마우스 포인터를 왼쪽 닭 오브젝트에 위치시킨 후 클릭한 상태에서 1~2초간 지속한다. 클릭하는 시간이 길수록 클릭한 부분을 중심으로 오브젝트가 더 많이 변형된다.

❸ 이번에는 도구 모음에서 팽창 툴( )을 선택한다.

❹ 팽창 툴로 오른쪽 병아리 오브젝트를 클릭하면 클릭한 부분을 중심으로 오브젝트가 팽창한다.

> **tip** [Pucker Tool Options] 대화상자
>
> 도구 모음에서 구김 툴을 더블클릭하면 [Pucker Tool Options] 대화상자가 나타난다.
>
> ❶ Global Brush Dimensions
> • Width, Height : 브러시의 크기를 설정한다.
> • Angle : 브러시를 적용하는 각도를 설정한다.
> • Intensity : 브러시의 강도를 설정한다.
> • Use Pressure Pen : 압력 감지 펜을 사용할 경우에만 활성화된다.
>
> ❷ Pucker Options
> • Detail : 오브젝트 외부의 기준점 사이 간격을 조절하는 옵션으로 수치가 클수록 기준점의 사이가 가까워진다.
> • Simplify : 불필요한 기준점을 제거하는 옵션으로 0.2~100 까지의 수치를 조절할 수 있으며, 수치가 클수록 기준점이 단순해진다.
>
> ❸ Show Brush Size : 이 옵션을 체크하면 도큐먼트에서 브러시의 크기가 표시된다.

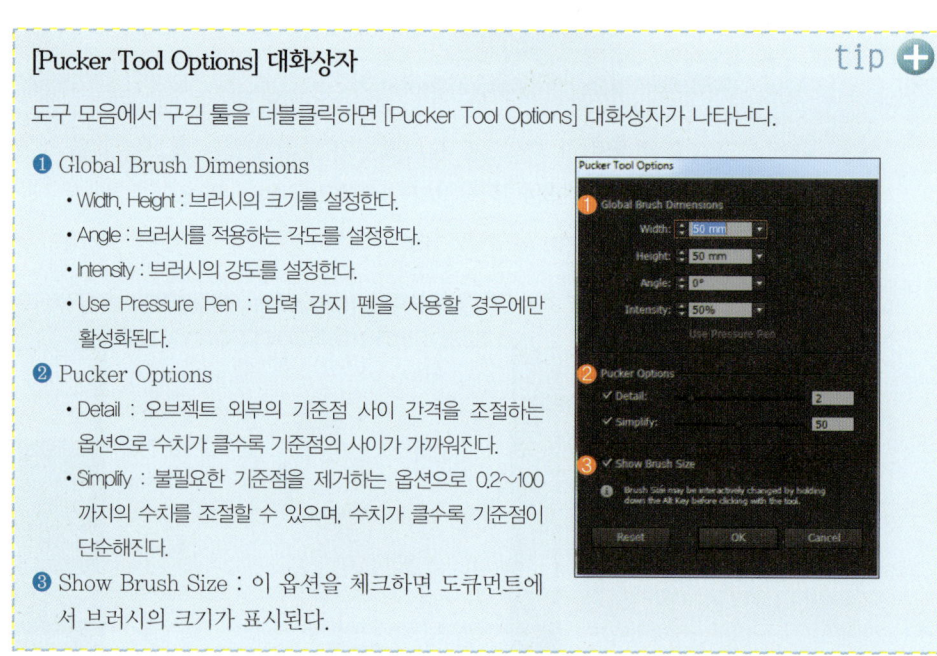

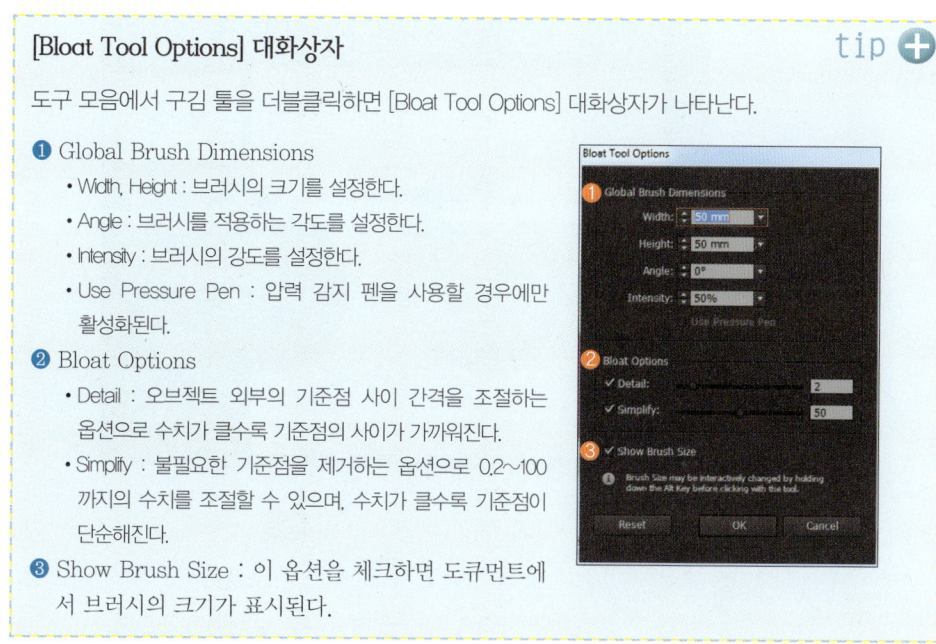

[Bloat Tool Options] 대화상자

도구 모음에서 구김 툴을 더블클릭하면 [Bloat Tool Options] 대화상자가 나타난다.

❶ Global Brush Dimensions
- Width, Height : 브러시의 크기를 설정한다.
- Angle : 브러시를 적용하는 각도를 설정한다.
- Intensity : 브러시의 강도를 설정한다.
- Use Pressure Pen : 압력 감지 펜을 사용할 경우에만 활성화된다.

❷ Bloat Options
- Detail : 오브젝트 외부의 기준점 사이 간격을 조절하는 옵션으로 수치가 클수록 기준점의 사이가 가까워진다.
- Simplify : 불필요한 기준점을 제거하는 옵션으로 0.2~100까지의 수치를 조절할 수 있으며, 수치가 클수록 기준점이 단순해진다.

❸ Show Brush Size : 이 옵션을 체크하면 도큐먼트에서 브러시의 크기가 표시된다.

따라하기 03 부채꼴 툴, 크리스털 툴, 링클 툴로 오브젝트 변형하기

부채꼴 툴은 오브젝트 안쪽을 향하여 날카롭게 만드는 효과를 적용한다. 크리스털 툴은 오브젝트를 바깥쪽으로 날카롭게 만들며 링클 툴은 오브젝트에 주름 효과를 만든다.

[예제 파일 : 챕터06_예제 파일\무당벌레.ai]

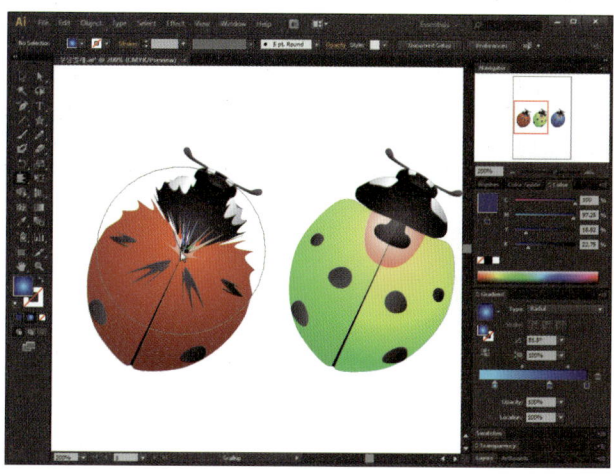

❶ '무당벌레.ai' 파일을 불러온 후 도구 모음에서 부채꼴 툴(　)을 선택한다.

❷ 도큐먼트의 왼쪽 빨간색 무당벌레 오브젝트 위로 마우스 포인터를 위치시킨 뒤 클릭하면 무당벌레가 안쪽으로 날카롭게 변형된다.

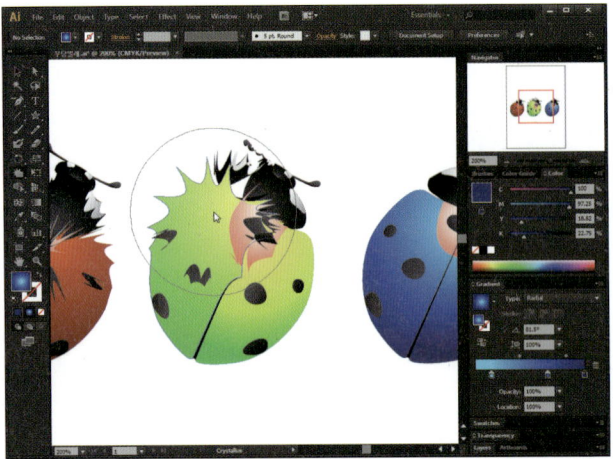

❸ 이번에는 도구 모음에서 크리스털 툴( )을 선택한다.
❹ 중앙에 있는 초록색 무당벌레 오브젝트 위로 마우스 포인터를 위치시킨 뒤 클릭하면 무당벌레 오브젝트가 바깥쪽 부분으로 날카롭게 변형된다.

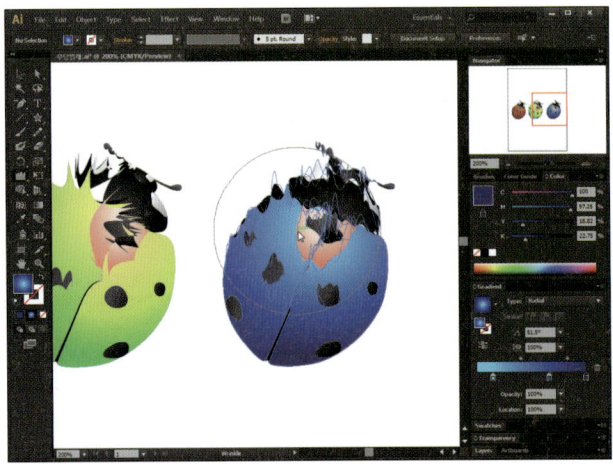

❺ 도구 모음에서 링클 툴( )을 선택한다.
❻ 오른쪽 파란색 무당벌레 오브젝트 위로 마우스 포인터를 위치시킨 뒤 클릭하거나 드래그하면 오브젝트가 주름이 잡힌 듯이 변형된다. 이 툴 역시 클릭하는 시간이 길수록 오브젝트가 더 많이 변형된다.

[Scallop Tool Options] 대화상자

도구 모음에서 부채꼴 툴을 더블클릭하면 [Scallop Tool Options] 대화상자가 나타난다.

❶ Global Brush Dimensions
- Width, Height : 브러시의 크기를 설정한다.
- Angle : 브러시를 적용하는 각도를 설정한다.
- Intensity : 브러시의 강도를 설정한다.
- Use Pressure Pen : 압력 감지 펜을 사용할 경우에만 활성화된다.

❷ Scallop Options
- Complexity : 브러시의 세밀한 세부 항목을 조절하여 오브젝트 외곽 부분의 간격 배치를 설정한다. 수치가 클수록 주름의 형태가 더욱 세밀해진다.
- Detail : 오브젝트 외부의 기준점 사이 간격을 조절하는 옵션으로 수치가 클수록 기준점의 사이가 가까워진다.
- Brush Affects Anchor Points : 브러시가 기준점에 영향을 준다. 이 옵션을 체크하면 기준점을 중심으로 주름이 모인다.
- Brush Affects In/Out Tangent Handles : 브러시가 기준점의 방향선 접선 안쪽이나 바깥쪽으로 영향을 준다. 이 옵션을 체크하면 'Brush Affects Anchor Point'를 적용할 수 없다.

❸ Show Brush Size : 이 옵션을 체크하면 도큐먼트에서 브러시의 크기가 표시된다.

[Crystallize Tool Options] 대화상자

도구 모음에서 크리스털 툴을 더블클릭하면 [Crystallize Tool Options] 대화상자가 나타난다.

❶ Global Brush Dimensions
- Width, Height : 브러시의 크기를 설정한다.
- Angle : 브러시를 적용하는 각도를 설정한다.
- Intensity : 브러시의 강도를 설정한다.
- Use Pressure Pen : 압력 감지 펜을 사용할 경우에만 활성화된다.

❷ Crystallize Options
- Complexity : 브러시의 세밀한 세부 항목을 조절하여 오브젝트 외곽 부분의 간격 배치를 설정한다. 수치가 클수록 주름의 형태가 더욱 세밀해진다.
- Detail : 오브젝트 외부의 기준점 사이 간격을 조절하는 옵션으로 수치가 클수록 기준점의 사이가 가까워진다.
- Brush Affects Anchor Points : 브러시가 기준점에 영향을 준다. 이 옵션을 체크하면 기준점을 중심으로 주름이 모인다.
- Brush Affects In/Out Tangent Handles : 브러시가 기준점의 방향선 접선 안쪽이나 바깥쪽으로 영향을 준다. 이 옵션을 체크하면 'Brush Affects Anchor Point'를 적용할 수 없다.

❸ Show Brush Size : 이 옵션을 체크하면 도큐먼트에서 브러시의 크기가 표시된다.

[Wrinkle Tool Options] 대화상자 tip

도구 모음에서 링클 툴을 더블클릭하면 [Wrinkle Tool Options] 대화상자가 나타난다.

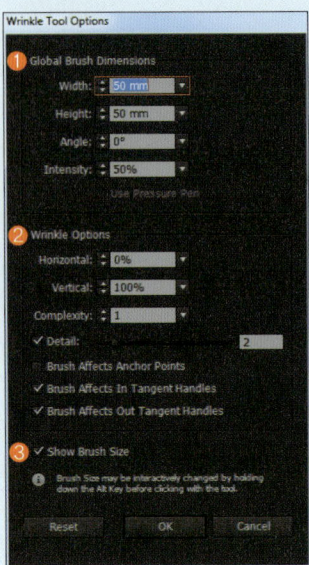

❶ Global Brush Dimensions
- Width, Height : 브러시의 크기를 설정한다.
- Angle : 브러시를 적용하는 각도를 설정한다.
- Intensity : 브러시의 강도를 설정한다.
- Use Pressure Pen : 압력 감지 펜을 사용할 경우에만 활성화된다.

❷ Wrinkle Options
- Horizontal : 조절점으로부터 수평으로 얼마만큼의 간격으로 위치시킬 것인지를 설정한다. 수치가 클수록 간격이 멀어진다.
- Vertical : 조절점으로부터 수직으로 얼마만큼의 간격으로 위치시킬 것인지를 설정한다. 수치가 클수록 간격이 멀어진다.
- Complexity : 브러시의 세밀한 세부 항목을 조절하여 오브젝트 외곽 부분의 간격 배치를 설정한다. 수치가 클수록 주름의 형태가 더욱 세밀해진다.
- Detail : 오브젝트 외부의 기준점 사이 간격을 조절하는 옵션으로 수치가 클수록 기준점의 사이가 가까워진다.
- Brush Affects Anchor Points : 브러시가 기준점에 영향을 준다. 이 옵션을 체크하면 기준점을 중심으로 주름이 모인다.
- Brush Affects In/Out Tangent Handles : 브러시가 기준점의 방향선 접선 안쪽이나 바깥쪽으로 영향을 준다. 이 옵션을 체크하면 'Brush Affects Anchor Point'를 적용할 수 없다.

❸ Show Brush Size : 이 옵션을 체크하면 도큐먼트에서 브러시의 크기가 표시된다.

Section 3. [Pathfinder] 팔레트를 이용한 오브젝트 구성

[Pathfinder] 팔레트는 두 개 이상의 오브젝트들을 서로 합치거나 하나의 오브젝트를 다수 개의 오브젝트로 나누어 새로운 오브젝트를 제작할 수 있다.

> 🔸 **알아두기**
> - [Pathfinder] 팔레트의 여러 가지 기능들을 이용하여 겹쳐진 오브젝트들을 다양하게 변형할 수 있다.
> - [Pathfinder] 팔레트의 기능들로 만든 오브젝트들은 자동으로 그룹이 지정된다.

 **01 겹쳐진 오브젝트 결합하기**

[Pathfinder] 팔레트의 [Unite] 명령을 이용하면 겹쳐진 오브젝트를 하나의 오브젝트로 결합할 수 있다.

[예제 파일 : 챕터06_예제 파일\사람.ai]

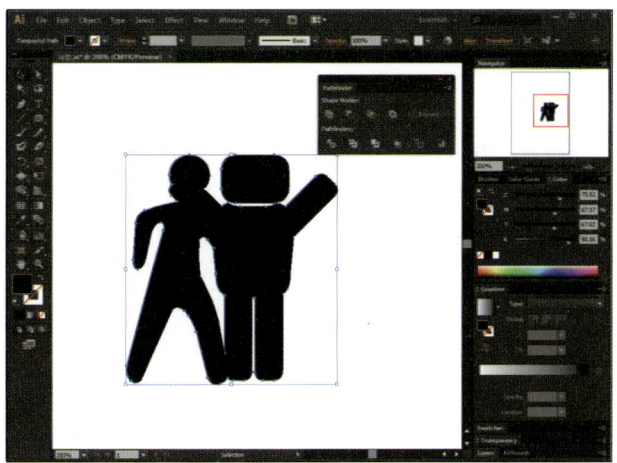

❶ '사람.ai' 파일을 불러온 후 두 개의 사람 오브젝트를 확인한다.
❷ 선택 툴(▶)로 좌측 사람 오브젝트를 드래그하여 우측 사람 오브젝트와 겹치도록 이동시킨다.
❸ 두 개의 사람 오브젝트를 모두 선택하고 [Window]-[Pathfinder] 메뉴를 선택한다.
❹ [Pathfinder] 팔레트가 나타나면 [Unite](■)를 클릭한다.

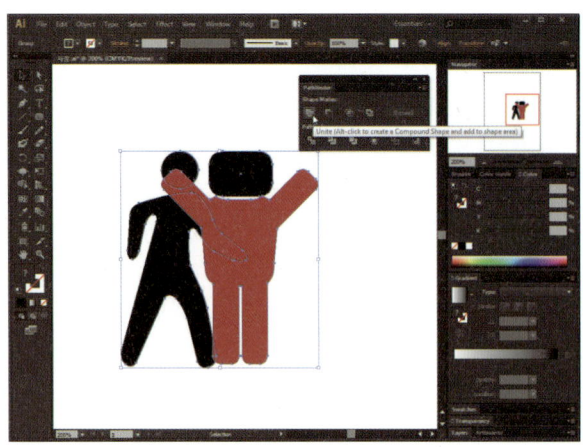

❺ 결합된 오브젝트를 드래그하여 이동시켜 본다. [Unite] 명령이 적용된 상태이기 때문에 오브젝트의 외곽선이 추출되어 완전한 하나의 오브젝트로 만들어져 같이 이동하는 것을 확인할 수 있다.

| 따라하기 02 | 한 오브젝트를 기준으로 겹쳐지지 않은 부분만 남기기 |

[Minus Front] 명령은 오브젝트가 겹쳐져 있을 때 위쪽에 배열된 오브젝트의 모양대로 아래쪽에 배열된 오브젝트가 삭제된다. 위쪽에 배열된 오브젝트 역시 함께 삭제된다.

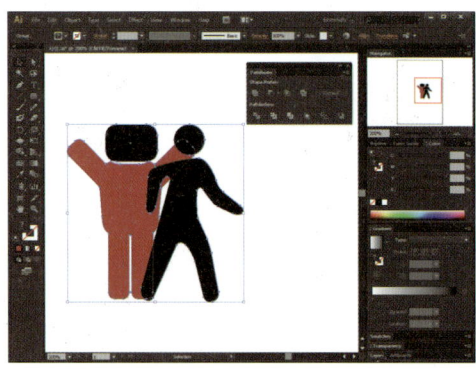 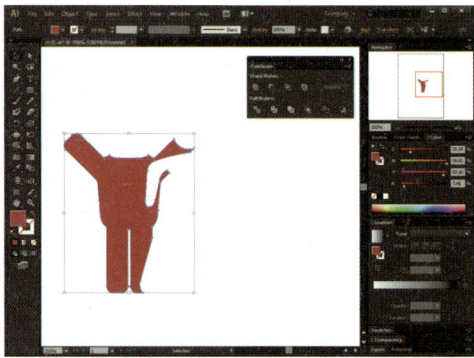

❶ 다시 '사람.ai' 파일을 불러온 후 오브젝트들이 겹쳐지도록 선택 툴( )로 이동시킨다.
❷ 두 개의 오브젝트를 모두 선택하고 [Pathfinder] 팔레트에서 [Minus Front]( )를 클릭한다.
❸ 위로 겹쳐진 오브젝트와 겹쳐진 부분이 모두 삭제된다.

> tip ➕
> [Pathfinder] 팔레트의 어떠한 기능을 실행하더라도 해당 기능이 적용된 오브젝트들은 하나의 오브젝트로 그룹화된다.

| 따라하기 | 03 | 오브젝트의 겹쳐진 부분만 남기고 삭제하기 |

[Intersect] 명령은 오브젝트의 공통된 부분을 제외한 나머지 부분을 삭제할 수 있다.

[예제 파일 : 챕터06_예제 파일\새와 개.ai]

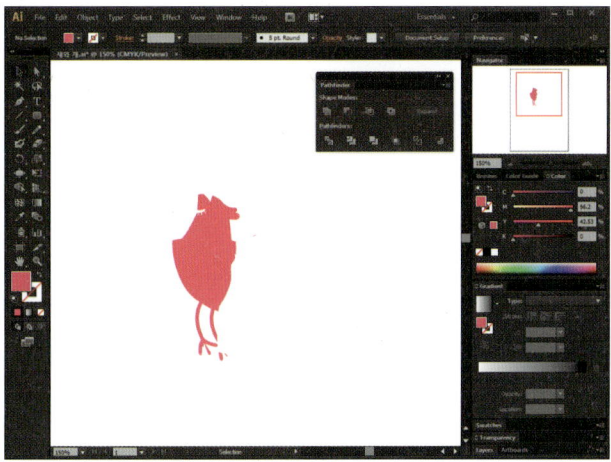

❶ '새와 개.ai' 파일을 불러온 후 새와 개 오브젝트를 확인한다.

❷ 도구 모음에서 선택 툴( )을 선택하고 좌측 개 오브젝트를 드래그하여 우측 새 오브젝트와 겹친다.

❸ 두 오브젝트를 모두 선택한 상태에서 [Pathfinder] 팔레트의 [Intersect]( )를 클릭한다.

❹ 전체 오브젝트에서 두 오브젝트의 공통된 부분만 남고 그 외에 부분은 모두 삭제되는 것을 확인할 수 있다.

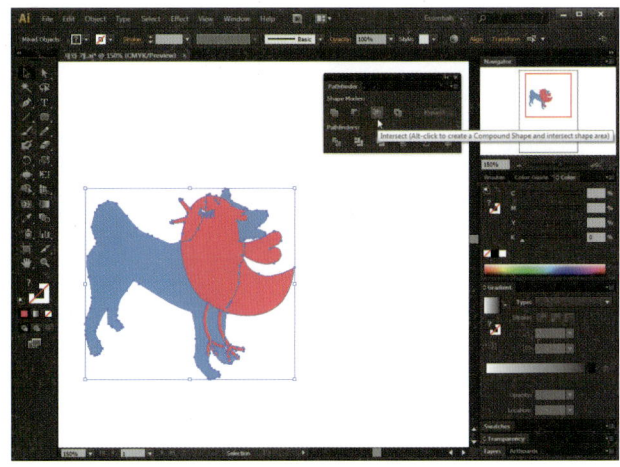

Section 3 . [Pathfinder] 팔레트를 이용한 오브젝트 구성 223

| 따라하기 | 04 겹쳐진 오브젝트만 삭제하기 |

[Exclude] 명령은 오브젝트가 공통으로 겹쳐진 부분만 삭제할 수 있다.

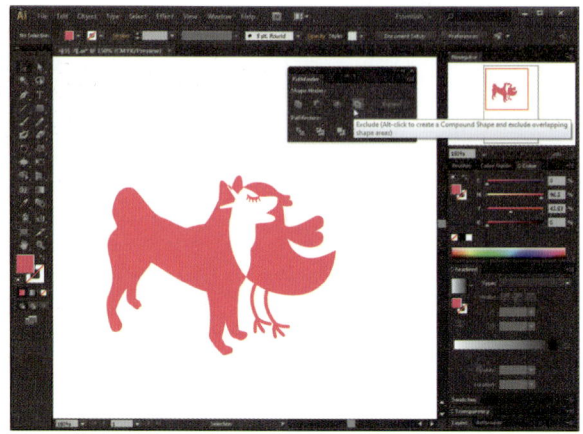

❶ 다시 '새와 개.ai' 파일을 불러온 후 선택 툴( )로 두 오브젝트가 겹쳐지도록 이동시킨다.
❷ 두 오브젝트를 모두 선택한 다음 [Pathfinder] 팔레트에서 [Exclude]( )를 클릭한다.
❸ 두 오브젝트가 겹쳐진 부분만 삭제된 것을 확인할 수 있다.

| 따라하기 | 05 오브젝트 분리하기 |

[Divide] 명령을 이용하면 겹쳐진 부분을 기준으로 오브젝트들을 분리할 수 있다.

[예제 파일 : 챕터06_예제 파일\호박.ai]

❶ '호박.ai' 파일을 불러온 후 선택 툴( )로 두 호박 오브젝트가 겹치도록 이동시킨다.
❷ 두 호박 오브젝트를 모두 선택한 다음 [Pathfinder] 팔레트에서 [Divide]( )를 클릭한다.

❸ 오브젝트 위에서 마우스 오른쪽 버튼을 클릭하고 [Ungroup]을 선택하여 오브젝트들을 분리한다.

❹ 선택 툴( )로 나누어진 오브젝트들을 드래그하여 서로 떨어지도록 이동시켜 오브젝트들이 분리되었는지 확인한다.

따라하기 06 오브젝트 외곽선 추출하기

[Outline] 명령을 이용하면 선택한 오브젝트들의 외곽선 추출이 가능하다.

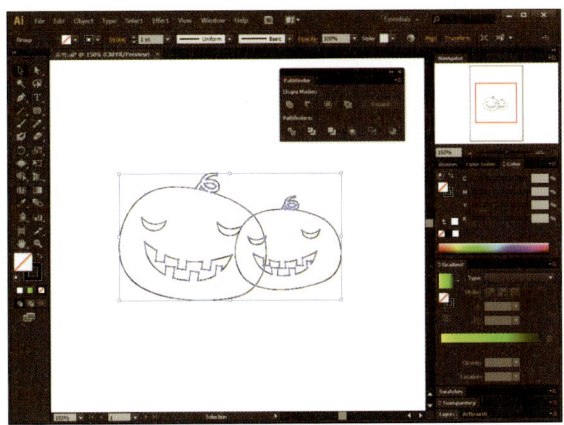

❶ 다시 '호박.ai' 파일을 불러온 후 선택 툴( )로 두 개의 호박 오브젝트가 겹치도록 이동시킨다.

❷ 두 호박 오브젝트를 모두 선택한 다음 [Pathfinder] 팔레트에서 [Outline]( )을 클릭한다.

❸ 겹쳐진 두 오브젝트가 결합되면서 외곽선만 남는 것을 확인한다.

> **tip ➕**
>
> **[Pathfinder Trap] 대화상자**
>
> 도큐먼트를 출력하면 오브젝트가 맞닿은 부분에 색상이 겹쳐지는 현상이 일어날 수 있다. 트랩 기능은 오브젝트가 맞닿은 부분을 좀 더 두껍고 어두운 색상의 곡선을 삽입하여 인쇄를 깨끗하게 처리하는 것으로, 인쇄 과정의 실무적인 부분에서 필요한 기능이다. 이러한 세부적인 설정은 [Pathfinder] 팔레트에서 팝업 버튼을 눌러 [Trap]을 선택하면 나타나는 [Pathfinder Trap] 대화상자에서 가능하다.
>
>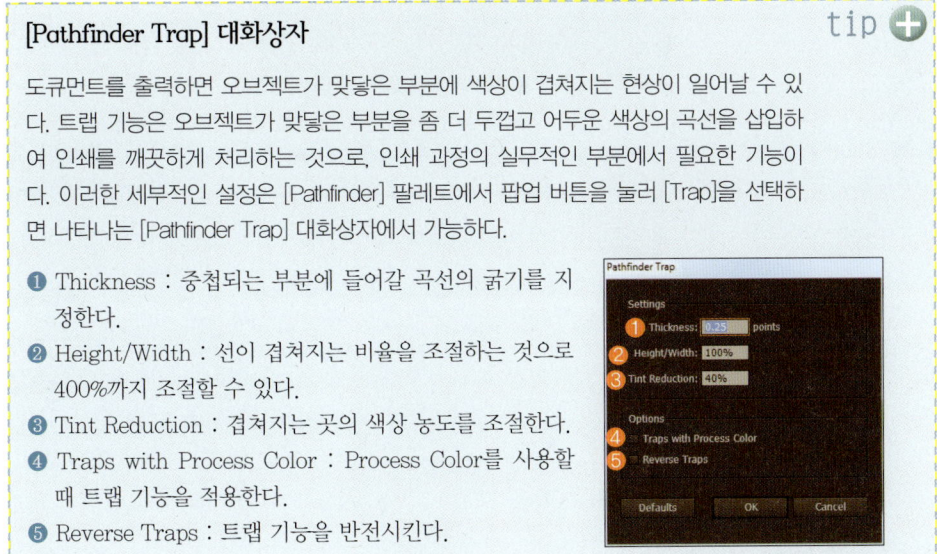
>
> ❶ Thickness : 중첩되는 부분에 들어갈 곡선의 굵기를 지정한다.
> ❷ Height/Width : 선이 겹쳐지는 비율을 조절하는 것으로 400%까지 조절할 수 있다.
> ❸ Tint Reduction : 겹쳐지는 곳의 색상 농도를 조절한다.
> ❹ Traps with Process Color : Process Color를 사용할 때 트랩 기능을 적용한다.
> ❺ Reverse Traps : 트랩 기능을 반전시킨다.

Section 3. [Pathfinder] 팔레트를 이용한 오브젝트 구성

 **핵심정리** summary

1. **유동화 툴을 이용한 이미지 효과**

   일러스트레이터 CS6에서 제공하는 다양한 유동화 툴을 이용하면 포토샵 못지않은 다양한 이미지 효과를 낼 수 있다. 왜곡, 비틀기, 구김, 팽창, 부채꼴, 크리스털, 링클 툴을 사용하여 이미지 및 오브젝트를 변형하면 새로운 오브젝트를 생성하지 않아도 원하는 오브젝트를 작성할 수 있다. 또한 유동화 툴을 적용한 이미지는 효과를 적용한 부분이 끊김과 같은 수정한 표시가 나지 않기 때문에 자연스러운 이미지를 작성할 수 있다.

2. **[Pathfinder] 팔레트**

   - Shape Modes : Unite, Minus front, Intersect, Exclude와 같은 다양한 모양 변형 모드를 제공한다.
   - Pathfinders : Divide, Trim, Merge, Crop, Outline, Minus Back과 같이 오브젝트의 패스를 변형하는 모드를 제공한다.

   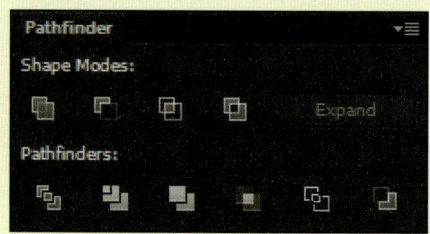

   - 두 개 이상의 오브젝트를 선택하지 않은 상태에서 [Pathfinder] 팔레트의 명령을 실행하면 결과를 나타낼 수 없다는 경고 창이 나타난다.

   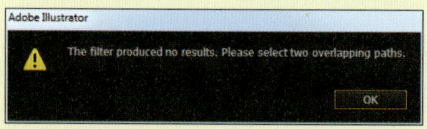

   - [Pathfinder] 팔레트와 그룹 효과 : 두 개 이상 겹쳐진 오브젝트를 선택한 후 [Pathfinder] 팔레트를 이용하면 자동으로 그룹 설정이 된다. 합쳐지거나 분리된 오브젝트를 개별적으로 선택하고 수정하려면 [Ungroup]을 실행하여 그룹을 해제하거나 직접 선택 툴을 사용한다.
   - [Pathfinder] 팔레트의 겹침 : 겹쳐진 오브젝트를 분리하는 [Divide] 명령을 사용할 때 면 오브젝트에 외곽선이 겹쳐지는 경우 완전히 면 오브젝트 외곽을 넘어서야 하는 점을 주의해야 한다. 외곽선이 면 오브젝트와 완전히 겹쳐지지 않으면 [Divide] 명령이 정상적으로 적용되지 않는다.

종합실습 pointup

1. **유동화 툴을 이용하여 오브젝트를 자유롭게 변형해 보자.**

   [예제 파일 : 챕터06_예제 파일\거미.ai]

   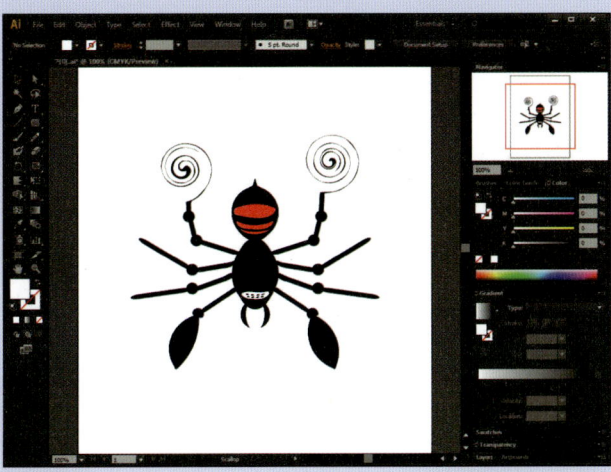

   HINT | 도구 모음의 유동화 툴들로 오브젝트를 클릭하여 다양하게 변형시켜 본다.

2. **[Pathfinder] 팔레트를 이용하여 오브젝트를 다양하게 변형해 보자.**

   [예제 파일 : 챕터06_예제 파일\남녀.ai]

   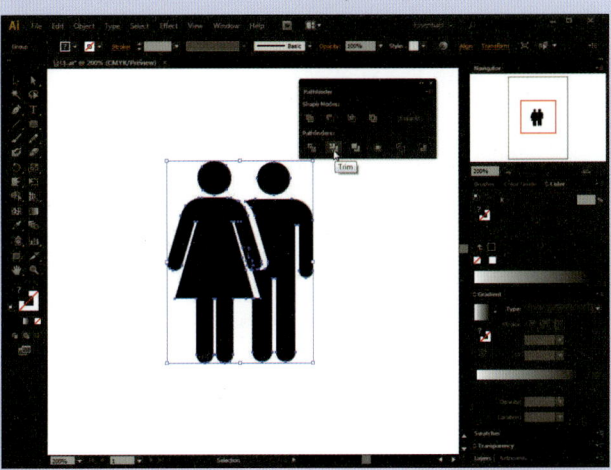

   HINT | 오브젝트들이 겹쳐지도록 드래그하여 이동한 다음 [Pathfinder] 팔레트의 [Trim]( )을 클릭하여 위에 겹쳐진 오브젝트를 기준으로 겹쳐진 부분이 분리되도록 변형한다.

07

CHAPTER

오브젝트의 효과적인 관리 및 실행

일러스트레이터 CS6는 오브젝트를 효과적으로 관리할 수 있도록 그래픽 스타일, 마스크, 블렌드, 심볼, 그리고 액션 기능을 제공한다. 또 레이어를 이용하여 오브젝트를 효율적으로 관리할 수 있어 초보자도 실무 디자이너와 같은 디자인 실력을 가질 수 있다.

Section 1　　레이어를 이용하여 요소를 분리하고 작업하기

Section 2　　간단하게 그래픽 스타일 사용하기

Section 3　　블렌드 효과로 오브젝트의 한계 넘기

Section 4　　마스크 효과로 나만의 디자인 만들기

Section 5　　액션 기능으로 편리하게 작업하기

Section 6　　오브젝트를 심볼로 등록하고 사용하기

효과적인 오브젝트 관리로 작업하기

복잡한 일러스트를 작업할 때 레이어와 액션, 그래픽 스타일 기능 등을 함께 사용하면 효율적인 작업을 할 수 있다. 레이어의 개념부터 사용 방법, 마스크 기능, 레이어 스타일을 오브젝트에 적용하는 방법 등 여러 가지 효과를 적용하는 방법을 알아본다.

Chapter 7

01 레이어란?

레이어는 '층'을 의미하는 개념으로, 투명한 여러 개의 유리판 위에 오브젝트가 각각 그려져 있는 것과 같다. 각각의 투명 유리판에 올려 있는 오브젝트들은 유리판의 투명함 때문에 앞 뒤 구분 없이 모든 이미지를 볼 수 있지만, 각 이미지들은 서로 다른 유리판에 위치해 있기 때문에 개별적인 편집이 가능하다. 따라서 다른 이미지에 영향을 주거나 받지 않으며 레이어를 감추거나 선택할 수 있고 순서를 재배열할 수 있으며 각 유리판의 이미지들은 다른 유리판으로 이동할 수도 있다. 또한 하나의 레이어 안에 더 작은 개념의 서브 레이어가 존재하여 세밀한 이미지 조정이 가능하다.

02 [Layers] 팔레트의 구조

[Window]-[Layers] 메뉴를 선택하면 화면상에 [Layers] 팔레트가 나타난다. 이곳에서 레이어의 기본적인 조작을 할 수 있다. [Layers] 팔레트에서 레이어의 이름과 미리 보기를 통해 레이어의 구분이 가능하다.

❶ Outline(◯) : Outline 상태의 아이콘으로 `Ctrl` 을 누른 채 눈 아이콘을 클릭하면 선택 레이어의 오브젝트들이 패스로만 보인다.

❷ Toggles Visibility(　) : 오브젝트를 보이거나 감출 수 있다.

❸ Toggles Lock(　) : 해당 레이어를 잠그거나 잠금을 해제한다.

❹ Make/Release Clipping Mask(　) : 마스크를 적용하거나 해제한다.

❺ Create New Sublayer(　) : 선택된 레이어 안에 포함되는 하위 레이어를 생성한다.

❻ Create New Layer(　) : 새로운 레이어를 생성한다.

❼ Delete Selection(　) : 레이어를 삭제한다.

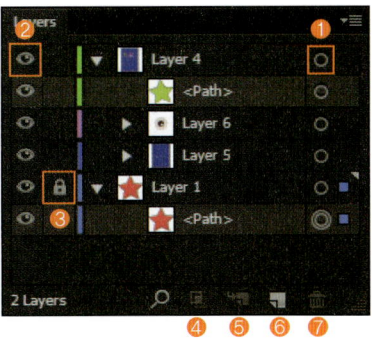

tip ➕ 타깃 아이콘

Appearance 효과를 관리하기 위해 [Layers] 팔레트의 각 레이어 우측에는 타깃 아이콘 기능이 있다. 타깃 아이콘은 작은 원형 모양으로, 원형의 모양을 보고 레이어의 상태를 구별할 수 있다.

- 두 개의 겹쳐진 원은 레이어, 그룹 오브젝트, 오브젝트가 목표로 정해져 있다는 뜻이다. 목표로 정해졌다는 의미는 Appearance 효과를 적용할 때 대상물이 되었다는 뜻이다. 사용자가 특수 효과를 적용하면 두 개의 원이 겹쳐진 곳에 효과가 적용된다.
- 안쪽이 채워진 원은 타깃으로 정해지지 않았지만 이미 Appearance 설정을 가지고 있는 레이어가 또다시 목표로 설정되어 있음을 표시한다.
- 레이어, 그룹 오브젝트, 오브젝트가 타깃 즉, 목표로 정해지지 않고 어떤 Appearance 효과도 적용되지 않은 상태를 의미한다.
- 타깃 아이콘 옆에 있는 색상을 가진 작은 사각형은 해당 레이어의 패스 색상을 표시한다.

03 [Graphic Styles] 팔레트

그래픽 스타일 기능은 오브젝트를 선택하고 [Graphic Styles] 팔레트에서 제공하는 그래픽 스타일을 클릭하면 오브젝트에 바로 스타일을 적용할 수 있다. 일러스트레이터 초보자도 일러스트레이터 CS6에서 제공하는 다양한 그래픽 스타일을 이용하면 손쉽게 멋진 효과를 나타낼 수 있다.

❶ Graphic Styles Libraries Menu : [Graphic Styles] 팔레트의 라이브러리를 불러온다.

❷ Break Link to Graphic Style : 오브젝트에 스타일을 적용한 다음 클릭하면 선택한 오브젝트의 속성 설정과 팔레트에 등록되어 있는 스타일의 연결이 끊어져 오브젝트의 속성을 수정해도 스타일을 갱신할 수 없다.

❸ New Graphic Style : 새로운 스타일을 만든다. 또한 등록되어 있는 스타일을 드래그하면 스타일이 복사된다.

❹ Delete Graphic Style : 휴지통 모양의 버튼을 클릭하거나 스타일을 드래그하면 선택된 스타일이 삭제된다.

04 마스크(Mask) 기능

마스크 기능은 이미지에서 감추어야 할 부분과 드러나야 할 부분을 구분하여 표현할 때 사용하는 기능으로 일러스트레이터에서는 클리핑 마스크(Clipping Mask)와 레이어 마스크, 투명도 팔레트에서 사용하는 불투명도 마스크 기능이 있다. 세 개의 마스크 기능은 기본적으로 그 기능이 같다.

▲ 클리핑 마스크 기능이 문자 오브젝트에 적용된 예

- 클리핑 마스크 : 마스크 효과를 적용했을 때 드러나는 부분과 감춰지는 부분의 경계가 깨끗하게 잘려지는 것과 같은 효과를 낸다.
- 불투명도 마스크 : 경계 부분을 부드럽게 처리한다.
- 레이어 마스크 기능 : [Layers] 팔레트를 이용하여 마스크 효과를 적용한다. 마스크 효과는 기본적으로 화면에서 나타내고 싶지 않은 부분을 가리는 기능이지만 마스크 기능을 이용한 이미지 표현 방법에도 많이 활용되고 있다.

05 블렌드 효과

블렌드는 두 개 이상 오브젝트의 중간 단계를 색상뿐만 아니라 형태까지도 자동으로 만들어 주는 기능으로 그레이디언트의 한 종류이다. 블렌드를 이용하여 다양한 특수 효과를 낼 수 있고 반복적인 그래픽 작업을 쉽게 만들 수 있다.

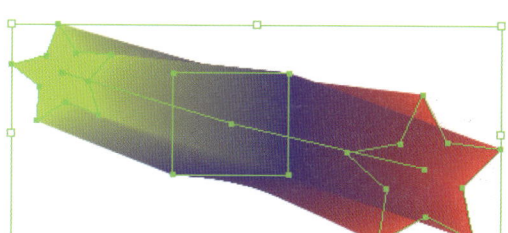

- [Blend Options] 대화상자의 Spacing(간격)

블렌드 효과를 적용하는데 있어서 중간 단계의 간격을 설정한다.

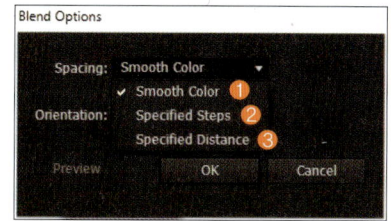

❶ Smooth Color : 중간 단계의 색상이 자연스럽게 변화한다. 사용자 편집이 불가능하며 255개의 중간 단계를 만들어 자연스러운 색상을 표현한다.

❷ Specified Steps : 2개의 오브젝트 중간 단계를 사용자가 설정할 수 있다. 우측의 입력 상자에 숫자를 입력하여 사용한다.

❸ Specified Distance : 2개의 오브젝트 중간 단계를 일정한 거리를 두고 생성하는 방법으로 우측의 입력 상자에 사용자가 거리를 입력하여 사용한다.

- Orientation

오브젝트 중간 단계들의 방향을 지정할 수 있다.

Align To Page : 오브젝트들이 패스 경로에 상관없이 본래의 방향을 유지하는 방식이다.

Align To Path : 오브젝트들이 패스 경로에 따라 각도를 맞추어 정렬한다.

06 심볼

심볼은 파일 크기를 작게 하기 위한 것으로 오브젝트를 심볼로 등록한 후에는 몇 개의 오브젝트가 쓰이더라도 파일 크기는 변함이 없다. 이러한 심볼을 이용하면 일러스트레이터 CS6에서는 반복적인 요소들을 파일 크기에 상관없이 빠르고 쉽게 적용할 수 있다. 또한 반복적으로 적용한 심볼 이미지의 수정, 편집에 관한 툴들을 이용하여 손쉽게 심볼 작업을 할 수 있다.

• [Symbolism Tools Options] 대화상자

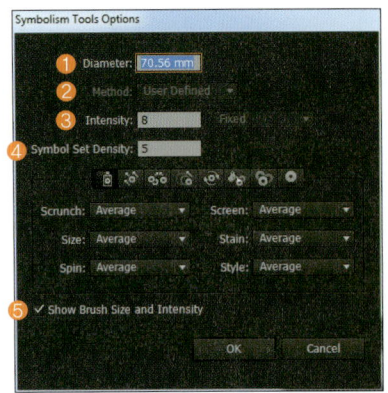

❶ Diameter : 심볼 브러시의 크기를 조절한다.

❷ Method : 심볼 툴을 사용할 때 Average(평균 적용), User Defined(사용자 지정), Random(불규칙) 중에 하나를 선택할 수 있다.

❸ Intensity : 심볼 툴을 드래그할 때 뿌려지는 심볼의 양을 조절한다.

❹ Symbol Set Density : 심볼의 밀도를 조절할 수 있다.

❺ Snow Brush Size and Intensity : 심볼 툴을 사용할 때 적용되는 브러시 범위를 화면에 표시한다.

07 [Actions] 팔레트

많은 양의 작업을 빠른 시간 내에 완성도 있게 제작할 때 반복적인 작업은 자동 실행 기능을 사용하는 것이 편리하다. 액션 기능은 이러한 반복 작업을 빠르게 실행한다.

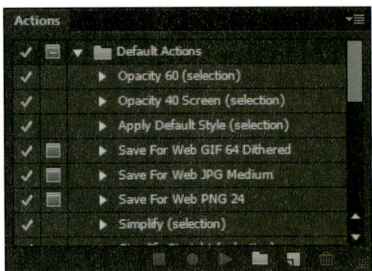

- 작업 녹음 : 같은 작업을 반복해야 할 때 반복되는 작업을 녹음해서 버튼 하나로 완성한다.
- 기록한 작업 재생, 실행 : 작업 과정을 그대로 기록해 두었다가 다른 오브젝트에 액션 기능을 적용하여 같은 작업을 반복 실행시킬 수 있다.
- 버튼 모드와 단축키로 더욱 손쉬운 작업 : 액션을 실행할 때 단축키를 설정한 다음 버튼 하나로 반복된 작업을 실행하는 기능을 이용하면 더욱 편리하다.

Section 1. 레이어를 이용하여 요소를 분리하고 작업하기

레이어는 복잡하게 겹쳐져 있는 오브젝트들을 분류하여 복잡한 작업을 쉽고 효율적인 작업으로 가능하게 한다. 오브젝트들을 잘 분류하고 관리하는 것은 작업 시간을 매우 단축시킨다.

> ### ◐ 알아두기
> - 레이어를 이용하여 복잡한 오브젝트를 분류하여 관리할 수 있다.
> - [Layers] 팔레트를 이용하여 간단한 오브젝트 편집을 할 수 있다.

따라하기 01 | 레이어 만들고 옵션 설정하기

[Layers] 팔레트 하단에 있는 [Create New Layer](🔲)를 클릭하면 새로운 레이어를 생성할 수 있다. 새로운 레이어는 현재 선택되어 있는 레이어 위에 생성되며 레이어를 더블클릭하면 레이어 옵션을 설정할 수 있다.

[예제 파일 : 챕터07_예제 파일\동물들.ai]

 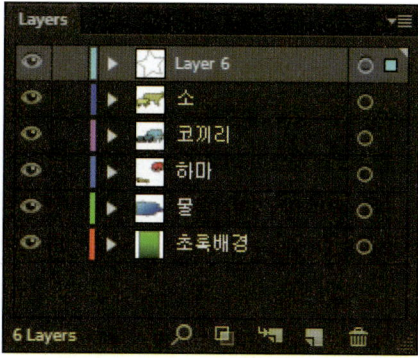

❶ '동물들.ai' 파일을 불러온 후 [Window]-[Layers] 메뉴 또는, F7 을 눌러 [Layers] 팔레트를 나타낸다.

❷ [Layers] 팔레트에서 '소' 레이어가 선택된 상태에서 [Create New Layer](🔲)를 클릭한다.

❸ '소' 레이어 바로 위에 새 레이어가 생성되었으면 도구 모음의 도형 툴로 새 레이어가 선택된 상태에서 도형 오브젝트를 하나 생성한다.

❹ [Layers] 팔레트에 도형 오브젝트를 포함하는 새 레이어가 생성된 것을 확인한다.

❺ 새로운 'Layer 6' 레이어를 더블클릭하여 [Layer Options] 대화상자를 불러온다. [Name]은 '별', [Color]를 'Cyan'으로 지정하고 [OK] 버튼을 클릭하여 옵션을 저장한다.

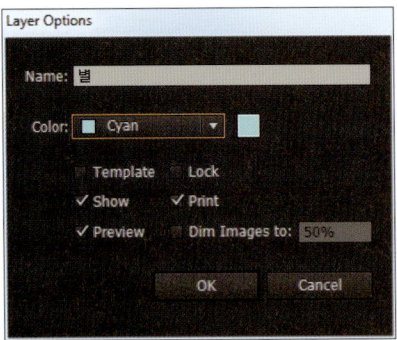

따라하기 02 레이어 복사하고 숨기기

레이어를 복사하면 해당 레이어가 포함하는 오브젝트들도 함께 복사된다. 레이어 숨김 기능을 이용하여 복잡한 작업을 할 때 작업하지 않는 이미지들을 잠깐 화면에서 숨겨두면 작업하는 데 편리하다.

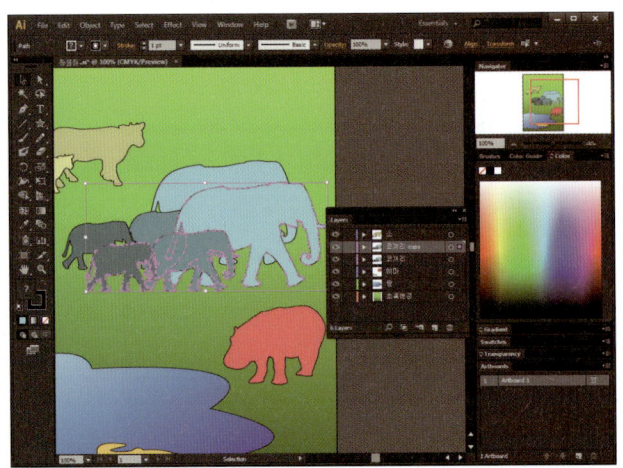

❶ [Layers] 팔레트에서 '코끼리' 레이어를 선택한다.

❷ '코끼리' 레이어를 [Create New Layer](　) 위로 드래그하여 레이어를 복사한다. 코끼리 오브젝트를 이동시켜보면 오브젝트들이 복사된 것을 확인할 수 있다.

❸ 이번에는 [Layers] 팔레트에서 '하마' 레이어 왼쪽의 눈 아이콘(　)을 클릭하여 레이어를 숨긴다. 눈 아이콘이 사라지면서 도큐먼트의 하마 오브젝트도 사라진다. 이때 사라진 눈 아이콘(　)을 클릭하면 다시 오브젝트가 나타난다.

❹ [Layers] 팔레트에서 `Ctrl` 을 누른 상태로 '물' 레이어의 눈 아이콘(　)을 클릭하면 눈 아이콘 모양이 변경되면서 해당 레이어의 오브젝트들이 패스만 보인다.

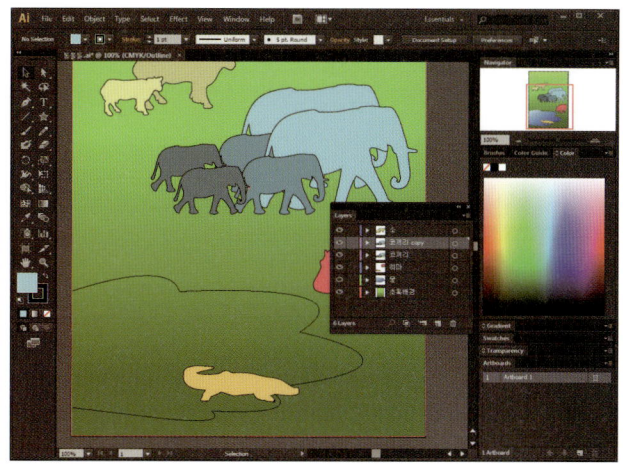

❺ Alt 를 누른 상태에서 '코끼리' 레이어의 눈 아이콘(👁)을 클릭하면 해당 레이어를 제외한 다른 모든 레이어들이 숨김 상태로 전환된다.

따라하기 03 레이어 잠그기

여러 개의 오브젝트가 겹쳐있는 경우에는 원하는 오브젝트를 선택하기 어렵거나 작업이 복잡해진다. 이때 작업하지 않는 레이어를 잠금 설정하여 해당 레이어가 선택되지 않도록 하면 효율적으로 다른 레이어들을 작업할 수 있다.

❶ [Layers] 팔레트에서 '초록배경' 레이어의 잠금 아이콘 위치를 클릭하여 잠금 아이콘(🔒)을 표시한다.

❷ 도구 모음의 선택 툴(▶)로 도큐먼트의 초록 배경 오브젝트 위를 클릭하거나 드래그해도 해당 오브젝트가 선택되지 않는 것을 알 수 있다.

❸ 잠금 아이콘(🔒)을 다시 한 번 클릭하면 잠금 설정이 해제된다.

Section 1. 레이어를 이용하여 요소를 분리하고 작업하기

> **잠금 기능** tip ➕
>
> 일러스트 작업 시 배경 레이어에 잠금 기능을 사용하면 드래그하여 범위를 잡거나 오브젝트들을 선택하는데 배경이 선택되지 않아 편리하다.

따라하기 04 레이어의 이동과 결합하기

레이어를 이동하면 오브젝트들의 겹쳐지는 순서가 달라진다. 레이어를 이동할 때는 [Layers] 팔레트에서 해당 레이어를 드래그하여 원하는 위치에 놓으면 된다. 레이어가 많아 작업하기가 불편한 경우 [Merge Selected] 명령을 이용하여 비슷한 성격의 레이어끼리 결합할 수 있다.

❶ [Layers] 팔레트에서 '초록배경' 레이어를 선택한 다음 '물' 레이어 위로 드래그하면 물 오브젝트가 초록배경 오브젝트에 가려 보이지 않는다.

❷ '초록배경' 레이어를 '물' 레이어 밑으로 드래그하면 물 오브젝트가 다시 나타난다.

❸ 이번에는 '소' 레이어와 '코끼리' 레이어를 Ctrl 을 누른 상태에서 클릭하여 다중 선택한다. 두 레이어가 선택된 상태에서 [Layers] 팔레트의 팝업 버튼(≡)을 클릭하고 [Merge Selected]를 선택한다.

❹ '소' 레이어와 '코끼리' 레이어가 하나로 합쳐지면서 레이어가 결합된 '코끼리' 레이어가 생성된다.

[Layer Options] 대화상자

[Layers] 팔레트에서 레이어를 더블클릭하면 해당 레이어의 옵션을 조정할 수 있는 [Layer Options] 대화상자가 나타난다. [Layer Options] 대화상자에서는 레이어의 이름, 패스 색상, 잠그기, 흐리기 등의 설정이 가능하다.

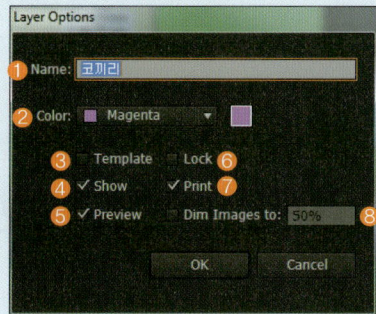

❶ Name : 해당 레이어 내용을 나타내는 이름을 지정한다.
❷ Color : 각 레이어에는 쉽게 구분 짓기 위해 각기 다른 패스 색상으로 나타내는데 이곳을 클릭하여 색상을 설정하면 패스 색상을 바꿀 수 있다.
❸ Template : 템플릿이란 바닥에 이미지를 놓고 본뜨는 것을 말하며 이 옵션을 체크하면 '잠금' 상태가 되고 이미지가 흐려진다.
❹ Show : 레이어의 이미지를 보이게 하거나 감춘다. [Layers] 팔레트의 눈 아이콘 (👁)과 같은 역할을 한다.
❺ Preview : 이 옵션의 체크를 해제하면 레이어의 이미지가 Outline 상태로 보인다.
❻ Lock : 레이어의 이미지를 선택하지 못하도록 잠그거나 해제한다.
❼ Print : 인쇄 시 레이어를 출력한다.
❽ Dim Images to : 수치 값을 조절하여 비트맵 이미지를 흐릿하게 한다.

간단하게 그래픽 스타일 사용하기

[Graphic Styles] 팔레트 및 [Graphic Styles Libraries]를 이용하면 손쉽게 오브젝트의 다양한 속성들을 적용할 수 있으며 초보자도 멋진 그래픽 효과를 얻을 수 있다.

> **알아두기**
> - [Graphic Styles] 팔레트에서 한 번의 클릭으로 고급스러운 스타일 적용이 가능하다.
> - [Graphic Styles Libraries]에서 일러스트레이터 CS6가 제공하는 다양한 그래픽 스타일을 사용할 수 있다.

따라하기 01 [Graphic Styles] 팔레트에서 스타일 적용하고 나만의 스타일 등록하기

오브젝트를 선택하고 [Graphic Styles] 팔레트에서 원하는 스타일을 클릭하면 오브젝트에 그래픽 스타일을 적용할 수 있다. 또 생성한 오브젝트를 [Graphic Styles] 팔레트로 드래그하면 해당 오브젝트의 그래픽 속성이 등록된다.

[예제 파일 : 챕터07_예제 파일\문양.ai]

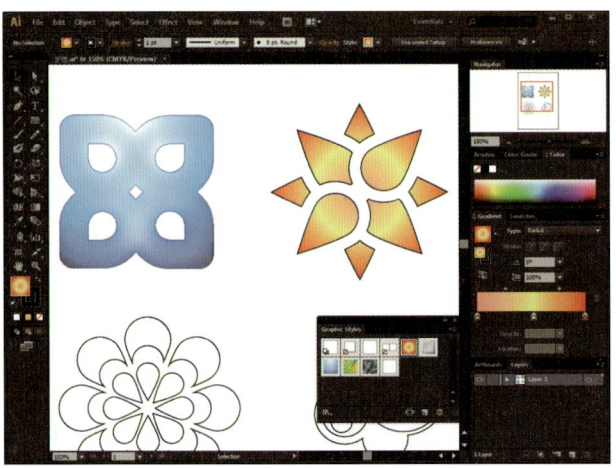

❶ '문양.ai' 파일을 불러온 후 선택 툴( )로 왼쪽 상단 문양 오브젝트를 선택한다.
❷ [Window]-[Graphic Styles] 메뉴를 선택하여 [Graphic Styles] 팔레트를 나타낸다.
❸ 문양 오브젝트가 선택된 상태에서 [Graphic Styles] 팔레트의 'Dusk' 스타일을 클릭한다.

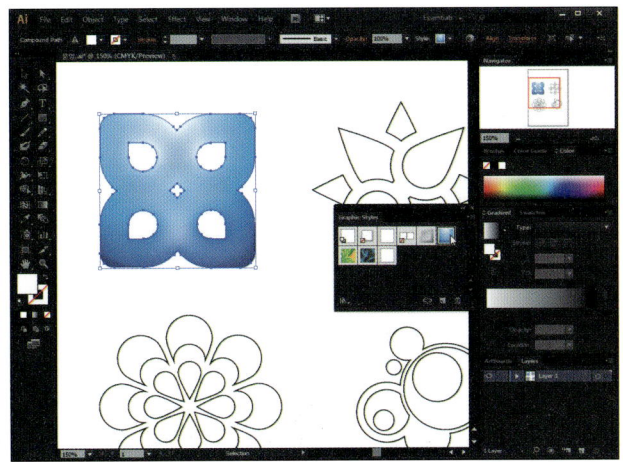

❹ 이번에는 오른쪽 상단 문양 오브젝트를 선택하고 여러 가지 색상의 그레이디언트를 적용한다.

❺ 그레이디언트가 적용된 오브젝트를 [Graphic Styles] 팔레트 내부로 드래그한다.

❻ 해당 오브젝트의 그래픽 속성이 [Graphic Styles] 팔레트에 등록된다.

따라하기 02 두 개 이상의 그래픽 스타일 합성하기

[Graphic Styles] 팔레트에서 Ctrl 을 누른 상태에서 원하는 그래픽 스타일 아이콘을 다중 선택한 다음 팔레트의 팝업 버튼을 누르고 [Merge Graphic Styles]를 선택하면 여러 스타일이 합쳐져서 새로운 스타일을 만들 수 있다.

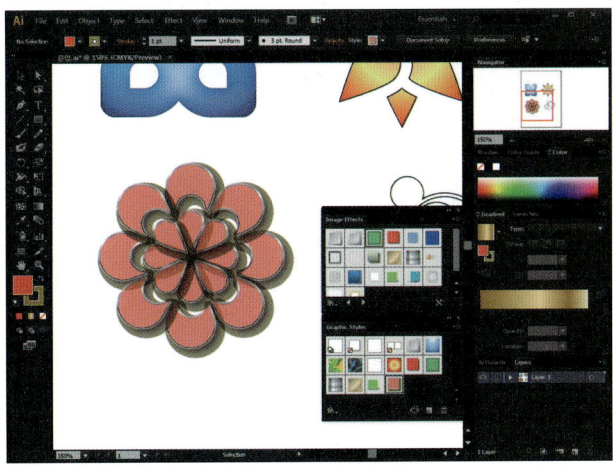

Section 2. 간단하게 그래픽 스타일 사용하기 241

❶ [Graphic Styles] 팔레트에서 라이브러리 아이콘( )을 클릭한 다음 'Image Effects' 를 선택한다.

❷ [Image Effects]-[Graphic Styles] 팔레트에서 원하는 그래픽 스타일들을 클릭하여 [Graphic Styles] 팔레트에 추가한다.

❸ [Graphic Styles] 팔레트에서 Ctrl 을 누른 채 원하는 스타일 두 개 이상을 클릭하여 선택한다.

❹ 두 개의 그래픽 스타일이 다중 선택된 상태에서 팝업 버튼( )을 클릭하고 [Merge Graphic Styles]를 선택한다.

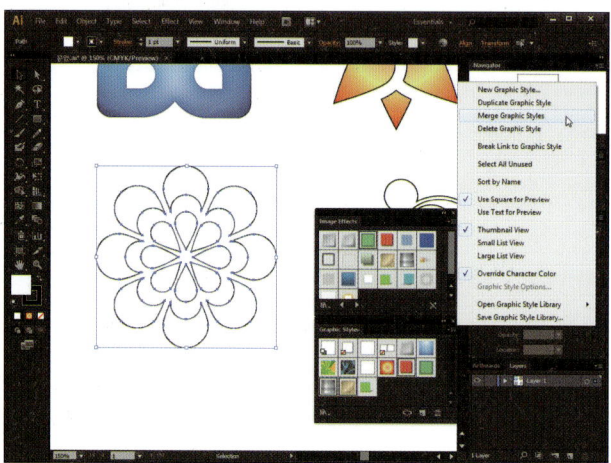

❺ [Graphic Style Options] 대화상자가 나타나면 'Merge'라고 입력하고 [OK] 버튼을 클릭한다.

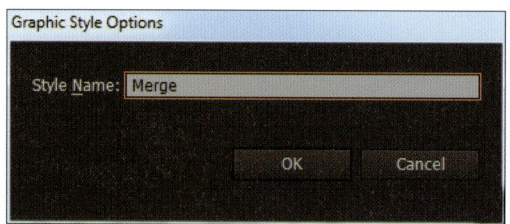

❻ Shift 를 누른 상태에서 도구 모음의 선택 툴( )로 왼쪽 하단의 오브젝트들을 선택하고 [Graphic Styles] 팔레트에서 결합한 'Merge' 그래픽 스타일을 클릭하여 적용한다.

01 혼자해보기

오른쪽 하단 문양 오브젝트에 라이브러리의 그래픽 스타일을 적용해 보자.

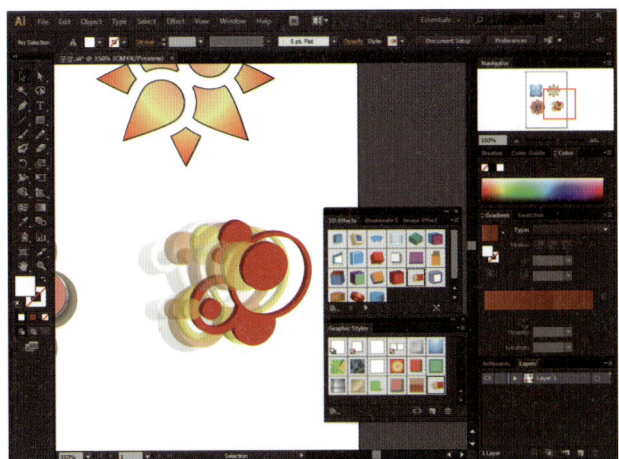

HINT | 선택 툴로 오른쪽 하단의 문양 오브젝트를 선택한 후 [Graphic Styles] 팔레트 하단의 라이브러리 아이콘( )을 클릭한 다음 원하는 주제의 그래픽 메뉴를 선택한다. 선택한 [Graphic Styles] 팔레트에서 원하는 그래픽 스타일을 클릭하여 해당 오브젝트에 적용한다.

02 혼자해보기

문자 오브젝트에 그래픽 스타일을 적용해 보자.

HINT | 새 도큐먼트에서 문자 툴을 이용하여 'POLAND'라는 문자를 작성하고 [Type]-[Create Outlines]를 실행하여 도형 오브젝트로 변환한다. 변환된 오브젝트가 선택된 상태에서 [Graphic Styles] 팔레트를 이용하여 원하는 그래픽 스타일을 적용한다.

Section 2. 간단하게 그래픽 스타일 사용하기

Section 3. 블렌드 효과로 오브젝트의 한계 넘기

일러스트레이터 CS6의 블렌드 기능은 두 개 이상 오브젝트를 연결하여 하나의 오브젝트로 만드는 것이다. 이때 단순히 연결하는 것이 아니라 각 오브젝트의 색상 및 모양 등의 속성도 자연스럽게 연결한다. 또한 블렌드 효과는 두 오브젝트의 속성을 결합한 하나의 오브젝트를 새롭게 생성하여 다양한 특수 효과와 그래픽 작업을 간편하게 한다.

> ◐ 알아두기
> • 블렌드 기능으로 오브젝트들을 자연스럽게 연결할 수 있다.
> • 반복적인 그래픽 작업 시 블렌드 기능으로 간단하게 나타낼 수 있다.

따라하기 01 블렌드 효과 적용하기

오브젝트에 블렌드 효과를 적용하여 두 개의 오브젝트를 연결한다.

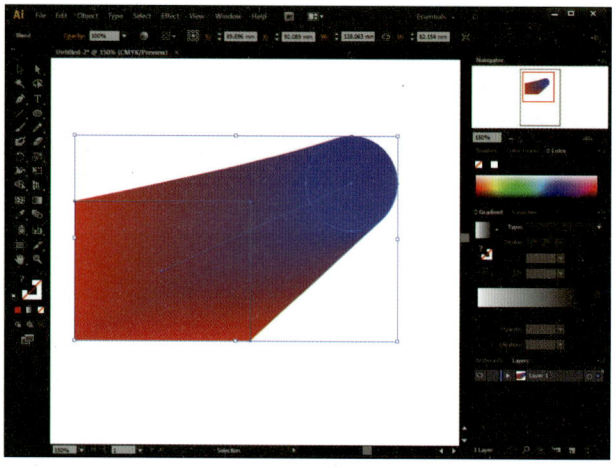

❶ [File]-[New] 메뉴를 선택하여 새로운 도큐먼트를 생성한다.

❷ 도구 모음의 도형 툴로 사각형과 원 오브젝트를 각각 하나씩 생성한다.

❸ 두 오브젝트에는 '붉은색'과 '파란색'으로 면 색상을 지정하고 선 색상은 '없음'으로 지정한다.

❹ 선택 툴( )로 두 오브젝트를 선택하고 [Object]-[Blend]-[Blend Options] 메뉴를 선택하여 [Blend Options] 대화상자를 불러온다. [Spacing]을 'Smooth Color'로 지정하고 [OK] 버튼을 클릭한다.

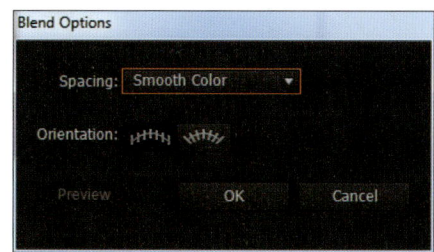

❺ 두 오브젝트가 선택된 상태에서 [Object]-[Blend]-[Make] 메뉴를 선택하여 블렌드 효과를 적용한다.

> **블렌드 효과 적용 시 주의 사항** tip ➕
>
> 블렌드 효과 적용 시 오브젝트에 외곽선이 있다면, 외곽선의 속성을 기준으로 두 개이상의 오브젝트가 연결된다. 즉 검은색 외곽선을 가지는 오브젝트라면 오브젝트들의 연결 속성은 검은색으로 이루어진다.
>
>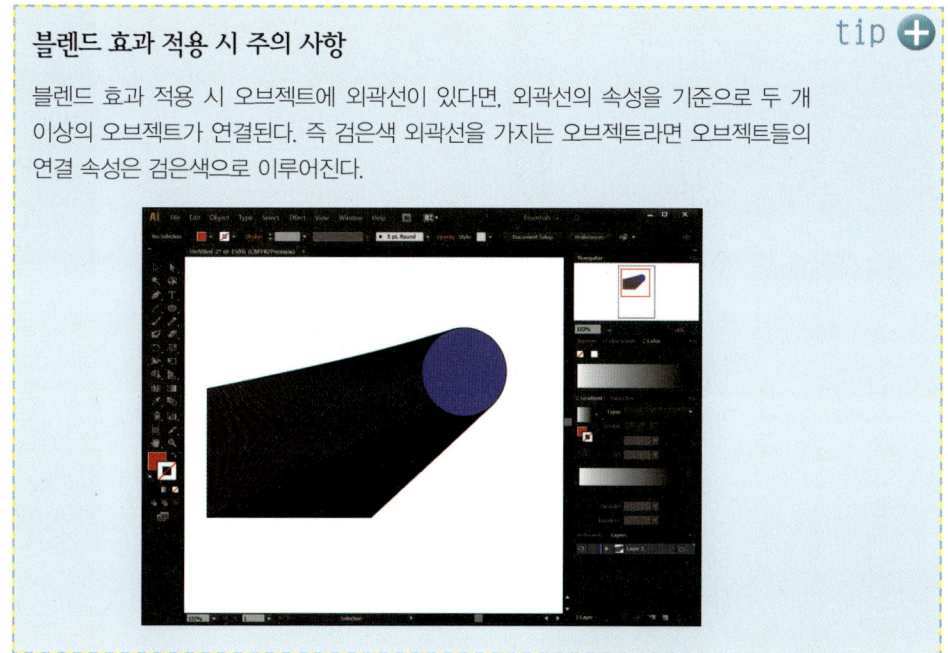

따라하기 02 블렌드 효과로 두 속성이 결합된 오브젝트 생성하기

블렌드 효과를 이용하여 두 개의 오브젝트의 속성이 결합된 새로운 오브젝트를 생성해 보자.
[예제 파일 : 챕터07_예제 파일\단풍.ai]

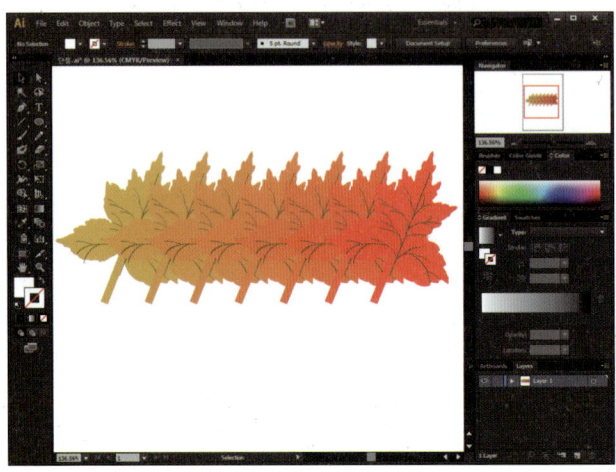

❶ '단풍.ai' 파일을 불러온 후 선택 툴(   )로 두 오브젝트를 모두 선택한다.

❷ [Object]-[Blend]-[Blend Options] 메뉴를 선택하여 [Blend Options] 대화상자에서 [Spacing]을 'Specified Steps', 수치 값을 '5'로 설정하고 [OK] 버튼을 클릭한다.

❸ 두 오브젝트가 선택된 상태에서 [Object]-[Blend]-[Make] 메뉴를 선택하여 블렌드 효과를 적용한다.

❹ 두 오브젝트 사이에 단계별로 중간 속성을 가진 5개의 오브젝트가 생성된 것을 확인한다.

tip [Blend Options] 대화상자

블렌드 툴을 사용하기 위해 오브젝트를 클릭하고 블렌드 효과를 적용하였을 때, 설정해 놓은 블렌드의 옵션대로 나타난다. 따라서 원하는 블렌드 효과가 있을 때에는 블렌드 툴을 더블클릭하여 [Blend Options] 대화상자에서 옵션을 재설정해야 한다.

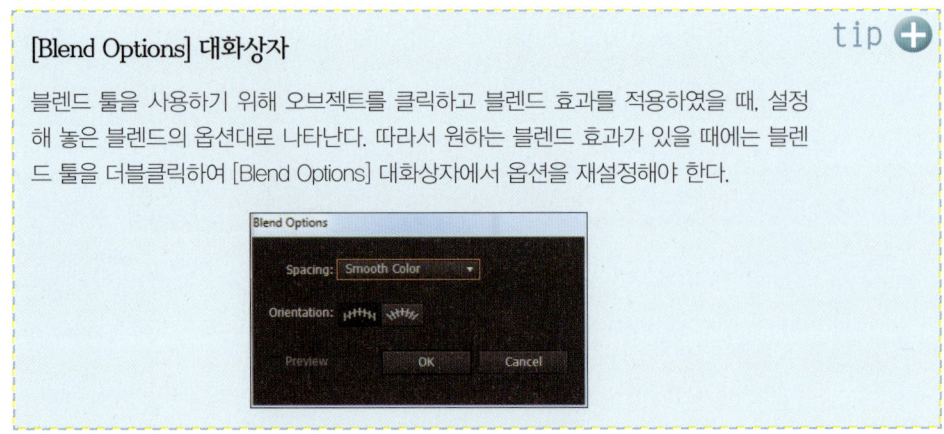

tip ➕

블렌드 메뉴

블렌드 기능을 사용하는 방법에는 도구 모음의 블렌드 툴을 선택하거나 [Object]-[Blend] 메뉴를 사용하는 방법이 있다.

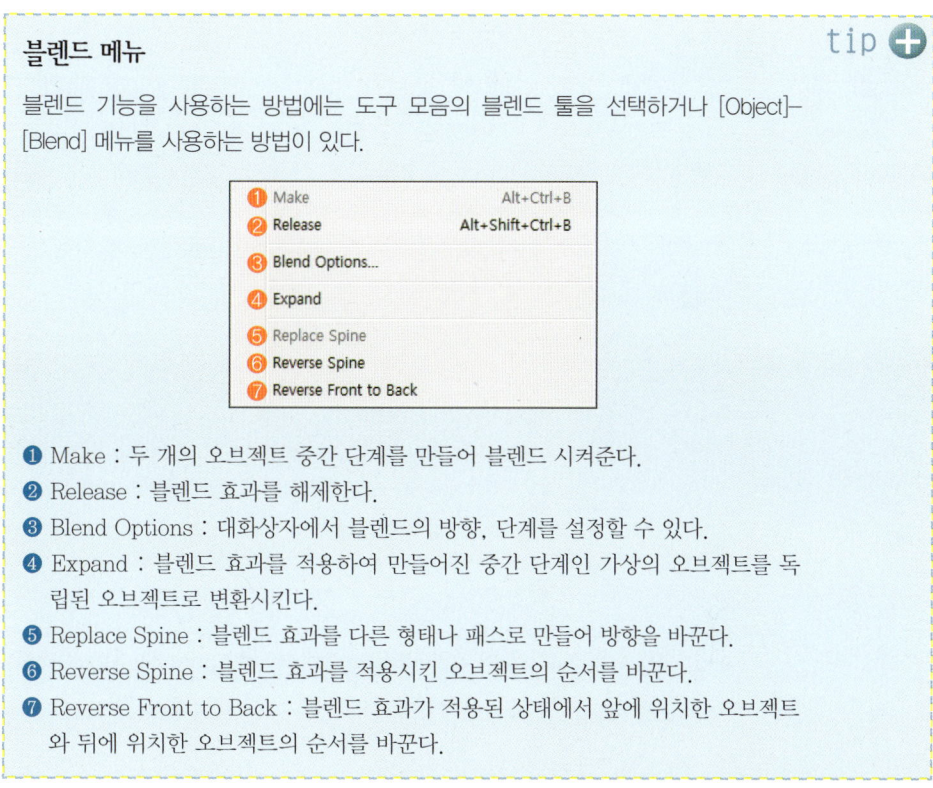

❶ Make : 두 개의 오브젝트 중간 단계를 만들어 블렌드 시켜준다.
❷ Release : 블렌드 효과를 해제한다.
❸ Blend Options : 대화상자에서 블렌드의 방향, 단계를 설정할 수 있다.
❹ Expand : 블렌드 효과를 적용하여 만들어진 중간 단계인 가상의 오브젝트를 독립된 오브젝트로 변환시킨다.
❺ Replace Spine : 블렌드 효과를 다른 형태나 패스로 만들어 방향을 바꾼다.
❻ Reverse Spine : 블렌드 효과를 적용시킨 오브젝트의 순서를 바꾼다.
❼ Reverse Front to Back : 블렌드 효과가 적용된 상태에서 앞에 위치한 오브젝트와 뒤에 위치한 오브젝트의 순서를 바꾼다.

---

01 혼자해보기 블렌드 효과 중 'Specified Distance'를 이용하여 두 오브젝트 사이의 간격을 기준으로 비슷한 속성의 오브젝트들을 생성해 보자.

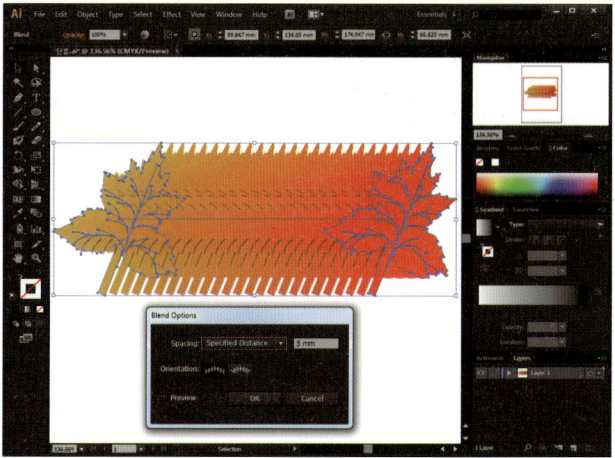

HINT | [Object]-[Blend]-[Blend Options] 메뉴를 선택하면 나타나는 [Blend Options] 대화상자에서 [Spacing]을 'Specified Distance', 간격 수치 값을 '5 mm'로 설정하고 [OK] 버튼을 클릭한다. 두 단풍 오브젝트를 선택한 상태에서 [Object]-[Blend]-[Make] 메뉴를 선택하여 두 오브젝트 사이에 간격 5mm를 기준으로 단계별 오브젝트들을 생성한다.

Section 3 . 블렌드 효과로 오브젝트의 한계 넘기   247

Section 4. 마스크 효과로 나만의 디자인 만들기

마스크 기능은 여러 오브젝트 중에서 가장 앞쪽에 위치한 오브젝트에 마스크 효과를 주어 다른 오브젝트의 일부를 가려주는 기능으로 필요 없는 부분을 안보이게 할 수 있어 편리하다.

> **알아두기**
> - 불투명도 마스크 기능을 사용하여 부드럽게 마스크 효과를 적용할 수 있다.
> - 클리핑 마스크 기능을 사용하여 원하는 형태대로 마스크 효과를 적용할 수 있다.
> - 레이어 마스크 기능으로 [Layers] 팔레트에서 간단하게 마스크 효과를 적용할 수 있다.

설명하기 01 마스크(Mask)의 종류

마스크 기능은 어떤 이미지에서 감춰야 할 부분과 드러나야 할 부분을 구분하여 표현할 때 사용하는 기능으로 일러스트레이터에서는 클리핑 마스크(Clipping Mask)와 레이어 마스크, [Transparency] 팔레트에서 사용하는 불투명도 마스크 기능이 있다.

• 불투명도 마스크

불투명도 마스크는 기존 마스크 기능의 외곽 부분이 날카롭게 절단되는 단점을 보완하여 투명도를 나타내는 마스크 기능을 가지고 있다. [Transparency] 팔레트에서 전반적인 작업이 이뤄진다.

❶ 원본 미리 보기 창 : 현재 작업 중인 오브젝트, 그룹, 레이어를 보여준다.

❷ 마스크 미리 보기 창 : 현재 적용 중인 불투명도 마스크의 형태를 표시한다.

❸ 링크 아이콘 : 오브젝트와 마스크 간의 링크 여부를 표시한다. 링크 아이콘이 활성화되었을 때는 오브젝트와 마스크가 함께 이동을 하고 비활성화되었을 때는 개별적으로 이동한다.

❹ Invert Mask : 불투명도 마스크 효과를 반대로 적용한다.

• 클리핑 마스크

클리핑 마스크(Clipping Mask)는 두 개 이상의 오브젝트에 최상위에 배열된 오브젝트로 마스크를 적용할 수 있다. 일정한 형태 안에 원하는 형태 또는 색상을 적용할 수 있다. [Object]-[Clipping Mask]-[Make] 메뉴를 선택하여 마스크 효과를 적용하고 [Release] 명령으로 마스크 효과를 해제할 수 있다.

• 레이어 마스크

[Layers] 팔레트 팝업 메뉴의 [Make Clipping Mask] 기능으로 레이어상에서 마스크 효과를 적용할 수 있다. 같은 레이어에서 최상위의 오브젝트로 다른 오브젝트에 마스크를 적용한다.

따라하기 01 불투명도 마스크 효과 만들기

불투명도 마스크 기능은 명도를 이용하여 부드러운 느낌의 마스크 적용이 가능하다. [Transparency] 팔레트에서 불투명도 마스크 효과를 적용하는 방법에 대해 알아보자.

[예제 파일 : 챕터07_예제 파일\coffee.ai]

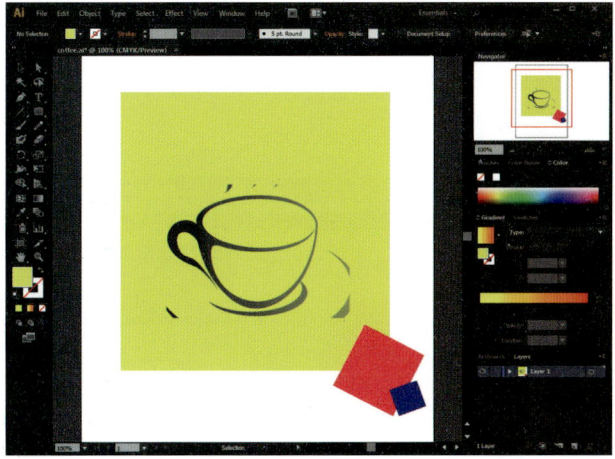

❶ 'coffee.ai' 파일을 불러온 후 [Window]-[Transparency] 메뉴를 선택하여 [Transparency] 팔레트를 불러온다.

❷ 선택 툴( )로 커피잔 오브젝트를 선택하면 [Transparency] 팔레트 원본 미리 보기 창에 이미지가 나타난다.

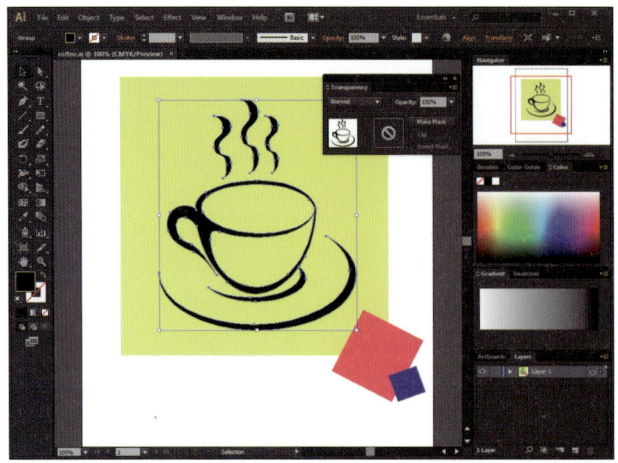

❸ 커피잔 오브젝트가 선택된 상태에서 [Transparency] 팔레트의 팝업 버튼(▼≡)을 클릭하고 [Make Opacity Mask]를 선택하거나 팔레트의 오른쪽 마스크 미리 보기 창을 더블클릭한다.

❹ 커피잔 오브젝트가 화면에서 사라지는 것을 확인하고 [Transparency] 팔레트에서 마스크 미리 보기 창을 클릭하여 마스크 편집 상태로 전환한다.

❺ 도구 모음에서 스포이트 툴(⌗)을 이용하여 면 색상이 노란색 사각형 오브젝트와 같도록 지정한다.

❻ 사각형 툴(▢)로 사각형 오브젝트를 작성하면 사각형 오브젝트에 커피잔 오브젝트가 화면에 다시 나타난다.

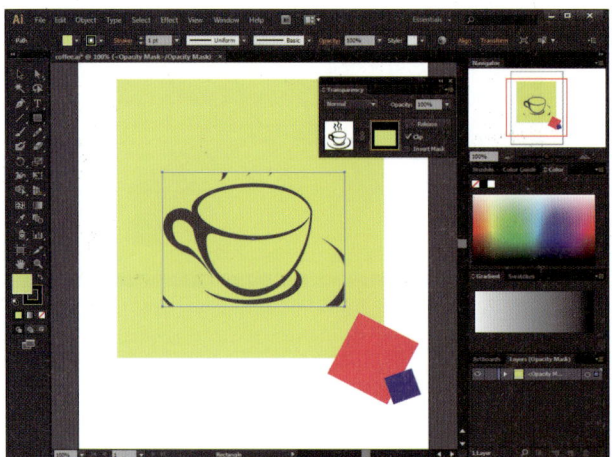

❼ 마스크 편집 상태에서 작성한 사각형 오브젝트에 그레이디언트 색상을 적용하면 커피잔 오브젝트의 색상이 그레이디언트의 명도에 따라 불투명도의 범위가 부드럽게 변환된다.

❽ [Transparency] 팔레트에서 원본 미리 보기 창을 클릭하여 마스크 편집 상태를 벗어나 원본 상태로 돌아간다.

마스크의 투명도와 그레이디언트 `tip`

마스크가 적용된 오브젝트를 그레이디언트 툴로 드래그하면 드래그할 때마다 오브젝트의 투명도가 변경된다. 이것은 그레이디언트의 농도에 따라서 마스크의 투명도가 조절되기 때문이다. 그레이디언트 색상이 흐릴수록 투명해지고, 진할수록 불투명해진다.

불투명도 마스크 효과를 해제하려면 [Transparency] 팔레트 팝업 메뉴의 [Release Opacity Mask]를 선택한다. 마스크 편집 상태에서 작성한 그레이디언트 색상이 적용된 사각형 오브젝트가 분리되어 도큐먼트의 가장 위쪽에 배열된다. `tip`

따라하기 02 클리핑 마스크 적용하기

클리핑 마스크 기능은 가장 위에 위치한 오브젝트의 형태에 따라 다른 오브젝트들과 겹쳐진 부분을 제외한 나머지 부분을 감추는 기능이다.

[예제 파일 : 챕터07_예제 파일\열쇠.ai]

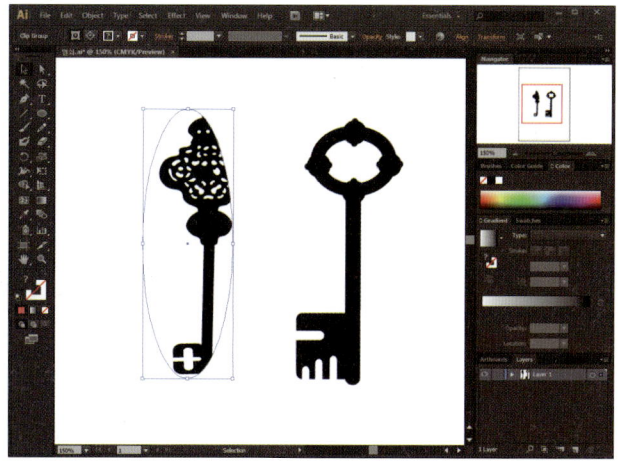

❶ '열쇠.ai' 파일을 불러온 후 두 개의 열쇠 오브젝트를 확인한다.

❷ 도구 모음의 색상 모드에서 면 색상을 원하는 색상으로 설정하고, 선 색상은 '검은색'으로 설정한다.

❸ 원형 툴( )로 왼쪽 열쇠 오브젝트 위에 일부만 겹쳐지도록 원 오브젝트를 그린다.

❹ `Shift` 를 누른 상태에서 선택 툴( )로 겹쳐진 원 오브젝트와 열쇠 오브젝트를 모두 선택한다.

❺ [Object]-[Clipping Mask]-[Make] 메뉴를 선택한다.

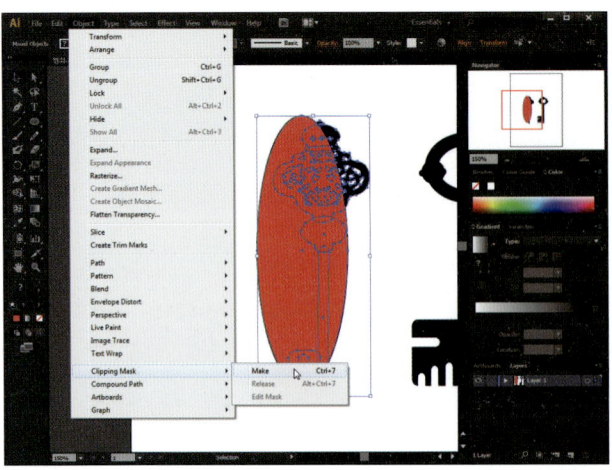

❻ 원 오브젝트와 겹친 발 오브젝트의 부분만 남고 나머지 부분은 화면에서 가려진다. 이때 화면에 나타나지 않는 부분은 삭제된 것이 아니며, 단지 화면에서 보이지 않을 뿐이다.

> **tip**
> **마스크 효과 해제**
> 마스크 효과를 해제하려면 마스크 효과가 적용된 오브젝트를 선택하고 [Object]-[Clipping Mask]-[Release] 메뉴를 선택한다.

01 혼자해보기

클리핑 마스크 기능을 이용하여 타이포그래피를 만들어 보자.

[예제 파일 : 챕터07_예제 파일\타이포그래피.ai]

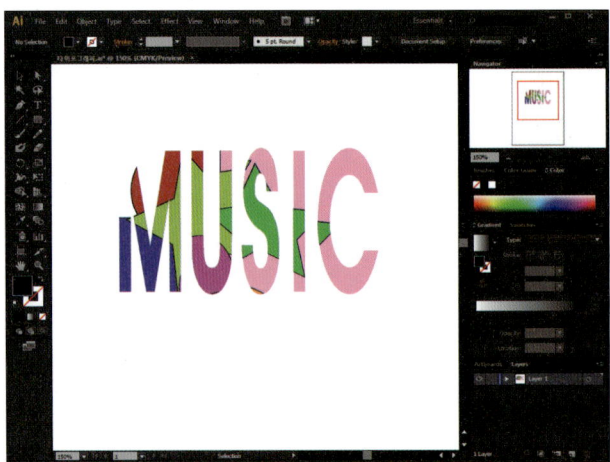

HINT | 'M' 문자 오브젝트와 그룹화된 도형 오브젝트를 모두 선택한 다음 [Object]-[Clipping Mask]-[Make] 메뉴 또는, [Layers] 팔레트에서 [Make/Releas Clipping Mask]()를 클릭하여 클리핑 마스크 기능을 적용한다. 나머지 'USIC' 문자 오브젝트들도 각각 선택하여 같은 방법으로 클리핑 마스크 기능을 적용한다.

Section 5. 액션 기능으로 편리하게 작업하기

일러스트레이터 CS6에서 액션 기능이란 실행하는 작업 과정을 기록하여 작업 완료 후에도 단 한 번의 명령으로 자동으로 같은 결과물을 만들어 낼 수 있는 편리한 기능이다. [Actions] 팔레트를 활용하여 반복적인 작업을 기록하여 저장하고 다른 오브젝트에 해당 액션을 적용하면 빠르고 손쉽게 작품을 완성할 수 있다.

> **알아두기**
> - 액션 기능으로 작업 과정을 기록할 수 있다.
> - 반복적인 작업 시 액션 기능을 사용하여 작업 시간을 단축시킬 수 있다.

따라하기 01 | 액션과 액션 세트 만들기

반복적인 작업을 해야 할 때 그 작업을 기록 및 저장하여 버튼 또는 단축키 하나로 적용할 수 있다.

[예제 파일 : 챕터07_예제 파일\사람.ai]

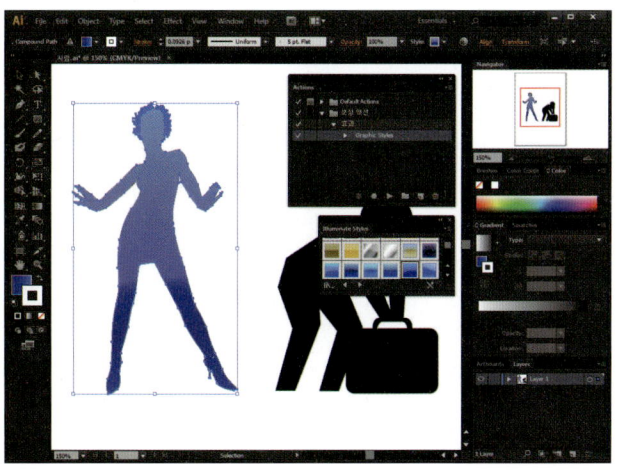

❶ '사람.ai' 파일을 불러온 후 [Window]-[Actions] 메뉴를 선택하여 [Actions] 팔레트를 불러온다.

❷ 액션 세트를 만들기 위해 [Actions] 팔레트의 [Create New Set](■)을 클릭한다.

❸ [New Set] 대화상자가 나타나면 [Name]에 '색상 액션'을 입력하고 [OK] 버튼을 클릭하여 액션 세트를 생성한다.

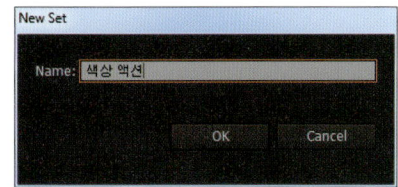

❹ 기록할 반복 작업을 생성하기 위해 [Window]-[Graphic Style Libraries]-[Illuminate Styles] 메뉴를 선택하여 [Illuminate Styles] 팔레트를 불러온다.

❺ 선택 툴( )로 왼쪽 사람 오브젝트를 선택한 다음 [Actions] 팔레트에서 [Create New Action]( )을 클릭한다.

❻ [New Action] 대화상자가 나타나면 [Name]에 '효과'라고 입력하고 Record를 클릭한다.

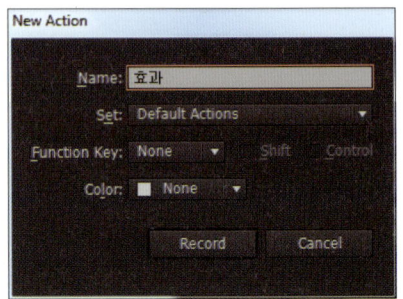

❼ Record를 클릭하는 순간부터 작업이 기록된다. [Illuminate Styles] 팔레트에서 원하는 효과를 클릭하여 왼쪽 사람 오브젝트에 효과를 적용한다.

❽ 오브젝트에 적용한 효과는 [Actions] 팔레트에도 기록되어졌기 때문에 이번에는 기록이 끝내기 위해 [Actions] 팔레트 하단의 [Stop]( )을 클릭한다.

tip ➕

[Actions] 팔레트

[Actions] 팔레트를 이용하면 같은 작업을 여러 번 반복할 때 작업 순서를 기록하여 다른 오브젝트에 적용이 가능하며, 기록된 데이터를 저장하면 언제든지 사용할 수 있다.

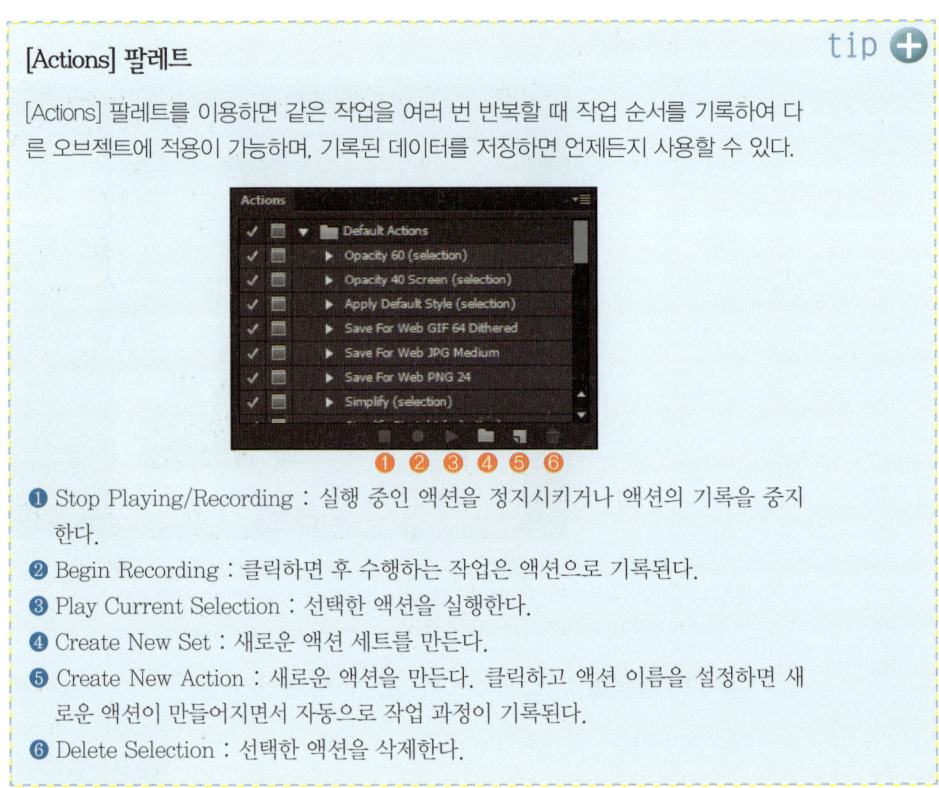

❶ Stop Playing/Recording : 실행 중인 액션을 정지시키거나 액션의 기록을 중지한다.
❷ Begin Recording : 클릭하면 후 수행하는 작업은 액션으로 기록된다.
❸ Play Current Selection : 선택한 액션을 실행한다.
❹ Create New Set : 새로운 액션 세트를 만든다.
❺ Create New Action : 새로운 액션을 만든다. 클릭하고 액션 이름을 설정하면 새로운 액션이 만들어지면서 자동으로 작업 과정이 기록된다.
❻ Delete Selection : 선택한 액션을 삭제한다.

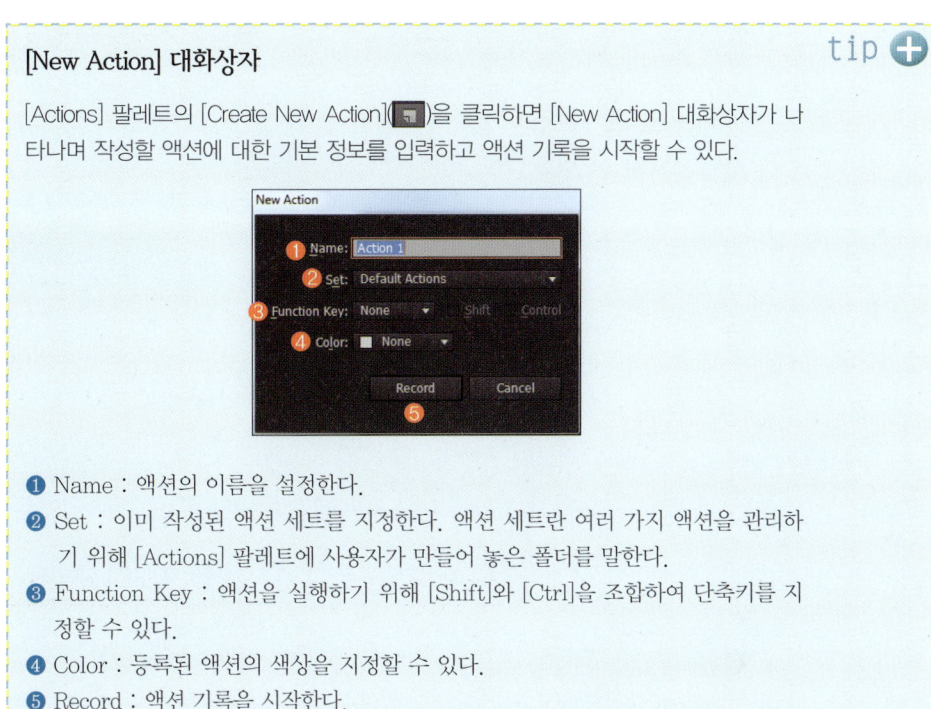

- ① Name : 액션의 이름을 설정한다.
- ② Set : 이미 작성된 액션 세트를 지정한다. 액션 세트란 여러 가지 액션을 관리하기 위해 [Actions] 팔레트에 사용자가 만들어 놓은 폴더를 말한다.
- ③ Function Key : 액션을 실행하기 위해 [Shift]와 [Ctrl]을 조합하여 단축키를 지정할 수 있다.
- ④ Color : 등록된 액션의 색상을 지정할 수 있다.
- ⑤ Record : 액션 기록을 시작한다.

따라하기 02 기록한 액션 적용하기

기록한 액션 작업은 다른 오브젝트에 적용하여 같은 작업을 반복 실행할 수 있다.

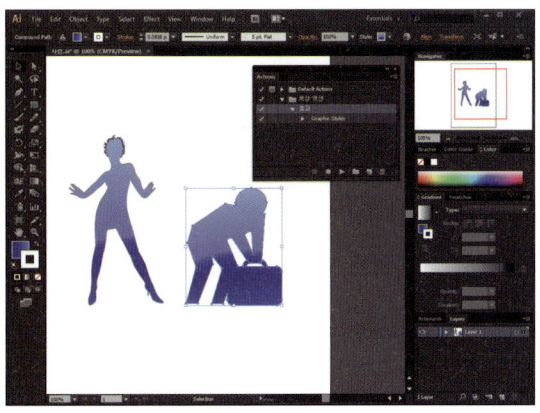

① 선택 툴( )로 오른쪽 사람 오브젝트를 선택한다.

② [Actions] 팔레트에 기록해 두었던 액션 메뉴인 '효과'를 선택한다.

③ [Play]( )를 클릭하여 저장된 액션을 실행한다. 이전에 왼쪽 사람 오브젝트에 실행하였던 작업 과정과 동일한 작업이 오른쪽 사람 오브젝트에도 적용되며 버튼 하나로 손쉽게 완성되는 것을 확인할 수 있다.

따라하기 03 **액션 저장하기**

기록한 액션을 저장하면 일러스트레이터 CS6를 종료하고 다시 실행하였을 때에도 저장된 액션을 사용할 수 있다.

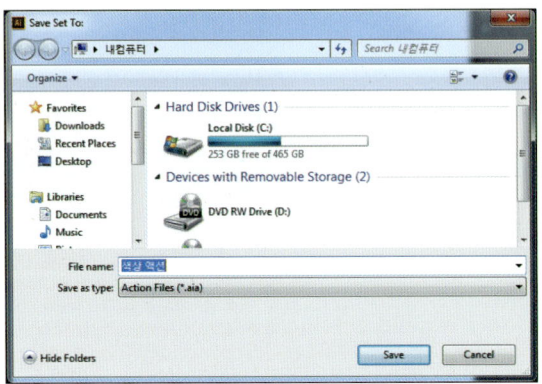

❶ [Actions] 팔레트에서 '색상 효과' 폴더를 선택한다. 액션은 액션 폴더가 통째로 저장되기 때문에 항상 [Actions] 팔레트의 목록 중에서 액션 세트 폴더를 선택해야 한다.

❷ [Actions] 팔레트의 팝업 버튼(▼≡)을 클릭하고 [Save Actions]를 선택한다.

❸ [Save Set To:] 대화상자가 나타나면 저장 경로를 설정하여 액션 파일을 저장한다. 저장되는 파일의 확장자는 액션 파일 포맷인 '*.ai' 파일이다.

❹ 저장된 액션 파일을 불러올 때에는 [Actions] 팔레트의 팝업 버튼(▼≡)을 클릭하여 [Load Actions]를 선택하면 된다.

Section 6. 오브젝트를 심볼로 등록하고 사용하기

심볼 툴을 이용하면 스프레이를 뿌린 듯한 효과를 낼 수 있다. 또 [Symbols] 팔레트를 이용하여 원하는 오브젝트를 심볼로 등록하거나 심볼의 크기, 개수, 밀도 등을 다양하게 적용할 수 있다.

◯ 알아두기
- [Symbols] 팔레트에 오브젝트를 심볼로 등록할 수 있다.
- 심볼 관련 툴들로 심볼을 편집할 수 있다.

따라하기 01 심볼 등록하기

심볼을 사용하기 전에 먼저 원하는 오브젝트를 [Symbols] 팔레트에 드래그하여 등록해 보자. 일러스트레이터 CS6에서 작성한 모든 오브젝트는 심볼로 등록이 가능하다.

[예제 파일 : 챕터07_예제 파일\민들레.ai]

❶ '민들레.ai' 파일을 불러온 후 선택 툴( )로 노란색 민들레 꽃잎 오브젝트를 선택한다.

❷ [Window]-[Symbols] 메뉴를 선택하여 [Symbols] 팔레트를 불러온다.

❸ 선택한 꽃잎 오브젝트를 [Symbols] 팔레트 내부로 드래그하면 마우스 포인터에 '+' 표시가 나타난다.

❹ [Symbol Options] 대화상자가 나타나면 [Type]을 'Graphic'으로 설정하고 [OK] 버튼을 클릭한다. [Symbols] 팔레트에 해당 꽃잎 오브젝트가 심볼로 등록된 것을 확인한다.

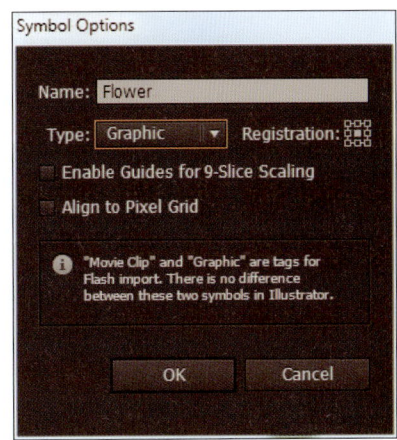

따라하기 02 **심볼 관련 툴 사용하기**

[Symbols] 팔레트에 등록한 심볼을 사용하기 위한 심볼 스프레이어 툴의 사용 방법을 알아본다. 심볼 스프레이어 툴 외에 7개의 심볼 관련 툴을 사용하면 심볼의 크기와 간격, 각도, 색상, 투명도, 스타일 등을 조절할 수 있다.

① 도구 모음에서 심볼 스프레이어 툴( )을 선택한다.

② [Window]-[Symbols] 메뉴를 선택하여 [Symbols] 팔레트가 나타나면 이전에 등록한 꽃잎 심볼을 선택한다.

③ 심볼 스프레이어 툴( )로 초록색 줄기 오브젝트 위에 몇 초간 클릭하면 꽃잎 인스턴스가 도큐먼트에 나타난다. 드래그하는 속도 및 시간에 따라 인스턴스의 양이 달라진다.

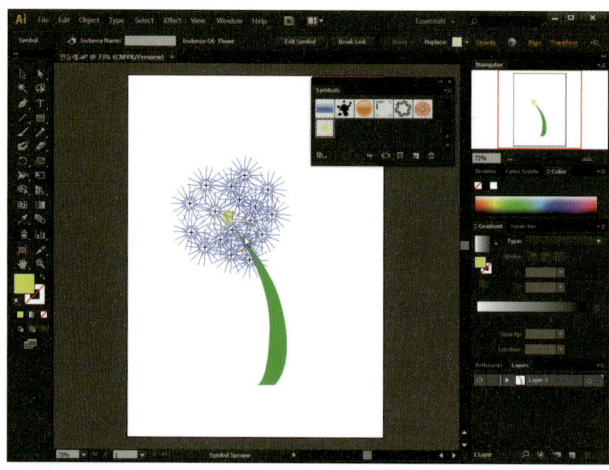

④ 도구 모음의 심볼 스프레이어 툴( )을 1~2초간 누른 후 심볼 스크런처 툴( )을 선택한 다음 꽃잎 인스턴스들을 클릭하면 꽃잎 인스턴스들이 안쪽으로 모인다.

❺ Alt 를 누른 상태에서 심볼 스크런처 툴( )로 클릭하면 꽃잎 인스턴스들이 바깥쪽으로 흩어진다.

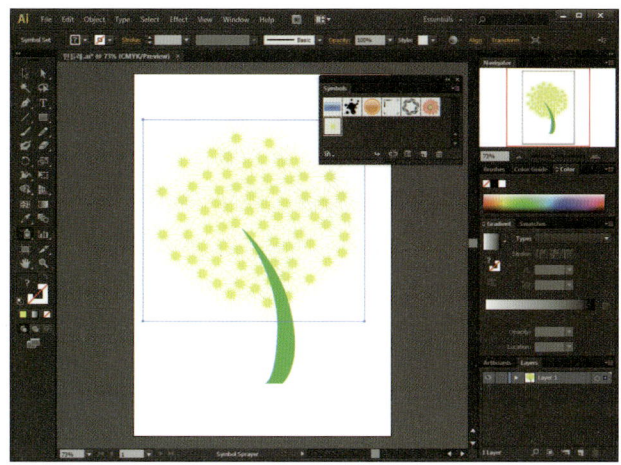

❻ 흩어져서 생긴 빈 공간을 메우기 위해 심볼 크기 조절 툴( )을 선택하고 흩어진 꽃잎 인스턴스의 가운데 부분을 클릭하여 꽃잎 인스턴스들을 확대시킨다.

❼ 심볼 스크리너 툴( )을 사용하면 꽃잎 인스턴스들의 투명도를 적용시킬 수 있다.

❽ 심볼 색조 툴( )을 선택하고 [Swatches] 팔레트에서 원하는 색상 및 패턴을 선택한 다음 꽃잎 인스턴스를 클릭하면 색상을 변경할 수 있다.

01 혼자해보기

투명도가 적용된 원 오브젝트를 심볼로 등록하고 해당 심볼을 적용해 보자.

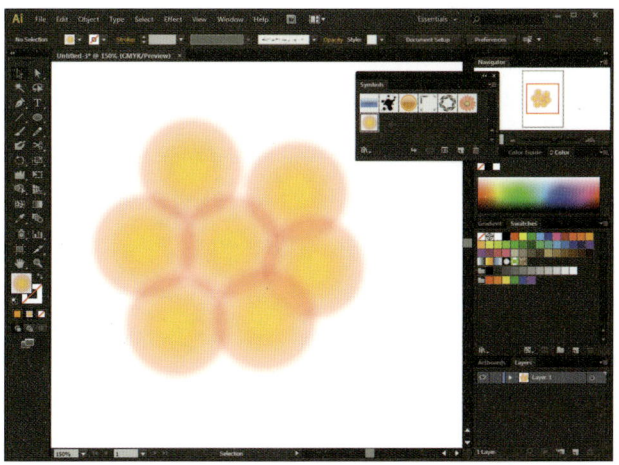

HINT | 새 도큐먼트에서 원 오브젝트를 생성하고 면 색은 투명도가 적용된 '그레이디언트', 선 색상은 '없음'으로 지정한 다음 [Symbols] 팔레트로 오브젝트를 드래그하여 심볼로 등록한다. 심볼 스프레이어 툴을 선택하고 등록한 심볼을 지정한 다음 도큐먼트 위를 클릭하여 심볼을 적용한다.

핵심정리 summary

1. 레이어의 개념

레이어(Layer)란 투명 필름이라 생각하면 이해하기 쉽다. 예를 들어 그림을 그릴 때 한 장의 도화지에 그림을 그릴 수가 있다. 그림을 잘못 그렸을 경우 도화지를 버리고 처음부터 다시 그려야하지만, 레이어를 이용하면 이런 불편을 줄일 수 있다. 사람을 그린다고 할 때 여러 필름에 얼굴 따로 몸 따로 팔, 다리를 각각 서로 다른 레이어에 그리면 잘못 그린 투명 필름만 다시 그려서 위치에 넣으면 된다. 또한 레이어들의 겹침 순서에 따라 오브젝트 레벨이 정해지므로 작업을 할 때 작업 이미지가 있는 레이어를 정확하게 선택하고 작업해야 한다.

2. 블렌드 효과

블렌드는 마치 애니메이션과 같이 2개의 서로 다른 오브젝트의 형태 변화를 단계별로 보여주는 효과이다. 블렌드 효과는 형태뿐만 아니라 시작과 끝에 해당하는 오브젝트의 기준점을 어느 부분에 클릭하느냐에 따라 형태가 달라진다. 외곽선이 투명인 두 오브젝트에 블렌드 효과를 적용하면 그레이디언트와 같은 효과를 나타낼 수 있으며, 두 패스 사이에 블렌드 효과를 적용하면 지정한 선의 수만큼 그 공간을 채워 두 선을 연결해준다. 일러스트레이터 CS6의 강력한 그래픽 기능 중에 하나인 블렌드 효과를 이용하면 다양하고 창조적인 그래픽 작업을 작성할 수 있다.

3. [Graphic Styles] 팔레트와 [Appearance] 팔레트

- [Graphic Styles] 팔레트는 다양한 이미지 효과를 오브젝트에 적용해 주는 팔레트로 사용자가 여러 가지 효과를 적용한 스타일을 팔레트에 등록할 수 있다. 또한 다른 오브젝트에 손쉽게 같은 스타일을 적용할 수도 있다.
- [Appearance] 팔레트는 오브젝트의 원형을 보존하면서 여러 가지 효과를 적용할 수 있는 팔레트이다. 하나의 오브젝트에 한 개 이상의 면과 외곽선을 추가 적용할 수 있으며 또 다른 각각의 다른 효과를 적용할 수 있는 팔레트이다. 그리고 적용된 속성은 필요에 따라 추가하거나 삭제할 수 있다.

4. 마스크 기능

- 어떤 이미지에서 감춰야 할 부분과 드러나야 할 부분을 구분하여 표현하는 기능을 마스크라 한다.
- 클리핑 마스크 : 마스크를 적용했을 때 드러나는 부분과 감춰지는 부분의 경계가 깨끗하게 잘려지는 것과 같은 효과를 나타낸다.

- 불투명도 마스크 : 마스크 효과의 경계 부분을 부드럽게 나타낸다.
- 레이어 마스크 : [Layers] 팔레트 기능을 이용하여 마스크 효과를 적용한다.

5. **심볼**
    - 심볼이란 일러스트레이터 CS6에서 제공하는 아트 오브젝트로써 하나의 완성된 오브젝트로 사용이 가능할 정도로 다양하고 완성도가 높은 이미지이다.
    - 일러스트레이터 CS6에서 작성한 모든 오브젝트들은 심볼로 등록할 수 있으며, 언제든지 드래그하여 사용할 수 있다.
    - 도구 모음의 8개 심볼 관련 툴들을 이용하면 심볼들의 크기나 방향, 투명도, 스타일 등을 쉽게 조절하고 편집할 수 있다.

6. **액션 기능에 적용되지 않는 작업들**
    - 오브젝트를 선택하는 것은 기록되지 않는다. 작업이 한 번 수행된 후 자동으로 선택되는 기능을 이용하거나 [Select] 메뉴를 이용한다.
    - 도구 모음에 위치한 툴들의 사용을 자제해야 한다. 툴을 사용하는 것보다 메뉴의 명령을 사용하는 것이 좋다. 액션을 기록할 때 여러 가지 툴을 사용하면 툴을 선택하고 해제하는 작업까지도 기록될 수 있으므로 단지 오브젝트에 효과를 적용하는 작업을 기록하기 위해서는 툴 사용을 자재하는 것이 좋다.
    - 마우스로 선택이나 드래그한 작업은 기록이 잘 되지 않으므로 메뉴의 명령이나 단축키를 사용한다.
    - 문자를 입력하는 것은 기록이 되지 않으므로 문자를 입력한 다음 액션을 기록한다.

종합실습 pointup

1. 블렌드 효과와 마스크 기능을 이용하여 타이포그래피를 만들어 보자.

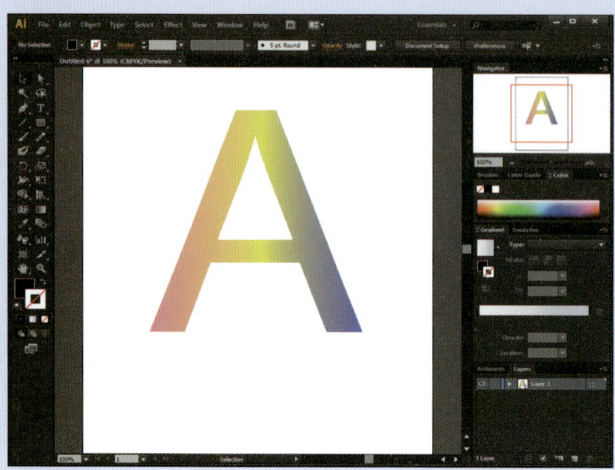

HINT | 사각형 오브젝트 3개를 그린 다음 각각 다른 면 색상을 지정하고 선 색상은 '없음'으로 설정한다. 오브젝트들을 모두 선택한 상태에서 [Object]-[Blend]-[Make] 메뉴를 선택하여 블렌드 효과를 적용한다. 문자 툴로 'A'를 입력하고 [Type]-[Create Outlines] 메뉴를 선택하여 이미지 오브젝트로 변환하고 블렌드 효과를 적용한 오브젝트와 함께 선택한 다음 [Object]-[Clipping Mask]-[Make] 메뉴를 선택한다.

2. 별 오브젝트를 심볼로 등록하고 밤 하늘 오브젝트를 만들어 보자.

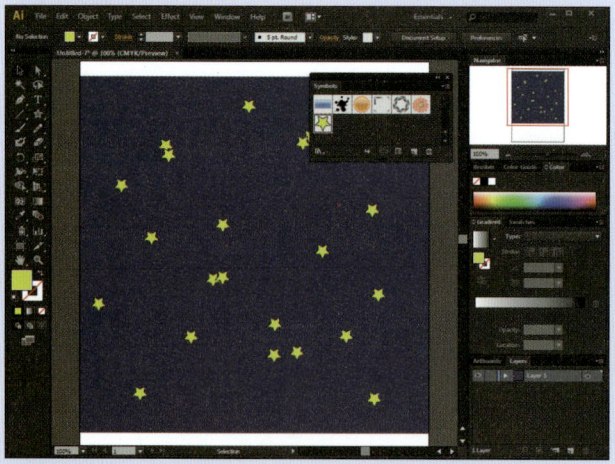

HINT | 사각형 툴로 큰 사각형 오브젝트를 생성하고 어두운 파란색으로 지정한다. 별형 툴로 노란색 별 오브젝트를 생성한 다음 선택 툴로 별 오브젝트를 [Symbols] 팔레트로 드래그하여 심볼로 등록한다. 심볼 스프레이어 툴로 별 오브젝트를 생성하여 밤 하늘 오브젝트를 완성한다.

Memo

CHAPTER 08

필터와 이펙트로 이미지에 특수 효과주기

이때까지 오브젝트를 생성하고 다양하게 변형하는 방법을 익혔다면 이번에는 일러스트레이터 CS6의 필터와 이펙트 기능을 사용하여 그래픽 이미지에 다양한 효과를 적용하는 방법 및 각 효과의 장점을 살펴본다.

Section 1 　 이미지에 필터 적용하기

Section 2 　 이미지에 이펙트 적용하기

Section 3 　 이미지의 포커스 내 맘대로 조정하기

Section 4 　 Filter Gallery로 일러스트레이터 CS6에서 효과 주기

이미지에 다양한 효과 적용하기

Chapter 8

일러스트레이터 CS6은 포토샵 못지않은 다양한 필터와 효과를 제공한다. 각각의 효과를 살펴보고 나의 일러스트에 어울리는 효과를 찾아 적용해 보자.

01 필터 기능

일러스트레이터 CS6에서 제공하는 필터 기능은 크게 벡터용과 비트맵용 필터로 구분된다. 벡터용 필터는 일러스트레이터 CS6를 사용해 만들어진 벡터 이미지에 적용할 수 있는 필터를 말하지만 몇몇 기능은 비트맵 이미지에도 적용이 가능하다. 비트맵용 필터란 사진과 같은 비트맵 이미지에 적용할 수 있는 필터를 말하며 오직 비트맵 이미지에만 효과를 적용할 수 있기 때문에 벡터 이미지는 비트맵 이미지로 변환한 후에 사용할 수 있다. 또한 비트맵 필터는 Blur, Pixelate, Sharpen 필터를 제외하면 색상 모드가 RGB 모드였을 때만 사용할 수 있다.

02 이펙트 기능

[Effect] 메뉴를 선택하면 나타나는 이펙트 메뉴는 크게 'Illustrator Effects'와 'Photoshop Effects'로 나누어져 있다. 'Illustrator Effects'는 3D, Pathfinder와 같은 일러스트적인 효과를 제공하고 'Photoshop Effects'는 포토샵에서 사진에 적용하는 것과 같은 효과를 제공한다.

또 [Effect] 메뉴의 기능을 살펴보면 이전 버전의 일러스트레이터의 [Filter] 메뉴 또는 [Object] 메뉴에서 볼 수 있는 기능들이 중복되어 있는 것을 알 수 있다. 이전 버전의 [Filter] 메뉴 또는 [Object] 메뉴의 명령과 일러스트레이터 CS6의 [Effect] 메뉴에 있는 동일한 명령은 효과도 동일하다. 그러나 [Effect] 메뉴의 명령은 원본의 속성을 그대로 유지한 채 효과를 적용할 수 있지만, [Appearance] 팔레트에 적용된 효과가 등록되어 필요할 때마다 수정할 수 있는 것이 차이점이다. [Effect] 메뉴의 명령을 사용하면 독자적인 특수 효과를 사용하기 때문에 호환성에 문제가 있고 파일 크기가 커질 수 있으며 실행 속도가 느려진다.

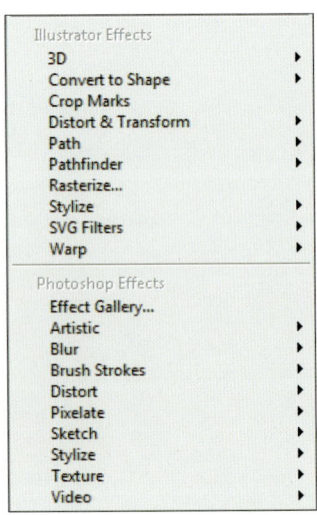

03 필터 및 이펙트 갤러리

그래픽 이미지에 필터 및 이펙트 기능을 적용할 때 각각의 효과들이 모두 하나의 필터 및 이펙트 갤러리에서 적용되어질 수 있다. 각 이미지에 효과를 적용할 때 한 번에 클릭으로 쉽게 적용할 수 있으며, 미리 보기 화면을 통해 여러 개의 필터를 적용하여 결과를 미리 보고 원하는 효과를 결정할 수도 있다.

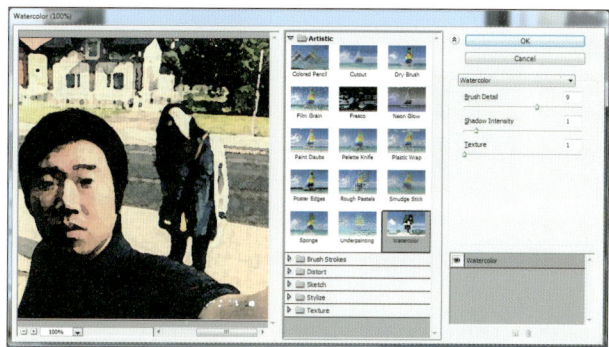

04 필터와 이펙트의 공통 메뉴

• Artistic : 회화적인 효과를 적용한다.

▲ 원본 이미지　　▲ Colored Pencil　　▲ Cutout　　▲ Neon Glow

• Blur : 오브젝트나 비트맵 이미지를 흐리게 만든다.

▲ 원본 이미지　　▲ Gaussian Blur　　▲ Radial Blur　　▲ Smart Blur

- Brush Stroke : 다양한 붓터치 효과를 적용한다.

▲ 원본 이미지   ▲ Accented Edges   ▲ Spatter   ▲ Sumi-e

- Distort : 다양한 재질을 가진 형태로 변형한다.

  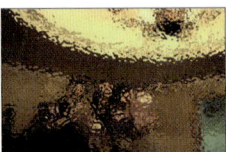 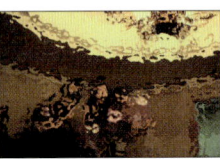

▲ 원본 이미지   ▲ Diffuse Glow   ▲ Glass   ▲ Ocean Ripple

- Pixelate : 오브젝트의 픽셀 또는 색상을 변형한다.

 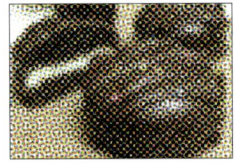  

▲ 원본 이미지   ▲ Color Halftone   ▲ Crystallize   ▲ Pointillize

- Sketch : 스케치한 느낌으로 변형한다.

▲ 원본 이미지   ▲ Charcoal   ▲ Halftone Pattern   ▲ Water Paper

- Stylize : 독특한 스타일의 필터 및 이펙트를 적용한다.

▲ 원본 이미지   ▲ Glowing Edges

• Texture : 다양한 질감을 적용한다.

▲ 원본 이미지　　▲ Craquelure　　▲ Grain　　▲ Stained Glass

• Video : TV 또는 동영상 등에 사용하는 이미지로 전환한다.

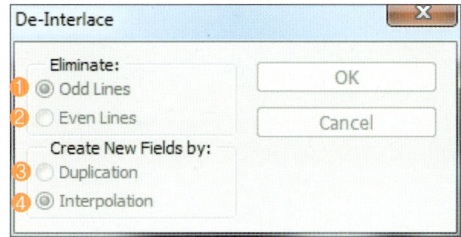

• De-Interlace : 대화상자의 여러 항목 값을 사용해서 동영상 이미지에서 캡처한 비트맵 이미지를 적절한 형태로 조절한다.

❶ Odd Fields : 가로로 홀수 층의 주사선(픽셀)을 제거한다.

❷ Even Fields : 가로로 짝수 층의 주사선(픽셀)을 제거한다.

❸ Duplication : 픽셀을 제거한 뒤 다른 층의 픽셀을 복사해서 채운다.

❹ Interpolation : 픽셀을 복사하지 않고 중간 색상으로 채운다.

• NTSC Colors : NTSC 방송용 색상 모드로 전환한다.

Section 1 이미지에 필터 적용하기

이전 버전의 일러스트레이터에서 [Filter] 메뉴와 [Object] 메뉴의 필터 관련 기능들이 [Effect] 메뉴에 중복되어 있었으나 일러스트레이터 CS6에서는 이를 [Effect] 메뉴에 정리하였다.

○ 알아두기

- [Crop Marks] 필터는 비트맵 이미지의 색상을 추출하여 재단선을 만들거나 모자이크 오브젝트를 생성할 수 있다.
- [Warp] 계열 필터는 오브젝트, 텍스트, 이미지 등을 자유롭게 변형할 수 있다.

따라하기 01 Crop Marks 효과로 재단선 만들기

재단선이란 필요 없는 부분을 잘라내기 위해 표시하는 보조선을 말한다.

[예제 파일 : 챕터08_예제 파일\지도.ai]

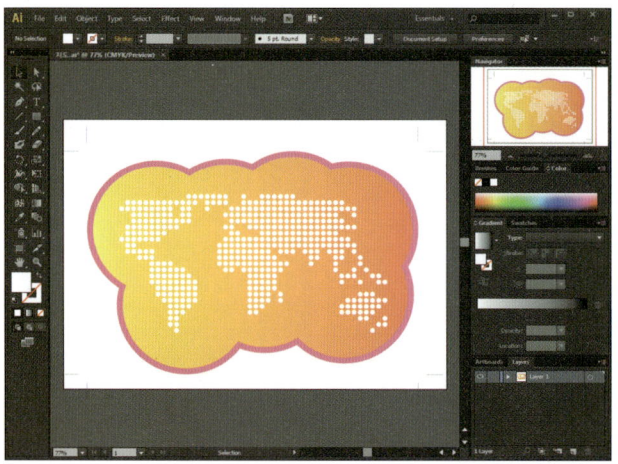

❶ '지도.ai' 파일을 열고 선택 툴( )로 그룹화된 지도 이미지를 선택한다.

❷ [Effect]-[Crop Marks] 메뉴를 선택하여 재단선을 생성한다.

❸ 선택한 오브젝트 주위에 재단선이 나타나는 것을 확인한다.

❹ 오브젝트의 크기 또는, 위치를 변경하면 재단선 역시 오브젝트를 기준으로 변경된다.

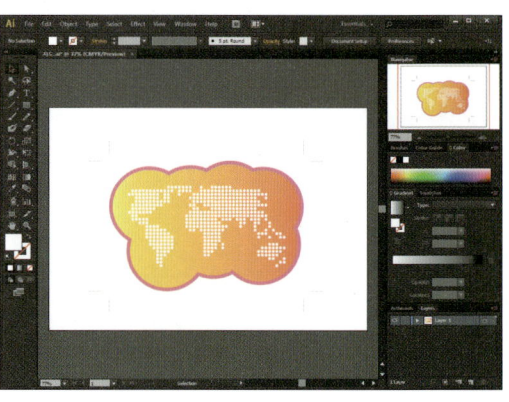

따라하기 02 | Warp 효과 적용하기

Warp 효과는 오브젝트 또는 이미지를 원하는 형태로 자유롭게 변형한다.

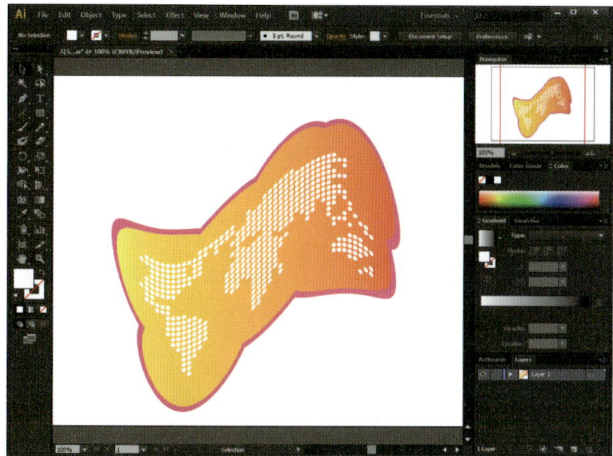

❶ 도구 모음의 선택 툴( )로 지도 오브젝트를 선택한다.

❷ [Effect]-[Warp]-[Arc] 메뉴를 선택한다.

❸ [Warp Options] 대화상자가 나타나면 [Style]에서 'Flag'를 선택하고 [OK] 버튼을 클릭한다.

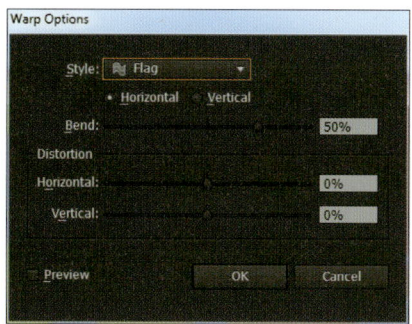

❹ 선택한 오브젝트가 'Flag' 모양으로 변형되는 것을 확인할 수 있다.

❺ 다른 Warp 효과를 적용하는 경우 [Effect]-[Warp] 메뉴를 선택하면 나타나는 경고 창에서 [Apply New Effect] 버튼을 클릭한다. 이 경고 창을 더 이상 나타나지 않도록 하고 싶다면 [Don't Show Again]을 체크한다.

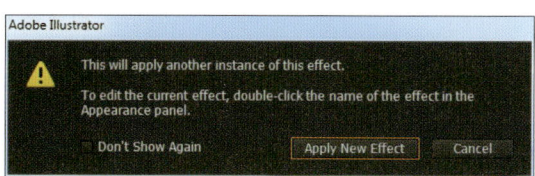

Section 1. 이미지에 필터 적용하기

따라하기 03 **Drop Shadow 효과로 그림자 적용하기**

Drop Shadow 효과로 세밀하게 조절 가능한 그림자를 적용해 보자.

❶ 선택 툴( )로 지도 오브젝트를 선택한다.

❷ 오브젝트가 선택된 상태에서 [Effect]-[Stylize]-[Drop Shadow] 메뉴를 선택한다.

❸ [Drop Shadow] 대화상자에서 [Preview]에 체크하여 미리 보기를 설정한 다음 오브젝트에 그림자가 생기는 것을 확인하고 [OK] 버튼을 클릭한다.

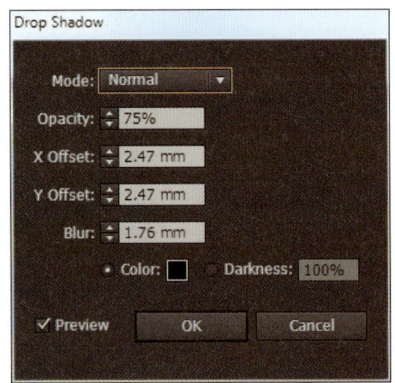

[Drop Shadow] 대화상자   tip ➕

❶ Mode : 그림자의 다양한 모드를 설정한다.
❷ Opacity : 그림자의 투명도를 설정한다.
❸ X/Y Offset : 그림자의 가로와 세로 크기를 설정한다.
❹ Blur : 그림자의 흐림 효과를 설정한다.
❺ Color/Darkness : 그림자의 색상과 어두운 정도를 설정한다.
❻ Preview : 미리 보기를 지정한다.

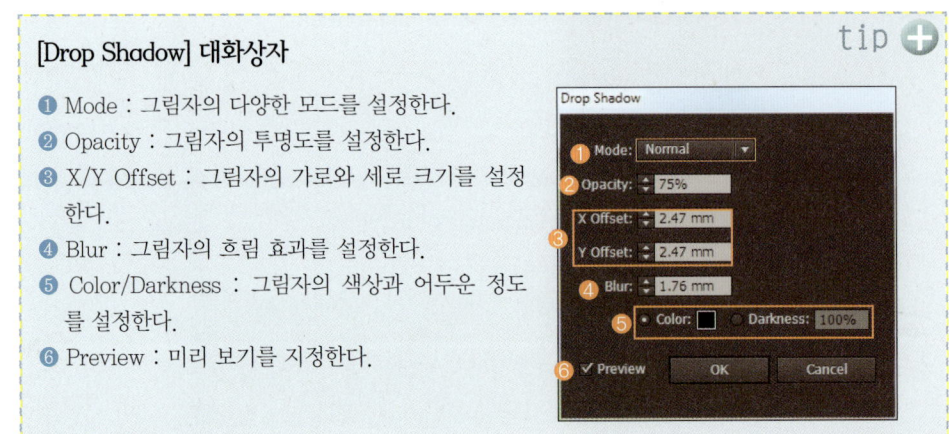

Section 2. 이미지에 이펙트 적용하기

다양한 이펙트 명령은 오브젝트에 간단하게 특수 효과를 적용하는 필터와 같은 기능을 제공한다. 오브젝트의 속성을 그대로 유지한 채 다양한 효과를 적용하는 것이 특징이다.

● 알아두기

- [Convert to Shape] 명령은 오브젝트의 형태를 사각형, 원형 등으로 자연스럽게 바꾼다.
- [Distort & Transform] 계열 이펙트로 오브젝트의 형태를 다양한 방법으로 변형할 수 있다.
- [Path] 효과를 이용하여 원본을 그대로 유지한 채 오브젝트에 외곽선을 작성할 수 있다.
- [Pathfinder] 계열 이펙트는 두 개 이상의 오브젝트를 조합, 변형하는 기능으로 [Pathfinder] 팔레트 기능과 같다.
- [Rasterize] 명령을 이용하여 벡터 이미지를 비트맵 이미지로 변환할 수 있다.
- [SVG Filters]는 이미지를 플래시와 유사한 벡터 형식과 DB와의 연동이 가능한 프로그래밍적인 기능이 있는 화면 출력을 목적으로 한 RGB 전용 파일인 SVG 파일로 만든다.

따라하기 01 | Convert to Shape 효과 적용하기

Convert to Shape 효과는 오브젝트의 형태를 사각형, 둥근 사각형, 원형으로 바꿀 수 있다. 자동 크기 조절이 가능하며 웹 디자인의 버튼, 아이콘 등을 만들기에 적합하다.

[예제 파일 : 챕터08_예제 파일\스케이트.ai]

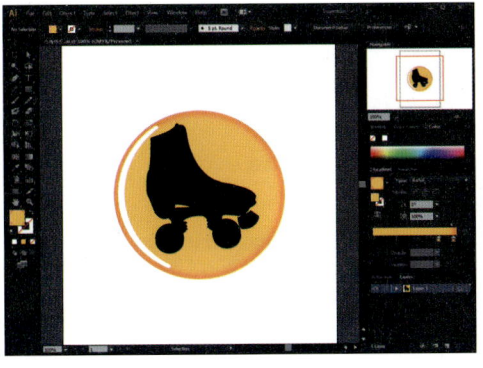 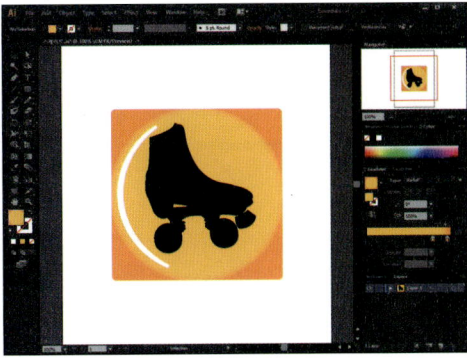

❶ '스케이트.ai' 파일을 열고 선택 툴(▶)로 노란색 원 오브젝트를 선택한다.

❷ [Effect]-[Convert to Shape]-[Rounded Rectangle] 메뉴를 선택한다.

❸ [Shape Options] 대화상자가 나타나면 [Relative]에 체크하고 [Extra Width/Height]에 각각 '1'을 입력한다.

❹ [Preview]에 체크하여 오브젝트가 변형되는 것을 확인한 후 [OK] 버튼을 클릭한다.

tip ➕ [Shape Options] 대화상자

❶ Shape : 오브젝트에 적용하는 도형의 형태를 선택한다.
❷ Absolute : 원본 오브젝트의 크기에 관계없이 가로, 세로의 길이를 조정한다.
❸ Relative : 원본 오브젝트의 크기에 수치 값을 더하여 길이를 조정한다.
❹ Extra Width/Height : 변형될 오브젝트의 가로, 세로 크기를 조정한다.
❺ Corner Radius : [Rounded Rectangle]에만 사용할 수 있는 옵션이며 사각형 모서리의 둥근 반지름을 설정한다.

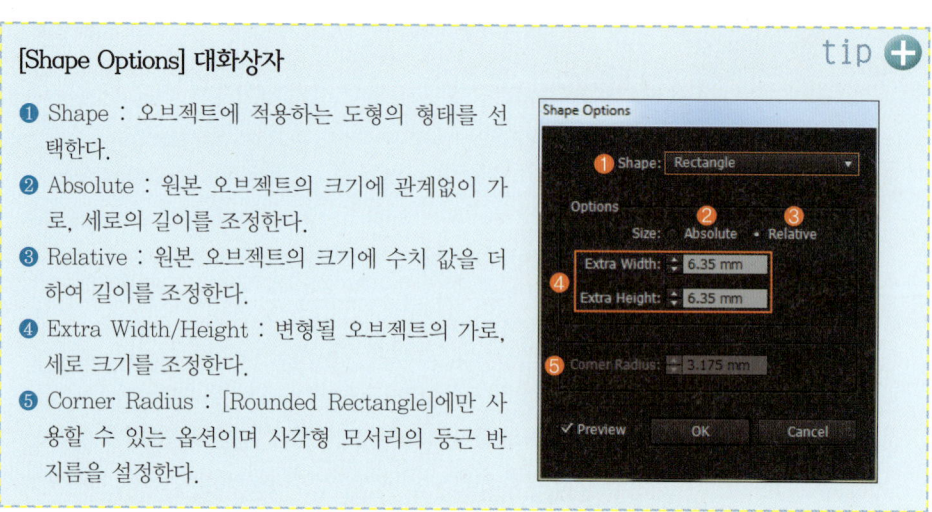

따라하기 02 Distort & Transform 계열 명령으로 오브젝트의 형태 변형하기

[Distort & Transform] 계열 명령을 사용하면 오브젝트의 형태를 자유롭게 변형할 수 있다.

[완성 파일 : 챕터08_예제 파일\자동차.ai]

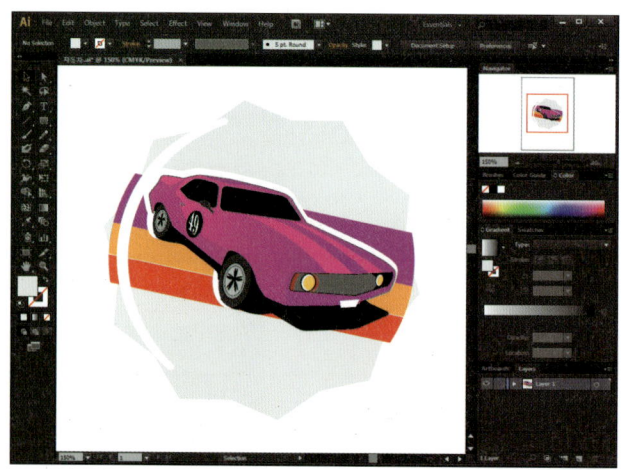

❶ '자동차.ai' 파일을 열고 선택 툴(▶)로 흰색 원 오브젝트를 선택한다.

❷ [Effect]-[Distort & Transform]-[Zigzag] 메뉴를 선택한다.

❸ [Zig Zag] 대화상자가 나타나면 [Preview]에 체크하고 오브젝트가 변형된 것을 확인한 후 [OK] 버튼을 클릭한다.

❹ 흰색 원 오브젝트가 지그재그 형태로 변환된 것을 확인한다.

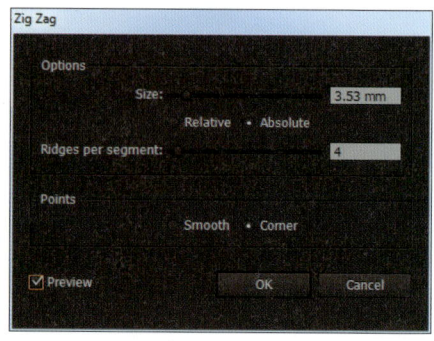

Distort & Transform 계열

1. **Free Distort** : 오브젝트의 4개 조절점을 드래그하여 자유롭게 왜곡 변형할 수 있다. 단 곡선 변환은 되지 않는다.
2. **Pucker & Bloat** : 오브젝트의 형태를 오므라들게 하거나(0보다 작은 값 지정) 부풀리게(0보다 큰 값 지정) 할 수 있다. 대화상자에서 Pucker에 가깝게 슬라이더를 움직이면 오므라들고 Bloat에 가깝게 움직이면 부풀려진다.
3. **Roughen** : 오브젝트의 패스에 기준점을 추가하면서 거칠게 만드는 필터이다. 수치 값을 크게 설정할 경우 형태를 못 알아볼 정도로 왜곡시키기 때문에 작게 설정하는 것이 좋다.
4. **Tweak** : 불규칙적으로 패스의 곡선 형태를 오브젝트의 안쪽 또는 바깥쪽으로 일그러뜨린다.
5. **Twist** : 오브젝트를 소용돌이 형태로 비튼다. 대화상자의 [Angle]에 '0'보다 큰 값(양수)을 입력하면 시계 방향으로, 0보다 작은 값(음수)을 입력하면 반시계 방향으로 회전한다.
6. **Zig Zag** : 오브젝트를 지그재그 형태로 변형시킨다. [Point]의 [Smooth]를 체크하면 오브젝트의 패스가 부드럽게 휘어지도록 할 수 있다.

Path 계열

1. **Offset Path** : 오브젝트에 독립된 외곽선을 만든다.
2. **Outline Object** : 외곽선을 면이 채워진 오브젝트로 만든다.
3. **Outline Stroke** : 오브젝트에 외곽선을 만든다.

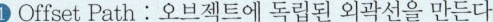

[Rasterize] 대화상자

Rasterize는 벡터 이미지를 비트맵 이미지로 변환하는 기능이며 [Object]-[Rasterize] 명령과 같지만 벡터 이미지의 속성을 간직한 상태에서 비트맵 이미지로 만들 수 있다. 벡터 이미지이기 때문에 패스의 형태를 수정할 수 있고 비트맵으로 바로 업데이트하여 보여준다.

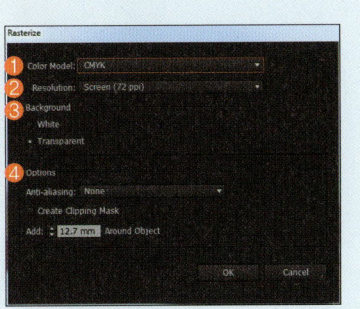

1. **Color Model** : 색상 모드를 선택한다.
2. **Resolution** : 비트맵 이미지로 변환하였을 때 해상도를 선택한다.
3. **Background** : 배경색을 선택한다. [White]에 체크하면 비트맵 이미지의 배경을 흰색으로 채우고, [Transparent]에 체크하면 배경을 투명하게 처리한다.
4. **Options** : [Anti-Aliasing]은 비트맵 이미지에 안티-앨리어싱 옵션을 적용하여 외곽선으로 부드럽게 만들고, [Create Clipping Mask]에 체크하면 비트맵 이미지에 클리핑 마스크를 자동으로 만든다.

따라하기 03 SVG Filters 효과 적용하기

SVG Filters 효과를 사용하면 기타 효과들을 추가하여 SVG로 저장할 수 있다. SVG Filters 효과는 파일이 웹 브라우저에서 보이기 전까지 래스터화하지 않으므로 작은 크기에서도 깨짐 현상이 없이 정확하게 보이는 장점이 있다. 오브젝트를 선택하고 [Apply SVG Filters] 명령으로 간단히 효과를 적용할 수 있으며 다른 SVG 파일에 사용된 필터를 불러올 수도 있다.

[완성 파일 : 챕터08_예제 파일\권총.ai]

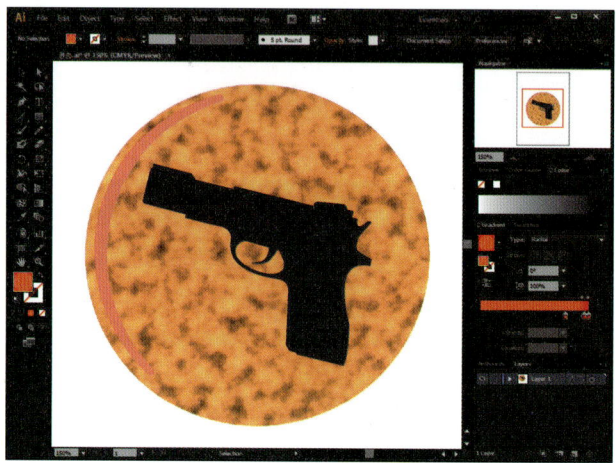

❶ '권총.ai' 파일을 열고 선택 툴(▶)로 주황색 원 오브젝트를 선택한다.

❷ [Effect]-[SVG Filters]-[AI_Woodgrain] 메뉴를 선택한다.

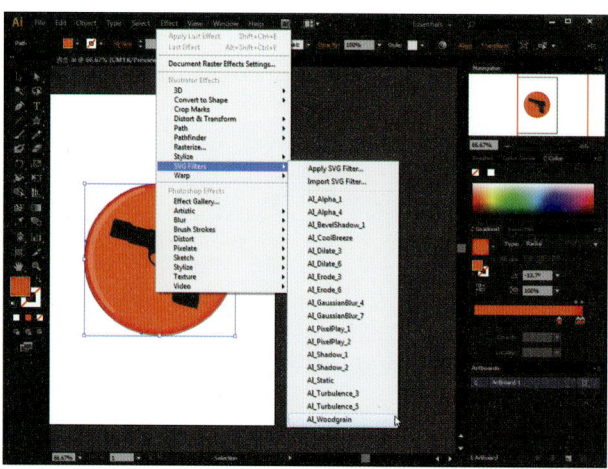

❸ 주황색 원 오브젝트의 색상이 나무 무늬 효과로 변형된 것을 확인한다.

SVG Filters 계열

❶ Al_Alpha_1 : 오브젝트에 알파 값이 적용된다.
❷ Al_Alpha_4 : Al_Alpha_1보다 조금 더 진하게 표현된다.
❸ Al_BevelShadow_1 : 베벨과 그림자 효과가 적용되어 오브젝트가 앞으로 튀어나오는 효과를 표현한다.
❹ Al_CoolBreeze : 원본 이미지와 상관없이 검은색이 적용되면서 주변으로 파란색의 그레이디언트 효과가 적용된다.
❺ Al_Dilate_3 : 오브젝트를 팽팽하게 확대시킨다.
❻ Al_Dilate_6 : Al_Dilate_3보다 원본 오브젝트를 좀 더 팽창시킨다.
❼ Al_Erode_3 : 오브젝트를 축소하는 효과이다.
❽ Al_Erode_6 : Al_Erode_3보다 축소 비율이 더 높은 효과로 원본 오브젝트가 작을 경우 오브젝트가 거의 보이지 않는다.
❾ Al_GaussianBlur_4 : 가우시안 블러 함수를 적용하여 오브젝트를 부드럽게 흐린다.
❿ Al_GaussianBlur_7 : Al_GaussianBlur_4보다 더 부드럽게 흐리는 효과이다.
⓫ Al_PixelPlay_1 : 웹 브라우저상에서 원본 오브젝트를 픽셀 단위로 애니메이션과 같이 나타내는 효과이다.
⓬ Al_PixelPlay_2 : 웹 브라우저상에서 원본 오브젝트를 픽셀 단위로 애니메이션과 같이 나타내는 효과이며 색상이 적용된다.
⓭ Al_Shadow_1 : 오브젝트에 그림자 효과를 적용한다.
⓮ Al_Shadow_2 : Al_Shadow_1보다 더 넓고 흐린 그림자 효과를 적용한다.
⓯ Al_Static : 원본 오브젝트가 작은 점들로 이루어지며 웹 브라우저상에서는 작은 점들이 반짝거리는 효과를 갖는다.
⓰ Al_Turbulence_3 : 원본 오브젝트에 파스텔 톤의 무지개 색상을 적용한다.
⓱ Al_Turbulence_5 : Al_Turbulence_3보다 파스텔 톤의 무지개 색상 입자가 더 곱게 적용된다.
⓲ Al_Woodgrain : 원본 오브젝트에 나무 느낌의 색상과 질감을 적용한다.

Section 3. 이미지의 포커스 내 맘대로 조정하기

포토샵 못지않은 아주 다양하고 강력한 효과들을 제공하는 [Effect] 메뉴의 명령들은 적용한 효과들을 이전 과정으로 되돌릴 수 있으며 언제나 수정이 가능하다.

▶ 알아두기

- [Apply Last Filter]나 [Effect]는 바로 전에 실행한 명령을 다시 실행한다.
- [Last Filter]나 [Effect]는 바로 전에 실행한 명령을 수정하여 실행한다.
- [Blur] 효과로 선명한 이미지를 흐릿한 이미지로 바꿀 수 있다.
- [Pixelate] 효과로 이미지의 픽셀을 재조합하는 효과를 낼 수 있다.
- [Sharpen] 효과로 흐릿한 이미지를 선명한 이미지로 바꿀 수 있다.

따라하기 01 흐린 이미지 만들기

Blur 효과는 카메라 렌즈에 초점이 맞지 않아 흐릿하게 보이는 효과로 이미지를 구성하는 픽셀의 경계선 색상을 평균화한다. 선택 툴을 이용하여 특정한 이미지 이외의 영역에 흐릿한 효과를 주어 부각시키려는 부분을 강조하는 방법으로 많이 사용된다.

[예제 파일 : 챕터08_예제 파일\사진1.ai]

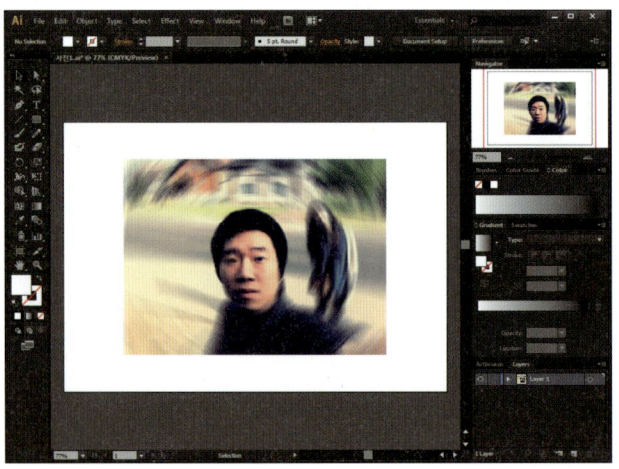

❶ '사진1.ai' 파일을 열고 선택 툴()로 이미지를 선택한다.

❷ [Effect]-[Blur]-[Radial Blur] 메뉴를 선택한다.

❸ [Radial Blur] 대화상자가 나타나면 [Amount]를 '10'으로 설정한다.

❹ [Blur Method]는 'Spin', [Quality]는 'Good'으로 설정하고 [OK] 버튼을 클릭한다.

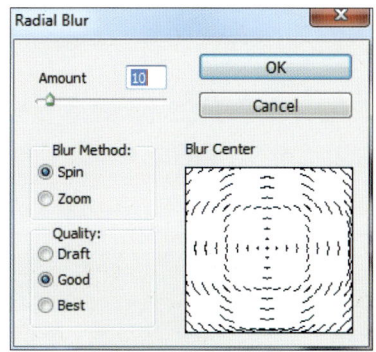

Blur Method

[Zoom]을 선택하면 카메라를 회전시키거나 빠르게 확대시키는 줌 효과를 얻을 수 있고, [Spin]을 선택하면 이미지를 중심으로 끌어당기는 듯한 효과를 주게 되므로 집중과 속도감을 얻을 수 있다.

Blur 계열

❶ Gaussian Blur : 초점을 흐리게 하여 이미지를 부드럽게 처리한다. [Gaussian Blur] 대화상자에서 [Radius]에 '0.1~250'의 수치 값을 입력해 효과를 적용할 수 있다. 값이 클수록 효과가 커지며 지나치게 효과를 적용하면 이미지의 경계선 색상이 모호하게 표현되어 형태를 알아보기 힘들다.
❷ Radial Blur : [Blur Method]의 값에 따라 효과가 달라진다.
❸ Smart Blur : 이미지의 지저분한 노이즈를 없애주어 이미지가 더 선명하게 보이는 효과를 나타낸다.

| 따라하기 | 02 오브젝트의 픽셀 또는 색상 변형하기 |

Pixelate 효과는 이미지의 픽셀을 재조합하여 구성하는 필터들로 원형이나 다각형 형태의 이미지를 구성한다. 이미지에 망점이 보이게 하거나 동판화 효과를 낼 때 주로 사용한다.

[예제 파일 : 챕터08_예제 파일\사진2.ai]

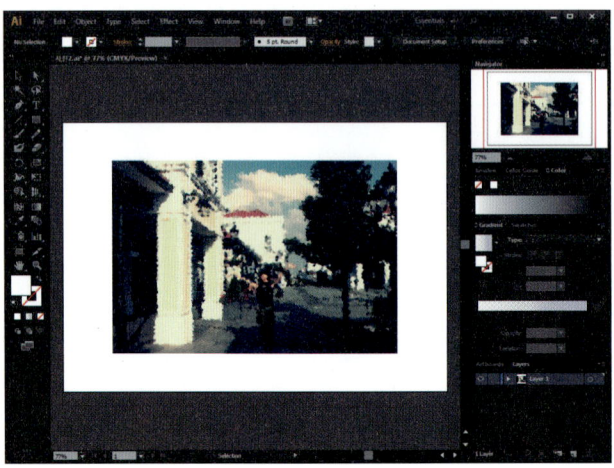

❶ '사진2.ai' 파일을 열고 선택 툴( )로 이미지를 선택한다.
❷ [Effect]-[Pixelate]-[Crystal] 메뉴를 선택한다.
❸ [Crystal] 대화상자가 나타나면 [Cell Size]에 '5'를 입력하고 [OK] 버튼을 클릭한다.

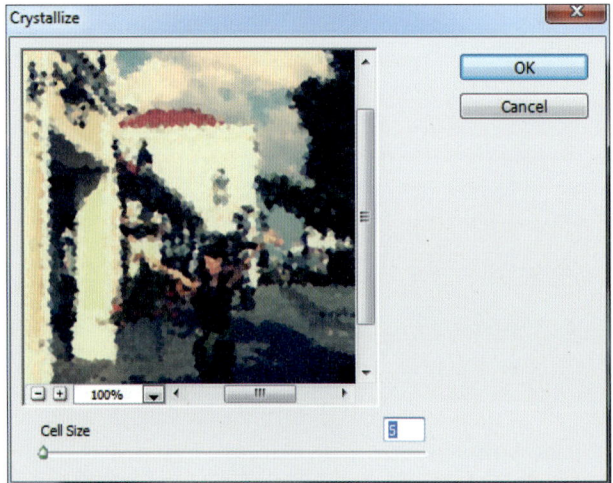

따라하기 03 이미지에 색상 도트 효과 적용하기

Mezzotint 효과는 이미지 색상에 모자이크와 같은 색상 도트 효과를 제공한다.
[예제 파일 : 챕터08_예제 파일\사진3.ai]

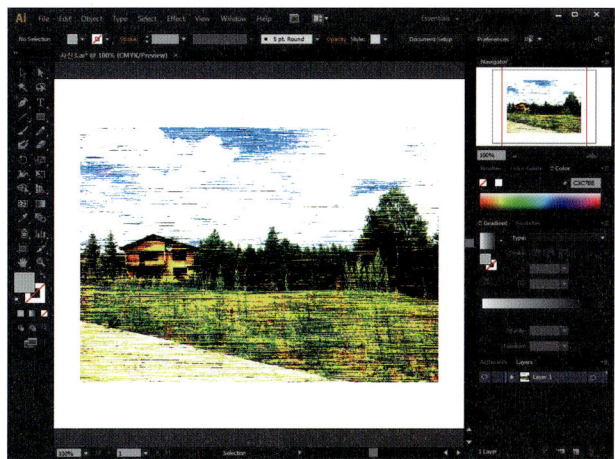

❶ '사진3.ai' 파일을 열고 선택 툴( )로 이미지를 선택한다.
❷ [Effect]-[Pixelate]-[Mezzotint] 메뉴를 선택한다.
❸ [Mezzotint] 대화상자가 나타나면 [Type]을 'Long lines'로 설정하고 [OK] 버튼을 클릭한다.

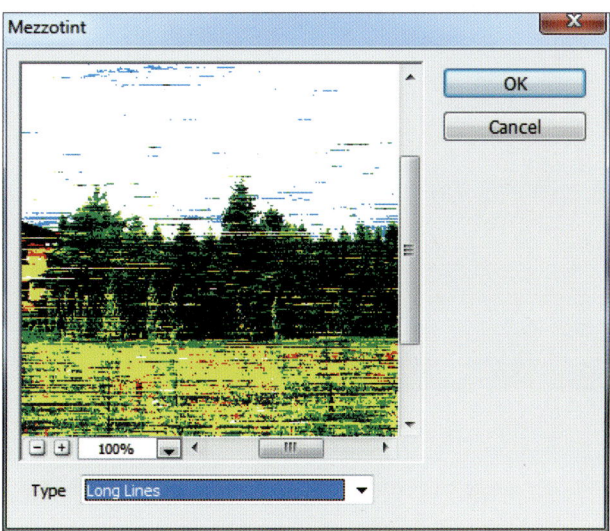

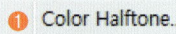

Pixelate 계열

❶ Color Halftone : 인쇄할 때 생성되는 하프톤 모양을 크게 확대하여 이미지를 원형의 점으로 나타내어 마치 컬러 인쇄물을 돋보기로 확대하여 보는 것과 같은 효과를 나타낸다.

❷ Crystalize : 크리스털에 이미지를 투과한 듯한 효과를 나타내며 이미지의 픽셀을 다각형 모양으로 지정한 다음 색상 값을 평균화시킨다. [Cell Size]는 다각형의 크기를 지정할 수 있으며, 3~300 사이의 값을 입력할 수 있다.

❸ Mezzotint : 이미지를 동판화로 찍은 듯한 효과를 주는 필터로, 이미지에 강한 채도와 스트로크 효과를 지정하여 표현한다. [Mezzotint] 대화상자의 [Type]에서 제공하는 10가지 스트로크의 길이와 도트의 양을 적절히 조합하여 효과를 적용할 수 있다.

❹ Pointillize : 점묘화처럼 이미지를 규칙적인 점으로 표현하는 필터로, 회화적인 이미지를 연출한다. [Cell Size]에 '3~300' 수치 값을 입력하여 셀의 크기를 조정할 수 있다.

01 혼자해보기

사진에 Pixelate 계열 중에 하나인 Pointillize 효과를 적용해 보자.

[예제 파일 : 챕터08_예제 파일\사진3.ai]

HINT | '사진3.ai' 파일을 열고 선택 툴로 사진을 선택한 다음 [Effect]-[Pixelate]-[Pointillize] 메뉴를 선택한다. [Pointillize] 대화상자가 나타나면 [Cell Size]의 값을 '6'으로 설정하고 [OK] 버튼을 클릭한다.

Filter Gallery로 일러스트레이터 CS6에서 효과 주기

Section 4

각종 필터와 효과들을 한 곳에 모야 제공하는 [Filter Gallery] 대화상자를 이용하면 미리 보기를 통해 여러가지 효과들을 적용 및 비교해보고 원하는 효과만을 선택하여 적용할 수 있다.

◐ 알아두기

- [Effect Gallery] 명령을 실행하면 나타나는 [Filter Gallery] 대화상자를 이용하여 이미지에 다양한 필터 효과를 적용할 수 있다.
- [Artistic] 효과로 회화적인 이미지를 만들 수 있다.
- [Brush Strokes] 효과를 적용하여 직접 붓으로 그린 듯한 이미지를 만들 수 있다.
- [Distort] 계열 필터는 벡터 이미지를 이루는 오브젝트의 형태를 독특하게 변형할 수 있다.
- [Sketch] 효과로 이미지에 회화적인 느낌과 독특한 드로잉의 느낌을 적용할 수 있다.
- [Stylize] 계열 필터는 오브젝트를 변형하거나 새로운 오브젝트를 추가한다.
- [Texture] 효과로 이미지에 질감을 입힐 수 있다.

[Filter Gallery] 대화상자   tip ⊕

[Effect]–[Effect Gallery] 메뉴를 선택하면 나타나는 [Filter Gallery] 대화상자를 이용하면 일러스트레이터 CS6이 제공하는 다양한 필터 효과를 한 번에 적용하거나 미리 보기를 통해 원하는 효과를 선택할 수 있다.

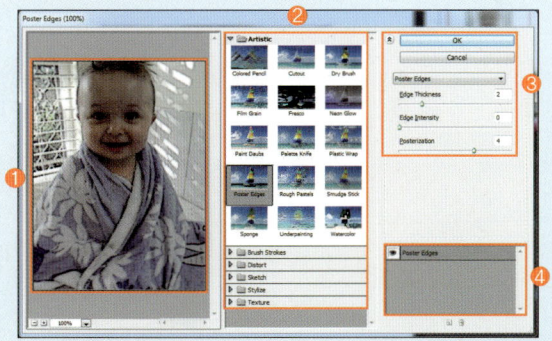

❶ 미리 보기 창 : 효과를 적용하여 이미지를 미리 보기로 확인할 수 있다.
❷ 필터 선택 창 : 다양한 필터들의 목록을 나타내며 원하는 필터를 클릭하면 미리 보기 창에서 적용한 결과를 볼 수 있다.
❸ 필터 옵션 창 : 선택한 필터의 다양한 옵션을 조절할 수 있다.
❹ 필터 레이어 : 필터를 적용한 레이어들의 목록을 나타내며 눈 아이콘을 클릭하면 해당 필터의 효과가 감추어지고 원본 이미지 또는 다른 필터 효과들만 나타난다.

따라하기 01 회화적인 이미지 만들기

Artistic 효과는 비트맵 이미지에 수작업으로 그림을 그린 듯한 효과를 주며 대화상자를 통해 옵션을 조절할 수 있다.

[예제 파일 : 챕터08_예제 파일\사진4.ai]

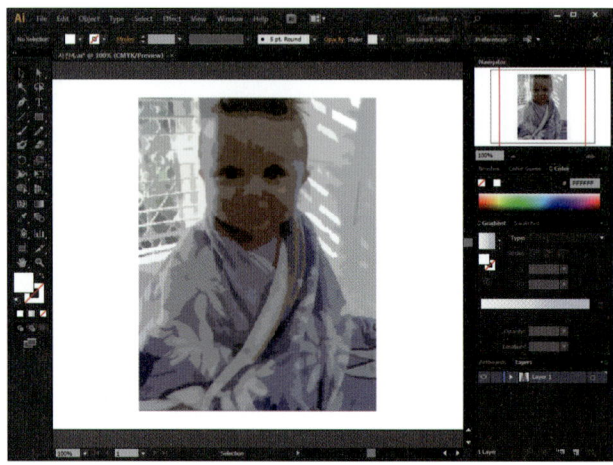

❶ '사진4.ai' 파일을 열고 선택 툴( )로 이미지를 선택한다.

❷ [Effect]-[Artistic]-[Cutout] 메뉴를 선택하거나 또는, [Effect]-[Effect Gallery] 메뉴에서 [Artistic]-[Cutout] 필터를 선택한다.

❸ 필터 옵션 창에서 [Number of Levels]는 '8', [Edge Simplicity]는 '1', [Edge Fidelity]는 '1' 로 설정하고 [OK] 버튼을 클릭한다.

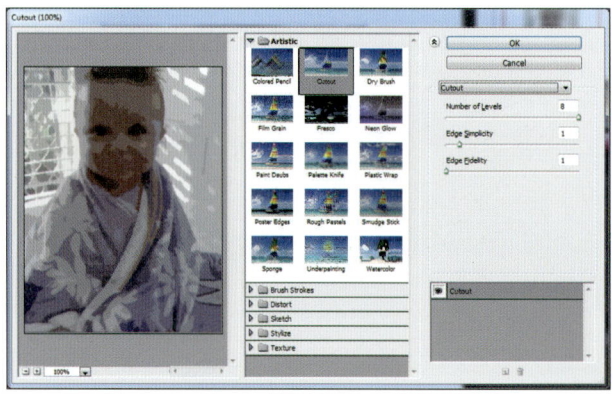

284 Chapter 8 . 필터와 이펙트로 이미지에 특수 효과주기

따라하기 02 | 붓 터치를 이용한 회화 효과 만들기

Brush Strokes 효과는 이미지에 브러시를 이용한 회화 효과를 지정할 때 사용되는 필터로 총 8개의 필터를 제공한다.

[예제 파일 : 챕터08_예제 파일\사진5.ai]

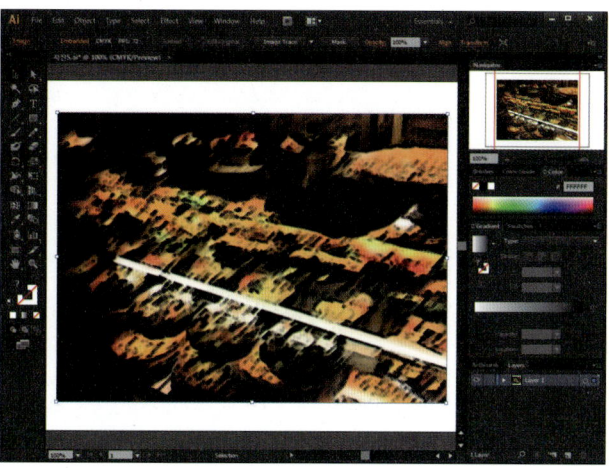

❶ '사진5.ai' 파일을 열고 선택 툴( )로 이미지를 선택한다.

❷ [Effect]-[Brush Strokes]-[Sumi-e] 메뉴를 선택하거나 또는, [Effect]-[Effect Gallery] 메뉴에서 [Brush Strokes]-[Sumi-e] 필터를 선택한다.

❸ [Filter Gallery] 대화상자의 필터 옵션 창에서 [Stroke Width]는 '6'으로, [Stroke Pressure] 항목은 '4'로 설정하고 [OK] 버튼을 클릭한다.

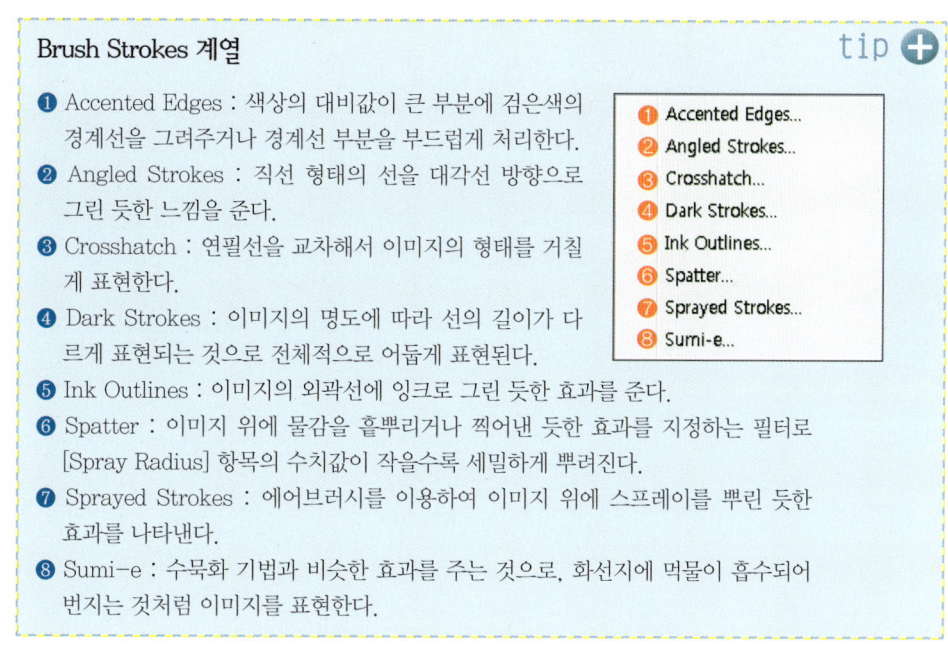

Brush Strokes 계열   tip ➕

❶ Accented Edges : 색상의 대비값이 큰 부분에 검은색의 경계선을 그려주거나 경계선 부분을 부드럽게 처리한다.
❷ Angled Strokes : 직선 형태의 선을 대각선 방향으로 그린 듯한 느낌을 준다.
❸ Crosshatch : 연필선을 교차해서 이미지의 형태를 거칠게 표현한다.
❹ Dark Strokes : 이미지의 명도에 따라 선의 길이가 다르게 표현되는 것으로 전체적으로 어둡게 표현된다.
❺ Ink Outlines : 이미지의 외곽선에 잉크로 그린 듯한 효과를 준다.
❻ Spatter : 이미지 위에 물감을 흩뿌리거나 찍어낸 듯한 효과를 지정하는 필터로 [Spray Radius] 항목의 수치값이 작을수록 세밀하게 뿌려진다.
❼ Sprayed Strokes : 에어브러시를 이용하여 이미지 위에 스프레이를 뿌린 듯한 효과를 나타낸다.
❽ Sumi-e : 수묵화 기법과 비슷한 효과를 주는 것으로, 화선지에 먹물이 흡수되어 번지는 것처럼 이미지를 표현한다.

따라하기 03 **다양한 질감의 이미지 만들기**

Distort 효과는 이미지를 왜곡하면서 독특한 효과를 주는 필터들로 유리를 통해 이미지를 보는 듯한 느낌, 바다 물결을 통해 이미지를 굴절시키는 듯한 효과를 표현하는 데 적합하다.

[예제 파일 : 챕터08_예제 파일\사진6.ai]

❶ '사진6.ai' 파일을 열고 선택 툴( )로 이미지를 선택한다.

❷ [Effect]-[Distort]-[Glass] 메뉴 또는, [Effect]-[Effect Gallery] 메뉴를 선택하고 [Distort]-[Glass] 필터를 선택한다.

❸ [Filter Options] 대화상자의 필터 옵션 창에서 [Distortion]과 [Smoothness]를 모두 '3'으로 설정하고 [OK] 버튼을 클릭한다.

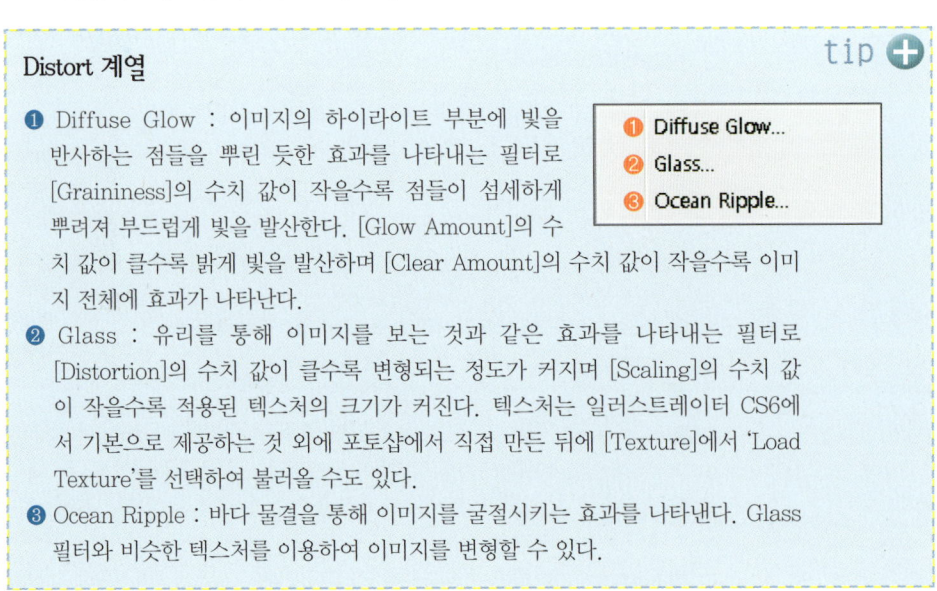

Distort 계열

❶ Diffuse Glow : 이미지의 하이라이트 부분에 빛을 반사하는 점들을 뿌린 듯한 효과를 나타내는 필터로 [Graininess]의 수치 값이 작을수록 점들이 섬세하게 뿌려져 부드럽게 빛을 발산한다. [Glow Amount]의 수치 값이 클수록 밝게 빛을 발산하며 [Clear Amount]의 수치 값이 작을수록 이미지 전체에 효과가 나타난다.

❷ Glass : 유리를 통해 이미지를 보는 것과 같은 효과를 나타내는 필터로 [Distortion]의 수치 값이 클수록 변형되는 정도가 커지며 [Scaling]의 수치 값이 작을수록 적용된 텍스처의 크기가 커진다. 텍스처는 일러스트레이터 CS6에서 기본으로 제공하는 것 외에 포토샵에서 직접 만든 뒤에 [Texture]에서 'Load Texture'를 선택하여 불러올 수도 있다.

❸ Ocean Ripple : 바다 물결을 통해 이미지를 굴절시키는 효과를 나타낸다. Glass 필터와 비슷한 텍스처를 이용하여 이미지를 변형할 수 있다.

| 따라하기 04 | **스케치한 이미지 만들기** |

Sketch 효과는 이미지에 회화적인 느낌과 독특한 드로잉의 느낌 등을 만드는 효과로 펜의 두께나 면과 선의 색상을 적절하게 설정하여 보다 회화적인 효과를 적용할 수 있다. 이미지를 전혀 다른 느낌으로 만들어 주기도 하므로 벡터 이미지와 함께 사용하면 독특한 느낌의 이미지를 만들 수 있다.

[예제 파일 : 챕터08_예제 파일\사진7.ai]

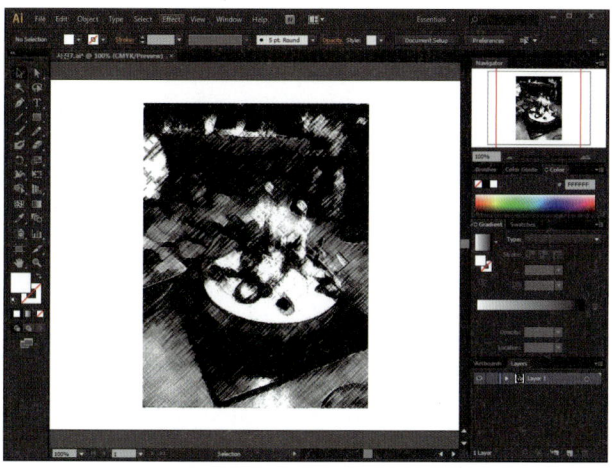

❶ '사진7.ai' 파일을 열고 선택 툴( )로 이미지를 선택한다.

❷ [Effect]-[Sketch]-[Charcoal] 메뉴 또는, [Effect]-[Effect Gallery] 메뉴를 선택하고 [Sketch]-[Charcoal] 필터를 선택한다.

❸ [Filter Gallery] 대화상자의 필터 옵션 창에서 [Light/Dark Balance]를 '80'으로 설정하고 [OK] 버튼을 클릭한다.

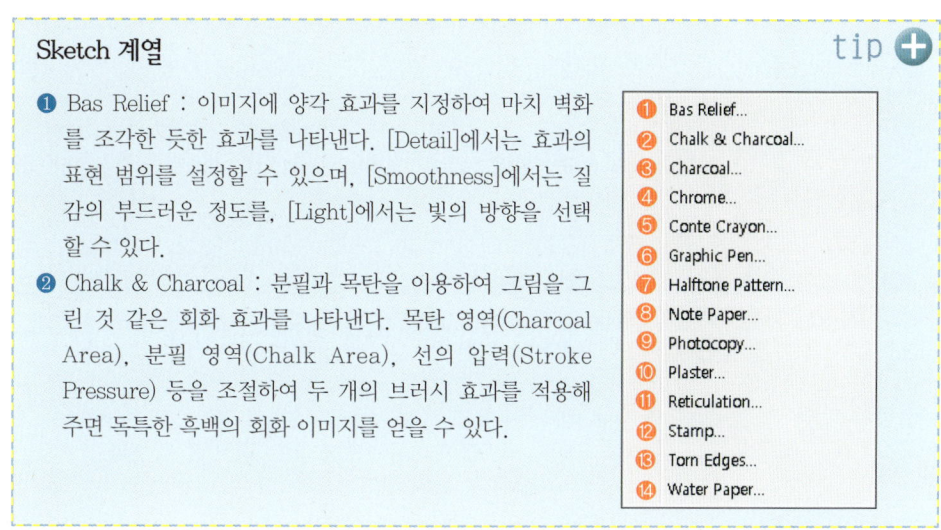

Sketch 계열

❶ Bas Relief : 이미지에 양각 효과를 지정하여 마치 벽화를 조각한 듯한 효과를 나타낸다. [Detail]에서는 효과의 표현 범위를 설정할 수 있으며, [Smoothness]에서는 질감의 부드러운 정도를, [Light]에서는 빛의 방향을 선택할 수 있다.

❷ Chalk & Charcoal : 분필과 목탄을 이용하여 그림을 그린 것 같은 회화 효과를 나타낸다. 목탄 영역(Charcoal Area), 분필 영역(Chalk Area), 선의 압력(Stroke Pressure) 등을 조절하여 두 개의 브러시 효과를 적용해 주면 독특한 흑백의 회화 이미지를 얻을 수 있다.

① Bas Relief...
② Chalk & Charcoal...
③ Charcoal...
④ Chrome...
⑤ Conte Crayon...
⑥ Graphic Pen...
⑦ Halftone Pattern...
⑧ Note Paper...
⑨ Photocopy...
⑩ Plaster...
⑪ Reticulation...
⑫ Stamp...
⑬ Torn Edges...
⑭ Water Paper...

❸ Charcoal : 원본의 색상을 삭제하고 목탄화 이미지로 바꾼다. 목탄의 농도(Charcoal Thickness), 세밀함(Detail), 밝은 색과 어두운 색의 균형(Light/Dark Balance) 등을 조정하여 효과를 적용하면 흑백의 목탄화 이미지를 만들 수 있다.

❹ Chrome : 이미지의 명도에 따라 메탈의 질감을 덧씌워 마치 메탈 느낌으로 이미지를 표현한다. 세밀함(Detail), 부드러움(Smoothness) 등을 조정하여 효과를 적용하면 부드럽게 녹아 흐르는 듯한 메탈 질감의 이미지를 얻을 수 있다.

❺ Conte Crayon : 콩테 크레용으로 그린 듯한 흑백 이미지로 바꾼다. 전경색 단계(Foreground Level), 배경색 단계(Background Level)의 수치를 조절하여 흑백 대비를 설정하고 [Texture]에서 원하는 재질감을 선택하여 재질감의 크기(Scaling)와 양감(Relief), 빛의 방향(Light) 등을 조절함으로써 이미지에 독특한 재질감과 회화 느낌을 나타낼 수 있다.

❻ Graphic Pen : 얇은 그래픽 펜촉으로 터치한 듯한 효과를 보여준다. 선의 길이(Stroke Length), 밝은 색과 어두운 색의 균형(Light/Dark Balance) 등을 수치 값으로 조절하고 선의 방향(Stroke Direction) 등을 조절하여 적용하면 흑백의 펜화 느낌을 나타낼 수 있다.

❼ Halftone Pattern : 이미지를 하프톤의 망점으로 나타낸다. Circle, Dot, Line 3가지 스타일의 망점을 선택할 수 있다. 망점의 크기(Size), 대비(Contrast) 등을 수치 값으로 조절하고 패턴 형태(Pattern Type)에서 모양을 설정하여 이미지에 독특한 망점을 부여해 줄 수 있다.

❽ Note Paper : 이미지에 엠보싱과 망점을 부여해 독특한 부조 효과를 보여준다. 이미지의 균형(Image Balance), 점의 양(Graininess), 양감(Relief) 등의 수치를 조절하여 이미지에 부조 효과를 더욱 돋보이게 할 수 있다.

❾ Photocopy : 사진을 복사했을 때 빛이 들어가 바랜 것처럼 이미지가 처리된다. 세밀함(Detail), 어두운 색(Darkness) 등의 수치를 조절하여 이미지의 테두리를 살려줌으로써 음화 사진(Negative) 같은 느낌의 이미지를 만들 수 있다.

❿ Plaster : 동판의 이미지처럼 금속성 엠보싱을 보여준다. 이미지의 균형(Image Balance), 부드러움(Smoothness), 빛의 방향(Light) 등을 조절하여 동판의 이미지를 만들 수 있다.

⓫ Reticulation : 이미지 위에 선택한 수치만큼 점의 크기와 양을 설정하여 점을 추가한다. 점의 농도(Density), 검은색 단계(Foreground Level), 흰색 단계(Background Level)를 조절하여 독특한 망점을 추가함으로써 고품질의 이미지를 얻을 수 있다.

⓬ Stamp : 스탬프로 찍은 이미지처럼 선명한 검은 선으로 이미지를 표현한다. 밝은 색과 어두운 색의 균형(Light/Dark Balance), 부드러움(Smoothness)을 조절함으로써 선명한 스탬프 이미지를 얻을 수 있다.

⓭ Torn Edges : 뜯어진 종이를 붙인 것처럼 이미지를 표현한다. 이미지의 균형(Image Balance), 부드러움(Smoothness), 색상 대비(Contrast)를 조절함으로써 선명한 이미지를 얻을 수 있다.

⓮ Water Paper : 캔버스에 수채화 물감을 칠했을 때 번지는 것처럼 표현된다. [Fiber Length]의 수치 값이 클수록 번지는 효과가 많이 나타나며 [Brightness]의 수치 값이 클수록 전반적인 이미지 색상이 밝아진다. [Contrast]의 수치 값이 클수록 색상의 대비 값이 커져 선명한 이미지를 얻을 수 있다.

| 따라하기 05 | 독특한 이미지 만들기 |

Stylize 효과는 이미지 경계 부분의 색상을 이용하여 질감이나 명도 등을 탐색하여 이미지의 외곽선 부분이 빛으로 발산하는 듯한 효과를 지정하는 필터로, 네온 효과를 적용시킬 때 사용된다.

[예제 파일 : 챕터08_예제 파일\사진8.ai]

❶ '사진8.ai' 파일을 열고 선택 툴( )로 이미지를 선택한다.

❷ [Effect] 메뉴에서 포토샵 필터 영역의 [Stylize]-[Glowing Edges] 메뉴를 선택하거나, [Effect]-[Effect Gallery] 메뉴를 선택하고 [Stylize]-[Glowing Edges] 필터를 선택한다.

❸ [Filter Gallery] 대화상자의 필터 옵션 창에서 [Edge Brightness]는 '13'으로, [Smoothness]는 '10'으로 설정하고 [OK] 버튼을 클릭한다.

> **[Edge Width] 대화상자의 옵션** tip ➕
>
> [Edge Width]의 수치 값이 클수록 외곽선이 두꺼워지며, [Edge Brightness] 수치 값이 클수록 경계선이 밝은 색상으로 표현된다.

> **tip**
>
> **Illustrator Effect의 Stylize 효과**
>
> ❶ Drop Shadow : 자연스러운 그림자 효과를 작성한다.
> ❷ Feather : 오브젝트의 외곽을 부드럽게 처리한다.
> ❸ Inner Glow : 오브젝트의 내부에 빛이 퍼지는 효과를 준다. 빛이 퍼지는 정도, 색상, 강도 등을 대화상자에서 조절할 수 있다.
> ❹ Outer Glow : 오브젝트의 바깥쪽으로 빛이 퍼지는 효과를 준다. Inner Glow와 반대 효과로 빛이 퍼지는 정도, 색상, 강도 등을 대화상자에서 조절할 수 있다.
> ❺ Round Corners : 오브젝트의 모서리를 둥글게 변환할 수 있다.
> ❻ Scribble : 직접 손으로 그린 것과 같은 벡터 이미지를 만들 수 있다. 정형화된 디자인 요소에 좀 더 친근감있고 부드러운 느낌을 주거나 스케치 같은 일러스트레이션을 만들고, 디자인에 교차선을 추가하거나 구불구불 움직이는 선을 만들 때 유용한다.

따라하기 06 | 다양한 질감의 이미지 만들기

Texture 효과는 이미지에 질감을 입히며 일러스트레이터 CS6에서 제공하는 질감 이외에 사용자가 직접 제작한 이미지를 [Load Texture] 명령을 이용하여 적용할 수 있다.

[예제 파일 : 챕터08_예제 파일\사진9.ai]

❶ '사진9.ai' 파일을 열고 선택 툴(▶)로 이미지를 선택한다.

❷ [Effect]-[Texture]-[Stained Glass] 메뉴를 실행하거나 [Effect]-[Effect Gallery] 메뉴를 실행하여 나타난 [Filter Gallery] 대화상자에서 [Texture]-[Stained Glass] 필터를 선택한다.

❸ [Filter Gallery] 대화상자의 필터 옵션 창에서 [Cell Size]를 '2', [Border Thickness]를 '1'로 설정하고 [OK] 버튼을 클릭한다.

> **[Stained Glass] 대화상자의 옵션** tip
>
> 셀의 크기(Cell Size), 테두리 선의 굵기(Border Thickness), 밝은 색의 명암도(Light Intensity) 등을 조절함으로써 멋진 스테인드글라스의 재질감을 얻을 수 있다.

> **Texture 계열** tip
>
> ❶ Craquelure : 벽면에 새겨진 이미지처럼 질감을 부여한다. 갈라진 경계의 간격(Crack Spacing), 갈라진 경계의 깊이(Crack Depth), 갈라진 경계의 밝기(Crack Brightness) 등을 조절함으로써 독특한 재질감을 얻을 수 있다.
> ❷ Grain : 선택한 이미지에 노이즈를 부여한다. 갈라진 농도(Intensity), 대비(Contrast) 등을 조절하고 망점의 스타일(Grain Type) 등을 선택하여 독특한 재질감을 얻을 수 있다.
> ❸ Mosaic Tiles : 모자이크처럼 독특한 질감을 부여한다. 타일의 크기(Tile Size), 갈라진 틈의 두께(Grout Width), 밝은 부분의 두께(Lighten Grout) 등을 조절함으로써 독특한 재질감을 얻을 수 있다.
> ❹ Patchwork : 사각형의 높낮이가 다른 느낌의 블록을 만든다. 사각형의 크기(Square Size), 양감(Relief) 등을 조절함으로써 입체적인 재질감을 얻을 수 있다.
> ❺ Stained Glass : 교회나 성당의 창문처럼 이미지의 색상을 기초해서 셀을 생성한다.
> ❻ Texturizer : 이미지에 다양한 질감을 부여한다. 재질감(Texture)을 선택할 수도 있고, [Load Texture]를 이용해 외부에서 불러들여 사용할 수 있다. 재질감의 크기(Scaling), 양감(Relief)과 빛의 방향(Light) 등을 조절함으로써 원하는 재질감을 얻을 수도 있다.

핵심정리 summary

1. 필터

- [Free Distort] 필터는 오브젝트를 역동적으로 왜곡하는 필터로 [Free Distort] 대화상자에서 조절점을 드래그하여 오브젝트에 왜곡, 과장, 기울기 등의 효과를 자유롭게 변형할 수 있다.

- [Pucker & Bloat] 필터는 오브젝트 기준점을 부풀리거나 오므라들게 한다. 간단한 도형을 쉽게 변형하여 패턴으로 사용할 수 있다.

- [Roughen] 필터는 오브젝트를 울퉁불퉁하게 만드는 필터로 정형화된 곡선이나 직선을 자연스러운 이미지로 만들 수 있다.

- [Twist] 필터는 오브젝트의 형태를 일정한 각도로 비틀어 변형하는 필터로 소용돌이나 회오리 모양으로 오브젝트의 형태를 변형하면서 매우 역동적으로 표현할 수 있다.

- [Round Corners] 필터는 오브젝트의 각진 모서리를 둥글게 만들어 딱딱하고 거친 외곽선을 완만한 곡선 형태로 조정하여 부드러운 이미지를 만들 때 사용하면 편리하다.

2. 이펙트

- [3D] 이펙트는 평면 오브젝트의 시점을 다르게 설정하여 공간감이 살아있는 형태로 변형하여 전체적으로 입체 효과를 더욱 실감나게 표현할 수 있다.

- [Scribble] 이펙트는 직접 손으로 그린 것 같은 터치를 주는 효과로, 크레용이나 색연필로 스케치한 듯한 효과를 나타내어 부드럽고 친근한 이미지를 만든다.

- SVG 필터 효과는 파일 크기가 작아도 깨짐 없이 선명하고 정확한 효과를 적용할 수 있다.

3. 필터와 이펙트

일러스트레이터 CS3 버전까지는 [Filter]와 [Effect] 메뉴를 분리하였으며 [Object] 메뉴와 중복되는 기능이 많았다. 일러스트레이터 CS6에서는 이러한 중복 기능을 없애기 위해 [Filter] 메뉴를 과감하게 없애고 깔끔하게 정리된 [Effect] 메뉴를 제공한다. [Effect] 메뉴에서 필터와 이펙트 효과를 모두 사용할 수 있으며, 적용한 효과는 언제든지 수정이 가능하다.

4. [Appearance] 팔레트

Effect 효과를 오브젝트에 적용하면 [Appearance] 팔레트에 작업 내용이 기록된다. 새 오브젝트를 그리거나 이미 효과가 적용된 오브젝트의 일부를 수정할 때 [Appearance] 팔레트를 사용하면 손쉽고 빠르게 작업할 수 있다.

종합실습 pointup

1. 3D 효과를 적용하여 입체적인 효과를 만들어 보자.

[예제 파일 : 챕터08_예제 파일\바람개비.ai]

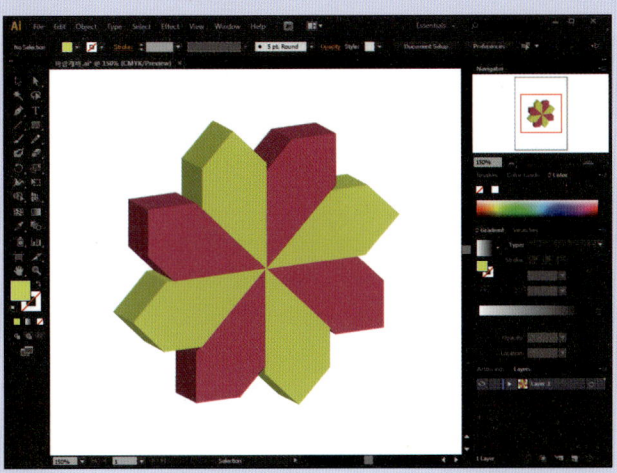

HINT | 오브젝트를 선택하고 [Effect]-[3D]-[Extrude & Bevel] 메뉴를 선택한 후 [3D Extrude & Bevel Options] 대화상자에서 각도를 조절하고 [OK] 버튼을 클릭한다.

2. [Effect Gallery] 대화상자를 이용하여 다양한 느낌의 효과를 적용해 보자.

[예제 파일 : 챕터08_예제 파일\사진10.ai]

HINT | 이미지를 선택한 상태에서 [Effect]-[Effect Gallery] 메뉴를 선택하여 [Effect Gallery] 대화상자를 불러온다. 미리 보기 창을 확인하며 원하는 효과 및 옵션을 설정한다. 또한 각 효과에서 제공하는 세부 값들을 조절해 본다.

Chapter 8 . 종합실습 293

09

CHAPTER

3D 효과로 입체 오브젝트 만들기

일러스트레이터 CS6에서는 단순히 손 그림과 같은 2차원 오브젝트뿐만 아니라 3D 오브젝트도 쉽고 간편하게 만들 수 있다. 일러스트의 범위가 이제는 2차원에서 3차원까지 포함한다는 사실을 인지하고 일러스트레이터 CS6가 제공하는 3D 관련 툴과 원근감 툴을 이용하여 사실적인 입체적 드로잉을 해보도록 한다.

Section 1   3D 효과로 입체적인 오브젝트 만들기
Section 2   3D 효과로 입체 타이포그래피 만들기
Section 3   원근감 툴을 이용한 입체적인 그래픽 작업하기

3D 오브젝트 만드는 방법 알아보기

Chapter 9

3D 관련 툴과 대화상자를 이용하면 쉽고 간편하게 입체적인 오브젝트를 작성할 수 있다. 드래그 한 번으로 원하는 각도와 방향을 조절할 수 있으며 문자 오브젝트에도 입체감을 적용하여 다양한 타이포그래피 작성이 가능하다. 일러스트레이터 CS6에서 새롭게 제공하는 원근감 툴을 이용하면 정확한 수치와 비율로 입체적인 드로잉을 할 수도 있다.

01 3D 입체 오브젝트 기능

일러스트레이터 CS6에서 3D 기능은 [Effect]-[3D] 메뉴에서 제공한다.

❶ Extrude & Bevel...
❷ Revolve...
❸ Rotate...

❶ Extrude & Bevel : 오브젝트를 돌출시키고 모서리의 형태를 설정한다.
❷ Revolve : 오브젝트를 회전시킨다.
❸ Rotate : 오브젝트를 다양한 시점으로 변경한다.

02 [3D Options] 대화상자

선택한 오브젝트를 다양한 각도로 회전하거나 입체적으로 변환시키는 3가지 [3D Options] 대화상자에서는 가로 축, 세로 축의 각도를 직접 입력하거나 Track Cube를 통해 마우스로 직접 조절이 가능하다. 또한 [Position]에 있는 다양한 위치를 선택하여 오브젝트를 회전할 수 있다. [Perfective]에서 수치 값을 조절하여 원근감을 가진 3D 오브젝트를 작성할 수도 있다.

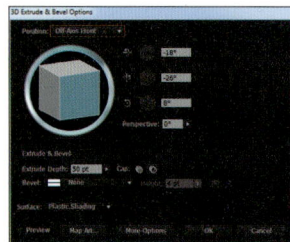
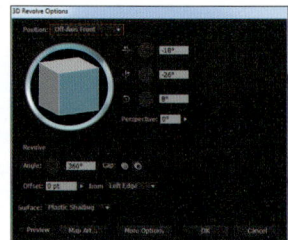
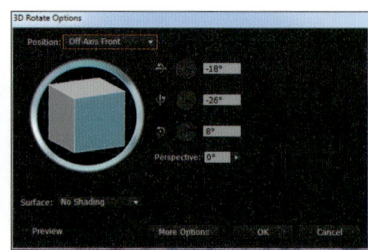

03 원근감 그리드 툴(Perspective grids)

이전 버전에서부터 새롭게 제공하는 원근감 그리드 기능은 오브젝트를 따로 변경하지 않아도 정확한 수치와 비율에 맞도록 원근감 격자를 제공하여 쉽고 빠르게 원근감이 있는 일러스트를 작성할 수 있도록 도와준다. 드래그하는 것으로 원근감을 적용할 수 있으며, 소실점의 개수는 1개에서 3개까지 변경이 가능하다.

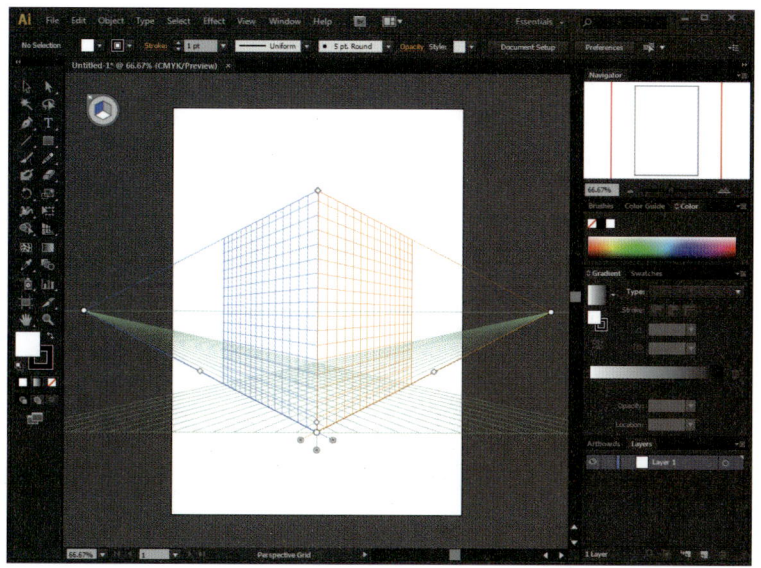

원근감 그리드 툴과 원근감 선택 툴을 이용하여 원근감이 있는 배경뿐만 아니라 원근감이 있는 타이포그래피도 디자인할 수 있다. 그리드의 각 축은 마음대로 조절이 가능하며 그리드의 색상 또한 변경이 가능하다.

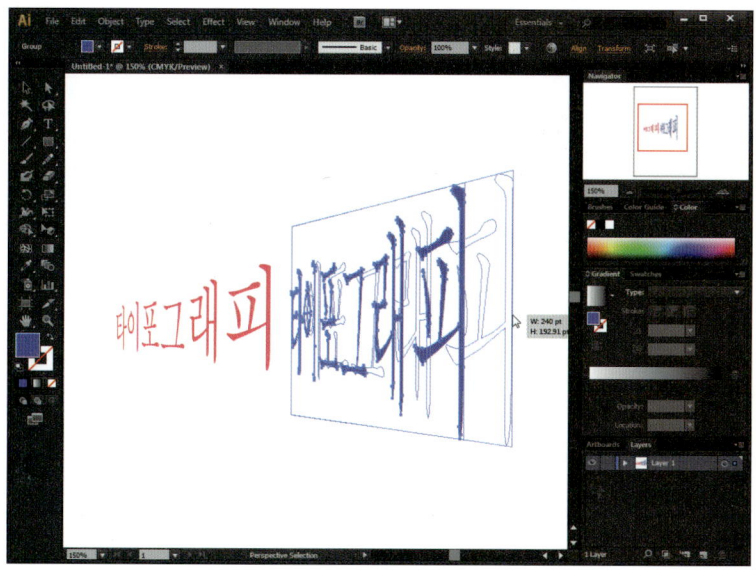

Section 1 · 3D 효과로 입체적인 오브젝트 만들기

2차원 오브젝트를 입체감 있는 오브젝트로 변환하는 가장 기본적인 방법은 평면적인 오브젝트에 깊이감을 적용하는 것이다. 실제적으로 깊이를 만드는 작업은 많은 작업 시간이 소요되지만 일러스트레이터 CS6의 3D 기능을 사용하면 손쉽게 작성할 수 있다.

> **알아두기**
> - [Extrude & Bevel] 명령으로 돌출된 입체 오브젝트를 만들 수 있다.
> - [3D Revolve] 명령으로 조명 효과를 적용한 입체 오브젝트를 만들 수 있다.

따라하기 01 | 평면 오브젝트에 깊이감 생성하기

[Extrude & Bevel] 명령은 오브젝트에 두께를 부여하여 모서리 형태를 설정한다. 해당 기능을 적용한 오브젝트는 본래의 패스를 그대로 가지고 있기 때문에 수정이나 변경도 가능하다.

[예제 파일 : 챕터09_예제 파일\강아지.ai]

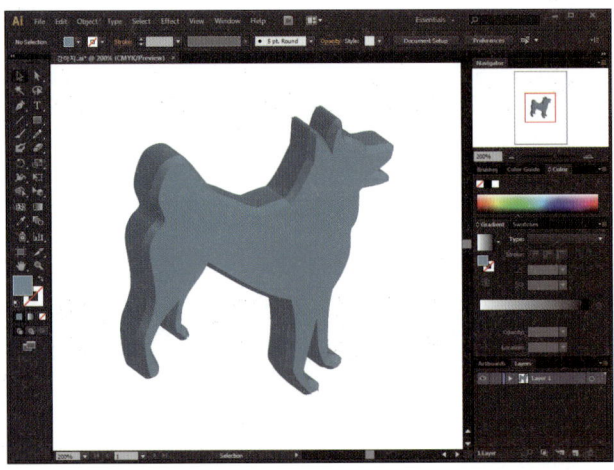

❶ '강아지.ai' 파일을 불러온 후 선택 툴(▶)로 강아지 오브젝트를 선택한다.
❷ [Effect]-[3D]-[Extrude & Bevel] 메뉴를 선택한다.
❸ [3D Extrude & Bevel Options] 대화상자에서 [Preview]를 체크하면 미리 보기 창에서 오브젝트를 미리 보면서 작업할 수 있다.
❹ Track Cube를 마우스로 드래그하여 3D 오브젝트의 시점과 위치를 조절한다.

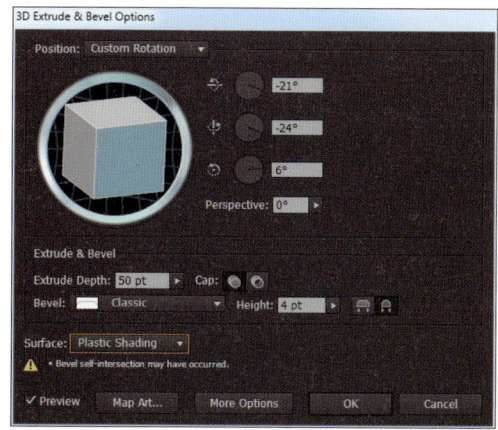

❺ [Position]을 클릭하면 이미 설정되어 있는 여러 가지 시점이 있어 정확한 시점으로 오브젝트 좌표를 조절할 수 있다. 'Isometric Left'를 선택하면 왼쪽을 향하여 위치한다.

❻ [Position]에서 'Isometric Right'를 선택하면 오브젝트가 오른쪽을 향해 위치한다. [Extrude & Bevel]에서 [Extrude Depth]를 '30'으로 설정하면 오브젝트의 두께가 더 두꺼워진다.

❼ [Bevel]은 입체 오브젝트의 모서리 형태를 조절하는 곳으로 모양을 선택하고 [Height]를 '2 pt'로 설정하여 모서리가 깎이는 정도는 조절한다. [Bevel]을 'Complex2'로 설정하고 [OK] 버튼을 클릭하여 3D 오브젝트를 완성한다.

3D 효과 재적용할 때 나타나는 경고 창

3D 효과를 적용한 오브젝트가 선택된 상태에서 다시 [Effect]-[3D] 메뉴를 실행하면 아래와 같이 경고 창이 나타난다. 해당 경고 창은 기존에 적용된 효과가 사라지고 새로운 효과가 적용될 것이라는 내용을 알려주며 다시 보고 싶지 않다면 [Don't Show Again]에 체크하면 된다.

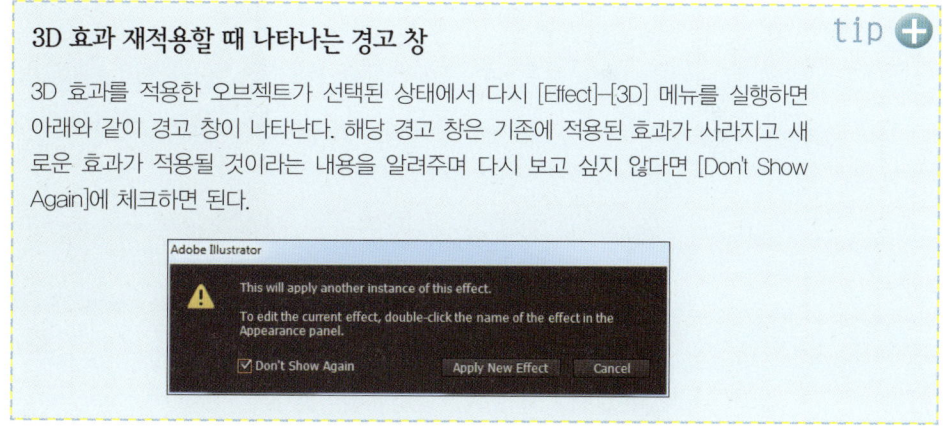

[3D Extrude & Bevel Options] 대화상자

❶ Position : 원하는 입체 효과와 위치를 선택할 수 있다.
❷ Extrude Depth : 3D 오브젝트의 깊이를 나타낸다. 깊이란 오브젝트의 두께 또는, 돌출 정도를 뜻한다.
❸ Cap : 3D 오브젝트의 내부를 채울 것인지 또는 투명하게 비울 것인지를 설정한다.
❹ Bevel : 3D 효과가 적용될 오브젝트의 모서리 형태를 설정한다.
❺ Height : 3D 효과가 적용될 오브젝트의 모서리가 꺾인 부분의 크기를 설정한다.
❻ Surface : 오브젝트의 표면이 갖는 재질과 조명의 종류를 선택할 수 있다.
❼ Map Art : 오브젝트의 표면에 이미지를 심볼화하여 적용한다.

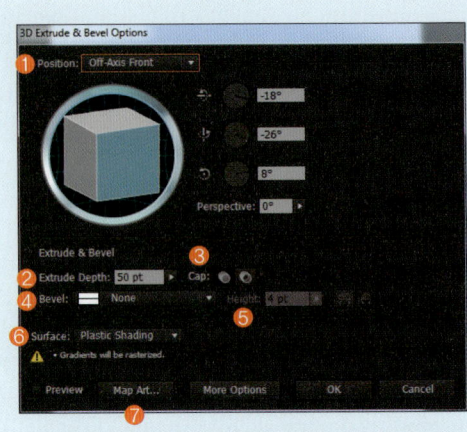

[3D Revolve Options] 대화상자

❶ Positions : 원하는 3D 효과의 시점과 위치를 선택한다.
❷ Perspective : 3D 오브젝트의 원근감 정도를 결정한다.
❸ Angle : 오브젝트를 얼마나 회전시킬 것인지를 결정한다.
❹ Cap : 내부를 채워서 렌더링하거나 외부를 채워서 렌더링하는 것을 결정한다.
❺ Offset : 회전 중심축에서 얼마나 더 확장하여 렌더링할지를 결정한다.
❻ Surface : 3D 오브젝트의 표면이 갖는 재질과 조명의 종류를 선택한다.
❼ Map Art : 오브젝트의 표면에 이미지를 심볼화하여 적용한다.

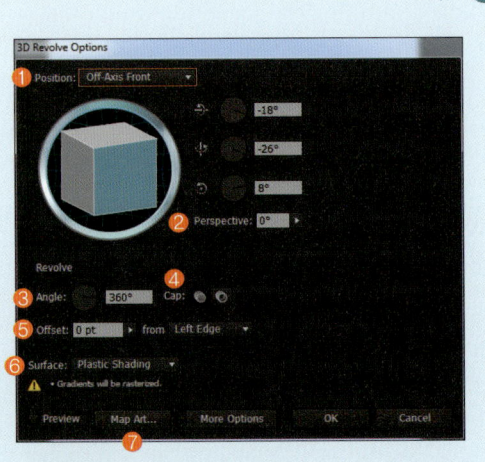

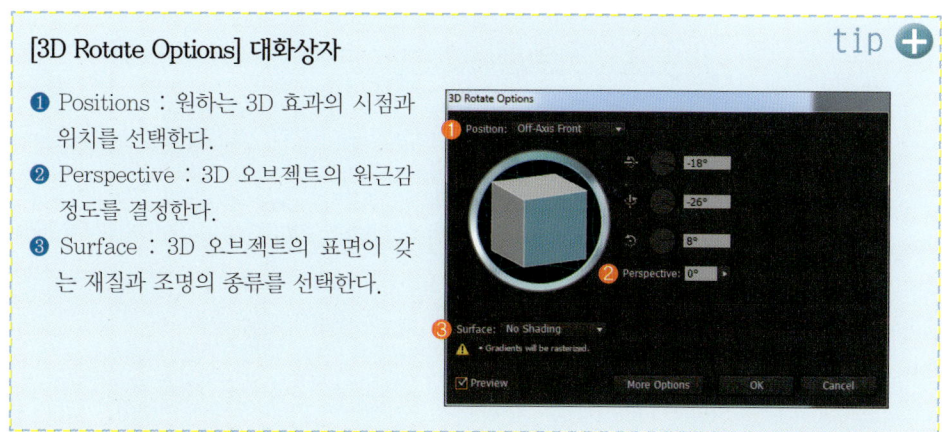

[3D Rotate Options] 대화상자

1. Positions : 원하는 3D 효과의 시점과 위치를 선택한다.
2. Perspective : 3D 오브젝트의 원근감 정도를 결정한다.
3. Surface : 3D 오브젝트의 표면이 갖는 재질과 조명의 종류를 선택한다.

따라하기 02 입체 뱅글 만들기

3D 기능을 이용하여 입체화된 오브젝트의 겉 표면에 다른 이미지를 덧입힐 수 있다. 단 매핑할 이미지는 반드시 심볼로 등록되어 있어야 하며 매핑 부분을 지정하여 설정할 수 있다.

[완성 파일 : 챕터09_완성 파일\뱅글_완성.ai]

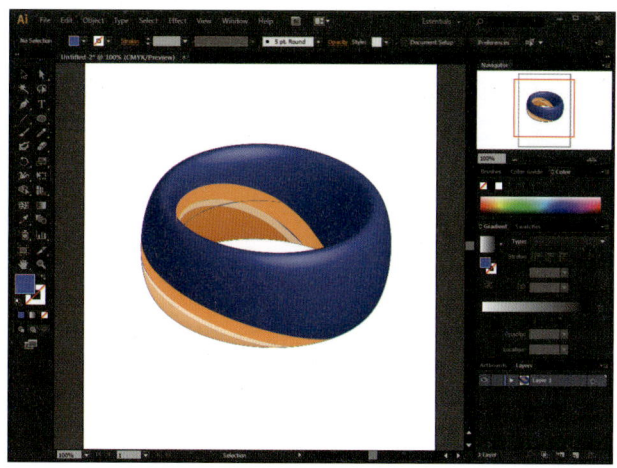

1. 새로운 도큐먼트를 생성하고 원형 툴( )을 이용하여 세로로 긴 타원 오브젝트를 생성한다.
2. 선택 툴( )로 타원 오브젝트를 선택하고 면 색상을 '파란색', 선 색상은 '없음'으로 설정한다.
3. 오브젝트가 선택된 상태에서 [Effect]-[3D]-[Revolve] 메뉴를 실행한다.
4. [3D Revolve Options] 대화상자에서 [Preview]에 체크하고 [Offset]을 '150'으로 설정한 후 오브젝트가 튜브 형태로 변경되는 것을 확인한다.

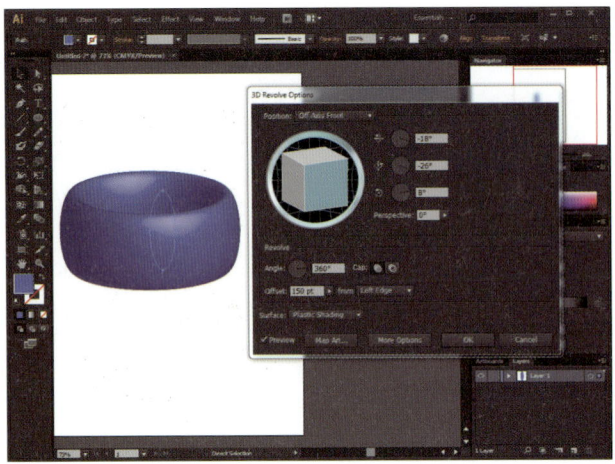

❺ 육면체 모양의 Track Cube를 마우스로 드래그하여 오브젝트의 윗면이 보이도록 회전시킨다.

❻ 이번에는 [Map Art](Map Art...)를 클릭하여 [Map Art] 대화상자를 불러온다.

❼ [Map Art] 대화상자의 [Symbol]에서 'Illuminated Orange'을 선택한다.

❽ 심볼을 그림과 같이 크기를 조절하고 위치시킨 다음 [OK] 버튼을 클릭하고 [3D Revolve] 대화상자의 [OK] 버튼을 클릭하여 입체적인 뱅글 오브젝트를 완성한다.

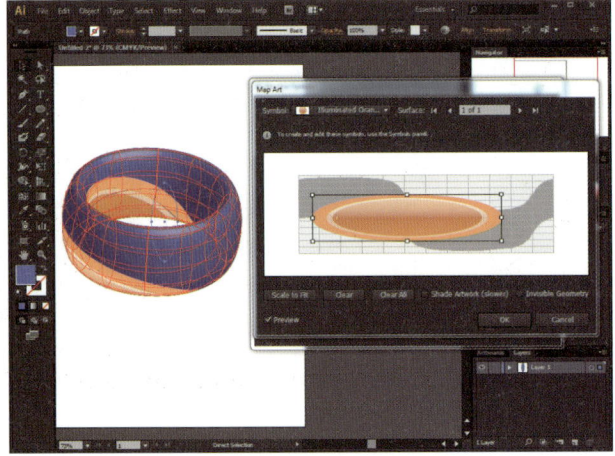

01 혼자해보기 [3D Revolve] 대화상자를 이용하여 모자 오브젝트를 만들어 보자.

HINT | 초록색 사각형 오브젝트를 두 개를 그룹화시켜 'ㄴ' 형태로 작성한 다음 [Effect]-[3D]-[Revolve] 메뉴를 선택한다. [3D Revolve Options] 대화상자가 나타나면 [Offset]의 수치 값을 조절하여 모자 오브젝트를 완성한다.

따라하기 **03** 3D 오브젝트에 조명 효과 적용하기

3D 효과를 적용한 오브젝트에 조명 효과를 같이 적용하면 입체 효과를 더욱 돋보이게 할 수 있다. 하나의 오브젝트에 여러 개의 조명을 적용할 수 있으며, 조명의 강도를 조절하여 보다 현실감 있는 오브젝트를 제작할 수 있다.

[예제 파일 : 챕터09_예제 파일\뱅글.ai]

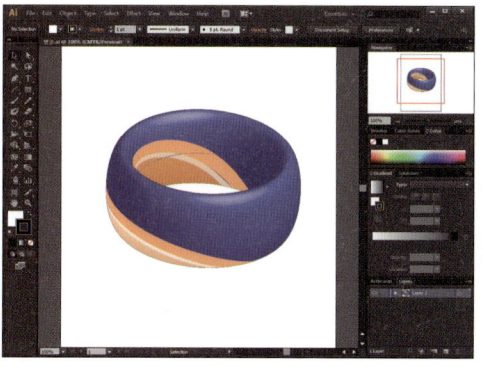 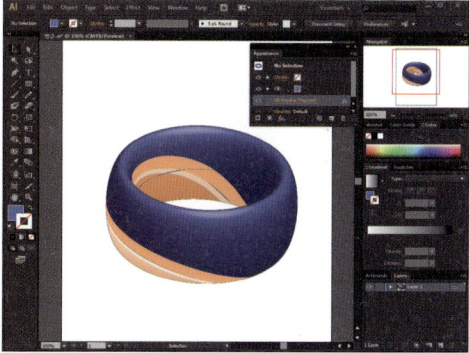

▲ 조명 효과 적용 전, 후

❶ '뱅글.ai' 파일을 불러온 후 선택 툴(　)로 뱅글 오브젝트를 선택한다.
❷ 뱅글 오브젝트에 적용되어 있는 3D의 입체 속성을 변경하기 위해 [Window]-[Appearance] 메뉴를 선택한다.

Section 1. 3D 효과로 입체적인 오브젝트 만들기

❸ [Appearance] 팔레트에서 '3D Revolve'를 더블클릭하여 [3D Revolve Options] 대화 상자가 나타난다.

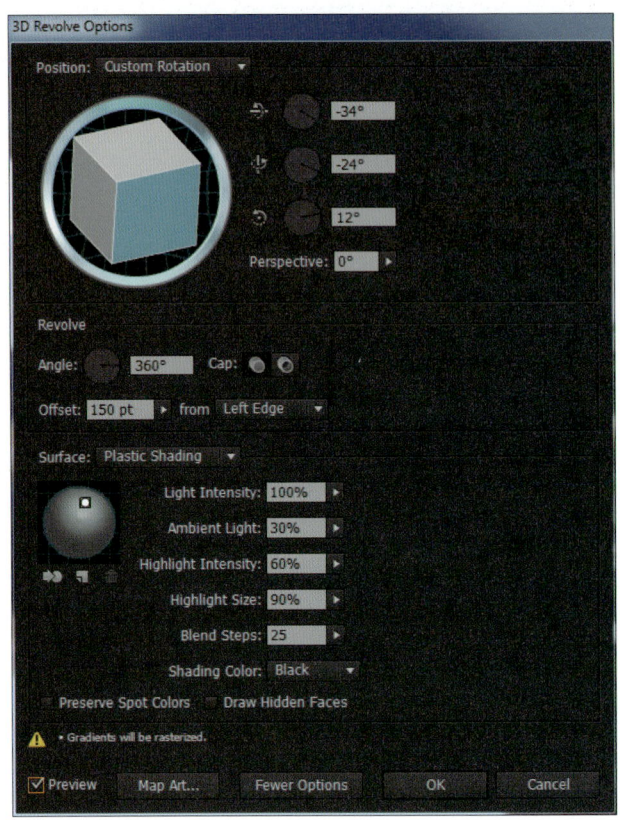

❹ [3D Revolve Options] 대화상자의 More Options를 클릭하여 [Surface]를 확장시킨다.

❺ [Surface]의 공 모양을 가진 상자에서 작은 흰색 점이 현재의 조명 상태를 나타낸다. [Preview]에 체크한 다음 흰색 점을 클릭하여 왼쪽으로 이동시켜 조명을 변경하면 오브젝트에 적용된 조명 상태도 변경된다.

❻ 원하는 조명 효과를 설정하고 좀 더 사실적인 색상을 표현하기 위해 [Ambient Light] 를 '30%'로 변경한 다음 [OK] 버튼을 클릭한다.

따라하기 04 입체 오브젝트에 무늬 적용하기

일러스트레이터 CS6에서는 3D 효과를 적용한 다각형 오브젝트의 각 면에 서로 다른 무늬를 적용할 수 있다.

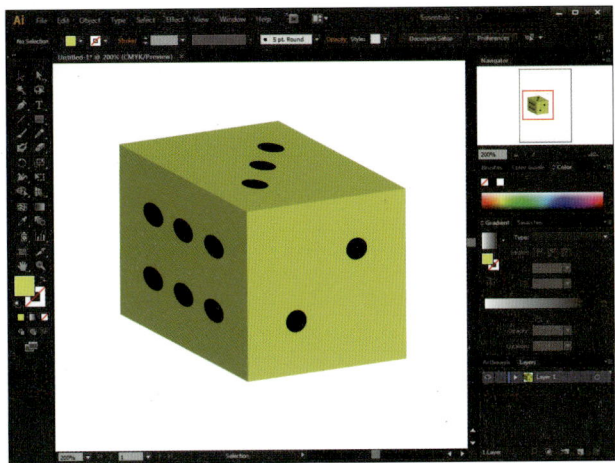

❶ [File]-[New] 메뉴를 선택하여 새로운 도큐먼트를 생성하고 [Window]-[Symbols] 메뉴를 선택한다.

❷ [Symbols] 팔레트의 좌측 하단의 라이브러리 아이콘( )을 클릭하고 '3D Symbols'를 선택한다.

❸ [3D Symbols] 팔레트에서 주사위 무늬 6개를 각각 선택하여 [Symbols] 팔레트에 등록한다.

❹ 도구 모음의 면 색상을 더블클릭하고 [Color Picker] 대화상자가 나타나면 'R:252, G:246, B:26'으로 설정하고 [OK] 버튼을 클릭한다. 선 색상은 '없음'으로 설정한다.

❺ 사각형 툴( )을 선택하고 Shift 를 누른 상태에서 드래그하여 정사각형 오브젝트를 생성한다.

❻ 정사각형 오브젝트가 선택된 상태에서 [Effect]-[3D]-[Extrude & Bevel] 메뉴를 선택한다.

❼ [3D Extrude & Bevel Options] 대화상자에서 [Preview]에 체크하고 오브젝트의 상태를 확인하면서 [Extrude Depth]의 수치 값을 조절하여 정육면체의 형태와 비슷하도록 설정한다.

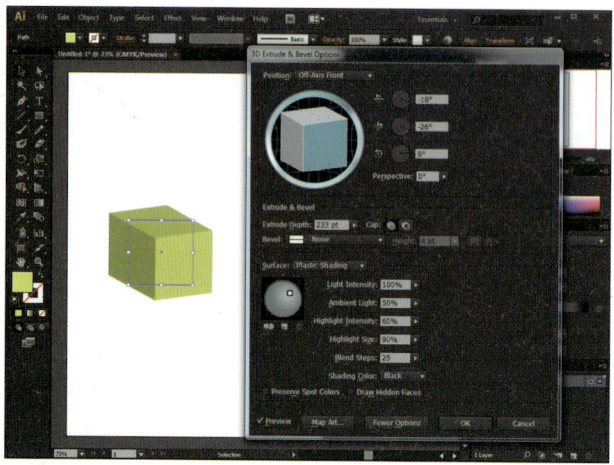

❽ [Map Art](Map Art...)를 클릭하면 나타난 [Map Art] 대화상자에서 [Symbol]을 클릭하고 주사위 무늬인 'Dice Map 2'를 선택한 다음 가운데로 위치시킨다.

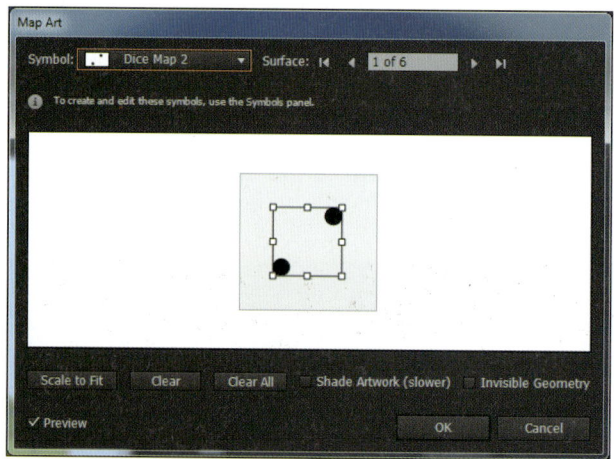

❾ [Surface]에서 [Next](1 of 6)를 클릭하여 정육면체의 다른 면을 선택한 다음 [Symbol]에서 다른 주사위 무늬를 선택하고 크기 및 위치를 조절한다. 같은 방법으로 다른 면에도 주사위 무늬를 적용한다.

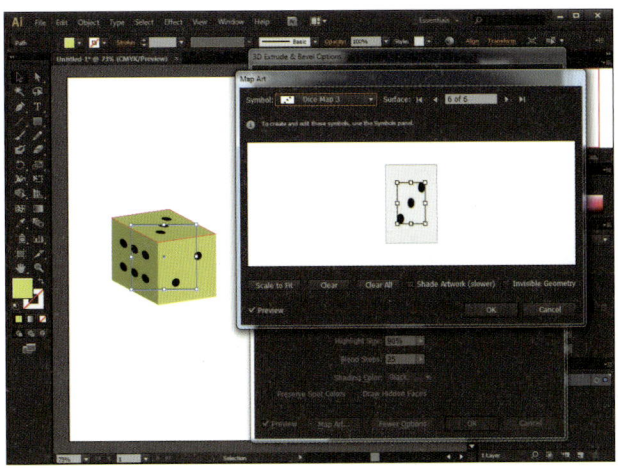

❿ 모든 조절이 끝나면 [OK] 버튼을 클릭하고 [3D Extrude & Bevel Options] 대화상자에서도 [OK] 버튼을 클릭하여 주사위 오브젝트를 완성한다.

tip ➕

[Map Art] 대화상자

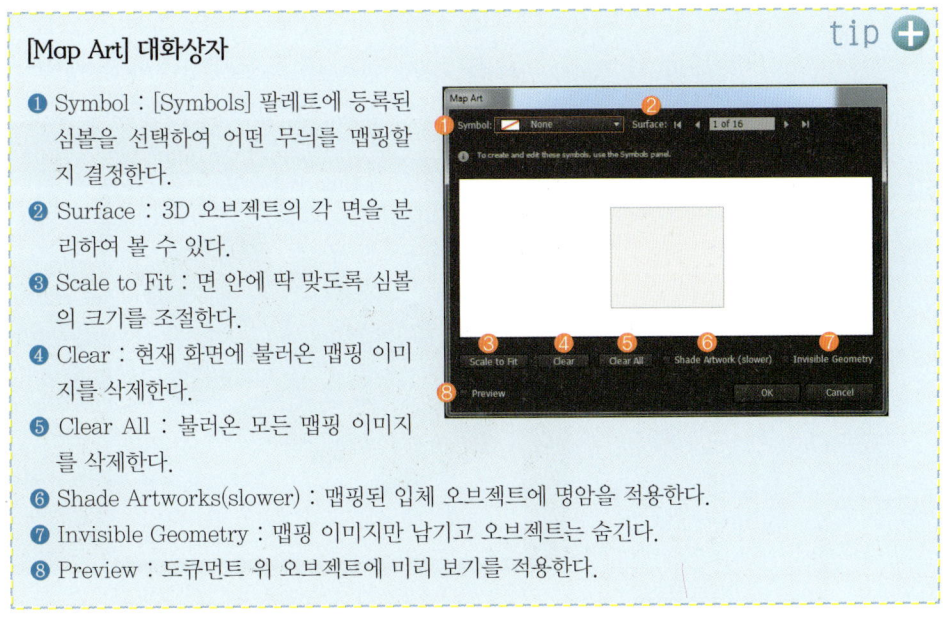

❶ Symbol : [Symbols] 팔레트에 등록된 심볼을 선택하여 어떤 무늬를 맵핑할 지 결정한다.
❷ Surface : 3D 오브젝트의 각 면을 분리하여 볼 수 있다.
❸ Scale to Fit : 면 안에 딱 맞도록 심볼의 크기를 조절한다.
❹ Clear : 현재 화면에 불러온 맵핑 이미지를 삭제한다.
❺ Clear All : 불러온 모든 맵핑 이미지를 삭제한다.
❻ Shade Artworks(slower) : 맵핑된 입체 오브젝트에 명암을 적용한다.
❼ Invisible Geometry : 맵핑 이미지만 남기고 오브젝트는 숨긴다.
❽ Preview : 도큐먼트 위 오브젝트에 미리 보기를 적용한다.

Section 1. 3D 효과로 입체적인 오브젝트 만들기

Section 2. 3D 효과로 입체 타이포그래피 만들기

단순히 오브젝트뿐만 아니라 문자 오브젝트에도 쉽고 간편하게 3D 효과를 적용할 수 있다. 앞서 배운 3D 효과를 응용하여 입체 타이포그래피를 만들어 보자.

> **● 알아두기**
> - [3D Extrude & Bevel Options] 대화상자를 이용하여 문자 오브젝트에 3D 효과를 적용할 수 있다.
> - [3D Revolve Options] 대화상자를 이용하여 3D 효과를 수정할 수 있다.

따라하기 01 문자 오브젝트에 3D 효과 적용하기

문자 오브젝트에 3D 효과를 적용하여 입체적인 타이포그래피를 만들어 보자.

[완성 파일 : 챕터09_완성 파일\HEY_완성.ai]

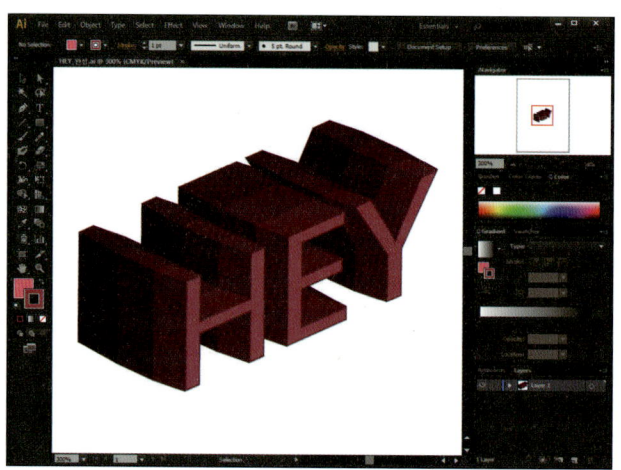

❶ [File]-[New] 메뉴를 선택하여 새로운 도큐먼트를 생성한다.

❷ 도구 모음의 색상 모드에서 면 색상을 '연한 분홍색', 선 색상을 '진한 분홍색'으로 지정한 다음 문자 툴(T)로 빈 도큐먼트를 클릭하고 'HEY'라고 입력한다.

❸ 도구 모음의 선택 툴(▶)로 문자 오브젝트를 선택하고 [Effect]-[3D]-[Extrude & Bevel] 메뉴를 선택한다.

❹ [3D Extrude & Bevel Options] 대화상자에서 [Preview]에 체크하고 3D 사각형을 드래그하여 각도 및 방향과 같은 3D 효과를 조절한다. 사각형을 드래그하여 움직이면 자동으로 x축, y축, z축의 각도 값이 변한다.

❺ 3D 효과를 조절한 후 [OK] 버튼을 클릭하면 문자 오브젝트에 3D 효과가 적용된 것을 확인할 수 있다.

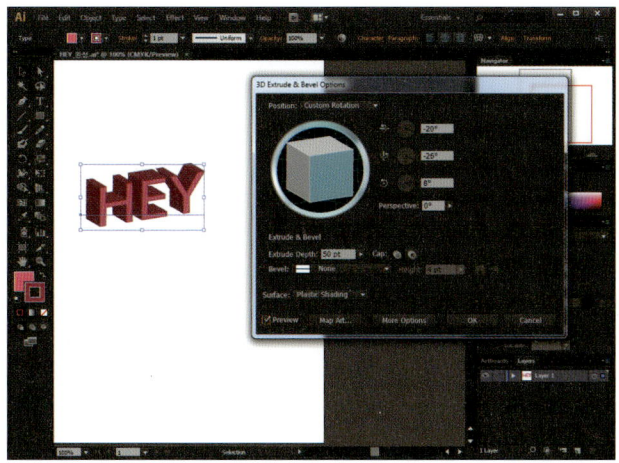

❻ 3D 효과가 적용된 문자 오브젝트를 다시 선택하고 [Effect]-[3D]-[Extrude & Bevel] 메뉴를 선택한다.

❼ [3D Extrude & Bevel Options] 대화상자에서 [Preview]에 체크하고 [More Options] (More Options)를 클릭한다.

❽ 확장된 대화상자에서 [Preserve Spot Colors]에 체크하고 도큐먼트 위의 문자 오브젝트에 3D 효과가 어두운 색상으로 중복 적용되는 것을 확인한 후 [OK] 버튼을 클릭한다.

❾ 같은 방법으로 3D 효과를 한 번 더 적용하여 3가지 색상이 단계별로 적용된 3D 문자 오브젝트를 완성한다.

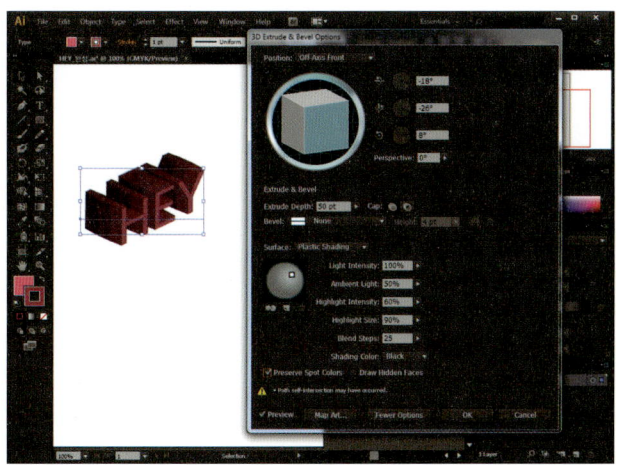

3D 효과 중복 적용

3D 효과를 중복으로 적용할 때 [3D] 대화상자에서 각도를 조절하는 Track Cube를 좌우로 움직이면 중복되어 적용되는 3D 효과 역시 각각 다른 각도로 적용된다.

따라하기 02 3D 효과를 이용하여 독특한 타이포그래피 만들기

3D 효과에 다른 여러 가지 효과를 적용하면 다양하고 독특한 타이포그래피를 작성할 수 있다. 이때까지 배운 일러스트레이터 CS6의 기능들과 창의력을 발휘하여 나만의 타이포그래피를 작성해 보자.

[예제 파일 : 챕터09_예제 파일\훈민정음.ai]
[완성 파일 : 챕터09_완성 파일\훈민정음_완성.ai]

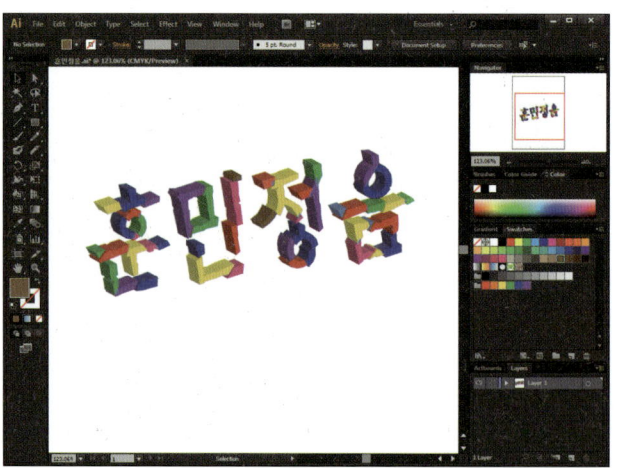

❶ '훈민정음.ai' 파일을 불러온 후 선택 툴(▶)로 문자 오브젝트를 선택한다.

❷ [Type]-[Create Outlines] 메뉴를 선택하여 문자 오브젝트를 이미지 오브젝트로 변환한다.

❸ 도구 모음의 지우개 툴( )을 1~2초간 누르면 나타나는 나이프 툴( )로 문자 오브젝트를 원하는 대로 자른다.

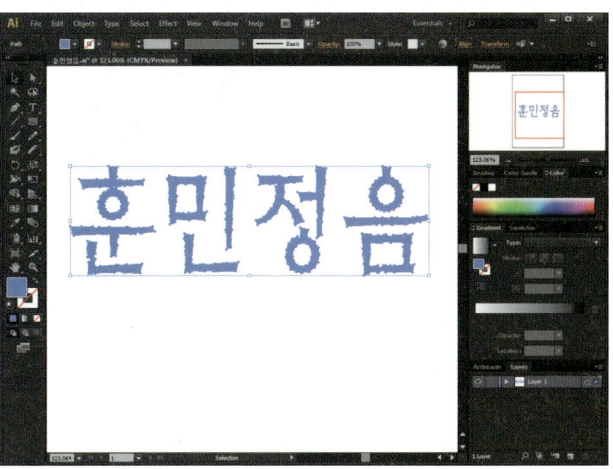

❹ 선택 툴( )로 모든 조각 오브젝트들을 선택하고 마우스 오른쪽 버튼을 클릭한 후 [Ungroup]을 선택한다.

❺ [Object]-[Transform]-[Transform Each] 메뉴를 선택하면 나타나는 [Transform Each] 대화상자에서 [Angle]의 수치 값을 '10'으로 설정하고 [OK] 버튼을 클릭한다.

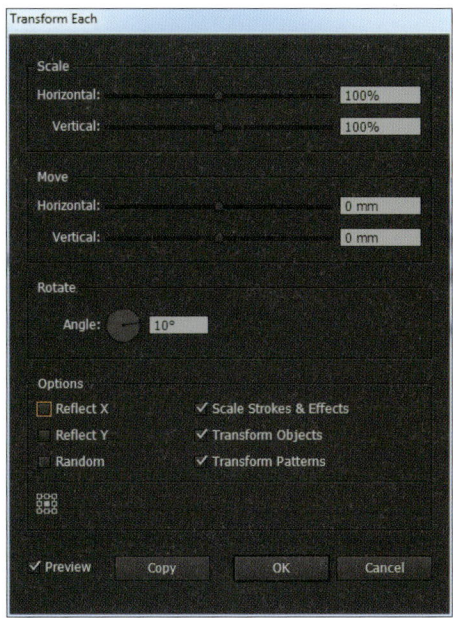

❻ 도구 모음의 라이브 버킷 툴( )을 선택하고 [Swatches] 팔레트에서 원하는 배색을 선택하여 각각의 조각 오브젝트에 다양한 색상을 적용한다.

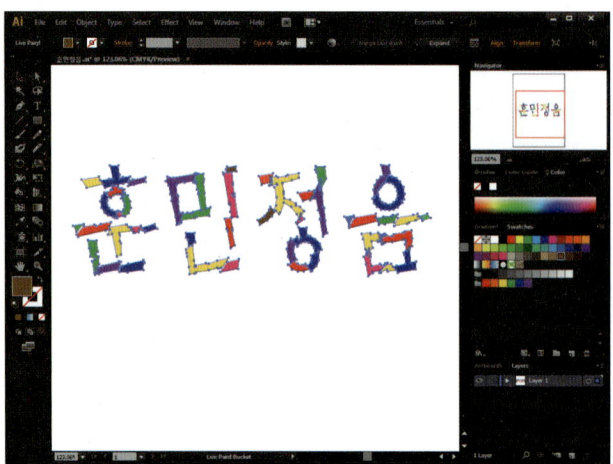

❼ 선택 툴( )로 모든 조각 오브젝트를 다시 선택한다.

❽ 문자 오브젝트에 입체 효과를 적용하기 위하여 [Effect]-[3D]-[Extrude & Bevel] 메뉴를 선택한 다음 [3D Extrude & Bevel Options] 대화상자에서 [Extrude Depth]의 수치 값을 '30 pt'로 설정한 후 [OK] 버튼을 클릭한다.

> **모두 선택 단축키**   tip
>
> 모든 오브젝트를 선택하려면 `Shift`를 누른 상태에서 선택 툴로 오브젝트들을 하나 하나 모두 클릭해야 한다. 그러나 하나의 오브젝트를 선택한 상태에서 `Ctrl`+`A`를 누르면 한 번에 모든 오브젝트를 선택할 수 있다.

Section 3. 원근감 툴을 이용한 입체적인 그래픽 작업하기

일러스트레이터 CS6는 엄청난 기능의 원근감 툴을 새롭게 제공한다. 원근감 툴을 이용하면 정확한 수치의 원근감이 있는 일러스트를 쉽게 작성할 수 있으며 드래그하는 것만으로도 다양한 원근감을 적용할 수 있다. 또한 이 툴을 활용하면 원근감 있는 타이포그래피를 손쉽게 제작하여 디자인에 활용할 수 있다.

● 알아두기
- 원근감 그리드 툴을 사용하여 도큐먼트의 그리드 선을 나타내고 조절할 수 있다.
- 원근감 선택 툴을 이용하여 원근감 있는 일러스트 및 타이포그래피를 제작할 수 있다.

따라하기 01 원근감 그리드 툴 사용하기

일러스트레이터 CS6이 새롭게 제공하는 강력한 기능 중의 하나인 원근감 툴을 사용하면 쉽고 빠르게 원근감이 적용된 일러스트를 작성할 수 있다.

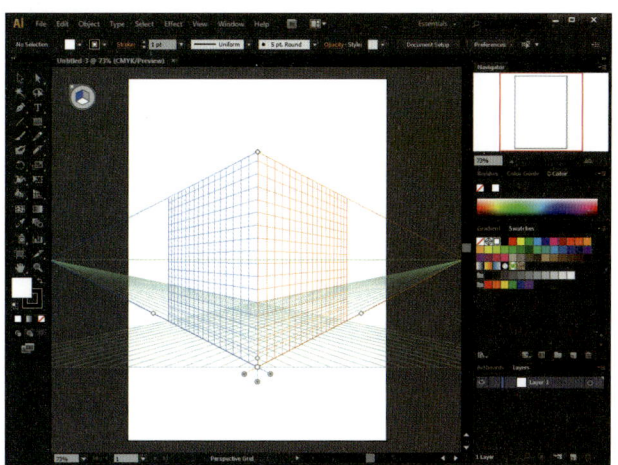

❶ [File]-[New] 메뉴를 선택하여 새로운 도큐먼트를 생성한다.
❷ 도구 모음에서 원근감 그리드 툴( )을 클릭하여 도큐먼트에 원근감이 있는 그리그가 나타난다.
❸ 그리드의 각 모서리에 있는 기준점을 마우스로 드래그하여 원근감을 조절한다.
❹ 기본적으로 나타나는 그리드는 Two Point Perspective이며 포인트의 개수를 조절하기 위해 [View]-[Perspective Grid]-[Three Point Perspective]-[3P-Normal View] 메뉴를 선택한다.

❺ 그리드가 3개의 점으로 이루어진 원근감을 나타낸다.

❻ 도큐먼트의 좌측 상단에 나타난 위젯은 그리드 위치 및 방향을 나타낸다. 마우스로 위젯 내부의 사각형 왼쪽 면을 클릭하면 그리드의 왼쪽 부분을 기준으로 오브젝트를 작성할 수 있으며, 위젯 내부의 사각형을 제외한 동그라미 부분을 클릭하면 그리드의 어떤 부분에도 관여하지 않고 일반적인 오브젝트를 작성할 수 있다.

❼ 가로로 긴 직선 양 끝의 흰색 포인트를 마우스로 드래그하면 원근감 그리드의 전체 위치를 조정할 수 있다.

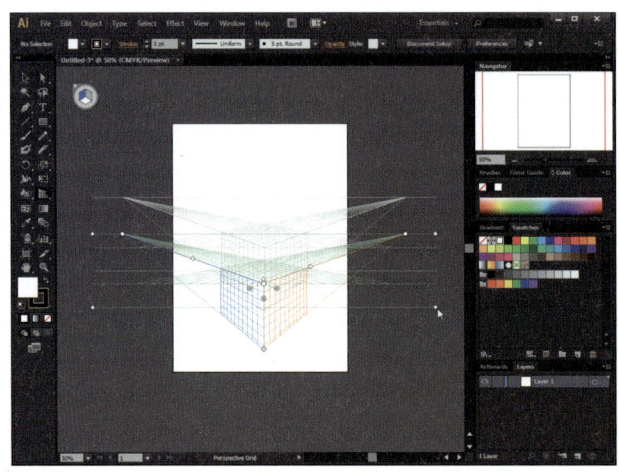

❽ 원근감이 있는 그리드를 없애기 위해서는 [View]-[Perspective Grid]-[Hide Grid] 메뉴를 선택한다.

> **Perspective Grid 명칭**   tip ➕
>
>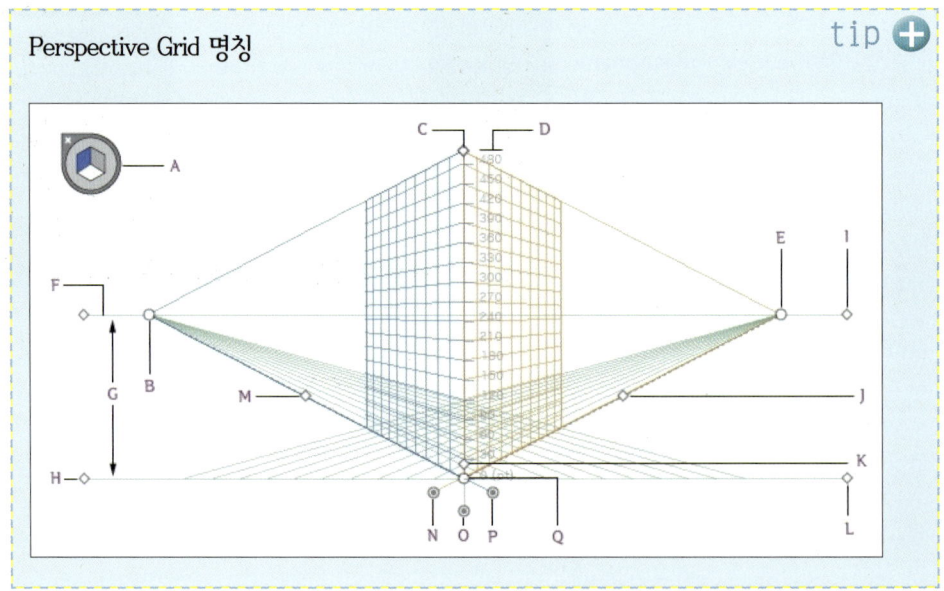

Ⓐ Plane switching widget : 이 위젯은 드로잉 그리드를 전환할 때 사용하며, 위젯의 설정에 따라 도구 모음에서 그리드 선택 툴(Perspective Selections Tool)로 그리드의 방향에 맞는 오브젝트를 작성할 수 있다.

- A : Left Grid Plane
- B : No Active Grid Plane
- C : Right Grid Plane
- D : Horizontal Grid Plane

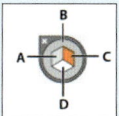

- 위젯은 기본적으로 나타나도록 설정되어 있으나 작업에 방해가 되는 경우, 도구 모음에서 그리드 선택 툴(Perspective Selections Tool)을 더블클릭하여 나타나는 [Perspective Grid Options] 대화상자에서 [Show Active Plane Widget]의 체크를 해제하여 나타나지 않도록 한다. 또한 위치를 이동하고자 하면 [Widget Position]에서 원하는 위치를 선택한다.

Ⓑ Left Vanishing Point : 왼쪽 방향의 소실점을 의미하며 좌우로 이동시켜 소실점의 위치를 변경할 수 있다.

Ⓒ Vertical Grid Extent : 세로 방향의 그리드 범위를 확장하거나 축소할 수 있다.

Ⓓ Perspective Grid Ruler : 도큐먼트가 아닌 그리드에 적용되는 눈금자로 [View]-[Perspective]-[Show Rulers] 메뉴를 선택하여 나타낸다.

Ⓔ Right Vanishing Point : 오른쪽 방향의 소실점을 의미하며 좌우로 이동시켜 소실점의 위치를 변경할 수 있다.

Ⓕ Horizon Line : 사물을 바라보는 사람의 눈높이(Eye Level)를 의미한다.

Ⓖ Horizon Height : 지평선의 높이(위치), 즉 Ground Level로부터 사람의 눈높이인 Horizon Level까지의 거리를 의미하며 Horizon Level Point를 조절함에 따라 달라질 수 있다.

Ⓗ, Ⓛ Ground Level : 지평선의 높이(위치)를 의미하며 포인트를 드래그하여 그리드를 통째로 이동시킬 수 있다.

Ⓘ Horizon Level : 사물을 바라보는 사람의 눈높이(Horizon Line)를 의미하며 포인트를 상하로 이동시켜 조절한다.

Ⓙ, Ⓜ Extent of Grid : 그리드의 범위를 나타내며 Grid Cell Size에 따라 설정할 수 있는 범위가 달라진다.

Ⓚ Grid Cell Size : 그리드 셀의 크기를 설정한다.

Ⓝ Right Grid Plane Control : 오른쪽 그리드 면의 위치를 조절하여 보다 풍성한 원근 오브젝트를 생성할 수 있다.

Ⓞ Horizontal Grid Plane Control : Vertical Grid Extent Point를 기준으로 Ground Level과 각 그리드의 형태를 세로 방향으로 조절한다.

Ⓟ Left Grid Plane Control : 왼쪽 그리드 면의 위치를 조절하여 보다 풍성한 원근 오브젝트를 생성할 수 있다.

Ⓠ Origin : 모든 Grid, Line, Level, Extend의 중심축이다.

[View]-[Perspective Grid] 메뉴

❶ Show Grid : 원근감이 있는 드로잉을 위해 원근감 그리드(Perspective Grid)를 나타내도록 하는 명령이며 도큐먼트에 그리드가 나타나 있는 경우에는 [Hide Grid]로 바뀐다.
❷ Show Rulers : 도큐먼트가 아닌 원근감 드로잉에 사용되는 눈금자이다.
❸ Snap to Grid : 원근감 그리드(Perspective Grid) 선에 오브젝트가 달라붙도록 하는 기능으로 이 기능을 통해 정확한 작도가 가능하다.
❹ Lock Grid : 사용자가 도구 모음에서 원근감 그리드 툴을 선택하게 되면 제공되는 [Perspective Grid]의 [Vanishing Point], [Level Point], [Control Point] 등을 변경하여 작도 목적에 맞는 형태로 그리드를 편집할 수 있다. 그러나 이러한 편집을 원하지 않는 경우 이 명령을 사용하여 그리드를 잠글 수 있다.
❺ Lock Station Point : 기본적으로 Vanishing Point의 이동은 각각 별개로 움직이지만 Station Point를 잠궈두게 되면 양쪽의 Vanishing Point가 함께 움직이게 된다.
❻ Define Grid : [Define Perspective Grid] 대화상자를 나타내어 그리드와 관련된 설정을 할 수 있다.
❼ One Point Perspective : 1 소실점 원근감 그리드를 생성한다.
❽ Two Point Perspective : 기본 모드로써 2 소실점 원근감 그리드를 생성한다.
❾ Three Point Perspective : 3 소실점 원근감 그리드를 생성한다.

[Define Perspective Grid] 대화상자

[View]-[Perspective Grid]-[Define Grid] 메뉴를 선택하면 그리드의 세부 사항을 지정할 수 있는 [Define Perspective Grid] 대화상자가 나타난다.

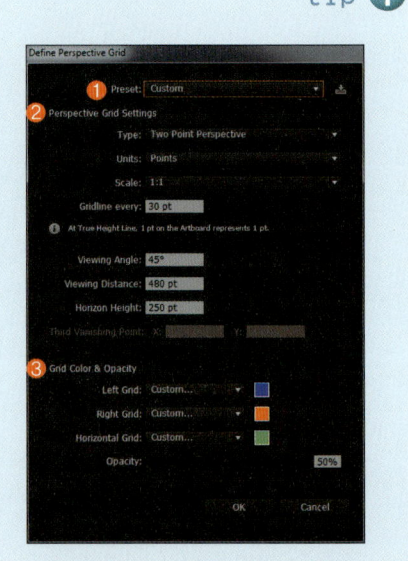

❶ Preset : 소실점의 수량을 설정한다.
❷ Perspective Grid Settings : 원근감이 있는 그리드의 종류, 크기, 각도, 거리 등의 옵션을 설정한다.
❸ Grid Color & Opacity : 그리드의 색상과 투명도를 지정한다.

따라하기 **02 원근감 선택 툴을 이용하여 원근감이 살아있는 일러스트 제작하기**

본격적으로 원근감 그리드를 기반으로 입체적인 오브젝트를 만들어 보자.

[예제 파일 : 챕터09_예제 파일\도시.ai]
[완성 파일 : 챕터09_완성 파일\도시_완성.ai]

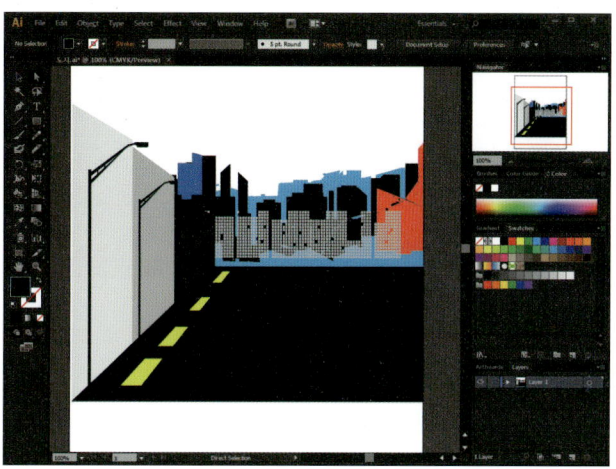

❶ '도시.ai' 파일을 불러온 후 [View]-[Perspective Grid]-[Define Grid] 메뉴를 선택한다.

❷ [Define Perspective Grid] 대화상자에서 [Preset]을 '1P-Normal View'로 설정하고 [OK] 버튼을 클릭한다.

❸ 도큐먼트에 소실점 1개의 원근감 그리드가 생성된다.

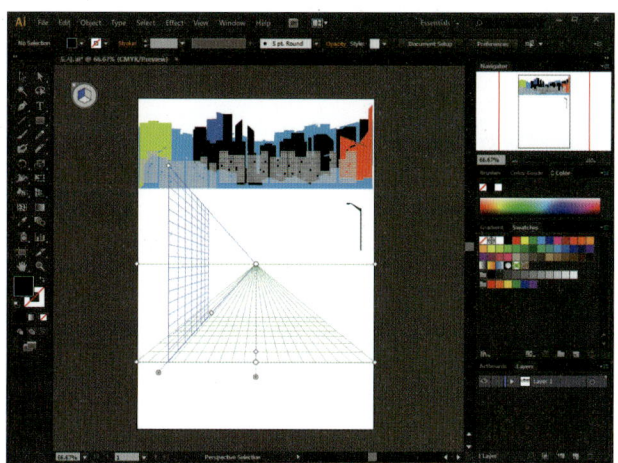

❹ 도구 모음에서 면 색상은 '회색', 선 색상은 '없음'으로 설정하고 사각형 툴(▫)을 선택한다.

❺ 검은색 네모 오브젝트를 왼쪽 그리드 위로 생성하면 직사각형 모양의 오브젝트가 그리드에 맞게 자동으로 모양이 바뀌는 것을 볼 수 있다.

❻ 같은 방법으로 다른 색상의 사각형 오브젝트를 더 생성한다.

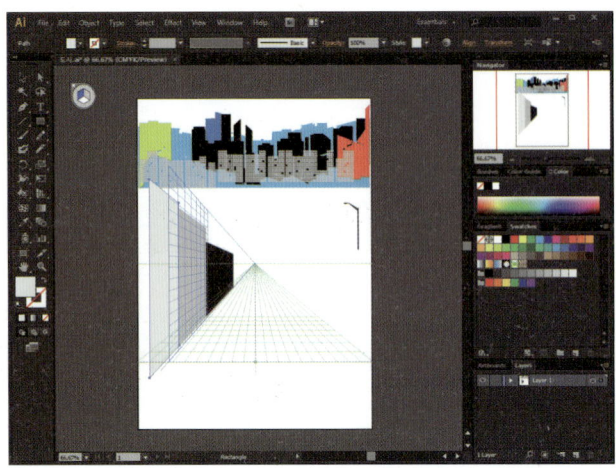

❼ 이번에는 펜 툴(🖊)을 선택하여 원근감 그리드에 맞춰서 사다리꼴 오브젝트를 생성하고 면 색상을 '검은색'으로 설정한다.

❽ 다시 사각형 툴(🔲)로 도로 위에 노란색 차선을 그림과 같이 생성한다. 원근감을 느낄 수 있도록 원근감 그리드에 맞춰서 직접 선택 툴(▶)로 도형을 변경한다.

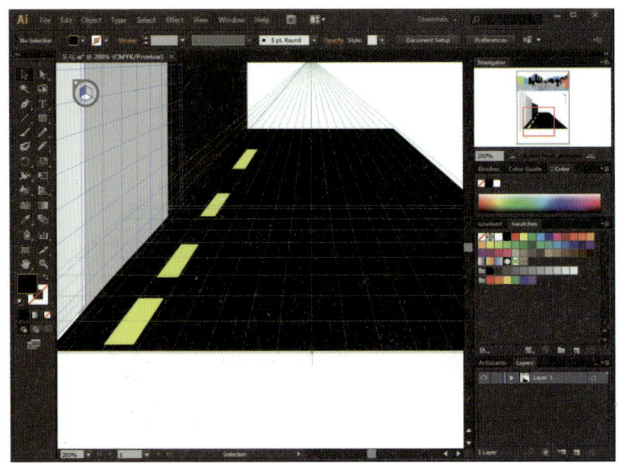

❾ 선택 툴로 도시 배경 오브젝트와 가로등 오브젝트를 적절한 위치에 위치시킨다.

❿ [View]-[Perspective Gird]-[Hide Grid] 메뉴를 선택하여 도큐먼트에 나타난 그리드를 숨긴다.

핵심정리 summary

1. 3D

- 3D는 3차원(Three Dimensions, Three Dimensional)의 약자로 컴퓨터 분야에서 3차원 컴퓨터 그래픽스를 가리킨다. 3차원 컴퓨터 그래픽스(3D computer graphics)는 2차원의 그래픽과는 달리, 컴퓨터에 저장된 모델의 기하학적 데이터(각 점의 위치를 높이, 폭, 깊이의 3축으로 하는 공간 좌표를 이용하여 저장)를 이용해 3차원적으로 표현한 뒤에 2차원적 결과물로 처리, 출력한다.

- 3D 이미지는 가로, 세로 뿐만 아니라, 깊이까지도 인식할 수 있도록 만들어진다. 3D 이미지는 사용자가 그 장면과 관련이 있는 것처럼 느끼고 상호 작용할 수 있게 만들어졌을 때, 이를 가상현실이라고 부른다. 웹 브라우저에서 3D 이미지를 보고 상호 작용하기 위해서는 특별한 플러그인 뷰어가 필요하다. 가상현실 체험을 위해서도 별도의 장비가 필요하다.

- 3D 이미지 제작은 모자이크 세공, 기하학, 그리고 렌더링 등 세 가지 과정으로 나누어 볼 수 있다. 첫 번째 과정에서는, 연결된 점들을 사용하여 개별 객체들의 모델이 창조되며, 이것은 여러 개의 개별적인 다각형으로 만들어진다. 그 다음 단계에서는, 다각형들이 다양한 방법으로 변환되며, 조명 효과가 적용된다. 세 번째 단계에서는, 변환된 이미지들이 매우 미세하고 상세한 묘사를 가진 객체들로 렌더링된다.

- 3D 효과를 만드는 데 사용하는 유명한 프로그램들에는 Extreme 3D, LightWave 3D, Ray Dream Studio, 3D Studio MAX, Softimage 3D, 그리고 Visual Reality 등이 있다. 현재 3D 그래픽에 대한 관심이 매우 높아져 TV, 영화뿐만 아니라 건축업, 의료시설 등에도 3차원 그래픽이 적용되어 많이 활용되고 있다.

 **핵심정리** summary

2. 원근법

원근법이란 3차원의 공간을 2차원의 평면상에 표현하는 방법. 좁은 뜻으로는 르네상스기에 확립된 수학적/기하학적 투시도법을 말한다. 또한 원근법은 인간의 눈으로 보는 공간사상(空間事象:3차원)을 규격화된 평면(平面:2차원) 위에 표현하는 회화 기법이며 투시도법이라고도 한다.

그림의 모양은 보는 눈의 위치가 높은 곳에 있을 때는 조감도 모양이 되고 반대로 낮은 곳에 눈이 있을 때는 충관도(蟲觀圖 : 고층빌딩을 올려다볼 때의 구도)가 된다. 또한 그리려는 사물에 대해서 화면을 평행으로 설정하느냐 비스듬히 설정하느냐에 따라 각각 평행 투시도가 되기도 하고 사투시(斜透視)의 도형이 되기도 한다.

이와 같은 기본적인 생각을 바탕으로 눈의 거리와 시야, 그리고 시각의 관계로 그림 모양이 결정된다. 또 이론적으로는 도상(圖上)에서 무한 거리에 있는 점의 투시는 소실점과 일치하므로 눈의 위치에 따라서 설정된 지평선상에 있게 된다. 이러한 과학적 근거를 기초로 원근법이 성립된 것은 15세기 이탈리아 르네상스기이지만 공간사상의 원근관계를 그리려는 생각은 옛날부터 있었음을 미술 작품을 통해서도 알 수 있다.

▲ 다빈치의 〈최후의 만찬〉 : 예수 머리 위의 소실점으로부터 대각선으로 뻗어나가는 원근법의 법칙이 나타남

종합실습 pointup

1. 3D 효과를 이용하여 종이컵 오브젝트를 만들어 보자.

[예제 파일 : 챕터09_예제 파일\종이컵.ai]

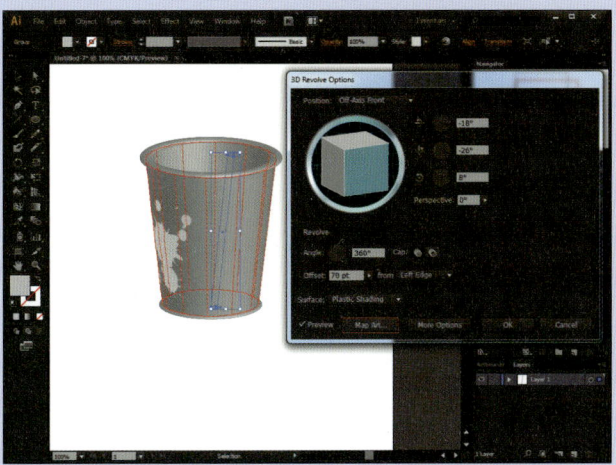

HINT | 파일을 불러온 후 회색 오브젝트를 선택하고 [Effect]-[3D]-[Revolve] 메뉴를 선택한다. [3D Revolve Options] 대화상자에서 [Offset]과 [From]을 조절하여 컵 오브젝트를 완성한다. 또한 [Map Art]를 클릭하면 나타난 대화상자에서 무늬를 적용한다.

2. 원근감 그리드 툴을 이용하여 입체적인 일러스트를 작성해 보자.

[예제 파일 : 챕터09_예제파일\건물.ai]

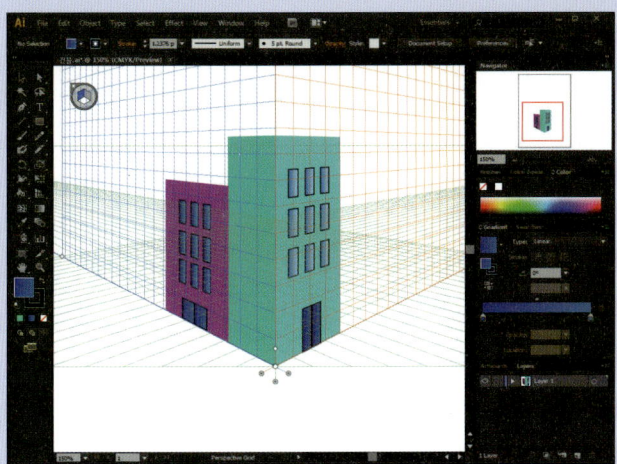

HINT | 도구 모음에서 원근감 그리드 툴을 선택하여 도큐먼트에 원근감 그리드를 나타낸 뒤, '건물.ai' 파일의 각 오브젝트들을 원근감 그리드 선택 툴로 드래그하여 알맞게 위치시킨다.

10
CHAPTER
그래프와 웹 기능
손쉽게 사용하기

일러스트레이터 CS6에서는 일반적인 그래픽 작업뿐만 아니라 벡터 이미지를 사용한 데이터 및 디자인을 응용해 정확한 그래프를 작성할 수 있다. 또한 이미지를 분할하는 기법으로 용량을 줄여 웹에 최적화된 이미지를 완성하여 웹 사이트를 제작할 수 있다.

Section 1   수치와 데이터를 이용해 그래프 만들기
Section 2   그래프에 디자인 적용하기
Section 3   원하는 형태로 이미지 분할하기
Section 4   웹 페이지에 최적화된 분할 기능 사용하기
Section 5   링크시키고 이미지 최적화하기

일러스트레이터 CS6의 그래프와 웹 기능

Chapter 10

일러스트레이터 CS6에서 제공하는 9가지 그래프를 사용하면 옵션을 설정하고 별도의 이미지를 등록하여 기본 그래프부터 독특한 이미지의 그래프를 만들 수 있다. 또한 최적화된 이미지의 웹 디자인이 가능하다.

01 그래프 제작

일러스트레이터 CS6는 그래픽 작업뿐만 아니라 그래프 작성을 위한 여러 가지 편리한 기능을 제공하고 있다. 도구 모음의 다양한 그래프 툴과 메뉴에서 제공하는 그래프 옵션을 이용하면 시각적인 이미지와 수치 값에 의한 자동화 작업이 가능하다. 일러스트레이터 CS6에서 작성한 다양한 그래프는 목적에 맞는 이미지에 이용할 수도 있으며 프레젠테이션에 필요한 사진 이미지를 삽입하는 등의 강력한 기능을 제공하고 있다.

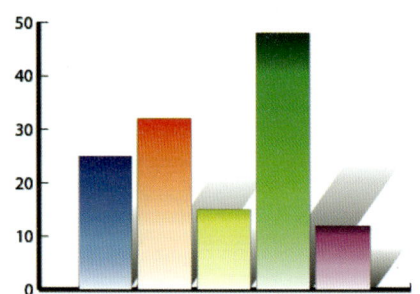

02 다양한 그래프 타입(Graph Type) 툴

① 컬럼 그래프 툴 : 세로 방향의 막대로 구성되는 일반적인 막대 그래프이다.

② 분할 컬럼 그래프 툴 : 2가지 이상의 변수로 하나의 막대에 가로로 누적되는 정도가 표시되는 그래프이다.

③ 바 그래프 툴 : 가로 방향의 막대로 구성되는 막대 그래프이다.

④ 분할 바 그래프 툴 : 2가지 이상의 변수로 하나의 막대에 세로로 누적되는 정도가 표시되는 그래프이다.

⑤ 선 그래프 툴 : 데이터가 점으로 표시되며 점과 점을 직선으로 연결시켜주기 때문에 데이터의 변화율을 쉽게 알아볼 수 있는 그래프이다.

❻ 영역 그래프 툴 : 서로 다른 변수들의 종합과 변화를 쉽게 파악할 수 있는 그래프이다.

❼ 분산 그래프 툴 : 데이터를 이용하여 X, Y 좌표값으로 점의 위치를 나타내는 그래프이다.

❽ 파이 그래프 툴 : 파이 모양의 그래프로써 전체의 데이터에서 하나의 데이터가 차지하는 비율을 볼 수 있는 그래프이다.

❾ 레이더 그래프 툴 : 방사형으로 분할되어 점의 치우침으로 쉽게 알아볼 수 있는 그래프이다.

03 웹 디자인

일러스트레이터 CS6에서는 드로잉 기능과 더불어 홈페이지 제작 시 쉽게 이미지와 HTML 문서를 제작할 수 있다. [Save for Web & Devices] 명령과 이를 분할시키는 [Slice] 명령이 있어 이미지를 분할할 수 있으며, [Optimized] 명령을 이용하여 GIF, JPEG 등의 포맷 방식으로 저장할 수 있다. 또한 웹 디자인에 필요한 강력한 드로잉 기능을 이용하여 비트맵 이미지를 손쉽게 제작할 수 있어 비트맵 이미지와 HTML 문서를 동시에 제작 가능하다.

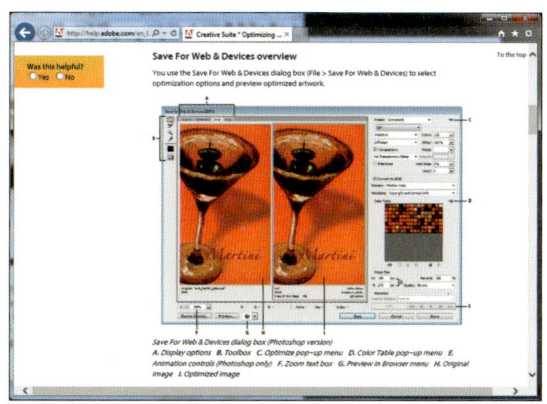

04 HTML5와 만난 일러스트레이터 CS6

어도비는 일러스트레이터 CS6 디자인 에디터에 개발자들이 웹 및 모바일 플랫폼에 자신들이 디자인을 그대로 내보내기 할 수 있도록 웹 형식의 HTML5 패키지를 추가했다. 이러한 기능은 디자이너가 화면에 보이는 그대로를 웹 페이지, 스마트폰 그리고 태블릿과 같은 멀티 플랫폼뿐만 아니라 출판물에도 손쉽게 단번에 내보내기를 통해 구축할 수 있다고 어도비 수석 제품 매니저인 데이비드 메이시(David Macy)는 말했다. 어도비 HTML5 Pack은 디자인을 CSS3뿐만 아니라 HTML5 Canvas 요소와 XML 이미지 포맷인 SVG(확장 가능한 벡터 그래픽)로 렌더링할 수 있다.

이제 디자이너들은 일러스트레이터 CS6에서 작성한 웹 페이지들을 내보내어 홈페이지를 만들 수 있다. 디자이너들은 창작과 원본의 웹을 연주하듯 전, 후를 넘나들며 일러스트레이터 웹 페이지를 수정하고 반영시킬 수 있다. 또한 SVG를 통해 모바일 플랫폼에도 최적화된 이미지를 제작할 수 있다.

05 일러스트레이터 CS6의 분할 기능

슬라이스(Slice) 기능은 웹 페이지에서 자주 사용되는 이미지를 분할하는 기능으로 도구 모음의 분할 툴과 [Object]-[Slice] 메뉴로 실행할 수 있다. 슬라이스란 이미지를 분할하여 분할된 이미지에 링크(Link), 롤오버 기능 등 좀 더 세밀한 부분까지 웹 효과를 적용할 수 있는 것을 말하며, 빠른 로딩(Loading) 효과를 얻을 수 있다.

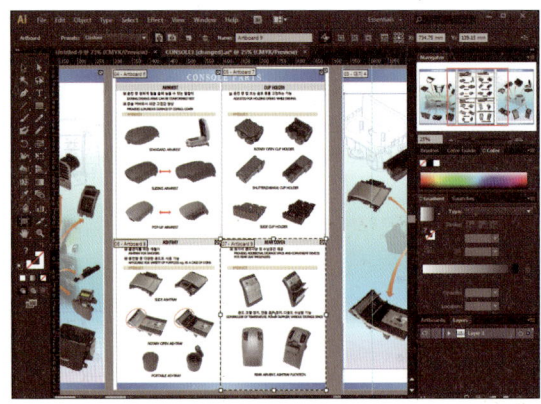

06 Flash Catalyst와의 양방향 편집

Adobe Flash Catalyst에서 추가한 구조와 인터랙션을 그대로 유지하면서 일러스트레이터 CS6에서 아트웍을 생성하고, 편집할 수 있다. 특히 이런 일련의 작업에 코드 작성이 전혀 필요하지 않다는 것이 큰 장점이다.

07 Adobe CS Review와 통합

Adobe CS Live 온라인 서비스 중 하나인 Adobe CS Review를 사용한 온라인 검토를 통해 전 세계에 있는 클라이언트와 정보를 공유할 수 있다. 이 서비스의 온라인 컴토 기능을 통해 아트웍 공유를 할 수 있으며 주석도 확인할 수 있다.

Section 1. 수치와 데이터를 이용해 그래프 만들기

그래프 툴을 사용하면 기능적인 면과 디자인적인 면까지 표현하여 그래프를 작성할 수 있으며 개성있는 통계 자료를 만들 수 있다. 일러스트레이터 CS6는 9가지 타입의 그래프 형태를 제공하며 사용자의 스타일에 따라 수정이 가능하다.

◎ 알아두기

- 그래프 툴을 사용하여 데이터 입력 상자에 수치 값을 입력해 그래프를 작성한다.
- 그래프의 색상 및 형태를 편집할 수 있다.

따라하기 01 데이터를 이용한 그래프 만들기

그래프 툴로 도큐먼트에 드래그하면 나타나는 데이터 입력 상자에 수치 값을 입력하여 그래프를 만들어 보자.

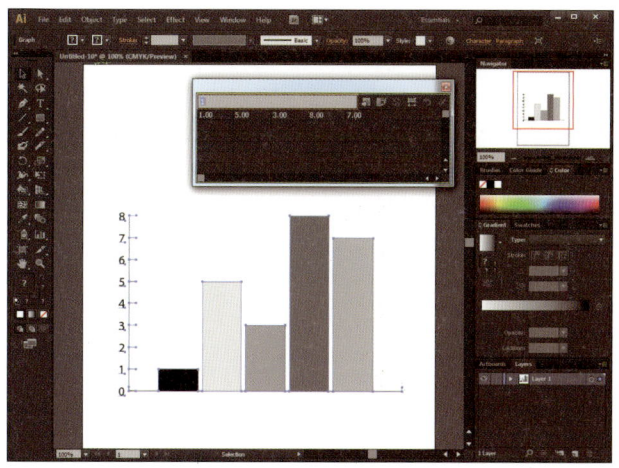

❶ [File]-[New] 메뉴를 선택하여 새로운 도큐먼트를 생성하고 도구 모음에서 컬럼 그래프 툴(📊)을 선택한다.

❷ 컬럼 그래프 툴(📊)로 도큐먼트의 빈 공간에 사각형 형태로 드래그한다.

❸ 데이터 입력 상자가 나타나면 그림과 같이 하나의 셀마다 수치 값을 입력하고 우측 상단에 있는 체크 모양의 [Apply](✓)를 클릭한다.

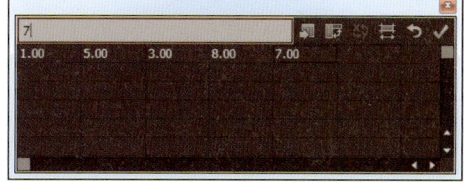

❹ 데이터 입력 상자에 입력한 값대로 흑백의 그래프가 작성된다.

❺ 데이터 입력 상자에서 자유롭게 값을 수정할 수 있으며 데이터 입력 상자를 닫은 경우에는 선택 툴( )로 그래프를 선택한다. [Object]-[Graph]-[Data] 메뉴를 선택하고 데이터 입력 상자가 나타나면 표 값을 수정할 수 있다.

❻ 데이터 입력 상자가 화면에 다시 나타나면 셀에 입력된 값을 수정한 다음 체크 표시 모양의 [Apply]( )를 클릭한다.

> **데이터 입력 상자 사용 시 주의점**   tip ➕
>
> 처음 컬럼 그래프 툴로 드래그하는 범위가 그래프의 전체 범위로 설정되므로 작업 시 데이터의 분량을 고려하여 신중히 드래그해야 한다. 입력이 끝난 다음 선택 툴로 그래프를 더블클릭하면 다시 데이터 입력 창이 나타나므로 값을 수정할 수 있다. 데이터 입력 상자에서 [Apply] 버튼을 한 번 클릭하고 나면 다시 적용되지 않는다.

따라하기 02 **그래프 변경하기**

이미 작성한 흑백의 그래프에 컬러를 입히고 그래프의 형태를 변경하여 독특하고 개성있는 그래프로 변경할 수 있다.

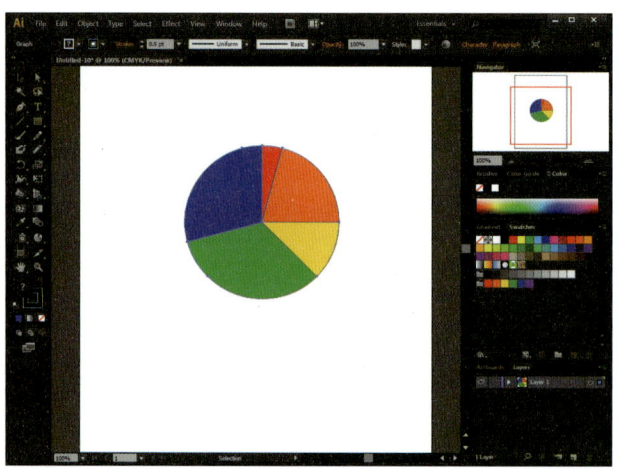

❶ 앞서 생성한 그래프 오브젝트에서 도구 모음의 직접 선택 툴( )로 그래프의 막대 하나를 클릭하여 선택한다.

❷ 도구 모음의 면 색상 또는 [Swatches] 팔레트에서 원하는 색상을 클릭하여 선택한 막대 그래프의 색상을 변경한다.

❸ 직접 선택 툴( )로 다른 막대 오브젝트들도 각각 개별적으로 선택하여 색상을 변경한다.

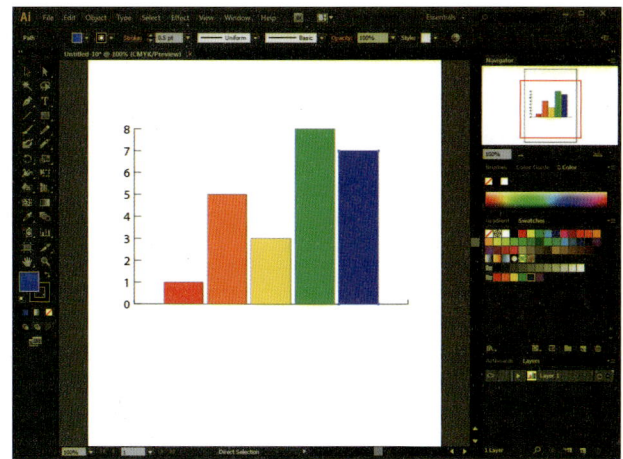

❹ 도구 모음의 선택 툴( )로 그래프를 전체 선택하고 [Object]-[Graph]-[Type] 메뉴를 선택한다.

❺ [Graph Type] 대화상자가 화면에 나타나면 [Type]에서 'Pie' 그래프 형식을 선택하고 [OK] 버튼을 클릭한다.

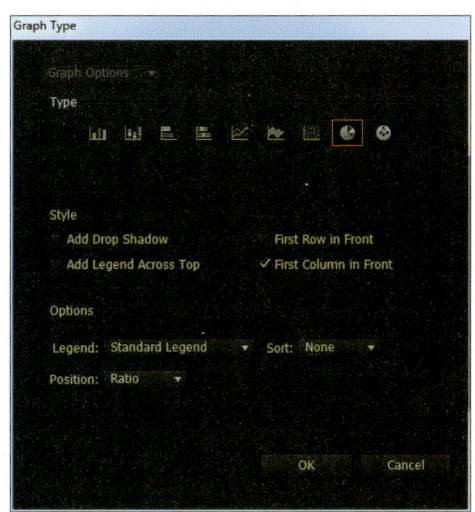

❻ 세로 막대 그래프가 원형 그래프로 변경되는 것을 확인한다.

tip [Graph Type] 대화상자

① 선택 상자 : 대화상자의 항목을 그래프 옵션 또는 축 서식으로 설정한다.
② Type : 그래프의 형태를 선택할 수 있다. 총 9가지의 그래프 형태를 제공하며 [Value Axis] 항목에서 그래프 축의 위치를 설정할 수 있다.
③ Style : 그림자, 열 또는 행의 순서 등 그래프에 적용할 스타일을 설정할 수 있다.
④ Options : 그래프의 크기에 대한 비율을 설정하여 확대 및 축소할 수 있다.

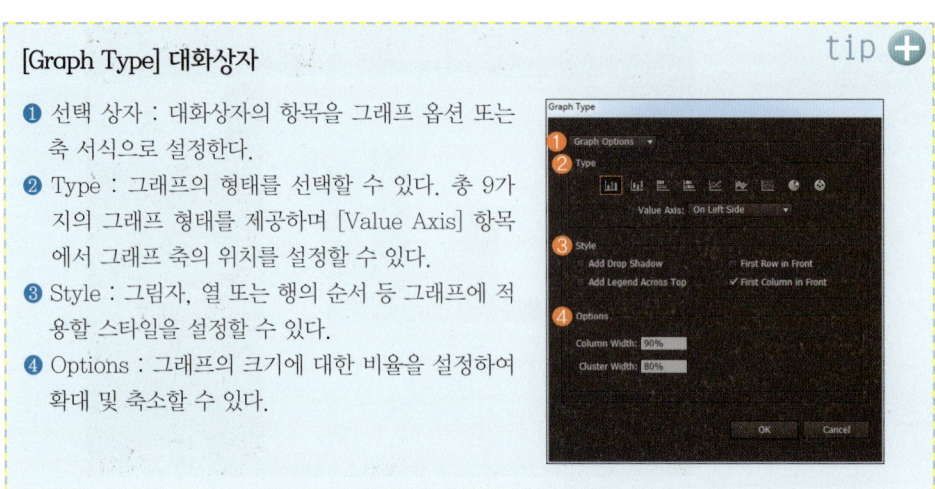

01 혼자해보기

작성한 원형 그래프에 다양한 서식을 적용해 보자.

[완성 파일 : 챕터10_완성 파일\그래프_완성.ai]

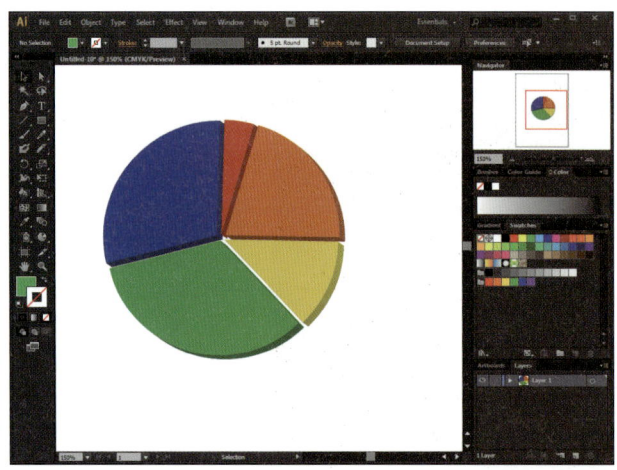

HINT | 직접 선택 툴로 원형 그래프의 조각을 각각 선택하고 키보드의 방향키를 이용하여 조각들 사이에 간격이 만들어지도록 이동시킨다. 선택 툴로 그래프 오브젝트를 다시 선택한 다음 [Effect]-[3D]-[Extrude & Bevel] 메뉴를 선택하여 3D 효과를 적용한다.

Section 2. 그래프에 디자인 적용하기

딱딱해 보이는 그래프에 다양한 이미지를 적용하면 시각적 효과로 인해 주목성을 높일 수 있다. 이에 그래프에 사용할 이미지를 미리 준비하고 디자인으로 등록하면 언제든지 그래프에 이미지를 적용할 수 있다.

> **알아두기**
> - [Graph Design] 대화상자에서 디자인 이미지를 등록할 수 있다.
> - [Column] 명령을 이용하여 컬럼, 분할 컬럼, 바, 분할 바 그래프를 만들 수 있다.
> - 마커를 이용하여 그래프를 다양하게 디자인할 수 있다.

따라하기 01 디자인 이미지 등록하기

오브젝트를 디자인 이미지로 등록하고 컬럼 그래프를 만들어 보자.

[예제 파일 : 챕터10_예제 파일\꽃 그래프.ai]
[완성 파일 : 챕터10_완성 파일\꽃 그래프_완성.ai]

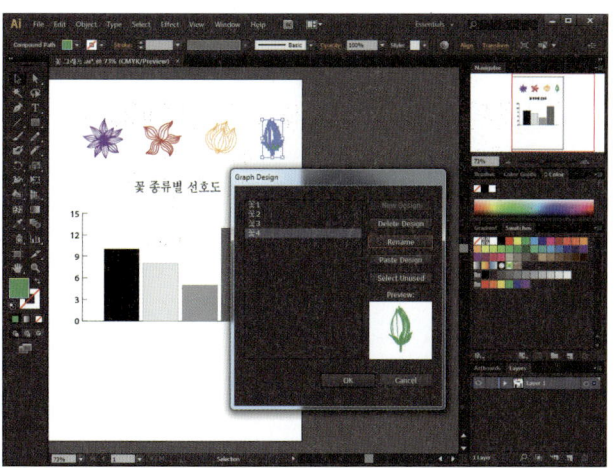

❶ '꽃 그래프.ai' 파일을 불러온 후 도구 모음의 선택 툴( )을 선택한다.

❷ 선택 툴로 첫 번째 보라색 꽃 오브젝트를 선택한 다음 디자인 이미지로 등록하기 위해 [Object]-[Graph]-[Design] 메뉴를 선택한다.

❸ [Graph Design] 대화상자가 나타나면 New Design을 클릭하여 선택한 오브젝트를 이미지로 등록시킨다.

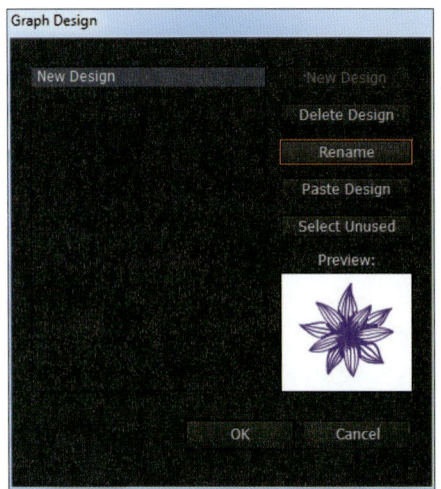

❹ 새로 등록한 디자인 이미지의 이름을 수정하기 위해 Rename을 클릭한다.

❺ [Rename] 대화상자가 나타나면 [Name] 항목에 '꽃1'을 입력하고 [OK] 버튼을 클릭하여 그래프 이미지의 이름을 변경한다.

❻ 나머지 꽃 오브젝트들도 같은 방법으로 '꽃2' ~ '꽃4'의 이름으로 모두 디자인 이미지로 등록한다.

> **그래프 작성 단축키**
>
> 새로운 그래프 작성을 하기 위해서 도구 모음에서 그래프 툴을 선택해도 되지만 단축키 Ctrl + J 를 누르면 더 빠르고 쉽게 작성할 수 있다.

| 따라하기 | **02 컬럼 그래프에 디자인 적용하기** |

[Column] 명령을 이용하여 디자인할 수 있는 그래프는 컬럼 그래프, 분할 컬럼 그래프, 바 그래프, 분할 바 그래프 등이 있다.

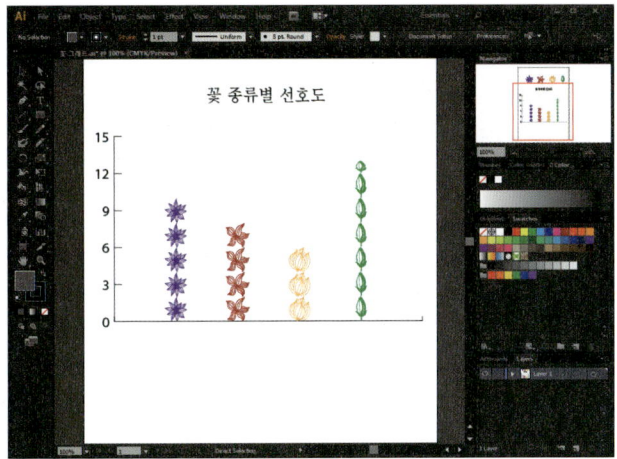

❶ 직접 선택 툴( )로 첫 번째 막대 그래프를 선택하고 [Object]-[Graph]-[Column] 메뉴를 실행한다.

❷ [Graph Column] 대화상자가 나타나면 'Car1'을 선택하고 [Column type]을 'Repeating' 으로 설정한다.

❸ 항목들이 활성화되면 그래프에 반복 설정되어 나타나는 디자인 이미지의 크기를 설정하는 [Each Design Represents]를 '2'로 설정하고 [OK] 버튼을 클릭한다.

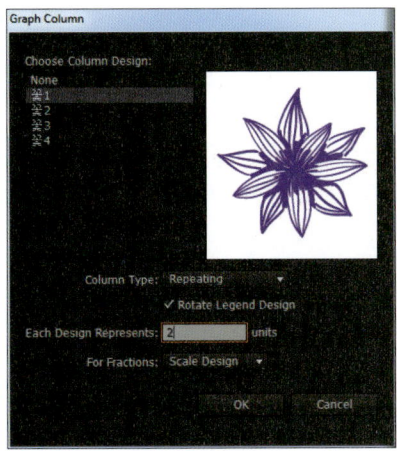

❹ 그래프에 첫 번째 꽃 오브젝트 형태의 디자인 이미지가 적용된 것을 볼 수 있다.

❺ 디자인 이미지로 등록한 나머지 세 개의 오브젝트도 같은 방법으로 [Graph Column] 대화상자를 이용하여 적용한다.

따라하기 03 **마커 방식 그래프 만들기**

마커(Maker)는 이미지에 삽입되는 사각형의 점을 의미하며 마커를 이용하여 디자인할 수 있는 그래프에는 선, 분산, 레이더 그래프 등이 있다.

[예제 파일 : 챕터10_예제 파일\산불그래프.ai]
[완성 파일 : 챕터10_완성 파일\산불그래프_완성.ai]

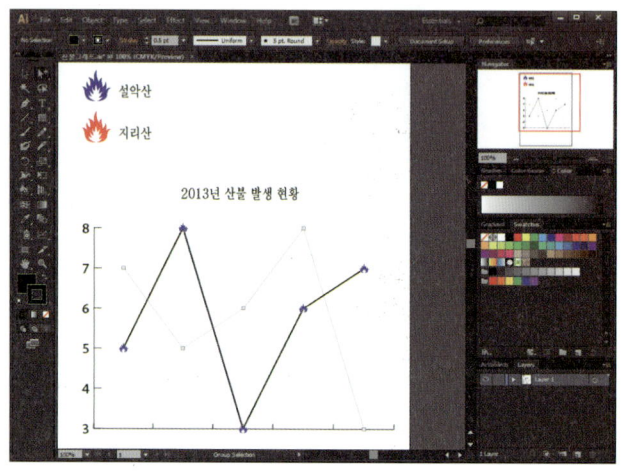

❶ '산불그래프.ai' 파일을 불러온다.
❷ 도구 모음의 색상 모드에서 면과 선 색상을 '색상 없음'으로 설정한다.
❸ 오브젝트를 디자인으로 등록하기 위해 사각형 툴(□)을 선택하고 투명한 사각형 오브젝트를 그린다.
❹ 투명한 사각형 오브젝트를 파란 불 오브젝트의 가운데 부분에 위치시킨다.
❺ 사각형 오브젝트가 선택되어 있는 상태에서 마우스 오른쪽 버튼을 클릭하고 [Arrange]-[Send to Back]을 선택하여 파란색 오브젝트의 뒤로 배치한다.

❻ 선택 툴(▶)로 사각형 오브젝트와 파란 불 오브젝트를 모두 선택하고 [Object]-[Graph]-[Design] 메뉴를 선택한다.

❼ [Graph Design] 대화상자에서는 작은 사각형이 포함된 부분만 미리 보기 창에 나타난다. New Design을 클릭한다.

❽ [Graph Design] 대화상자에서 Rename을 클릭하여 디자인 이미지의 이름을 '파란 불'로 입력하고 [OK] 버튼을 클릭한다. [Graph Design] 대화상자의 [OK] 버튼을 클릭하여 그래프 디자인 등록을 마친다.

❾ 같은 방법으로 빨간 불 오브젝트를 그래프 디자인으로 등록한다.

❿ 선 그래프는 작은 사각형으로 값을 표현한다. 도구 모음에서 그룹 선택 툴(▶⁺)을 선택하고 검은색 작은 사각형을 천천히 두 번 클릭하면 같은 라인에 연결된 작은 사각형들이 함께 선택된다.

⓫ 검은색 사각형들이 선택된 상태에서 [Object]-[Graph]-[Marker] 메뉴를 선택한다.

⓬ [Graph Marker] 대화상자에서 미리 등록해 둔 그래프 디자인 중에서 파란 불 오브젝트를 선택하고 [OK] 버튼을 클릭한다.

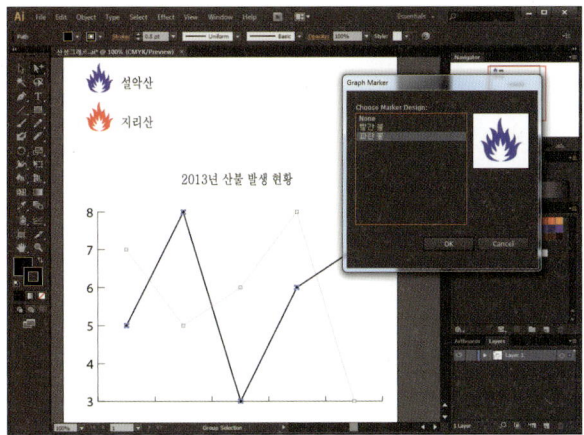

> **이미지 등록 시 사각형을 뒤로 배치하는 이유** tip
>
> 적용되는 디자인의 크기가 Marker(점) 크기에 한정되므로 이미지를 그대로 등록하면 디자인이 매우 작은 크기로 그래프에 적용된다. 그래서 작은 사각형을 오브젝트의 뒤로 배치하여 작은 사각형의 크기를 Marker(점) 크기로 지정함으로써 그 위의 이미지가 크게 보이도록 한다.

01 혼자해보기

Maker로 등록한 '빨간 불' 그래프 디자인을 그래프에 적용해 보자.

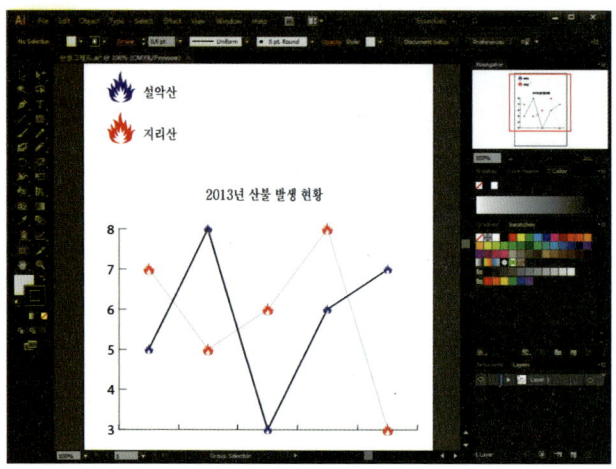

HINT | 그룹 선택 툴로 회색 점을 세 번 클릭하여 모두 선택한 다음 [Object]-[Graph]-[Marker] 메뉴를 선택하고 '빨간 불' 그래프 디자인을 선택한다.

Section 3. 원하는 형태로 이미지 분할하기

일러스트레이터 CS6는 웹 페이지 구축을 위한 최적화된 이미지 분할 툴을 제공한다. 하나의 오브젝트를 여러 개의 영역으로 나눌 수 있으며 이미지 조각을 따로 만들 수도 있다.

> **● 알아두기**
> · 분할 툴을 사용하여 직접 분할 영역을 만들고 분할한 영역을 다시 합칠 수 있다.
> · 분할 선택 툴로 분할 영역을 선택하거나 조절할 수 있다.

따라하기 01 분할 툴 사용하기

분할 툴을 사용하면 사용자가 원하는 대로 직접 분할 영역을 만들어 레이아웃을 디자인할 수 있다.

[예제 파일 : 챕터10_예제 파일\트리.ai]

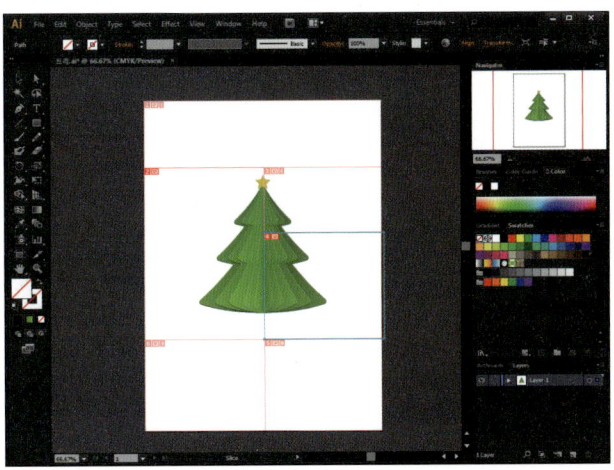

❶ '트리.ai' 파일을 불러온 후 도구 모음에서 분할 툴( )을 선택한다.

❷ 분할 툴( )로 트리의 왼쪽 반 부분을 드래그하여 영역을 설정한다.

❸ 같은 방법으로 트리의 오른쪽 부분 상단과 하단을 분할 영역 툴로 지정한다.

❹ 분할된 각 영역에 숫자가 표시되며 각 이미지로 분할된다.

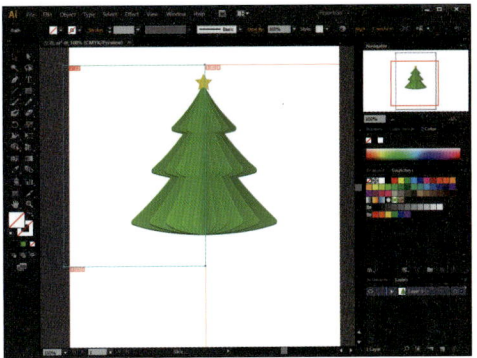

> **AutoSlice와 SubSlice** tip
>
> 분할 툴을 사용하여 분할한 영역을 SubSlice라 하고 분할 툴에 의해 자동으로 생성되는 분할 영역을 AutoSlice라고 한다. SubSlice 영역은 분할 선택 툴로 다시 선택하여 이동과 수정이 가능하지만 AutoSlice 영역은 분할 선택 툴로 선택할 수 없다.

따라하기 02 분할 영역 수정하기

분할 선택 툴을 사용하면 분할 툴로 분할된 영역을 선택하거나 크기를 조절할 수 있다. 분할 영역을 드래그하여 그 영역만을 축소 또는 확대시킬 수 있다.

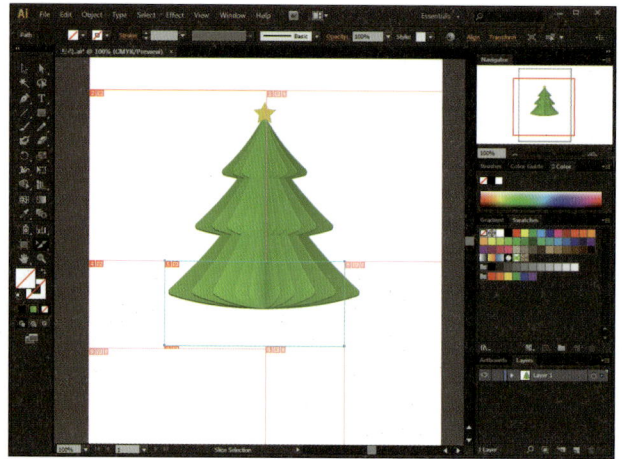

❶ 앞서 분할 툴로 영역을 분할한 트리 오브젝트 파일을 불러온다.

❷ 도구 모음에서 분할 툴( )을 1~2초간 눌러 나타나는 분할 선택 툴( )을 선택하고 4번 분할 영역을 선택한다.

❸ 4번 분할 내부를 드래그하여 왼쪽으로 조금 이동시킨다.

❹ 2번 영역으로 4번 영역이 침범하면서 내부가 쪼개지고 새로운 영역이 생성된다.

❺ 이번에는 5번 분할 영역의 상단 가장자리를 아래로 드래그하여 영역을 변경한다.

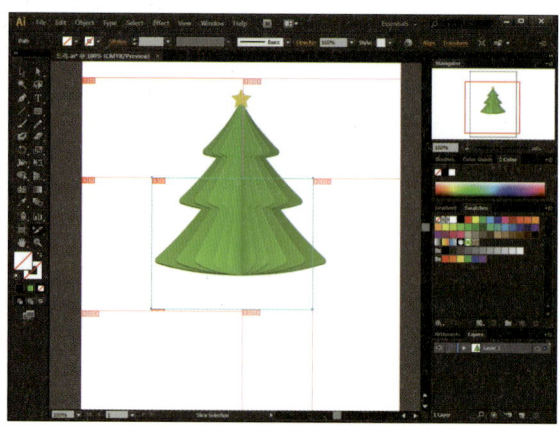

01 혼자해보기 분할 영역을 트리 오브젝트에 알맞게 확장시켜 보자.

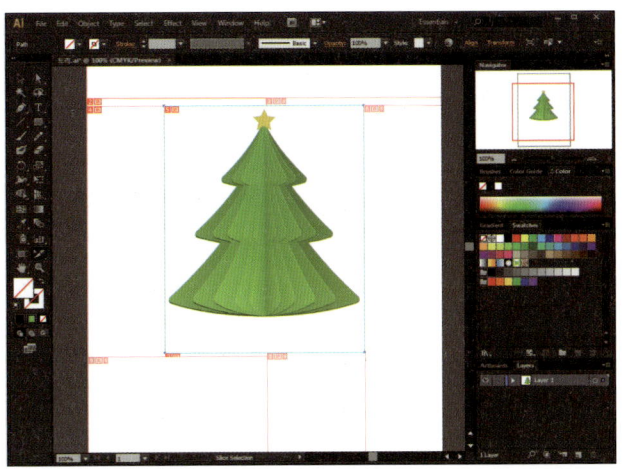

HINT | 분할 선택 툴로 5번 영역을 선택한 다음 오른쪽 분할 경계선을 오른쪽으로 드래그하고 상단 경계선을 위쪽으로 드래그하여 알맞게 확장시킨다.

[Object]-[Slice] 메뉴 tip

도구 모음의 분할 툴과 함께 이미지를 분할하는 기능으로, 안내선을 이용하여 이미지를 분할할 수 있다. 슬라이스 기능으로 이미지를 분할하는 것은 일러스트레이터 CS6에서 오브젝트가 분할되는 것이 아니라 HTML 파일로 저장했을 때 이미지가 분할되어 저장된다.

❶ Make : 선택한 오브젝트를 분할한다.
❷ Release : 분할된 슬라이스를 삭제한다.
❸ Create from Guides : 안내선을 기준으로 이미지를 분할한다.
❹ Create from Selection : 선택한 오브젝트를 기준으로 이미지를 분할한다.
❺ Duplicate Slice : 선택한 분할 이미지의 선택 상태를 복제한다.
❻ Combine Slices : 두 개 이상의 분할 영역을 하나의 영역으로 합친다.
❼ Divide Slices : 선택한 분할 영역을 수치를 이용하여 여러 개의 분할 영역으로 분할한다.
❽ Delete All : 슬라이스 기능으로 분할한 모든 분할 영역을 삭제한다.
❾ Slice Options : 선택한 분할 영역에 대한 옵션을 설정할 수 있다.
❿ Clip to Artboard : [Document Setup]에서 설정한 아트보드 전체를 기준으로 슬라이스로 나눈다.

Section 3. 원하는 형태로 이미지 분할하기

| 따라하기 | 03 분할 영역 나누고 합치기 |

분할한 영역을 [Divide Slices] 명령으로 다시 나누거나 [Combine Slices] 명령을 이용하여 합칠 수 있다.

[예제 파일 : 챕터10_예제 파일\열쇠이미지.ai]

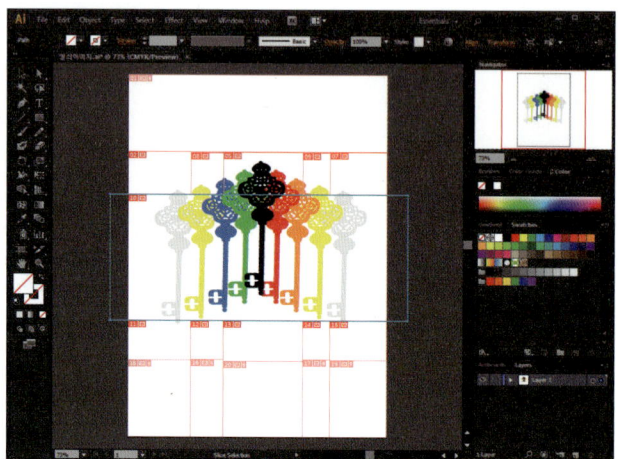

❶ '열쇠이미지.ai' 파일을 불러오면 열쇠 이미지들의 영역이 분할되어 있는 것을 볼 수 있다.

❷ 도구 모음에서 분할 선택 툴( )을 선택하고 5번 분할 영역을 선택한다.

❸ [Object]-[Slice]-[Divide Slices] 메뉴를 선택한다.

❹ [Divide Slice] 대화상자가 나타나면 [Divide Vertically into]의 체크를 해제한다.

❺ [Divide Horizontally into]의 수치 값을 '5'로 설정한 후 [OK] 버튼을 클릭한다.

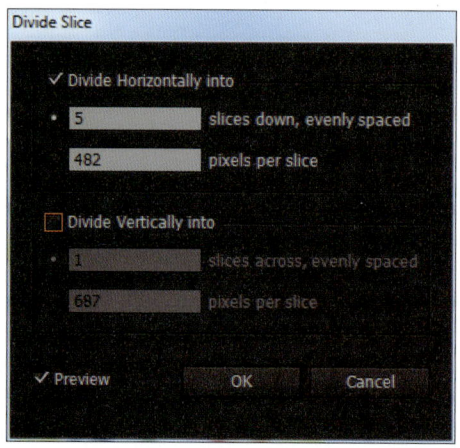

❻ 5번 분할 영역에 가로 방향 5줄이 추가로 분할된다.

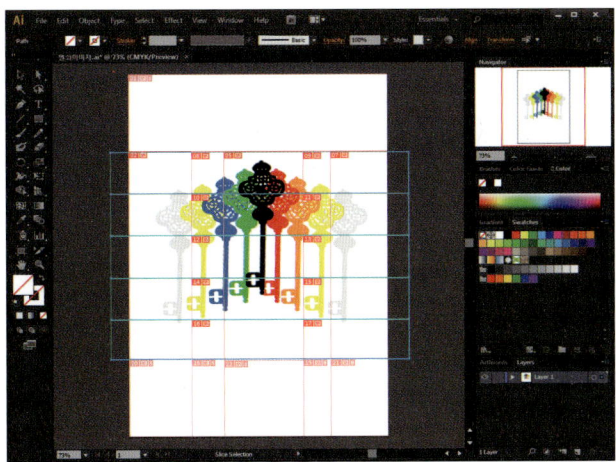

❼ Shift 를 누른 상태에서 분할 선택 툴( )로 10번, 12번, 14번 분할 영역들을 다중 선택한다.

❽ 분할한 영역을 다시 합치기 위해 [Object]-[Slice]-[Combine Slices] 메뉴를 선택한다.

❾ [Combine Slices] 명령으로 분할되었던 영역이 다시 합쳐진다.

> **tip** ➕
>
> **분할 영역 만드는 동안 위치 이동하기**
>
> 분할 툴로 영역을 만드는 동안 드래그하다가 드래그의 시작 위치를 옮기고 싶다면 드래그 도중에 키보드의 Space Bar 를 누르면서 마우스로 이동한다. 이동이 끝나면 다시 누르고 있던 Space Bar 를 떼고 드래그를 계속한다.

01 혼자해보기

분할된 영역 중 하나의 분할 영역만을 저장해 보자.

[예제 파일 : 챕터10_예제 파일\열쇠이미지.ai]

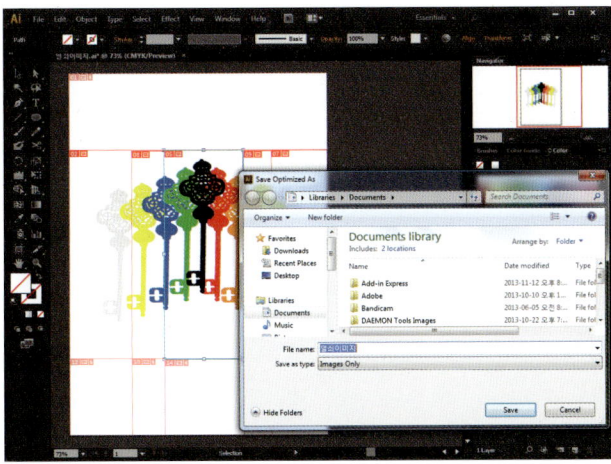

HINT | '열쇠이미지.ai' 파일 내 분할된 영역 중 5번 분할 영역을 선택한 다음 [File]-[Save Selected slices...] 메뉴를 선택하고 [Save Optimized As] 대화상자가 나타나면 저장할 위치를 지정하고 [OK]를 클릭한다.

Section 3. 원하는 형태로 이미지 분할하기

Section 4. 웹 페이지에 최적화된 분할 기능 사용하기

일러스트레이터 CS6에서 제공하는 분할 기능은 최적화된 웹 페이지를 제작하는데 도움을 준다. 웹 페이지에 이미지를 삽입할 수 있도록 신속한 분할이 가능하며 슬라이스 명령을 이용하여 이미지를 작게 분할하여 링크 또는 버튼으로 설정할 수도 있다. 또한 분할된 이미지들은 용량이 작기 때문에 웹 페이지에서 보다 빠르게 나타난다.

> **알아두기**
> - [Slice Make] 명령을 실행하면 분할 영역이 자동으로 나눠진다.
> - [Create From Guide] 명령을 실행하여 안내선 형태대로 이미지를 분할할 수 있다.
> - [Create From Selection] 명령을 실행하여 오브젝트가 선택된 상태대로 분할할 수 있다.

따라하기 01 [Slice Make] 명령으로 이미지 분할하기

[Object]-[Slice]-[Make] 메뉴를 이용하면 분할된 이미지의 위치 변경 시에 자동으로 분할 영역이 업데이트되도록 설정할 수 있다.

[예제 파일 : 챕터10_예제 파일\웹페이지.ai]

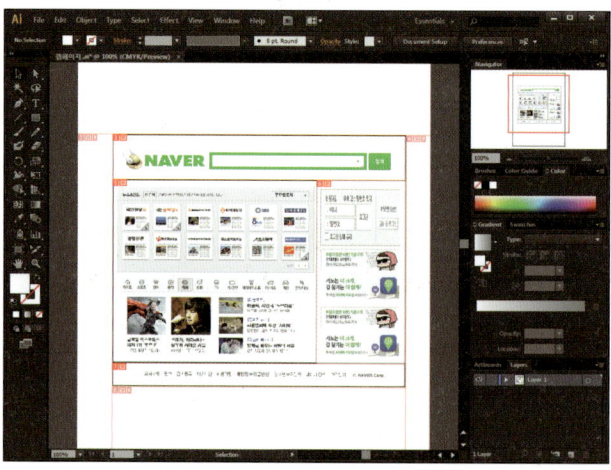

❶ '웹페이지.ai' 파일을 불러온 후 도큐먼트에 웹 이미지가 나타난다.
❷ `Ctrl`+`A`를 눌러 모든 오브젝트를 선택한다.
❸ [Object]-[Slice]-[Make] 메뉴를 선택한다.
❹ 선택한 오브젝트에 일련번호가 매겨지면서 이미지가 분할된 것을 확인할 수 있다.

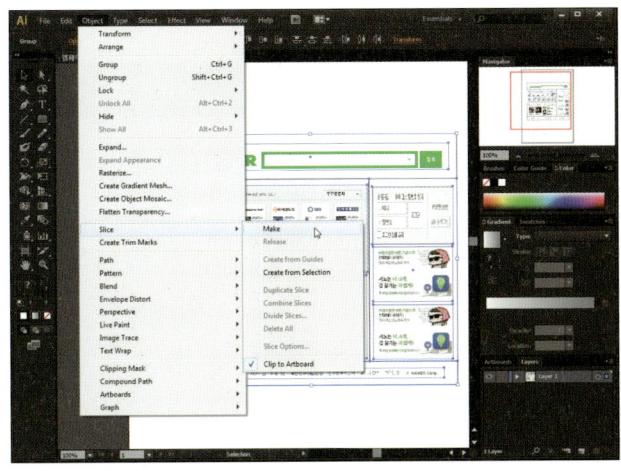

tip 이미지를 분할하는 이유

웹 페이지에서 커다란 이미지를 불러오는 시간보다 작게 나누어진 이미지를 여러 개 불러오는 시간이 더 짧으며 분할된 이미지에 [Link]와 같은 다양한 웹과 관련된 효과를 적용하기 위해 이미지를 분할한다. 이미지 분할 효과를 해제하려면 [Object]-[Slice]-[Release] 메뉴를 선택한다. 슬라이스 효과가 해제되어 분할된 이미지는 원본 상태로 되돌려진다.

따라하기 02 안내선 형태로 분할하기

안내선으로 분할하려는 부분을 표시한 다음 [Create From Guide] 명령으로 간단하게 안내선 형태대로 이미지를 분할할 수 있다.

❶ 앞서 영역을 분할한 웹 페이지 도큐먼트를 연다.

❷ [View]-[Rulers]-[Show Rulers] 메뉴를 선택하여 도큐먼트에 눈금자를 나타낸다.

❸ 도큐먼트 좌측과 상단에 위치한 눈금자를 분할할 영역으로 드래그하여 원하는 형태의 가이드를 만든다.

❹ Ctrl + A 를 눌러 가이드 선을 포함한 모든 오브젝트를 선택한다.

❺ [Object]-[Slice]-[Create From Guides] 메뉴를 선택한다.

❻ 안내선에 따라 오브젝트가 분할되는 것을 확인할 수 있다.

따라하기 03 오브젝트대로 분할하기

[Object]-[Slice]-[Create From Selection] 메뉴를 이용하면 오브젝트가 선택된 상태대로 분할할 수 있다.

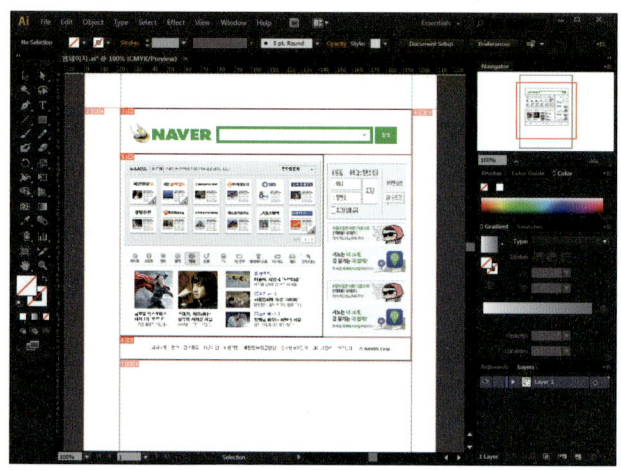

❶ 앞서 영역을 분할한 웹 페이지 도큐먼트 상태에서 도구 모음의 선택 툴( )을 선택한다.

❷ Shift 를 누른 상태로 선택 툴( )로 상단 검색 오브젝트와 오른쪽의 로그인 오브젝트를 다중 선택한다.

❸ [Object]-[Slice]-[Create From Selection] 메뉴를 선택한다.

❹ 선택한 이미지에 번호가 붙여지면서 이미지가 분할된다.

링크시키고 이미지 최적화하기

일러스트레이터 CS6는 포토샵처럼 작성한 이미지 파일을 손쉽게 웹 이미지로 저장할 수 있다. 또한 오브젝트를 웹에 나타내기 위해 링크시키고 이미지를 최적화할 수 있다.

○ 알아두기
- 웹에 게시하기 위해 오브젝트를 링크시킬 수 있다.
- [Save for Web & Devices] 명령을 사용하여 웹 이미지에 최적화된 파일을 만들 수 있다.

따라하기 01 메뉴에 링크시키기

하나의 오브젝트 또는 이미지에 단 하나의 링크가 가능하다.

[예제 파일 : 챕터10_예제 파일\웹페이지2.ai]

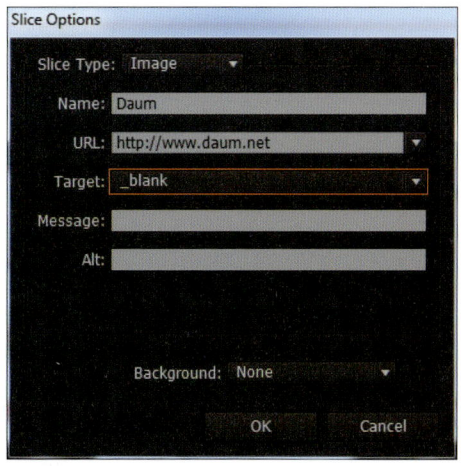

❶ '웹페이지2.ai' 파일을 불러온 후 도구 모음의 선택 툴( )을 선택한다.
❷ 선택 툴( )로 검색 창 이미지 부분을 선택한다.
❸ 링크시키기 위해 [Object]-[Slice]-[Slice Options] 메뉴를 선택한다.
❹ [Slice Option] 대화상자가 나타나면 [Name]에는 'Daum', [URL]에는 'http://www.daum.net'을 입력하고 [Target]은 '_blank'를 선택한다.

> **[Slice Options] 대화상자의 [Alt] 옵션**   tip ➕
> [Alt]에 메시지를 입력하면 마우스를 위치하였을 때 입력한 메시지가 표시된다.

따라하기 02 [Save for Web] 명령으로 이미지 최적화하기

[Save for Web] 명령을 실행하면 용량을 줄이면서 최적화된 파일로 변환하여 웹에 알맞은 이미지로 저장할 수 있다.

❶ '웹페이지2.ai' 파일을 불러온 후 HTML과 이미지를 저장하기 위해 [File]-[Save for Web] 메뉴를 선택한다.

❷ [Save for Web] 대화상자가 나타나면 [2-Up] 탭을 클릭하고 이미지 파일의 포맷 형식과 압축률을 설정한 다음 [Save] 버튼을 클릭하여 저장한다. 여기에서 [Setting]은 'JPEG', [Quality]는 '100%'로 설정한다.

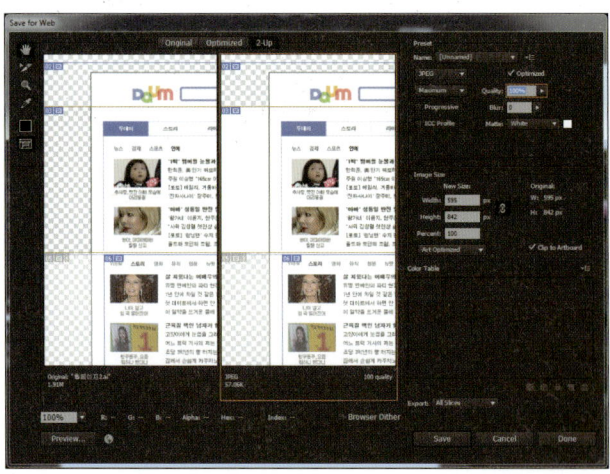

❸ [Save Optimized As] 대화상자가 나타나면 이름을 입력하고 원하는 폴더를 지정한 다음 [Save] 버튼을 클릭한다.

[Save for Web] 대화상자

[Save for Web] 대화상자의 오른쪽에 있는 [Preset]은 이미지를 최적화시키기 위한 여러 가지 설정을 할 수 있다. 저장할 수 있는 파일 형식은 GIF, JPEG, PNG-8, PNG-24, SWF, SVG, WBMP가 있고 각 형식에 따라 옵션의 설정 내용이 조금씩 다르다.

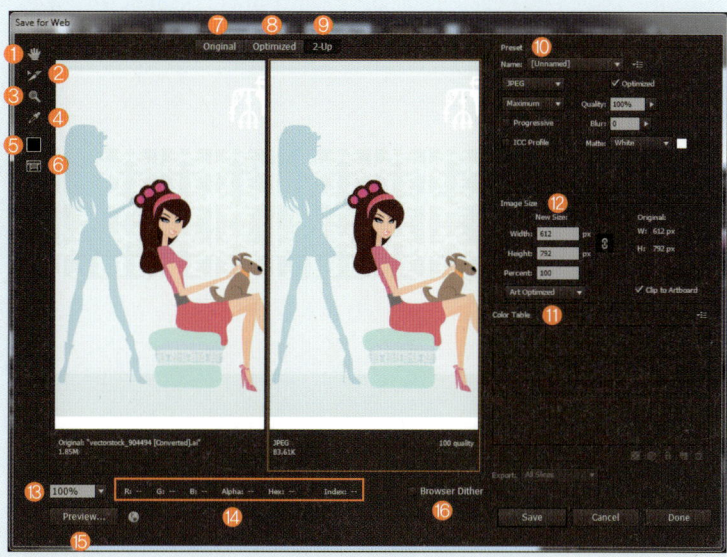

❶ 손 툴(Hand Tool) : 화면을 이동하여 안보이는 이미지를 볼 때 사용한다.
❷ 분할 선택 툴(Slice Select Tool) : 분할된 이미지를 개별적으로 선택할 때 사용한다.
❸ 돋보기 툴(Zoom Tool) : 이미지를 확대 또는 축소할 때 사용한다.
❹ 스포이트 툴(Eyedropper Tool) : 이미지의 색상을 추출할 때 사용한다.
❺ 색상 창(Eyedropper Color) : 스포이트 툴로 선택한 색상을 표시한다.
❻ Toggle Slices Visibility : 분할된 상태의 가이드를 보여준다.
❼ Original : 원본 오브젝트 그대로 비트맵 이미지를 보여준다.
❽ Optimized : [Preset]에서 설정한 이미지를 보여준다.
❾ 2-up : Original과 Optimized 상태를 동시에 보여준다.
❿ Preset : 이미지를 어떠한 방식으로 저장할 것인지 설정하는 옵션 창이다.
⓫ Color Table : GIF 파일과 같은 8Bit 미만의 색상 체계에서 색상 구성을 표시한다.
⓬ Image Size : 이미지의 크기나 품질을 조절하는 이미지 크기 조절 창이다.
⓭ Zoom Level : 이미지를 % 단위로 축소 또는 확대하는 드롭다운 메뉴를 열 수 있다.
⓮ 색상 상태 바 : 색상 값을 수치로 표현하는 상태 바이다.
⓯ Preview in Default Browser : 익스플로러를 실행시켜 이미지를 웹 브라우저에서 볼 수 있도록 하는 미리 보기이다.
⓰ Browser Dither : 향상된 모바일 및 영상의 개발 프로세스를 제공한다.

 **핵심정리** summary

1. 다양한 그래프 명령

- Type 명령 : [Object]-[Graph]-[Type] 메뉴를 선택하면 다양한 그래프의 형태를 선택할 수 있고, 그래프에 적용하는 옵션을 설정하고 수정할 수 있는 대화상자가 나타난다.

- Data 명령 : [Object]-[Graph]-[Data] 메뉴를 선택하면 수치 값에 의한 정확한 그래프를 작성할 수 있다. 그래프를 작성할 때 수치를 입력하는 곳이 [Data] 대화상자이다.

- Design 명령 : [Object]-[Graph]-[Design] 메뉴는 그래프에 일러스트레이터 CS6에서 작성한 시각적인 그래프를 작성할 때 사용한다. 먼저 수치에 의한 그래프를 작성한 후 원하는 이미지를 그래프와 대치할 수 있도록 이미지를 등록한다.

- Column 명령 : [Object]-[Graph]-[Column] 메뉴는 컬럼 그래프나 바 그래프 같은 막대 그래프에 이미지를 적용하는 명령이다. [Column Type]은 [Vertically Scaled], [Uniformly Scaled], [Repeating], [Sliding] 4가지 타입으로 구성되어 있으며 상황에 맞도록 선택하여 그래프를 변화시킬 수 있다.

- Maker 명령 : [Object]-[Graph]-[Maker] 메뉴는 선 그래프나 분산 그래프, 레이더 그래프에 원하는 이미지를 적용하려면 그래프의 특성상 [Column] 명령을 사용하지 않고 [Marker] 명령을 사용해야 하며 Maker라는 용어의 의미는 그래프에 삽입되는 사각 형태의 점을 의미한다.

2. 분할 툴과 분할 선택 툴

도구 모음의 분할 툴로는 이미지를 분할하는 기능인 분할 툴과 분할된 이미지를 개별적으로 선택할 수 있는 분할 선택 툴이 있다.

- 분할 툴(Slice Tool) : 분할 툴은 일러스트레이터 CS6에서 작성한 오브젝트를 부분적으로 나눌 수 있다. 크기가 큰 이미지를 웹에서 사용하게 되면 로딩(Loading) 시간이 길어질 수 있으므로 이미지를 조각으로 나누어 배치하는데 이런 경우에 분할 툴을 사용해 이미지를 분할하여 HTML 파일로 작성할 수 있다.

- 분할 선택 툴(Slice Selection Tool) : 분할 툴을 이용하여 이미지를 분할한 다음 분할된 각각의 이미지를 분할 선택 툴을 이용하여 선택하고 이동할 수 있으며, 다양한 옵션을 설정할 수 있다.

종합실습 pointup

1. 컬럼 그래프에 디자인을 적용하여 개성 있는 그래프를 만들어 보자.

[예제 파일 : 챕터10_예제 파일\종합그래프.ai]

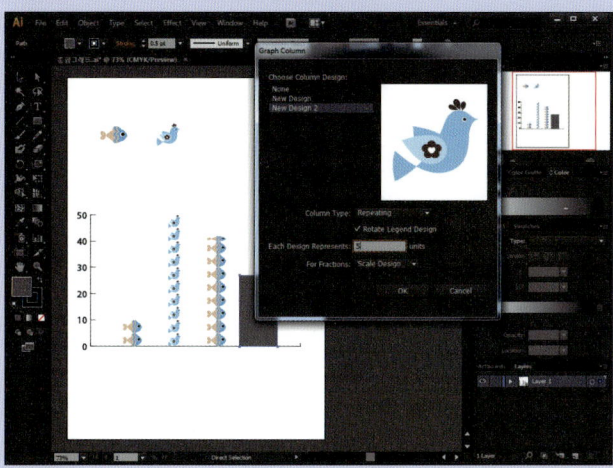

HINT | [Object]–[Graph]–[Design] 메뉴를 선택하여 이미지를 등록하고 [Object]–[Graph]–[Column] 메뉴를 선택하여 나타난 [Graph Column] 대화상자에서 등록한 이미지를 선택한 다음 [Column Type]을 'Repeating', [Each Design Represents]를 '5'로 설정한다.

2. 분할 툴을 이용하여 오브젝트를 분할해 보자.

[예제 파일 : 챕터10_예제 파일\웹페이지3.ai]

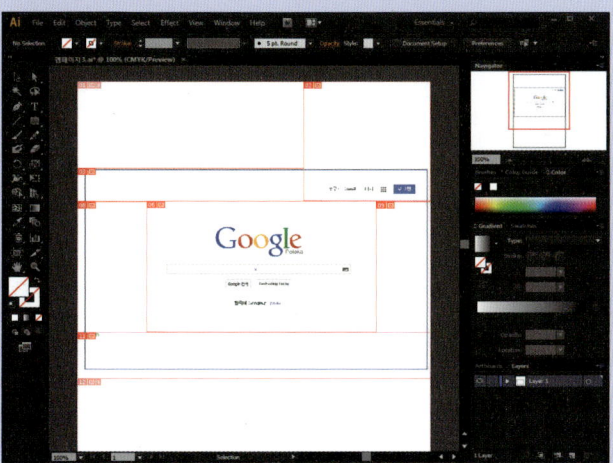

HINT | 메뉴와 이미지 등 분할할 영역을 구상한 다음 도구 모음의 분할 툴과 분할 선택 툴로 드래그하여 이미지를 분할한다.

색인

기호

[3D Options] 대화상자	296
[Actions] 팔레트	234
[Align] 팔레트	75
[Character] 팔레트	173
[Color Guide] 팔레트	142
[Color Picker] 대화상자	142
[Create Gradient Mesh] 대화상자	162
[Layers] 팔레트	50
[Navigator] 팔레트	63
[Pathfinder] 팔레트	204
[Rotate] 대화상자	79
[Scale] 대화상자	77
[Transform] 팔레트	97

A

Adjust Color Balance	151

C

CMYK 모드	141
Convert to Grayscale	152

D

Draw Behind	132
Draw Inside	132
Draw Normal	1319

F

Filter Gallery	283

G

Grayscale 모드	141

H

HSB 모드	141

N

New	40
New from Template	40

R

Recolor Artwork	148
RGB 모드	141

S

Save as	45
SVG Filters	276

T

Text Wrap	186

ㄱ

그래프	324
그레이디언트 메시	143
그룹 설정	72

ㄷ

대지(Artboard)	46
도구 모음	24
도큐먼트	24

ㄹ

레이어	50

ㅁ

마스크 기능	232
메뉴 바	23
메시	162

ㅂ

베지어 곡선(Bezier Curve)	102
분할 툴	337
브러시 라이브러리	115
블렌드 효과	232

ㅅ

상태 표시줄	25
선 그레이디언트	15
스무스 툴	112
심볼	233

ㅇ

연필 툴	111
옵션 바	24
원근감 그리드 툴	297
유동화 툴	212

ㅈ

잠금 설정	73

ㅋ

캘리그래피	172
클리핑 마스크	251

ㅌ

타이포그래피	172

ㅍ

팔레트	25
패스(Path)	103
패스 지우개 툴	113

속전속결
일러스트레이터 CS6

1판 1쇄 발행 2014년 3월 5일
1판 7쇄 발행 2020년 1월 31일

저 자 | 김혜진
발행인 | 김길수
발행처 | (주)영진닷컴
주 소 | (우)08505 서울시 금천구 가산디지털2로 123 월드메르디앙벤처센터 2차
            10층 1016호

등 록 | 2007. 4. 27. 제16-4189호

ⓒ 2014., 2020. (주)영진닷컴
ISBN | 978-89-314-4596-1

이 책에 실린 내용의 무단전재 및 무단복제를 금합니다.
내용 문의는 저자 이메일(frvrhot@nate.com)으로 해 주십시오.

http://www.youngjin.com